Das Modell des vereinfachten Ablehnungsverfahrens

Schriften zum Strafrecht und Strafprozeßrecht

Herausgegeben von Manfred Maiwald
und Carsten Momsen

Band 116

PL ACADEMIC RESEARCH

Annik Lamshöft

Das Modell des vereinfachten Ablehnungsverfahrens

Ein Gegenentwurf zur strafprozessualen Fristenlösung des Bundesgerichtshofs

PL ACADEMIC RESEARCH

Bibliografische Information der Deutschen Nationalbibliothek
Die Deutsche Nationalbibliothek verzeichnet diese Publikation in der Deutschen Nationalbibliografie; detaillierte bibliografische Daten sind im Internet über http://dnb.d-nb.de abrufbar.

Zugl.: Kiel, Univ., Diss., 2013

D 8
ISSN 0938-6181
ISBN 978-3-631-64292-4 (Print)
E-ISBN 978-3-653-03161-4 (E-Book)
DOI 10.3726/978-3-653-03161-4

PL Academic Research ist ein Imprint der Peter Lang GmbH.

Peter Lang – Frankfurt am Main · Bern · Bruxelles · New York · Oxford · Warszawa · Wien

www.peterlang.de

Meinen Eltern

Vorwort

Die vorliegende Arbeit wurde im Wintersemester 2012/2013 von der Rechtswissenschaftlichen Fakultät der Christian-Albrechts-Universität zu Kiel als Dissertation angenommen. Rechtsprechung und Literatur wurden bis Januar 2013 berücksichtigt. Die Arbeit entstand während meiner Zeit als wissenschaftliche Mitarbeiterin am Lehrstuhl meines Doktorvaters, Prof. Manfred Heinrich. Ihm gilt mein Dank für die Betreuung der Arbeit und die Freiräume, die er mir bei ihrer Erstellung gelassen hat. Prof. Heribert Ostendorf danke ich für die zügige Erstellung des Zweitgutachtens.

Dank schulde ich der Stiftung der Deutschen Wirtschaft, die meine Promotion finanziell und ideell mit einem Promotionsstipendium gefördert hat. Mein persönlicher Dank gilt meiner ehemaligen Kollegin Dr. Natalie Willsch für den fachlichen Austausch und die Durchsicht des Manuskripts. Nadja Möller und meinem Vater möchte ich herzlich für die intensive Korrekturarbeit danken. Gleiches gilt in besonderem Maße für Johannes Christian Nissen, der mir stets mit unkonventionellen Ideen, umfangreicher technischer Unterstützung und einem offenen Ohr zur Seite stand.

Gewidmet ist die Arbeit meinen Eltern, die mich in meinem Werdegang vorbehaltlos bestärkt haben. Ohne ihre Unterstützung wäre diese nicht entstanden.

Kiel, im Mai 2013 Annik Katrin Lamshöft

Inhaltsverzeichnis

Einführung

A. Gegenstand der Arbeit

§ 246 I StPO[1]: *„Eine Beweiserhebung darf nicht deshalb abgelehnt werden, weil das Beweismittel oder die zu beweisende Tatsache zu spät vorgebracht worden sei."*

§ 244 VI: *„Die Ablehnung eines Beweisantrages bedarf eines Gerichtsbeschlusses."*

Der BGH hat in einer Reihe von Urteilen[2] ein Modell entwickelt, wie die Gerichte rechtsmissbräuchlich gestellten Beweisanträgen begegnen können: Aus der Sachleitungsbefugnis des Vorsitzenden ergebe sich das Recht, eine Frist für die Stellung von Beweisanträgen zu setzen. Werden Beweisanträge nach dieser Frist gestellt, sei dies Indiz für eine Prozessverschleppungsabsicht. Zu spät gestellte Beweisanträge würden vorab pauschal wegen Prozessverschleppungsabsicht gem. § 244 III 2 Alt. 6 abgelehnt und könnten sodann in den Urteilsgründen ohne erneute individuelle Prüfung beschieden werden, wenn nicht der Antragsteller die Gründe für das verspätete Vorbringen substantiiert darlegen könne.[3]

Diese Konstruktion des BGH wurde mit den Begriffen der „Fristenlösung"[4], „Fristsetzungslösung"[5] oder „Fristenlösungsmodell"[6] bezeichnet. Der Begriff der Fristenlösung wurde auch im Zusammenhang mit dem Tatbestand des Schwangerschaftsabbruchs verwandt[7] und ist damit doppeldeutig; dennoch wird in der strafprozessualen Literatur meist auf diesen zurückgegriffen. Im Folgenden soll er allein die beschriebene strafprozessuale Situation bezeichnen.

Diese Fristenlösung des BGH ist Thema dieser Arbeit. Schon die kurze Gegenüberstellung von Gesetzestext und Rechtsprechung verdeutlicht die Problematik. In der Literatur hat sich gegen die Fristenlösung ein starker Widerstand

---

1 Im Folgenden sind alle §§ ohne Gesetzesangaben solche der StPO.

2 BGH NJW 2005, 2466; BGHSt 51, 333; BGH NStZ 2007, 716; BGHSt 52, 355; BGH NStZ 2010, 161.

3 BGHSt 51, 333, 344; BGHSt 52, 355, 362; BGH NJW 2005, 2466, 2468; BGH NJW 2007, 2501, 2504; BGH NStZ 2007, 716.

4 Der Begriff findet sich u.a. bei *Fahl*, DRiZ 2009, 291 und *Gaede*, Jus 2009, 372.

5 LR-*Becker*, § 244 Rn. 273.

6 *Jahn*, StV 2009, 663.

7 Vgl. den Hinweis bei *Niemöller*, JR 2010, 332, Fn. 2, der von einer „Fristsetzungslösung" spricht.

geregt. Es geschehe „etwas Abenteuerliches, ja bisher Unvorstellbares".[8] Diese Entwicklung sei „(...) eine für das Prinzip der Gewaltenteilung bedenkliche Entwicklung!"[9] und sei ein „für ein Bundesgericht bemerkenswerter Umgang mit Verfahrensrecht"[10]. Durch die Fristsetzung werde das Gericht in die Lage versetzt, die Beweisaufnahme inhaltlich zu beschränken; hierin werde die „Gefährlichkeit der Konstruktion evident."[11] Dass der BGH als Judikativorgan die Fristenlösung am Gesetzgeber vorbei umsetze, sei nicht nur „unbekümmert",[12] sondern erwecke den Eindruck der „Selbstherrlichkeit"[13] getreu dem Motto „Wir übernehmen jeden Fall".[14] Dies sind bemerkenswert scharfe Reaktionen für sich sonst zurückhaltend äußernde Juristen. Ob diese Kritik gerechtfertigt ist, ist Gegenstand dieser Arbeit. Ist das Fristenlösungsmodell des Bundesgerichtshofs eine Rechtsprechung contra legem? Setzt sich der BGH über den eindeutigen Wortlaut der Vorschriften hinweg und damit auch über den Gesetzgeber? Und wenn ja, wie lässt sich die Problematik rechtsmissbräuchlicher Beweisanträge de lege lata oder nur de lege ferenda lösen?

B. Gang der Untersuchung

Zunächst wird die herausragende Bedeutung des Beweisantragsrechts abstrakt sowie anhand von drei Beispielsfällen herausgestellt. Als Ausgangspunkt wird untersucht, wie sich die Fristenlösung in der Rechtsprechung entwickelt hat und wie sie sich in das bestehende Beweisantragsrecht einfügt. Sodann wird eruiert, welche ähnlichen Entwicklungen zur Beschleunigung von Strafverfahren sich herausgebildet haben. Teil I schließt mit einem Überblick über bereits angestoßene Reformen, die Elemente der Fristenlösung enthalten, ab.

Teil II widmet sich der Frage der Vereinbarkeit der Fristenlösung mit dem geltenden Recht. Dabei sind die juristischen Methoden der Auslegung Leitfaden der Prüfung. Empirische Untersuchungen untermauern die Auslegung der Vorschriften. Auch der Beschleunigungsgrundsatz mit seiner europarechtlichen Ausrichtung sowie der Auslegungstopos der Funktionsfähigkeit der Strafrechts-

8 *Fezer*, HRRS 2009, 17, 18.

9 *Dahs*, StV 2006, 116, 117.

10 So *HHP*, Beweisantragsrecht, Rn. 144, zu dem Beschl. des BGH v. 14.6.2005.

11 *Fezer*, HRRS 2009, 17, 18.

12 *Fezer*, HRRS 2009, 17, 18

13 *Fezer*, HRRS 2009, 17, 19.

14 *Duttge/Neumann*, HRRS 2010, 34, 38.

pflege werden dabei genauer betrachtet. Präklusionsvorschriften anderer Prozessordnungen werden untersucht. Welche Probleme sich aus einer Anerkennung der Fristenlösung ergeben, ist ebenfalls Frage dieses Teils.

Die Lösungsmodelle zur Verhinderung rechtsmissbräuchlicher Beweisantragsstellung sind Gegenstand von Teil III. Nach einer Bestimmung der Rahmenbedingungen wird zunächst die Frage beantwortet, ob das bestehende Recht in der Lage ist, Rechtsmissbrauch zu verhindern. Sollte dies nicht der Fall sein, ist nach Lösungsmodellen de lege ferenda zu suchen. Hierfür wird ein besonderes Augenmerk auf vergleichbare Regelungen ausländischer Rechtsordnungen gelegt. Ob eine Lösung auf bereits im Rahmen der Reformierungsversuche vorgeschlagenen Gesetzesentwürfen basieren kann, ist ebenfalls Gegenstand dieses Teils.

Aufbauend auf den gefundenen Ergebnissen wird in Teil IV ein eigener Lösungsvorschlag entwickelt und als Gesetzesentwurf formuliert. Teil IV schließt mit einem Vergleich des eigenen Lösungsmodells mit den bisherigen Lösungsansätzen sowie der Darstellung der praktischen Umsetzung des Modells ab.

Die Ergebnisse der Arbeit fasst Teil V zusammen.

C. Eingrenzung des Themas

Grundfrage der Untersuchung ist, wie Rechtsmissbrauch im Beweisantragsrecht begegnet wird und werden kann. Eine rechtsmissbräuchliche Ausübung von Rechten ist bei allen Verfahrensbeteiligten möglich. Auch die Staatsanwaltschaft kann verfahrensfremde Zwecke mit der Stellung von Beweisanträgen verfolgen. So kann diese bspw. Beweisanträge stellen, um sich Zeit zu verschaffen, weitere Beweismittel zu ermitteln und so Versäumnisse aus dem Ermittlungsverfahren auszugleichen.[15] Die Maßnahmen zur Einschränkung des Beweisantragsrechts treffen auch die Staatsanwaltschaft und sind damit auch geeignet, Rechtsmissbrauch auf dieser Seite zu unterbinden.[16] Jedoch sind Beweisanträge der Staatsanwaltschaft in der Hauptverhandlung äußerst selten, so dass praktisch nur die Verteidigung durch Präklusionen, Fristen etc. beeinträchtigt wird.[17] Im

15 *Thole*, Scheinbeweisantrag, S. 21 unter Hinweis auf BGH, NStZ 1986, 371 f.

16 Zum Rechtsmissbrauch auf Seiten der Staatsanwaltschaft und des Gerichts: *Richter*, AnwBl 1995, 407, 408 f.

17 *Bernsmann*, ZRP 1994, 329, 331.

Fokus der Untersuchung steht damit das Beweisantragsrecht des Angeklagten[18] und seiner Verteidigung.

18 Aus Gründen der Lesbarkeit wird auf die gleichzeitige Verwendung männlicher und weiblicher Sprachformen verzichtet; sämtliche Personenbezeichnungen gelten für beide Geschlechter.

Teil I: Das Fristenlösungsmodell im System des Beweisantragsrechts

Um eine Bewertung der Fristenlösung vornehmen zu können, ist es zunächst erforderlich, das allgemeine System des Beweisantragsrechts und seine Bedeutung zu beleuchten. Die Sensibilität des Themas soll zunächst anhand der abstrakten und dogmatischen Bedeutung des Beweisantragsrechts dargestellt werden.

Anhand von drei Beispielen aus der Gerichtspraxis soll dann aufgezeigt werden, weshalb das gesetzliche System an einem exzessiven Gebrauch des Verteidigungsrechts scheitern kann. Auf der anderen Seite soll die herausragende Rolle des Verteidigungsrechts für den Angeklagten nicht außer Acht gelassen werden. Dies verdeutlicht das dritte Beispiel.

Wie sich die Fristenlösung als eines von mehreren beschleunigenden Instrumenten in der Rechtsprechung etabliert hat und welche Reformen zur Änderung des Beweisantragsrechts bereits angestoßen und wieder verworfen wurden, soll in den darauf folgenden Abschnitten des ersten Teils erläutert werden.

A. Bedeutung und Dogmatik des Beweisantragsrechts

I. Bedeutung

Das Recht, Beweisanträge zu stellen, ist verfassungsrechtlich in Art. 103 I GG als Ausdruck der Gewährung rechtlichen Gehörs verankert.[19] Zudem wird es menschenrechtlich in Art. 6 III d) EMRK und völkerrechtlich in Art. 14 III e) IPBPR garantiert.[20]

Seine verfahrensrechtliche Bedeutung gewinnt das Beweisantragsrecht dadurch, dass es dem Beschuldigten ermöglicht, aktiv Einfluss auf das Verfahren zu nehmen[21] und das Gericht zu bewegen,[22] in eine bestimmte Richtung zu ermitteln. Das Gericht ist zwar gem. § 244 II verpflichtet, alle entscheidungsrelevanten Tatsachen und Beweismittel von Amts wegen aufzuklären. Diese Auf-

19 BVerfGE 65, 305; *Perron*, Beweisantragsrecht, S. 27 ff.

20 S. hierzu ausführlich: *Perron*, Beweisantragsrecht, S. 27 ff.

21 *Schatz*, Beweisantragsrecht, S. 206, 208.

22 *Pfeiffer*, StPO § 244 Rn. 13; *Schulz*, StV 1991, 354, 359 f.

klärungspflicht versagt jedoch dann, wenn das Gericht überzeugt ist, seinem Beweisprogramm ausreichend nachgekommen zu sein.

Die Bedeutung des Beweisantragsrechts zeigt sich erst dann, wenn der Beschuldigte das Gericht *zwingen* muss,[23] die gewonnenen Überzeugungen nach Abschluss des gerichtlichen Beweisprogramms nochmals zu überdenken und Wahrnehmungsfixierungen aufzubrechen[24]. Diese Wahrnehmungsfixierungen resultieren auch aus dem sog. Perseveranzeffekt (Mechanismus der Selbstbestätigung von Hypothesen) oder Inertia-Effekt (Trägheitseffekt).[25] Dieser aus der Verfahrenspsychologie stammende Effekt besagt, dass der entscheidende Richter sich durch das Studium der aus Polizeiperspektive verfassten Ermittlungsakte ein Vorurteil von der Schuld des Beschuldigten bildet,[26] das in der Hauptverhandlung entkräftet werden muss. Dabei werden Informationen, die die Hypothese der Schuld des Angeklagten bestätigen, überschätzt und entlastende Informationen unterschätzt.[27] Das Beweisantragsrecht dient der Ermittlung der materiellen Wahrheit jenseits der Aufklärungspflicht des Gerichts.[28] Es schafft einen Ausgleich zu der begrenzten menschlichen Wahrnehmungsmöglichkeit des Gerichts, indem es einen „formalisierten Dialog“[29] zwischen Gericht und Verteidigung schafft, der dazu beiträgt, dass die Wahrheitsfindung nicht einseitig dem Gericht obliegt, sondern auf mehrere Wahrnehmende verteilt wird.[30] Es ist somit unerlässlich, um die dem Strafverfahren innenwohnende Schieflage[31] zumindest im Hauptverfahren zugunsten des Angeklagten durch Gewährung eines starken Beteiligungsrechts auszugleichen und Waffengleichheit herzustel-

---

23 *Eisenberg*, Beweisrecht, Rn. 139; *Kempf*, StraFo 2010, 316, 322.

24 *HHP*, Beweisantragsrecht, Rn. 30; *Deckers*, Beweisantrag, S. 49.

25 *Barton*, Einführung in die Strafverteidigung, § 12 Rn. 35 ff. m.w.N.; *Roxin/Schünemann*, § 1 Rn. 16, § 9 Rn. 1.

26 *Perron*, Beweisantragsrecht, S. 124 ff.

27 *Barton*, Einführung in die Strafverteidigung, § 12 Rn. 35 ff.; *Schünemann*, StV 2000, 159, 160.

28 Das Verhältnis von Beweisantragsrecht und Aufklärungspflicht ist indes nicht unumstritten, soll aber nicht weiter vertieft werden; s. hierzu: *ANM*, Beweisantrag, S. 26 ff; *Eisenberg*, Beweisrecht, Rn. 5; *HHP*, Beweisantragsrecht, A. Theoretische Grundlagen, insb. Rn. 1, 3, 29 f.; *Schatz*, Beweisantragsrecht, S. 209 ff.

29 *Deckers*, Beweisantrag, S. 115; ähnl. Formulierung in BGH NJW 2000, 443, 445 „formalisierte Kommunikation“.

30 *Deckers*, Beweisantrag, S. 13.

31 *Gaede*, NJW 2009, 608 nennt die Gestattung der „kriminalistischen List“ als Beispiel für das Übergewicht der Strafverfolgungsorgane im Ermittlungsverfahren.

len.[32] Es kompensiert die fehlenden Teilhaberechte von Beschuldigtem und Verteidigung im Ermittlungsverfahren.[33] Ist ein Strafverfahren in das Stadium des Hauptverfahrens vorgedrungen, ist das Beweisantragsrecht meist – abgesehen von einer Verständigung – das einzige Mittel der Verteidigung, eine Wende zugunsten des Angeklagten herbeizuführen.[34]

Mit einem Beweisantrag kann nicht nur versucht werden, die Unschuld des Angeklagten zu beweisen, indem belastende Beweise der Staatanwaltschaft erschüttert und eigene entlastende Beweise (bspw. bezüglich eines Alibis) erhoben werden, sondern darüber hinaus können Tatvorwürfe herabdefiniert (bspw. den Vorwurf einer Vorsatztat auf eine Fahrlässigkeitsstrafbarkeit oder die Widerlegung des Vorliegens eines Qualifikationstatbestandes) und Strafzumessungsgründe vorgebracht werden.[35]

Nicht zuletzt hat das Beweisantragsrecht auch eine Informations- und Beweisfunktion. Durch die Begründungspflicht bei Ablehnung eines Beweisantrags wird der Beschuldigte in die Lage versetzt, sein Prozessverhalten neu auszurichten und Aufschluss über die gerichtliche Bewertung der Beweislage zu erhalten.[36] Ändert das Gericht seine Auffassung, die einem Beschluss über die Ablehnung eines Beweisantrags zugrunde liegt, ist es zu einem Hinweis verpflichtet.[37] Die Beweisfunktion ergibt sich aus der Protokollierung der begründeten Ablehnung des Beweisantrags gem. § 273 I 1. Diese ermöglicht es dem Antragsteller, eine fehlerhafte Ablehnung in der Revision erfolgreich zu rügen.[38]

Zu Recht wird das Beweisantragsrecht als „wichtigstes Verteidigungsrecht“[39] oder „Königsweg“[40] der Verteidigung bezeichnet. Dabei ist nicht zu verkennen, dass es für das Gericht in erster Linie eine Belastung darstellt, An-

---

32 *Deckers*, Beweisantrag, S. 13; *Eisenberg*, Beweisrecht, Rn. 139a; *Ostendorf*, StPO, Rn. 348; *Spiekermann*, Missbrauch, S. 76; *Bernsmann*, ZRP 1994, 329, 331; *Hamm*, StV 2010, 418, 422; *I. Roxin*, StV 2010, 437, 440.

33 *Bandisch*, AnwBl 1991, 311, 312.

34 *Beulke/Ruhmannseder*, NStZ 2008, 300, 302.

35 *Deckers*, Beweisantrag, S. 9, 115.

36 S. Teil II A I 2. a); LR-*Becker*, § 244 Rn. 181.

37 BGH StV 1992, 147; BGH StV 1983, 357; *Deckers*, Beweisantrag, S. 117.

38 S. Teil II A I 2. a); BGHSt 2, 284; BGH NJW 1953, 35; *Eisenberg*, Beweisrecht, Rn. 193; *Kindhäuser*, StPO, § 22 Rn. 6; *Deckers*, Beweisantrag, S. 9 ff.

39 RGSt 22, 335, 336; *ANM*, Beweisantrag, S. 371; ähnlich *Deckers*, Beweisantrag, S. 148: „(…) das stärkste Instrument“.

40 *Barton*, Einführung in die Strafverteidigung, § 9 Rn. 92.

träge entgegen zu nehmen, zu prüfen, zu bescheiden und ggf. weitere Beweiserhebungen durchzuführen.[41] In Fällen exzessiven Gebrauchs des Beweisantragsrechts kann dies aus Sicht des Gerichts auch „(...) lästig, Zeit und Nerven raubend (...)“[42] werden. Daraus erklärt sich der Begriff des Beweisantragsrechts als „scharfes Schwert“[43] der Verteidigung.

II. Dogmatik des Beweisantragsrechts

1. Antragsberechtigung

Allen Verfahrensbeteiligten steht das Recht zu, Beweisanträge zu stellen. Antragsberechtigt sind der Angeklagte, sein Verteidiger, die Staatsanwaltschaft, der Nebenkläger nach § 397 I 3[44] sowie der Privatkläger nach §§ 385 I 1, 384 III[45] und im Jugendstrafverfahren der Erziehungsberechtigte und gesetzliche Vertreter nach § 67 I JGG sowie der Beistand nach § 69 JGG.[46] Der Verteidiger hat ein eigenes Beweisantragsrecht, das von dem des Angeklagten unabhängig ist; er kann damit auch gegen den Willen des Angeklagten Beweisanträge stellen.[47]

Aus ihrer objektiven Rechtsstellung ergibt sich, dass die Staatsanwaltschaft sowohl be- als auch entlastende Beweiserhebungen beantragen kann und muss, § 160 II.[48] Die Befugnis der Staatsanwaltschaft zur Stellung von Beweisanträgen im Hauptverfahren ist jedoch weit unbedeutender als die des Angeklagten. Die Staatsanwaltschaft als Herrin des Ermittlungsverfahrens ermittelt bereits im Vorverfahren alle Beweise und kommt zu einer Rekonstruktion des Sachverhalts aus ihrer Perspektive. Dies wirkt vorurteilsbildend[49]. In der Hauptverhandlung

---

41 *Habetha/Trüg*, GA 2009, 406, 412.

42 *Kempf*, FS Hassemer, S. 1053.

43 *Habetha/Trüg*, GA 2009, 406, 412; ähnlich *Bandisch*, AnwBl 1991, 311: „schärfste Waffe“.

44 Vgl. hierzu BGH NStZ 2010, 714.

45 *Krey*, StPO II, Rn. 1064; zu den Besonderheiten im Privatklageverfahren *M-G*, § 384 Rn. 14.

46 *M-G*, § 244 Rn. 30.

47 BGH NJW 1953, 1314; *Kühne*, StPO, Rn. 178.

48 Hierzu ist sie als „objektivste Behörde der Welt“ verpflichtet; s. zu diesem Begriff *Krey*, Strafverfahrensrecht Bd. 1 (1988), Rn. 361 m.w.N.; zur praktischen Umsetzung in der Rechtswirklichkeit krit. *Kühne*, StPO, Rn. 138.

49 *Perron*, Beweisantragsrecht, S. 148.

hat sie damit wenig Veranlassung, weitere Beweisanträge zu stellen.[50] Von weit größerer Bedeutung und praktischer Relevanz ist hingegen das Beweisantragsrecht des Beschuldigten und des Verteidigers,[51] das im Folgenden im Fokus der Untersuchung steht.

2. Zeitpunkt

Beweisanträge können in jedem Verfahrensstadium bis zum Beginn der Urteilsverkündung gestellt werden.[52] Dies sichert die Subjektstellung des Beschuldigten.[53]

Im Ermittlungsverfahren ist dies in den §§ 136 I 3, 163a III 2, IV 2, 166 I, 168d II normiert. Zudem gestattet § 201 dem Angeschuldigten, im Zwischenverfahren entlastende Beweise zu beantragen, um eine Hauptverhandlung zu vermeiden oder zumindest die Aussichten für das Hauptverfahren zu verbessern.[54]

Außerhalb des Hauptverfahrens gilt nicht das Strengbeweisverfahren, sondern das Freibeweisverfahren.[55] Damit gilt weder der numerus clausus der Ablehnungsgründe aus §§ 244 III–V, 245 noch stellt eine fehlerhafte Abweisung einen revisiblen Verfahrensfehler gem. § 337 dar.[56] Insofern wird auch von nichtförmlichen Beweisanträgen gesprochen, die lediglich als Beweisermittlungsanträge oder Beweisanregungen zu qualifizieren seien.[57] Beweisanträgen außerhalb der Hauptverhandlung kommen damit rechtlich, aber auch rechtstatsächlich[58] nicht die überragende Bedeutung zu, die sie im Hauptverfahren ein-

---

50 *Deckers*, Beweisantrag, S. 7.

51 *Schatz*, Beweisantragsrecht, S. 206 f.; *Trüg*, StraFo 2010, 139, 141.

52 *M-G*, § 244 Rn. 33 m.w.N.; *Ostendorf*, StPO, Rn. 353.

53 *Eisenberg*, Beweisrecht, Rn. 553; *HHP*, Beweisantragsrecht, Rn. 18, *Ranft*, StPO, Rn. 1544; *Trüg*, StraFo 2010, 139, 141.

54 *Perron*, Beweisantragsrecht, S. 152 f.; *Perron* sieht eine „zwar geringe, aber doch nicht völlig unbedeutende letzte Chance der Vermeidung der Hauptverhandlung".

55 *M-G*, § 244 Rn. 6 f.

56 BGHSt 6, 326, 328; *Eisenberg*, Beweisrecht, Rn. 553; KK-*Kuckein*, § 336 Rn. 5; *Volk*, Grundkurs StPO, § 25 Rn. 1.

57 *Krey*, StPO II Rn. 1056; nach *ANM*, Beweisantrag, S. 335, 336 ist eine Differenzierung zwischen Beweis- und Beweisermittlungsanträgen im Vorfeld des Hauptverfahrens sinnlos.

58 Vgl. die Ergebnisse der Praktikerbefragung bei *Perron*, Beweisantragsrecht, S. 292 ff. und 304 ff.; *Eschenhagen*, Missbrauch des Beweisantragsrechts, S. 35 ff.

nehmen. Im Folgenden soll daher Gegenstand der Untersuchung der in der Hauptverhandlung gestellte Beweisantrag sein.

3. Begriff des Beweisantrags

Das Gesetz definiert den Begriff des Beweisantrags nicht, sondern dieser wurde von der Rechtsprechung herausgebildet. Ein Beweisantrag ist das ernsthafte Verlangen eines Prozessbeteiligten, über eine die Schuld- oder Rechtsfolgenfrage betreffende Behauptung durch bestimmte, nach der StPO zulässige Beweismittel Beweis zu erheben.[59] Dabei müssen Beweistatsache und Beweismittel konnex sein.[60]

Beweisanträge können bedingt werden, also in Abhängigkeit von einem künftigen, ungewissen Ereignis gesetzt werden, soweit dieses ein innerprozessuales Ereignis darstellt.[61] Ein solches innerprozessuales Ereignis kann eine bestimmte Prozesslage, eine bestimmte Abschlussentscheidung oder ein bestimmtes Begründungselement des Sachurteils sein; man unterscheidet daher prozessual bedingte Beweisanträge, Hilfsbeweisanträge und Eventualbeweisanträge.[62]

4. Form

In der Regel sind Beweisanträge in der Hauptverhandlung mündlich zu stellen. Das Gericht kann nach § 257a eine schriftliche Antragsstellung anordnen. Üblich ist es, die Anträge schriftlich zu verfassen, vorzulesen und zu den Akten zu geben.[63] Die gestellten Anträge sind gem. § 273 I 1 in das Hauptverhandlungsprotokoll aufzunehmen.[64]

---

59 BGHSt 1, 29, 31; BGHSt 6, 128, 129; M-G, § 244 Rn. 18.

60 *Kindhäuser*, StPO, § 22 Rn. 1 m.w.N; zu der Verschärfung der Anforderungen an diese Konnexität s. Teil I D I 5.

61 BGHSt 29, 396; KK-*Fischer*, § 244 Rn. 88.

62 KK-*Fischer*, § 244 Rn. 89 ff.; *Kindhäuser*, StPO, § 22 Rn. 22 ff.; wobei die Terminologie nicht ganz einheitlich, dies sachlich aber unerheblich ist: *Kühne*, StPO Rn. 768; *Ranft*, Strafprozessrecht, Rn. 1554; *Schrader*, NStZ 1991, 224.

63 *M-G,* § 244 Rn. 32; *Kindhäuser*, StPO, § 22 Rn. 30.

64 *M-G,* § 244 Rn. 36, § 273 Rn. 10.

5. Bescheidung des Antrags

Grundsätzlich ist jedem Beweisantrag zu entsprechen. Die in § 244 III–V und § 245 StPO abschließend genannten Ablehnungsgründe sind hierzu Ausnahmen.[65] § 244 III-V gelten dabei für noch herbeizuschaffende Beweismittel, § 245 hingegen für präsente Beweismittel.[66]

Über die Ablehnung entscheidet das Gericht in der Hauptverhandlung durch Gerichtsbeschluss (§ 244 VI), der gem. § 34 zu begründen ist.[67] Dies soll es dem Antragsteller ermöglichen, sein Prozessverhalten auf die geänderte Situation einzustellen, bspw. den Vorwurf der Prozessverschleppungsabsicht zu entkräften,[68] sich nochmals zu den Gründen der Ablehnung zu äußern oder weitere Beweisanträge zu stellen.[69] Zudem wird die Möglichkeit einer rechtlichen Überprüfung des Ablehnungsbeschlusses in der Revisionsinstanz gesichert.[70] Damit reicht es nicht aus, wenn erst in den Urteilsgründen eine tragfähige Begründung geliefert wird.[71]

Der Antragsteller kann jedoch auf die Bekanntgabe in der Hauptverhandlung verzichten. Dies ist bei der Stellung eines Hilfsbeweisantrags der Fall, da hierbei der Beweisantrag von einer bestimmten Entscheidung nach Abschluss der Beweisaufnahme abhängig gemacht wird,[72] bspw. für den Fall, dass kein Freispruch ergeht. Hiervon ist wiederum eine Ausnahme zu machen in dem Fall, dass der Hilfsbeweisantrag wegen Prozessverschleppungsabsicht abgelehnt werden soll.[73] Der Antragsteller muss noch in der Hauptverhandlung darlegen können, dass er den Antrag nicht allein aus Prozessverschleppungsabsicht gestellt habe, und eine genauere, umfassendere Begründung des Antrags nachschieben können.[74]

---

65 *Kindhäuser*, StPO, § 22 Rn. 34.

66 Zum Begriff des präsenten Beweismittels: *Beulke*, StPO, Rn. 450; im Fokus der Untersuchung stehen die Ablehnungsgründe des § 244, wobei die Ausführungen auf § 245 übertragbar sind.

67 *Kühne*, StPO, Rn. 761.

68 LR-*Becker*, § 244 Rn. 286.

69 BGH NStZ 1983, 568; *Roxin/Schünemann*, Strafverfahrensrecht, § 45 Rn. 38.

70 BGHSt 2, 284; BGH NJW 1953, 35; *Eisenberg*, Beweisrecht, Rn. 193.

71 *Eisenberg*, Beweisrecht, Rn. 195.

72 BGHSt 32, 13; *Eisenberg*, Beweisrecht, Rn. 165.

73 BGHSt 22, 124; BGH NStZ-RR 1998, 14; BGHSt 52, 355, 361.

74 BGHSt 22, 124; s. hierzu Teil I A I 2. b).

Gem. § 246 I kann ein Beweisantrag nicht abgelehnt werden mit der Begründung, er sei zu spät gestellt worden. Vielmehr steht es den Verfahrensbeteiligten frei, wann sie Beweisanträge stellen.[75] Damit ist gesetzlich angeordnet, dass der Grundsatz des zügigen Verfahrens hinter einer umfassenden Wahrheitsermittlung zurücktritt.[76] Ein Beweisantrag kann nicht allein deswegen abgelehnt werden, weil er spät gestellt wurde.[77] § 244 III – V formulieren positiv, aus welchen Gründen ein Beweisantrag abgelehnt werden kann, während § 246 I negativ bestimmt, weshalb ein Beweisantrag nicht abgelehnt werden kann. § 246 I ist somit als negative Ergänzung der Ablehnungsgründe aus § 244 III – V zu verstehen.[78]

6. Der Ablehnungsgrund der Prozessverschleppungsabsicht

Ein Beweisantrag kann abgelehnt werden, wenn er zum Zwecke der Prozessverschleppung gestellt wurde, § 244 III 2 Var. 6.[79] Das Merkmal der Prozessverschleppungsabsicht findet seinen Ursprung bereits in der Rechtsprechung des Reichsgerichts[80] und unterliegt bis dato ständiger Fortbildung durch die Gerichte.[81] Der Ablehnungsgrund der Prozessverschleppungsabsicht soll das Verfahren vor Anträgen schützen, die zwar äußerlich einem ordnungsgemäßen Beweisantrag entsprechen, inhaltlich aber nicht geeignet sind, die Wahrheitsermittlung zu fördern, und lediglich gestellt werden, um das Verfahren zu verzögern oder gar eine Entscheidung des Gerichts zu verhindern.[82]

Seit der Leitentscheidung BGHSt 21, 118, 121 ist es ständige Rechtsprechung, dass Voraussetzung der Prozessverschleppungsabsicht ist, dass die Beweisaufnahme nichts Sachdienliches zu Gunsten des Angeklagten erbringen kann, die begehrte Beweisaufnahme den Verfahrensabschluss wesentlich er-

---

75 BGHSt 21, 118; LR-Becker, § 246 Rn. 1; M-G, § 246 Rn. 1.

76 LR-*Becker*, § 246 Rn. 1.

77 LR-*Becker*, § 246 Rn. 1.

78 LR-*Becker*, § 246 Rn. 1.

79 Bzw. § 245 II 3 Alt. 5; im Folgenden wird vereinfacht nur § 244 III 2 Var. 6 zitiert.

80 Urt. v. 3.3.1880, RGSt 12, 335 ff.

81 Vgl. *Hirsch*, Der zum Zwecke der Prozeßverschleppung gestellte Beweisantrag, S. 6 ff.

82 LR-*Becker*, § 244 Rn. 265.

schweren würde und der Antragsteller mit seinem Verlangen im Bewusstsein dieser Umstände ausschließlich eine Verzögerung des Verfahrens bezweckt.[83]

Der neueren Rechtsprechung ist die Tendenz zu entnehmen, auf das Merkmal der „Wesentlichkeit" zu verzichten.[84]

Tabellarisch lassen sich die Voraussetzungen des Ablehnungsgrundes der Prozessverschleppungsabsicht wie folgt zusammenfassen:

Objektive Voraussetzungen	**Subjektive Voraussetzungen**
• Nutzlosigkeit der Beweiserhebung • wesentliche Verzögerung des Verfahrens (von der Rechtsprechung aufgegeben)	• Kenntnis der objektiven Voraussetzungen • Prozessverschleppungsabsicht im engeren Sinne: Absicht der Verfahrensverschleppung als alleiniges Motiv

Abb. 1: Voraussetzungen des Ablehnungsgrundes der Prozessverschleppungsabsicht

Problematisch ist der Nachweis der subjektiven Komponente, der Prozessverschleppungs*absicht,* die nur aus äußeren Umständen geschlossen werden kann.[85] Auch stellten die Revisionsgerichte bislang hohe Anforderungen an den Nachweis dieser Absicht, so dass dem Ablehnungsgrund der Prozessverschleppungsabsicht in der Vergangenheit praktisch kaum Bedeutung zukam; in weni-

---

83 BGHSt 29, 149, 151; *Fahl*, Rechtsmissbrauch, S. 467 ff.; *Hirsch*, Der zum Zwecke der Prozeßverschleppung gestellte Beweisantrag, S. 47, Fn. 245; *Kindhäuser*, StPO, § 22 Rn. 49 m.w.N.

84 S. Teil I D I 6.; so in einem obiter dictum BGHSt 51, 333; BGH StV 2008, 9; zust.: KK-*Fischer*, § 244 Rn. 178; *Habetha/Trüg*, GA 2009, 406, 423; *Niemöller*, NStZ 2009, 129; abl.: *Bauer*, NStZ 2008, 542; *M-G*, § 244 Rn. 67; *Beulke/ Ruhmannseder*, NStZ 2008, 300; noch weitergehend will *Niemöller*, NStZ 2008, 181 die bloße Absicht ausreichen lassen.

85 *ANM*, Beweisantrag, S. 643; *Eisenberg*, Beweisrecht, Rn. 235; *Römbke*, Ablehnungsgrund der Prozessverschleppung, S. 165.

ger als 1 % der Ablehnungen wurden diese mit Prozessverschleppungsabsicht begründet.[86]

Durch eine Reihe aktueller Entwicklungen in der Rechtsprechung erfährt der Ablehnungsgrund der Prozessverschleppungsabsicht eine deutliche Aufwertung,[87] u.a. durch die Inkorporierung der Fristenlösung.

B. Beispiele

Das System des Beweisantragsrechts scheint auf den ersten Blick einen ausgewogenen Ausgleich der Beteiligungsrechte des Angeklagten und der Funktionstüchtigkeit der Strafjustiz zu gewährleisten. In der Praxis hängt dies jedoch zu einem großen Teil vom Prozessverhalten der Verteidigung ab. Dass das System hieran scheitern kann, soll das erste Beispiel des LG Wiesbaden zeigen. Welches Ausmaß ein von Gesetzes wegen zulässiges Verteidigungshandeln annehmen kann, soll der zweite Fall des LG Hamburg verdeutlichen. Als Gegenbeispiel soll der Fall „Fritz Teufel“ dienen, in dem herausgestellt werden soll, welchen Stellenwert ein zeitlich unbegrenztes Beweisantragsrecht für den Angeklagten einnehmen kann.

I. Urteil des LG Wiesbaden vom 23.9.1994[88]

Dem Urteil des LG Wiesbaden lag der Fall zugrunde, dass die einschlägig vorbestrafte Angeklagte ein Gebäude in Wiesbaden besetzte und bei der anschließenden Räumung Widerstand gegen ihre Festnahme leistete und dabei mit dem Fuß gegen einen Polizeibeamten trat. Das AG Wiesbaden hat die Angeklagte in erster Instanz wegen Hausfriedensbruchs zu einer Geldstrafe von 60 Tagessätzen verurteilt und sie im Übrigen freigesprochen.

Die Staatsanwaltschaft legte gegen das amtsgerichtliche Urteil Berufung ein. Das LG Wiesbaden verwarf die Berufung trotz Überzeugung von der Schuld der Angeklagten und sprach sie frei:

---

86 *Römbke*, Ablehnungsgrund der Prozessverschleppung, S. 151; s. hierzu Teil II A III 4 e) cc) (1).

87 S.o. durch Aufhebung des Merkmals der Wesentlichkeit, BGHSt 51, 333; i.Ü. hierzu *Fahl*, Rechtsmissbrauch, S. 474 „Renaissance“ der Prozessverschleppungsabsicht *Bünger*, NStZ 2006, 305, 310; *Kudlich*, NJW-Beil. 2010, 86, 88.

88 = NJW 1995, 409 = StV 1995, 239 = DRiZ 1994, 466.

Angesichts der „Konfliktverteidigung", die sich in Widerspruch und Kritik am Gericht, Befangenheitsanträgen, dem Fordern von Pausen und durch eine Unzahl von Beweisanträgen[89] äußerte, sah das Gericht sich nicht in der Lage, das Verfahren weiter durchzuführen. Die Verteidigung sei in den „Kampf gegen die Rechtsordnung mit Mitteln des Strafprozessrechts" getreten, was verhindere, dass Strafprozesse in angemessener Zeit durchzuführen seien. Die Verhandlung werde nicht mehr „(...) vom Vorsitzenden geleitet, sondern steht zur Disposition des Verteidigers. Damit ist der Kollaps der Justiz herbeigeführt." Das Gericht sei hiergegen machtlos und sieht seine Würde in elementarer Weise verletzt. Daraus folgert das LG, dass es zur Aufrechterhaltung der Strafrechtspflege geboten sei, die Nichtverurteilung der Angeklagten hinzunehmen, um andere Strafverfahren durchzuführen. Die Fortführung des Prozesses sei eine „Verschleuderung der Rechtsgewährungskapazität". Die Angeklagte wurde freigesprochen.

Die Skurrilität der Entscheidung zeigt sich in ihrem Ergebnis. Das Gericht sah sich gezwungen, einen Angeklagten trotz Überzeugung von seiner Schuld freizusprechen. Es kapitulierte an der ihm von Verfassungs wegen gestellten Aufgabe,[90] um genau dieser - die Wahrheit zu ermitteln und Recht zu sprechen - in anderen Fällen nachzukommen.[91]

Dass ein Gericht derart scheitert und „die weiße Fahne schwenkt", mag ein extremer Ausnahmefall sein. Die Entscheidung verdeutlicht jedoch, dass das auf den ersten Blick ausgewogene Beweisantragsrecht der Verteidigung von Gesetzes wegen ein Mittel an die Hand gibt, ein Verfahren zu torpedieren. Der Begriff des „scharfen Schwertes"[92] trifft in diesen Fällen zu. Wie exzessiv dieses Verteidigungsrecht eingesetzt werden kann, soll im folgenden Beispiel gezeigt werden.

---

89 Die genaue Anzahl geht aus den Urteilsgründen nicht hervor.

90 Art. 20 III, 92 GG.

91 Vgl. hierzu *Beulke*, FS Amelung, S. 551: „Diese Entscheidung bedarf angesichts der Absurdität, die ihr auf die Stirn geschrieben ist, nahezu keiner Kommentierung. Hier ist ein Gericht an der ihm gestellten Aufgabe gescheitert und hat einen Offenbarungseid geleistet."

92 *Habetha/Trüg*, GA 2009, 406, 412.

II. Urteil des BGH vom 14.6.2005[93]

Am Landgericht Hamburg wurde ab 2001 folgender Fall verhandelt:

Dem Angeklagten Z wurden diverse Verbrechen zur Last gelegt, darunter ein versuchter Mord, gefährliche Körperverletzung, Totschlag und besonders schwerere räuberische Erpressung in Tateinheit mit versuchtem besonders schwerem Raub. Dem Mitangeklagten Y wurde eine Anstiftung zum Mord vorgeworfen.

Das Verfahren gestaltete sich schwierig: Es gab eine Vielzahl von Opfern; die Angeklagten, Opfer und Zeugen hatten darüber hinaus Auslandsbezug, und unmittelbare Tatzeugen waren nicht vorhanden, so dass das Gericht auf Aussagen von Zeugen vom Hörensagen angewiesen war.[94]

Die Verhandlungen zogen sich über drei Jahre und drei Monate mit zwei Verhandlungstagen die Woche hin. Während dieser Zeit befanden sich die Angeklagten in Untersuchungshaft. Der Druck in der Öffentlichkeit wuchs – nach 259 Verhandlungstagen müsse das extrem kostspielige Verfahren ein Ende finden.[95]

Die Beweisaufnahme war geprägt von einer Vielzahl von Beweisanträgen des Verteidigers des Angeklagten Z, Herrn Rechtsanwalt Ri. Dieser stellte sukzessiv insgesamt 320 Beweisanträge, die nahezu alle - hauptsächlich wegen Bedeutungslosigkeit (§ 244 III 2 Var. 2) - abgelehnt wurden. Rechtsanwalt Ri. reagierte auf diese Ablehnungen mit zahlreichen „Gegenvorstellungen", unzähligen Ablehnungsgesuchen und Unterbrechungsanträgen.[96] Sein Plädoyer erstreckte sich über neun Verhandlungstage. An diesen referierte er stundenlang und zählte, ohne den Versuch einer Zusammenfassung zu unternehmen, in chronologischer Reihenfolge die Zeugen- und Sachverständigenaussagen auf, bis das Gericht die Monologe jeweils abbrach.

Nach fast zwei Jahren Verhandlungsdauer kündigte Rechtsanwalt Ri. an, er beabsichtige noch eine Vielzahl von Anträgen zu stellen, die zwar noch nicht formuliert seien, die er jedoch im Kopf habe. Es könnten etwa 30 bis 200 Anträge sein; welche Themenkomplexe diese beträfen, könne er nicht sagen. Auch

---

93 BGH Urt. v. 14.6.2005, 5 StR 129/05 = NStZ 2005, 648 = NJW 2005, 2466 = StV 2006, 113.

94 LG Hamburg StraFo 2004, 170, 171.

95 *Durth/Meyer-Lohkamp*, StraFo 2004, 170, 171.

96 BGH NJW 2005, 2466.

der Verteidiger des Y wies darauf hin, dass noch mehrere nicht näher konkretisierbare Anträge gestellt würden.

Das Landgericht Hamburg sah sich gezwungen, das schier endlose Verfahren alsbald zu einem Abschluss zu bringen. Im November 2002 fasste es den Beschluss, dass nach dem 9.1.2003, 12 Uhr, wegen Verstoßes gegen das allgemeine Missbrauchsverbot keine Anträge mehr entgegen genommen würden. Das Gericht sah in Anbetracht der Prozesslage nach einer Beweisaufnahme von über drei Jahren keine andere Möglichkeit, das Verfahren zum Abschluss zu bringen.[97]

Auch in diesem Fall zeigt sich die Machtlosigkeit des Gerichts; das gesetzliche System des Beweisantragsrechts scheint für ein solches Verteidigerhandeln keine Lösung parat zu haben. Ob der hier eingeschlagene Lösungsweg des Landgerichts Hamburg, eine Frist für die Stellung von Beweisanträgen zu setzen, mit dem geltenden Recht in Einklang steht, ist Gegenstand der Ausführungen in Teil II.

III. Der Fall „Fritz Teufel“

Das Berliner Kammergericht führte 1978 bis 1980 ein Verfahren gegen den Kommunarden Fritz Teufel wegen Entführung des Berliner CDU-Vorsitzenden Peter Lorenz und Ermordung des Berliner Kammergerichtspräsidenten Günter von Drenkmann.[98] Nach 1718 Tagen Haft und nach dem Plädoyer der Bundesanwaltschaft, den Angeklagten zu 15 Jahren Freiheitsstrafe zu verurteilen, machte Fritz Teufel geltend, für den Tatzeitpunkt ein Alibi zu haben. Am 178. Verhandlungstag beantragte Teufel am 13.10.1980, Beweis zu erheben, dass er am Tag der Tat unter falschem Namen in einem Essener Presswerk gearbeitet habe und beantragte, zu diesem Umstand zwei Dutzend Zeugen zu hören. Diesen Beweisantrag hat das Kammergericht nicht, wie von der Bundesanwaltschaft gefordert, wegen Prozessverschleppung abgelehnt. Hintergrund des Verhaltens Teufels war seine Absicht, auf diesem Wege die einseitige Ermittlungstätigkeit der Behörden öffentlich anzuprangern.

Dieser Fall zeigt exemplarisch, welche Konsequenzen eine Präklusion von Beweisanträgen hätte und welche Gefahren die Befristung von Beweisanträgen für den Angeklagten mit sich bringen kann. Für Fritz Teufel standen 15 Jahre

---

97 LG Hamburg StraFo 2004, 170.

98 S. zum Ganzen DER SPIEGEL, Nr. 23/1980, S. 32 ff.; *Hamm*, FS Hassemer, S. 1017, 1019.

Freiheitsstrafe auf dem Spiel. Letztlich wurde er aufgrund des Alibis freigesprochen. Aus welchen Gründen Beweisanträge zu so einem späten Zeitpunkt gestellt werden – seien es sachlogische, seien es taktische – ist im Hinblick auf die Wahrheitsfindung irrelevant.[99]

Die Extrempunkte sind damit festgelegt: Es gilt zum einen, die Funktionstüchtigkeit der Strafrechtspflege als Ausfluss des Rechtsstaatsprinzips[100] zu gewährleisten, und zum anderen, die Verteidigungsrechte des Angeklagten zu wahren. Welchen Weg die Rechtsprechung hierfür gewählt hat, soll der folgende Abschnitt erläutern.

---

99 *Hamm*, FS Hassemer, S. 1017, 1019.

100 BVerfGE 33, 367, 383; Maunz/Dürig – *Schmid-Aßmann*, Art. 103 II GG, Rn. 176 m.w.N.

C. Die Entwicklung der Rechtsprechung zur Fristenlösung

Im Folgenden soll untersucht werden, wie sich die Fristenlösung in der Rechtsprechung etabliert hat, die Argumentation des BGH soll dargestellt und die Auffassung des BVerfG aufgezeigt werden.

I. BGH Beschl. v. 14.6.2005 – 5 StR 129/05 (LG Hamburg)[101]

1. Entscheidungsgründe

Geburtsstunde der Fristenlösung ist der bereits genannte Beschluss des BGH vom 14.6.2005.

Zunächst stellt der BGH klar, dass das Strafverfahrensrecht keine Präklusion im Beweisantragsrecht kenne. Mit dem Verweis auf BGH NStZ 2005, 395[102] macht er nochmals deutlich, dass dem Prinzip der materiellen Wahrheit Vorrang gegenüber der Verfahrensbeschleunigung gebührt und unbedingte Beweisanträge noch in der Hauptverhandlung beschieden werden müssen.

Entgegen diesen Vorüberlegungen entwickelt der BGH in einem obiter dictum erstmals die Fristenlösung. Dogmatisch bezieht er sich dabei nicht auf das allgemeine Missbrauchsverbot,[103] sondern deutet eine Verknüpfung der Fristsetzung mit dem Ablehnungsgrund der Prozessverschleppungsabsicht erstmals an[104]:

Der BGH erklärt, es sei eine verfahrensrechtlich vertretbare Lösung, eine Frist für die Stellung der Beweisanträge zu setzen. Nach Ablauf der Frist gestellte Beweisanträge können vorab pauschal wegen Prozessverschleppungsabsicht abgelehnt werden; das Gericht müsse diese Anträge dennoch „vornehmlich" unter Aufklärungsgesichtspunkten prüfen, könne diese jedoch wie Hilfsbeweisanträge erst in den Urteilsgründen bescheiden, wobei auch der Ablehnungsgrund der Prozessverschleppungsabsicht nicht ausgeschlossen sei.

---

101 = NJW 2005, 2466 = NStZ 2005, 648 = StV 2006, 113; Vorinstanz: LG Hamburg StraFo 2004, 170 (m. Anm. *Durth/Meyer-Lohkamp*).

102 BGH NJW 2005, 2467 verweist auf BGH NStZ 2005, 395 = StV 2005, 420.

103 So bspw. in BGHSt 38, 111.

104 A.A.: *I. Roxin*, StV 2010, 437 (Fn.2).

Dies sei „in extrem gelagerten Fällen (…) erwägenswert“.[105] Zudem stellt er die zusätzliche Voraussetzung auf, dass zuvor Beweisanträge wiederholt wegen Verschleppungsabsicht abgelehnt wurden.

Der BGH folgert dieses Vorgehen zum einen aus dem Erfordernis der Funktionsfähigkeit der Strafrechtspflege. Zum anderen zieht er den Beschleunigungsgrundsatz heran, der sich mittelbar aus den Art. 6 I, 5 III 2 Europäische Menschenrechtskonvention[106] und Art. 2 II GG ergibt. Insbesondere bei langer Verfahrensdauer und in Haftsachen, wenn sich der Angeklagte während des Verfahrens in Untersuchungshaft befindet, gewänne dieser Grundsatz an Bedeutung.

Dogmatisch leitet der BGH ein solches Vorgehen nach Abwägung insbesondere des Informationsinteresses des Angeklagten einerseits und dem Beschleunigungsgrundsatz in Haftsachen sowie der Funktionsfähigkeit der Strafrechtspflege andererseits aus einer „verfassungs- und konventionskonforme(n) Einschränkung von § 244 VI“[107] her.

Dass hierin ein Eingriff in die Informationsfunktion des Ablehnungsbeschlusses liegt, gibt der BGH auch unumwunden zu, sieht diesen Eingriff jedoch nicht als schwerwiegend an, da das Gericht die Verfahrensbeteiligten vorab über die grundsätzlichen Ablehnungsgründe informieren müsse;[108] durch diese „vor die Klammer gezogene Vorabinformation“[109] hielte sich der Eingriff „in Grenzen“. Auch eine revisionsgerichtliche Überprüfung der Ablehnung sei gewährleistet, da die Anträge im Urteil im Einzelnen beschieden würden.[110]

Dennoch scheint dem BGH bewusst, dass diese dogmatische Konstruktion auf wackeligen Beinen steht – er fordert den Gesetzgeber auf, § 244 VI oder § 246 I zu ergänzen und so einen verfahrensverzögernden Missbrauch von Verteidigungsrechten zu verhindern. Dies sei nicht systemfremd, wie die Vorschriften der §§ 6a, 25, 222b StPO zeigten.

---

105 BGH NJW 2005, 2466, 2468.

106 Im Folgenden: EMRK.

107 BGH NJW 2005, 2466, 2468.

108 BGH NJW 2005, 2466, 2467.

109 BGH NJW 2005, 2466, 2468.

110 BGH NJW 2005, 2466, 2467.

2. Bewertung

Den Grundstein auf dem Weg zur Fristenlösung legte der BGH in diesem Urteil. Auch wenn die Fristsetzung erst später vollständig in den Ablehnungsgrund der Prozessverschleppungsabsicht eingebettet wurde, sieht der BGH erstmals vor, § 244 VI einschränkend auszulegen. Die Sanktion für eine Überschreitung der Frist war damit noch vergleichsweise gering.[111]

Festzuhalten bleibt, dass der BGH erkannt hat, dass eine Fristsetzung mit dem Wortlaut der § 244 VI und § 246 I nicht in Einklang zu bringen ist. Dennoch sieht er sich nicht gehindert, eine Entscheidung entgegen dem Gesetzeswortlaut zu treffen. Damit widerspricht sich der BGH selbst: Einerseits wendet das Gericht sich an den Gesetzgeber, die betroffenen Vorschriften zu ändern, andererseits kommt es zum selben Ergebnis de lege lata im Wege einer richterlichen Auslegung.[112]

Die Argumentation des BGH überzeugt nicht. Wie bereits dargelegt, kommt dem Beweisantragsrecht in doppelter Hinsicht Bedeutung zu: Erstens muss das Revisionsgericht in die Lage versetzt werden, die Rechtmäßigkeit der Ablehnung eines Beweisantrags zu überprüfen. Dem Antragsteller muss es ermöglicht werden, über eine Aufklärungsrüge hinaus, eine Verfahrensrüge zu erheben, die typischerweise erfolgversprechender ist.[113] Eine solche Überprüfung ist auch möglich, wenn das Gericht seine Ablehnungsgründe nicht bereits in einem Beschluss in der Hauptverhandlung darlegt, sondern in die Urteilsgründe aufnimmt. Insofern ist die Rechtsprechung des BGH unbedenklich.

Zweitens und von größerer Bedeutung ist die Informationsfunktion durch Ablehnung eines Antrags in der Hauptverhandlung. Insofern ist die Lösung des BGH problematisch. Der Antragsteller soll gerade durch Bekanntgabe der Ablehnungsgründe noch in der Hauptverhandlung in die Lage versetzt werden, sein zukünftiges Prozessverhalten unter Berücksichtigung der Auffassung des Gerichts neu auszurichten. Dies ist ihm nicht möglich, wenn die Ablehnungsgründe erst in der Urteilsverkündung mitgeteilt werden. Was der BGH als „vor die Klammer gezogene Vorabinformation“ bezeichnet, verdient den Begriff „Information“ nicht. Für den Angeklagten muss deutlich werden, wie er bspw. den Vorwurf des Prozessverschleppungsabsicht entkräften kann oder in welche Richtung noch zu stellende Beweisanträge gehen müssen, um die Überzeugung des Gerichts zu erschüttern. Eine „Vorabinformation“ kann nicht antizipieren,

111 *Kudlich*, Gutachten C 68. DJT, C 76.

112 *Duttge*, JZ 2005, 1012.

113 *Grünwald*, Beweisrecht, S. 107 f.; *Kindhäuser*, StPO, § 22 Rn. 6.

zu welchen Überzeugungen aufgrund welcher Tatsachen das Gericht kommen wird. Das Beweisantragsrecht wird hierdurch massiv abgewertet.

Zudem ist es widersprüchlich, wenn das Gericht konstatiert, das Schwurgericht habe das Recht des Angeklagten auf die Stellung von Beweisanträgen als solches nicht beschnitten, auf der anderen Seite jedoch sagt, der Eingriff in die Informationsinteressen des Antragstellers hielte sich „in Grenzen".

Der BGH bleibt eine Antwort schuldig, wie der Widerspruch zu § 246 aufzulösen ist.

Es scheint dem BGH durchaus bewusst, dass die Fristenlösung angreifbar ist. Vor diesem Hintergrund erscheint es umso verwunderlicher, dass diese Rechtsprechung zwei Jahre später vom ersten Senat aufgegriffen und erheblich erweitert wurde.

II. BGH Beschl. v. 9.5.2007 – 1 StR 32/07 (LG Landshut) - BGHSt 51, 333[114]

1. Entscheidungsgründe

Hielt der BGH in seiner Entscheidung 2005 noch eine Fristsetzung in „extrem gelagerten Fällen" für „erwägenswert",[115] soll nun eine solche in „länger dauernden Verfahren" möglich sein. Er präzisiert, was ein „länger dauerndes Verfahren" ist und orientiert sich dabei an § 229 II, der eine Unterbrechung ermöglicht, wenn die Hauptverhandlung bereits zehn Verhandlungstage umfasst.

Der Angeklagte müsse nach Fristablauf substantiiert darlegen, warum er die Frist verpasst habe.[116] Ist ihm dies nicht möglich, sei dies ein Indiz für eine Verschleppungsabsicht. Dabei betont der BGH, dass der späte Zeitpunkt der Stellung des Beweisantrages für die Annahme der Prozessverschleppungsabsicht allein nicht ausreiche.[117] Dennoch müsse einem verspäteten Antrag nur dann nachgegangen werden, wenn die Aufklärungspflicht nach § 244 II das Gericht hierzu verpflichte. Der BGH begründet dies damit, dass „(...) es nicht erkennbar (sei), warum ein Antragsteller, dem es möglich ist, innerhalb der gesetzten Frist Beweisanträge zu stellen, nicht bestrebt sein sollte, rechtzeitig seinem Anliegen

114 = NJW 2007, 2501 = StV 2007, 454 = NStZ 2007, 659.

115 BGH NJW 2005, 2466, 2468.

116 BGHSt 51, 333, 344.

117 BGHSt 51, 333, 336, 341.

dienliche Beweiserhebungen zu verlangen, will er nicht seinen Interessen zuwiderhandeln."[118]

Nunmehr erläutert der BGH, weshalb § 246 I einer Fristsetzung nicht entgegenstehe: Die Ablehnung des Beweisantrages sei nicht allein an die verspätete Antragsstellung geknüpft, die Fristversäumung erleichtere dem Tatrichter lediglich den Nachweis der subjektiven Komponente der Prozessverschleppungsabsicht. Zudem sei das Gericht weiterhin zur Entgegennahme und Verbescheidung von Beweisanträgen verpflichtet.[119]

2. Bewertung

Zunächst fällt auf, dass im zugrunde liegenden Fall von den Vorinstanzen keine Frist zur Stellung von Beweisanträgen gesetzt wurde, der BGH sich aber dennoch zur Frage der Fristsetzung äußerte.

Der BGH erweitert die Rechtsfolgen bei Versäumung der Frist dahingehend, dass dies nunmehr Indiz für eine Verschleppungsabsicht sei. Der BGH lässt offen, ob die Ablehnung noch in der Hauptverhandlung durch Beschluss erfolgen muss oder ob eine Bescheidung in den Urteilsgründen ausreicht. Insofern löst er das in der Entscheidung des ersten Senates aufgeworfene Problem um § 244 VI nicht.

Die Argumentation zur Vereinbarkeit mit § 246 ist nicht überzeugend. § 246 soll es dem Antragsteller ermöglichen, bis zur Urteilsverkündung entscheidenden Einfluss auf das Verfahren nehmen zu können. Dass ein Angeklagter seinen Interessen zuwider handelt, wenn er zu einem späten Zeitpunkt einen Beweisantrag stellt, ist eine falsche Prämisse. Wie bereits gezeigt, ist es unerheblich, wann ein Beweisantrag gestellt wird. Das Beweisantragsrecht als Ausprägung des verfassungsrechtlich gesicherten Rechts auf rechtliches Gehör sichert die Subjektstellung des Angeklagten im Prozess. Welche Absichten er mit einem Beweisantrag verfolgt, ist zunächst unerheblich. Diese Gründe können und dürfen taktischer, rationaler wie irrationaler Art sein.

Die Einführung einer „10-Tages-Grenze" erscheint zudem bedenklich. Der fünfte Strafsenat hielt die Fristenlösung noch in Extremfällen für lediglich erwägenswert, der erste Strafsenat geht darüber hinaus. Durch Anknüpfung alleine an die Anzahl der Hauptverhandlungstage kommt es nicht mehr auf auf den Ausnahmecharakter der Sache an, sondern es wird allein auf ein objektives Kriterium abgestellt. Aber nicht alle Verfahren, die mehr als 10 Hauptverhandlungsta-

---

118 BGHSt 51, 333, 344 f.

119 BGHSt 51, 333, 345.

ge beanspruchen, sind „Extremfälle". Dennoch lässt sich wohl nicht sagen, dass der erste Senat den Ausnahmefall damit zur Regel macht.[120] Tatsächlich dauern nur ca. 5,76% aller erstinstanzlichen Verfahren bei den Landgerichten länger als 10 Hauptverhandlungstage.[121]

III. BGH Beschl. v. 19.6.2007 – 3 StR 149/07 (LG Lüneburg)[122]

1. Entscheidungsgründe

Bereits einen Monat später ergab sich auch für den dritten Strafsenat des BGH die Möglichkeit, sich zu der Fristenlösung zu äußern. Unter Bezugnahme auf die jüngste Rechtsprechung des BGH setzte der Vorsitzende der Strafkammer eine Frist, innerhalb derer Beweisanträge zu stellen waren. Wieder bestätigte der BGH dieses Vorgehen und ging dabei so weit, dass eine Fristsetzung „nicht nur zulässig (…), sondern angesichts des Prozessverhaltens der Verteidigerin auch geboten"[123] sei. Der Vorsitzende hatte mehrfach nachgefragt, ob noch Aufklärungsbedarf bestünde und neue Verhandlungstermine mit der Verteidigung abgesprochen. Aus dem weiteren Prozessverhalten der Verteidigerin folgert der BGH, dass diese kein Interesse an einer Straffung des Verfahrens habe und die verfahrensbeschleunigenden Bemühungen des Vorsitzenden nicht unterstützt wurden. Dies gebiete eine Fristsetzung.

2. Bewertung

Wieder bestätigt der BGH die bisherige Entwicklung und geht erneut einen Schritt darüber hinaus. Bezeichnet der BGH die Fristsetzung nun bereits als „geboten", impliziert dies, dass der Vorsitzende „fehlerhaft" handelt, stellte er eine solche nicht, außer es liegen gewichtige Gründe hiergegen vor. Auch die Anforderungen an eine Verschleppung des Verfahrens setzt der BGH herab. Die Verteidigerin hat die verfahrensbeschleunigenden Bemühungen lediglich nicht unterstützt, was nun bereits als Indiz für eine Prozessverschleppungsabsicht

120 So aber *Kempf*, FS Hassemer, S. 1041, 1045.

121 S. Teil II A III 4. e) aa) (2); *Kempf*, FS Hassemer, S. 1041, 1048 geht davon aus, dass die Hälfte aller erstinstanzlichen landgerichtlichen Verfahren länger als 10 Hauptverhandlungstage dauern; diese Angabe ist jedoch nicht nachvollziehbar und nicht aus der dort angegebenen Fundstelle ersichtlich.

122 = NStZ 2007, 716 = StV 2007, 563.

123 BGH NStZ 2007, 716.

sprechen können soll. Dies kommt einer Mitwirkungspflicht des Verteidigers nahe, die dem Strafverfahrensrecht fremd ist.[124]

IV. BGH Beschl. v. 18.9.2008 – 4 StR 353/08 (LG Köln)[125]

1. Entscheidungsgründe

Der vierte Strafsenat steht dieser Entwicklung skeptischer gegenüber. Die Strafkammer hatte einen am letzten Hauptverhandlungstag gestellten Beweisantrag, der darauf gerichtet war, eine Zeugin zu hören, die bezeugen sollte, dass der Angeklagte zur Tatzeit gemeinsam mit ihr mit einem Bus von Litauen nach Deutschland gefahren sei und damit nicht am Tatort gewesen sein konnte, unter Bezug auf eine Prozessverschleppungsabsicht abgelehnt. Die Zeugin sei Mittäterin eines räuberischen Diebstahls des Mitangeklagten und es sei nicht ersichtlich, weshalb die Zeugin so spät benannt wurde.

Der vierte Senat betont unter Hinweis auf BGHSt 51, 333, 336,[126] dass allein der späte Zeitpunkt der Antragsstellung kein ausreichendes Anzeichen für eine Prozessverschleppungsabsicht sei. Dies ergebe sich aus § 246 I, den der Gesetzgeber nicht geändert habe, obwohl ihm die Bedeutung des Beschleunigungsgrundsatzes bewusst sei.

2. Bewertung

Auch wenn die Entscheidung zur Frage, ob der Vorsitzende eine Frist setzen kann, keine Stellung bezieht, so betont sie doch die Bedeutung des § 246 I. Aus dieser Norm ergibt sich, dass eine späte Stellung eines Beweisantrags auch nicht als „Indiz" gewertet werden kann für das Bewusstsein der Nutzlosigkeit der Beweiserhebung, wie sie der Ablehnungsgrund der Prozessverschleppungsabsicht verlangt. Freilich ist damit keine Aussage darüber getroffen, ob die späte Stellung des Antrags Indiz für das Motiv der Verschleppung des Verfahrens sein kann.

---

124 LR-*Lüderssen/Jahn*, Vor § 137 Rn. 163 m.w.N.

125 = StV 2009, 5 = NStZ-RR 2009, 21.

126 S.o. Teil I C II.

V. BGH Beschl. v. 23.9.2008 – 1 StR 484/08 (LG Münster) - BGHSt 52, 355[127]

1. Entscheidungsgründe

Einen Monat später stellte der erste Strafsenat des BGH klar, dass es möglich sei, das Fristversäumnis als einen von mehreren Gesichtspunkten in die Gesamtabwägung, ob eine Verschleppungsabsicht vorliegt, einzustellen. Nicht die Fristsäumnis als solche führe zur Ablehnung des Beweisantrages – dies sei nach § 246 I unzulässig – sondern der Ablehnungsgrund der Prozessverschleppungsabsicht. Die Versäumung der Frist sei lediglich ein Indiz für die innere Tatsache der Verschleppungsabsicht.[128] Damit sei die Frist auch keine unzulässige Ausschlussfrist.

Wieder rekurriert der BGH auf den Beschleunigungsgrundsatz, aus dem folge, dass eine Fristsetzung bei länger andauernden Hauptverfahren „angezeigt sei“; dies sei insbesondere nach Ablauf der „10-Tages-Frist“ aus § 229 II der Fall.[129] Dabei argumentiert er, § 246 I würde zwar verbieten, den Verfahrensbeteiligten einen Zeitpunkt für die Stellung von Beweisanträgen vorzuschreiben, dies sei jedoch vorliegend nicht der Fall, da die Beteiligten auch nach Fristablauf weitere Beweisanträge stellen könnten und das Gericht diese entgegen nehmen und bescheiden müsse; der Antragsteller müsste sich hinsichtlich der Versäumnis der Frist lediglich exkulpieren, also die Gründe für die verspätete Antragsstellung „nachvollziehbar und substantiiert“ darlegen.

Unter Hinweis auf ein Urteil aus dem Jahr 1990[130] sagt der BGH entgegen seiner bisherigen Äußerungen zur Fristenlösung, dass allein die verspätete Stellung eines Beweisantrags bereits für eine Verschleppungsabsicht sprechen könne.

Zudem sei eine Entscheidung über die gestellten Beweisanträge auch in den Urteilsgründen möglich. Der BGH stellt dabei klar, dass dies nach seiner bisherigen Rechtsprechung nicht möglich gewesen sei. Die Gründe für eine grundsätzliche Bescheidung noch in der Hauptverhandlung lägen im vorliegenden Fall jedoch nicht vor. Grundsätzlich kann der Antragsteller bei Stellung eines Hilfsbeweisantrags auf die Bescheidung in der Hauptverhandlung nach § 244 VI verzichten, es sei denn, der Antrag wird wegen Prozessverschleppungsabsicht abge-

127 = NStZ 2009, 169 = StV 2009, 64 = NJW 2009, 605.

128 BGHSt 52, 355, 361 f.

129 BGHSt 52, 355, 362.

130 BGH NStZ 1990, 350, 351.

lehnt. Dann muss dem Antragsteller Gelegenheit zur Entkräftung dieses Vorwurfs noch in der Hauptverhandlung gegeben werden.[131] Hier läge der Fall jedoch anders: Die Beteiligten würden im Vorfeld darauf hingewiesen, dass die Versäumung der Frist als Indiz für eine Verschleppungsabsicht gewertet werden könne. Damit bestünde kein Bedürfnis, dem Antragsteller nochmals Gelegenheit zur Äußerung zu geben. Er könne sein Prozessverhalten bereits aufgrund des gerichtlichen Hinweises ausrichten, bspw. von seinem Selbstladerecht Gebrauch machen oder weitere (Hilfs-)Beweisanträge stellen. Dadurch würde weder das Verfahren verzögert noch die Verteidigung unzulässig beschränkt. Als Argument führt der BGH an, die mit der Fristsetzung verfolgten Ziele liefen ins Leere, wenn Hilfsbeweisanträge nicht im Urteil beschieden werden könnten.

Die Befugnis zur Fristsetzung ergebe sich aus der Sachleitungsbefugnis des Vorsitzenden. Dieser sei berechtigt, die zeitliche Reihenfolge der Beweiserhebungen zu bestimmen. Daraus folge die Befugnis, eine Frist zu setzen und so den Fortgang der Beweisaufnahme zu gestalten, soweit der Aufklärungspflicht nach § 244 II Genüge getan sei.

Die Fristanordnung sei gem. § 273 III 1 zu protokollieren. Der BGH „empfiehlt", den Grund der Anordnung und die Angemessenheit der Frist in „gebotenem Umfang" zu begründen. Zudem habe das Gericht auf die Folgen einer Säumnis hinzuweisen.

2. Bewertung

Im vorliegenden Fall hatte die Vorinstanz das Versäumen der Frist als einen von mehreren Gesichtspunkten herangezogen, um eine Prozessverschleppungsabsicht des Antragstellers zu begründen. Dies billigt der BGH mit der wiederholten Formulierung, die Fristsäumnis sei lediglich „Indiz"[132]. Daher verwundert es, dass er im selben Atemzug ausspricht, *alleine* die Fristsäumnis könnte eine Ablehnung wegen Prozessverschleppungsabsicht rechtfertigen.[133] Die Qualifizierung dieses Umstandes als „Indiz" impliziert gerade, dass weitere Umstände zum Beweis einer Prozessverschleppungsabsicht hinzutreten müssen; die Versäumung der Frist vermag eine solche Absicht lediglich zu *indizieren*. Dies

131 BGHSt 52, 355, 361; s. hierzu Teil II A I 2. b) cc).

132 BGHSt 52, 355, 361 f.

133 BGHSt 52, 355, 362.

reicht für eine Ablehnung jedoch nicht aus.[134] Diese Auffassung hat der BGH in sämtlichen Urteilen zur Fristenlösung auch vertreten.[135]

Zudem stützt das vom ersten Strafsenat des BGH zitierte Urteil des vierten Senats aus dem Jahr 1990 diese Argumentation nicht. In diesem Urteil betont der BGH vielmehr, dass der Beweisantrag nicht wegen verspäteten Vorbringens abgelehnt worden sei, sondern sich aus dem gesamten Verhalten des Angeklagten ergeben habe, dass dieser lediglich das Verfahren verzögern wollte. Trotz erdrückender Beweislage und einer Verhandlungsdauer von zwei Jahren hatte der Angeklagte die Information, dass er sich angeblich zur Tatzeit in einem Hotel aufgehalten habe, bewusst zurückgehalten. Der Beweiswert der ggf. zu vernehmenden Zeugen wurde als gering eingestuft. Aus einer Gesamtschau dieser Umstände erst folgerte das Gericht die Prozessverschleppungsabsicht des Angeklagten. Dass alleine der Umstand, dass dieser den Antrag auf Vernehmung der Zeugen zu einem späten Zeitpunkt gestellt habe, ausreiche, besagt dieses Urteil nicht.

Erstmals setzt sich der BGH mit der Frage auseinander, ob die nach Fristablauf gestellten Beweisanträge in der Hauptverhandlung beschieden werden müssen. Dies war im Falle einer Ablehnung wegen Prozessverschleppungsabsicht bisher ständige Rechtsprechung. Diese will der BGH nunmehr aufgeben mit dem Argument, dass die mit der Fristenlösung verfolgten Ziele – namentlich eine Beschleunigung des Verfahrens – vereitelt würden, müsste das Gericht die Anträge noch in der Hauptverhandlung bescheiden. Damit erklärt er, dass eine Bescheidung in den Urteilsgründen notwendige Folge einer Fristsetzung ist.

Dabei ist richtig, dass die Bescheidung und Begründung (§ 34) eines Beschlusses in der Hauptverhandlung aufwändig und zeitraubend ist, insbesondere wenn eine Masse von Beweisanträgen gestellt wurde. Diesen Zeitverlust zu verhindern, ist Ziel der Fristenlösung. Eine Bescheidung erst in den Urteilsgründen, wie sonst bei Hilfsbeweisanträgen, ist in diesem Sinne auch wünschenswert. Ob das Ziel einer Verfahrensbeschleunigung jedoch überhaupt mit dem geltenden Recht vereinbar ist, ist damit nicht gesagt. Wie bereits gezeigt, sind erhebliche Zweifel bezüglich der Vereinbarkeit mit den §§ 244 VI und 246 I angebracht. Der Gesetzgeber hat sich im Bereich des Beweisantragsrechts dafür entschieden, die Verfahrensbeschleunigung zugunsten der Wahrheitsfindung zurücktreten zu

---

134 Es ist eine subjektive Überzeugung des Gerichts erforderlich, die sich auf mehrere Indizien stützen können muss, BGHSt 21, 118, 121 f.; BGHSt 51, 333, 339; *Eisenberg*, Beweisrecht, Rnrn. 237; *Perron*, Beweisantragsrecht, S. 252 m.w.N.

135 BGHSt 51, 333, 336; BGH StV 2009, 5.

lassen. Dass das Ziel der Verfahrensbeschleunigung im Beweisantragsrecht leer laufen kann, ist damit erklärter Wille des Gesetzgebers.

Auch der Telos des § 244 VI steht dieser Vorgehensweise entgegen. Aus der Hinweispflicht des Gerichts folgert der BGH, dass dem Angeklagten damit ausreichend Gelegenheit zur Äußerung gegeben wurde, den Vorwurf der Verschleppungsabsicht zu entkräften. Er könne bereits im Hinblick auf eine mögliche Ablehnung wegen Verschleppungsabsicht von seinem Selbstladerecht Gebrauch machen und weitere Beweisanträge stellen. Geht man nun davon aus, dass bereits die Versäumung der Frist alleine ausreicht, um einen Antrag abzulehnen, stellt sich die Frage, was genau der Angeklagte dagegen im Vorhinein vorbringen können soll. Geht man hingegen davon aus, dass erst aus einer Gesamtschau aller Umstände des Einzelfalles eine Ablehnung wegen Prozessverschleppungsabsicht möglich ist, müsste der Antragsteller die Bewertung des Gerichts seines (auch zukünftigen) Prozessverhaltens vorwegnehmen. Der Angeklagte kann den Vorwurf der Verschleppungsabsicht nur entkräften, wenn ihm bekannt ist, woraus das Gericht im Einzelnen auf eine solche Absicht schließt. Der pauschale Hinweis darauf, dass nach Fristablauf gestellte Beweisanträge Indiz für eine Prozessverschleppungsabsicht ist, erfüllt diese Informationsfunktion nicht. § 244 VI will sicherstellen, dass der Angeklagte sein weiteres Verhalten möglichst erfolgsversprechend neu ausrichten kann. Dieser Zweck wird durch einen pauschalen „Vorabhinweis“ nicht erreicht.

VI. BVerfG Beschl. v. 6.10.2009 – 2 BvR 2580/08[136]

1. Entscheidungsgründe

Nachdem die Revision des Angeklagten durch o.g. Beschluss (BGHSt 52, 355)[137] als offensichtlich unbegründet nach § 349 II abgewiesen worden war, erhob der Angeklagte Verfassungsbeschwerde zum BVerfG. Dieses billigte die bisherige Rechtsprechung des BGH zur Fristenlösung.

Im Wesentlichen macht das BVerfG sich die Argumente des BGH zu Eigen: § 246 I werde nicht umgangen, da eine Ablehnung nicht aufgrund einer Verspätung, sondern aufgrund des Ablehnungsgrundes der Prozessverschleppungsabsicht erfolge. Die Fristsetzung solle lediglich den Nachweis der subjektiven Voraussetzungen der Verschleppungsabsicht erleichtern, indem die Fristversäumung eine Indizwirkung entfalte. Dieses Indiz sei lediglich einer von mehre-

---

136 = NStZ 2010, 155 = StV 2010, 113 = NJW 2010, 592.

137 = NStZ 2009, 169 = StV 2009, 64 = NJW 2009, 605.

ren Umständen zur Begründung einer Verschleppungsabsicht. Daher sei es „(...) also auch zukünftig ausgeschlossen, einen Beweisantrag allein auf Grund eines zeitlich verzögerten Vorbringens abzulehnen.“[138]

Verfassungsrechtlich sei zudem unbedenklich, wenn Verteidigungsstrategien offen gelegt werden müssten, um eine Verspätung zu rechtfertigen. Einschränkend führt das BVerfG an, an diese Rechtfertigung dürften „keine übertriebenen Anforderungen gestellt werden“[139].

Zudem sei die Fristenlösung geeignet, dem Beschleunigungsgrundsatz Geltung zu verschaffen. Die Fristenlösung beuge einer sukzessiven Stellung von Beweisanträgen vor und erleichtere ihre Ablehnung im Sinne einer zielgerichteten Führung des Strafprozesses zur Wahrheitsfindung. Sinn dieses Gebotes sei auch der Opferschutz sowie die Sicherstellung einer funktionstüchtigen Strafrechtspflege.[140] Ohne die Möglichkeit einer Fristsetzung sieht das BVerfG die „rechtsstaatlich geforderte Beschleunigung des Strafverfahrens ernstlich gefährdet“.[141]

Auch zur Bescheidung der Anträge erst im Urteil bezieht das BVerfG Stellung. Es billigt eine Vorabbescheidung der Anträge. Durch die Hinweispflicht des Gerichts werde der Antragsteller in ausreichendem Maße befähigt, auf den Vorwurf der Verschleppungsabsicht zu reagieren. Dass der Antragsteller die Begründung des Beweisantrags im Vorfeld so formulieren müsse, dass eine Prozessverschleppungsabsicht ausgeschlossen sei, während er bei einer Vorabbescheidung die Reaktion des Gerichts abwarten und ggf. einen weiteren Antrag mit angepasster Begründung nachschieben könne, schränke die „(...) Verteidigungsrechte nicht in verfassungsrechtlich unzumutbarer Weise ein (...)“[142].

2. Bewertung

Dass die Verfassungsrichter in der Fristenlösung keine unzulässige Rechtsfortbildung contra legem sehen[143], überrascht angesichts des offensichtlich konfligierenden Wortlauts der §§ 244 VI, 246 I. Das Gericht begründet die Zulässigkeit der Fristenlösung insbesondere mit dem Argument des Beschleunigungsgrundsatzes. Diesem misst es auch die Funktion des Opferschutzes bei. Dass das

138 NStZ 2010, 155.

139 NStZ 2010, 155.

140 NStZ 2010, 155, 156.

141 BVerfG NStZ 2010, 155, 156.

142 NStZ 2010, 155, 156.

143 So aber *Leipold/Beukelmann*, NJW-Spezial 2009, 744.

Beschleunigungsgebot in erster Linie den Angeklagten vor Verzögerungen schützen soll, die der Justiz zurechenbar sind,[144] lässt das Gericht unter den Tisch fallen. Diese Dimension des Beschleunigungsgrundsatzes wird in sein Gegenteil verkehrt, nutzt man das Argument der Verfahrensbeschleunigung, um Verteidigungsrechte des Angeklagten einzuschränken.[145]

Dass Verteidigungsrechte beschränkt werden, wenn der Antragsteller gezwungen wird, eine Begründung für seinen Antrag zu geben, die das Gericht überzeugt, sieht das BVerfG zwar ein, misst diesem Umstand aber zumindest aus verfassungsrechtlicher Sicht keine maßgebende Bedeutung zu. Dies muss jedoch nicht zwingend für eine einfachrechtliche Sicht gelten.

VII. BGH Urt. v. 9.7.2009 – 5 StR 263/08 (LG Hamburg) - BGHSt 54, 39[146]

1. Entscheidungsgründe

Diesem Urteil des BGH lagen zwei Entscheidungen des LG Hamburg zugrunde. Die Angeklagten machten in der Revisionsinstanz den absoluten Revisionsgrund des § 338 Nr. 3 geltend mit der Begründung, ihr Ablehnungsgesuch sei zu Unrecht verworfen worden. Dem Ablehnungsgesuch lag u.a. die Tatsache zugrunde, dass der Vorsitzende nach nur neun Verhandlungstagen eine Frist für die Stellung der Beweisanträge setzte, die lediglich 23 Stunden betrug.

Der BGH nahm im Ergebnis zwar keinen tragfähigen Ablehnungsgrund an, bewertete die Frist jedoch als „eklatant kurz".[147] Die Fristenlösung müsse, um eine effektive aktive Verteidigung zu gewährleisten, vorsichtig und zurückhaltend gehandhabt werden. Dies gebiete es, eine Frist erst nach zehn Verhandlungstagen und „überhaupt nur bei bestimmten Anzeichen für Verschleppungsabsicht im bisherigen Verteidigungsverhalten, die vom Vorsitzenden im Zusammenhang mit der entsprechenden Anordnung ausdrücklich zu bezeichnen (seien)..."[148] zu setzen. Dieser restriktiven Auslegung sei hier nicht Genüge getan worden.

---

144 *Kudlich*, Gutachten C 68. DJT, C 14.

145 *Beulke*, StV 2009, 554; *I. Roxin*, StV 2010, 437, 438; s. hierzu Teil II A I 4 a).

146 = NJW 2009, 3248; die vollständigen Urteilsgründe sind unter BeckRS 2009, 21879 zu finden.

147 BeckRS 2009, 21879, Tz. 30.

148 BeckRS 2009, 21879, Tz. 29.

2. Bewertung

Der BGH bestätigt zum einen seine Rechtsprechung zur Vereinbarkeit der Fristenlösung mit § 246 I, ohne weitergehende Argumente anzuführen.

Dabei fügt er der Fristenlösung eine weitere Voraussetzung hinzu:[149] Bislang war erforderlich, dass die Hauptverhandlung mehr als zehn Verhandlungstage andauerte und das gerichtliche Beweisprogramm abgearbeitet war; nun ist zusätzlich erforderlich, dass sich aus dem bisherigen Verhalten des Angeklagten Anzeichen für eine Verschleppungsabsicht gezeigt haben. Diese Anzeichen müssen vom Vorsitzenden auch ausdrücklich bezeichnet werden. Dies ist eine sinnvolle Begrenzung der Fristenlösung. Wenn der Vorsitzende bereits vor Anordnung der Frist begründen muss, weshalb und worin er im bisherigen Prozessverhalten Tendenzen einer Verschleppungsabsicht sieht, hat dies zum einen den Effekt, dass sich der anordnende Richter selbst bewusst werden muss, worin genau er diese erkennt und ob eine Frist angezeigt ist. Daneben erfüllt diese Voraussetzung eine Informationsfunktion für den Angeklagten. Er erfährt, worauf sich die gerichtliche Einschätzung stützt, und kann so spätere Beweisanträge erfolgversprechender begründen.

Des Weiteren wird so der Gefahr vorgebeugt, dass eine Fristsetzung zur Regel wird. Immerhin müssen im bisherigen Prozessverlauf „Anzeichen" für eine Verschleppungsabsicht vorliegen. Welcher Art und Qualität diese sein müssen, bleibt jedoch offen. Die Aufnahme ins Protokoll (§ 273 III) gewährleistet dabei immerhin eine gewisse Überprüfbarkeit.

Auch die „10-Tages-Zäsur" festigt sich in der Rechtsprechung. Der BGH scheint diese Zäsur als strenge Frist zu verstehen, da neun Verhandlungstage im vorliegenden Fall eine Frist nicht rechtfertigen konnten. Dennoch mildert das Gericht dieses Ergebnis durch den Zusatz, „regelmäßig" werde eine Frist erst nach zehn Tagen in Betracht zu ziehen sein. Daraus müsste man im vorliegenden Fall folgern, dass, hätte der Vorsitzende noch einen Tag länger gewartet, die Entscheidung u.U. anders ausgefallen wäre. Ob eine solche starre Frist interessengerecht ist, ist indes fraglich. Dies bedeutete, dass dem Beschleunigungsgrundsatz ab Beginn des zehnten Verhandlungstages eine solch starke Bedeutung zukäme, dass im Vergleich zu den neun Tagen zuvor, das Verteidigungsrecht des Angeklagten dahinter zurück treten müsse. Dies ist jedoch keine tragfähige Begründung. Der Vergleich mit § 229 II hinkt:

Zwar dient auch § 229 der Konzentration und Beschleunigung der Hauptverhandlung - jedoch mit dem Ziel, dass dem urteilenden Richter die Eindrücke

149 *Niemöller*, JR 2010, 332, 334.

der Hauptverhandlung noch frisch im Gedächtnis sind.[150] Bei umfangreichen und länger dauernden Verfahren besteht die Gefahr, dass die Erinnerungen der Richter verblassen und sie den Verfahrensstoff im Laufe der Zeit nicht mehr überblicken. Hierfür will § 229 einen Ausgleich vor dem Hintergrund des Konzentrationsgrundsatzes schaffen.[151]

Der Unterscheidung zwischen Verfahren mit bis zu zehn und solchen über zehn Tagen Verhandlungsdauer lag die historische Auffassung zugrunde, zwischen „Normalverfahren" und „Großverfahren" zu differenzieren.[152] Heute ist fraglich, ob eine solche Differenzierung geeignet ist, Normalverfahren von Extremfällen abzugrenzen. Zudem sollen die Unterbrechungen auch dazu dienen, noch erforderliche Beweismittel herbei zu schaffen.[153] Die 10-Tages-Frist in Bezug auf die Fristenlösung bezweckt das Gegenteil - Beweismittel werden nach Fristablauf grundsätzlich nicht mehr zugelassen.

Zudem wurde die 10-Tages-Grenze eingeführt, um es dem Gericht in umfangreichen Verfahren zu ermöglichen, bisherige Ergebnisse festzuhalten, um für neue Erkenntnisse offen zu bleiben und die Erinnerung gleichsam zu „konservieren". Auch soll die physische und psychische Belastung aller Beteiligten möglichst gering gehalten werden.[154] Dies erfordert Unterbrechungen, die einer Beschleunigung Grenzen setzen.[155] Je umfangreicher ein Verfahren ist, desto mehr Unterbrechungen sind erforderlich. Die 10-Tages-Frist konkretisiert, ab wann die Belastungen so groß werden, dass zu Lasten einer Konzentration und Beschleunigung eine Unterbrechung zulässig ist. Im Rahmen der Fristenlösung markiert dieser Zeitpunkt dagegen umgekehrt die Wende, bei der Beschleunigung Vorrang gegenüber der Wahrheitsfindung gebührt. Die Intentionen der jeweiligen 10-Tages-Fristen sind damit gegensätzlich. Es bestehen keine Parallelen zwischen der Unterbrechung der Hauptverhandlung und der Möglichkeit einer Fristsetzung für Beweisanträge.[156] Es scheint vielmehr so, als ob man nach irgendeinem vagen Anhaltspunkt in der StPO gesucht habe, der es rechtfertige, nach einem fest bestimmten Zeitpunkt die Fristsetzung pauschal für zulässig zu erklären. § 229 II kann einen solchen nicht bestimmen.

---

150 *M-G,* § 229 Rn. 1.

151 LR-*Becker*, § 229 Rn. 2.

152 LR-*Becker*, § 229 Rn. 3.

153 KK-*Gmel*, § 229 Rn. 1.

154 LR-*Becker*, § 229 Rn. 2.

155 KK-*Gmel*, § 229 Rn. 1.

156 So auch: *König*, StV 2009, 171, 172.

VIII. BVerfG Beschl. v. 24.3.2010 – 2 BvR 2092/09 (u.a.)[157]

1. Entscheidungsgründe

Nachdem die Revisionen der Angeklagten vom BGH in BGHSt 54, 39[158] im Wesentlichen aufgehoben und zurückverwiesen wurden, haben die Angeklagten Verfassungsbeschwerde eingelegt. Die Zweite Kammer des Zweiten Senats des Bundesverfassungsgerichts hatte sich erneut mit der Fristenlösung zu beschäftigen.

Die Beschwerdeführer rügten eine Verletzung ihres Rechts auf einen gesetzlichen Richter aus Art. 101 I 2 GG, da ein wegen der Besorgnis der Befangenheit abgelehnter Richter an der Urteilsfindung mitgewirkt habe. Das Bundesverfassungsgericht hat die Verfassungsbeschwerde wegen Unbegründetheit nicht zur Entscheidung angenommen, § 93b S. 1 Var. 1 BVerfGG. Dabei bestätigt die Kammer ihre bisherige Rechtsprechung. Die Fristenlösung sei unbedenklich. Sie komme allerdings nur in bestimmten Prozesskonstellationen in Betracht. Unabhängig von den vom BGH einfachgesetzlich aufgeführten Voraussetzungen stehe die Wahrheitsfindung des Gerichts im Vordergrund, an der sich der Angeklagte aktiv beteiligen können müsse. Diese effektive Teilhabemöglichkeit würde durch die sehr kurze Frist beschnitten und die Beteiligten gedrängt, innerhalb kürzester Zeit die Reaktionen des Gerichts zu bewerten und darauf aufbauend die eigene Prozessstrategie zu überdenken und zu entscheiden, ob und welche Beweisanträge noch gestellt werden sollen. Hierfür muss die Frist jedoch genügend Zeit gewähren, um eine effektive Beteiligung zu gewährleisten. Diesen Erfordernissen sei hier nicht genügt worden, stellt das Bundesverfassungsgericht fest.

Aus verfassungsrechtlicher Sicht jedoch sei nur entscheidend, ob eine Verletzung spezifischen Verfassungsrechts vorliege. Diese sieht das Bundesverfassungsgericht nicht. Eine Verletzung spezifischen Verfassungsrechts läge nur vor, wenn die Verwerfung des Befangenheitsantrages willkürlich erfolgte oder die Bedeutung und Tragweite des Art. 101 I 2 GG grundlegend verkannt wurde. Dies sei hier nicht der Fall. Auch sei weder gegen die Grundsätze des fairen Verfahrens verstoßen worden noch liege eine unzulässige Rechtsfortbildung vor:

Nochmals rekurriert das Gericht auf den Beschleunigungsgrundsatz, der sowohl im Interesse des Opfers als auch des Beschuldigten liege. Im vorliegenden

---

157 = NJW 2010, 2036.

158 S.o. Teil I C VII.

Fall gab es im bisherigen Prozessverlauf keine Anzeichen einer Prozessverschleppungsabsicht der Beteiligten. Wenn der Angeklagte keinen Anlass zur Fristsetzung gegeben habe, sei es erst recht in seinem Interesse, das Verfahren zu einem schnellen Abschluss zu bringen. Dass er die Fristsetzung nicht verursacht habe, sei dann bei der Frage, ob die subjektive Voraussetzung der Prozessverschleppungsabsicht vorliege, zu berücksichtigen.

Das Gericht habe im Vorfeld auf einen baldigen Abschluss der Beweisaufnahme hingewiesen. Die Beteiligten wären daher in der Lage gewesen, ihr Prozessverhalten neu auszurichten. Zudem könnten die Beteiligten auch nach Fristablauf Anträge stellen und sich so noch aktiv an der Sachverhaltsaufklärung beteiligen, was „die mit der Fristsetzung einhergehende Beschränkung der Rechte abmildert."[159]

2. Bewertung

Der BGH hält es für erforderlich, dass der Angeklagte die Fristsetzung durch sein bisheriges Verhalten veranlasst hat. Das Bundesverfassungsgericht verzichtet darauf. Dies soll dadurch ausgeglichen werden, dass an die Feststellung der subjektiven Komponente der Prozessverschleppungsabsicht höhere Anforderungen zu stellen seien. Die Kammer verweist auf ihr Urteil vom 6.10.2009,[160] nach der eine Fristsetzung nur in bestimmten Prozesskonstellationen ernsthaft in Betracht zu ziehen sei. Erforderlich ist hiernach nur, dass das Gericht seiner Aufklärungspflicht nachgekommen ist und ein Hauptverfahren bereits länger andauert.

Eine solche Auffassung birgt jedoch die Gefahr, dass die Fristsetzung zur Regel wird. Um dies zu verhindern, ist es sachgerecht, wie vom BGH gefordert, dass der Angeklagte bereits im Vorfeld verschleppende Tendenzen gezeigt haben muss. Erhöhte Anforderungen können diesen Mangel nicht ausgleichen. Ohnehin sind in jedem Fall hohe Anforderungen an die subjektiven Voraussetzungen zu stellen. Dies ergibt sich zum einen aus der Tatsache, dass Beweisanträge nur in Ausnahmen abgelehnt werden dürfen. Zum anderen kann auf die subjektive Tatsache der Verschleppungsabsicht nur von äußeren Anzeichen geschlossen werden. Liegen diese im Vorfeld der Fristsetzung noch nicht vor, fragt sich, wie diese nach Fristsetzung höher qualifiziert sein sollen. Der BGH hat angeführt, dass eine Fristsetzung bspw. angezeigt ist, wenn vorherige Beweisanträge wegen Prozessverschleppungsabsicht abgelehnt wurden. Dies wäre in der-

159 BVerfG NJW 2010, 2036, 2037.

160 S.o. Teil I C VI.

artigen Konstellationen nicht der Fall – der Angeklagte hat die Fristsetzung gerade nicht veranlasst. Nach Fristsetzung gestellte Anträge werden erst im Urteil beschieden. Denkbar wäre damit nur ein verschleppendes Verhalten in Form unbegründeter Befangenheitsanträge oder Unterbrechungsanträge. Ob diese jedoch eine „verschärft verschleppende Qualität" haben können, ist indes fraglich.

Es ist nicht einzusehen, weshalb von der gesetzlichen Anordnung, dass Beweisanträge bis zum Ende der Hauptverhandlung gestellt werden können, zu Lasten eines sich ordnungsgemäß verhaltenden Beteiligten abgewichen werden soll. Ist ein zügiger Verfahrensabschluss im Interesse des Angeklagten, ist kein Grund ersichtlich, weshalb dann noch eine Fristsetzung und damit eine Einschränkung gesetzlich garantierter Verteidigungsrechte erforderlich sein soll; eine Gefahr der Verschleppung besteht für das Verfahren in diesen Fällen nicht.

Im Übrigen sieht auch das Bundesverfassungsgericht eine Frist von 24 Stunden als zu kurz an.

IX. BGH Beschl. v. 10.11.2009 – 1 StR 162/09 (LG Bochum)[161]

1. Entscheidungsgründe

Das Landgericht Bochum hatte den Beteiligten eine 14-tägige Frist zur Stellung weiterer Beweisanträge gesetzt. Der Angeklagte hatte nach Fristablauf noch Anträge gestellt, die nicht, auch nicht in den Urteilsgründen, beschieden wurden.

Der BGH führt zur generellen Zulässigkeit der Fristsetzung erneut aus, dass es sich nicht um eine Ausschlussfrist handele und das Gericht einen Antrag allein aufgrund des späten Vorbringens nicht ablehnen könne. Das Versäumen der Frist sei einer von mehreren objektiven Umständen, wodurch auf das schwer beweisbare subjektive Element der Verschleppungsabsicht geschlossen werden könne, bestätigt der BGH unter Hinweis auf das erste Urteil des Bundesverfassungsgerichts vom 6.10.2009.[162] Dieses Indiz müsse der Antragsteller nach Ablauf der Frist entkräften.

Dennoch bleibe das Gericht auch nach Fristablauf zur Bescheidung verpflichtet. Im vorliegenden Fall wurden die Anträge jedoch gar nicht beschieden. Da nach Ansicht des BGH das Urteil nicht auf diesem Rechtsfehler i.S.d. § 337 I beruhte, hatte die Revision im Ergebnis dennoch keinen Erfolg.

---

161 BGH NStZ 2010, 161 = StV 2010, 116.

162 S.o. Teil I C VI.

2. Bewertung

Der erste Senat des BGH schafft mit diesem Urteil Klarheit über die Frage, ob alleine die späte Stellung eines Beweisantrages ausreicht, um einen Beweisantrag abzulehnen. War dies in der Begründung des Beschlusses vom 23.9.2008 noch unklar, zitiert der BGH nun das erste Urteil des Bundesverfassungsgerichts[163] zu dieser Frage und stellt klar, dass dies ausgeschlossen ist.[164]

Zudem beugt er einer Ausuferung der Fristenlösung vor, indem er betont, dass auch nach Fristablauf gestellte Beweisanträge beschieden werden müssen. Dies ist an sich eine Selbstverständlichkeit, da die Frist – nach Ansicht der Rechtsprechung – gerade keine Ausschlussfrist ist, sondern nur die Ablehnung wegen Prozessverschleppungsabsicht erleichtert. Die Entscheidung über die Ablehnung muss, wie sonst auch, mittels Beschlusses oder im Urteil erfolgen. Da im vorliegenden Falle lediglich Hilfsbeweisanträge gestellt wurden, konnte der BGH es unproblematisch bei dem Hinweis belassen, dass diese nicht im Urteil beschieden wurden.

X. BGH Beschl. v. 20.7.2011 – 3 StR 44/11 (LG Hannover)[165]

1. Entscheidungsgründe

Auch das jüngste Urteil des BGH zur Fristenlösung zeigt einschränkende Tendenzen und schließt an den vorigen Beschluss des ersten Senats[166] an. Im vorliegenden Fall wurde ein nach Fristablauf gestellter Beweisantrag pauschal im Urteil wegen Prozessverschleppungsabsicht abgelehnt. Hierauf hatte die Strafkammer in einem vorher ergangenen Beschluss hingewiesen.

Der BGH betont den Ausnahmecharakter einer Bescheidung von Beweisanträgen im Urteil. Die Möglichkeit, eine Frist zu setzen, wird dabei nicht in Zweifel gezogen. Von einer Fristsetzung losgelöst und unabhängig hiervon beurteilt der BGH jedoch die Frage, wann nach Fristablauf gestellte Beweisanträge beschieden werden müssen. Ob eine Bescheidung in den Urteilsgründen in Ausnahmefällen, namentlich bei massenhaft gestellten Beweisanträgen und bei wiederholt wegen Prozessverschleppungsabsicht abgelehnten Beweisanträgen mög-

---

163 BVerfG NStZ 2010, 155; s.o. Teil I C VI.

164 BGH NStZ 2010, 161, 162.

165 = BGH NJW 2011, 2821 = StV 2011, 646 = NStZ 2011, 647.

166 BGH NStZ 2010, 161.

lich sei, lässt der dritte Senat offen, da dies jedenfalls im entschiedenen Fall nicht gegeben war. Auch eine Vorabinformation über zukünftige Ablehnungsgründe habe nicht stattgefunden, vielmehr habe sich die Kammer nur mit dem Verteidigungsverhalten des Mitangeklagten befasst, nicht jedoch mit dem des Angeklagten oder dessen Verteidiger.

Zudem sei es nicht erforderlich, die unterlassene Bescheidung in der Hauptverhandlung nach § 238 II zu rügen. Eine derartige Beanstandung könnte sich lediglich gegen sachleitende Anordnungen des Vorsitzenden richten. Dies könnte die Fristsetzung als solche sein, nicht jedoch ein Unterlassen einer nach § 244 VI erforderlichen Bescheidung des Antrags in der Hauptverhandlung.

2. Bewertung

Die Fristenlösung hat sich in der Rechtsprechung etabliert und gefestigt. Die Möglichkeit, eine Frist zu setzen, zieht der BGH nicht mehr in Zweifel. Offen gelassen wurde die Frage des Zeitpunkts der Bescheidung der Anträge.

Ein Angreifen der Fristsetzung als Zulässigkeitsvoraussetzung für eine spätere Rüge bezüglich der Bescheidung der Anträge ist nicht erforderlich. Ein Zwischenrechtsbehelf nach § 238 II kann sich nur gegen ein Tun und nicht gegen ein Unterlassen des Vorsitzenden richten,[167] so dass die Nichtbescheidung des Antrags nicht beschwerdefähig ist. Es bleibt dem Antragsteller jedoch die Möglichkeit, die Vornahme der erstrebten Handlung anzuregen und so eine Entscheidung des Vorsitzenden hierüber herbeizuführen, die wiederum beschwerdefähig wäre. Der BGH ordnet die Bescheidung eines Beweisantrags jedoch nicht als „sachleitende Entscheidung“ ein, so dass dem Beweisantragsteller diese Möglichkeit versagt bleibt – letztlich kommt dies dem Antragsteller zu Gute, da ihm keine Rügepräklusion wegen fehlenden Zwischenrechtsbehelfs droht.[168]

XI. Zusammenfassung

Bis zur ersten Entscheidung des BGH zur Fristenlösung waren sich Rechtsprechung und Literatur weitestgehend über die Voraussetzungen des Ablehnungsgrundes der Prozessverschleppungsabsicht einig. Jedenfalls erforderlich waren dafür die Nutzlosigkeit der Beweisaufnahme, die Kenntnis des Antragstellers hiervon und die Absicht, das Verfahren zu verzögern, als alleiniges Motiv der Antragsstellung. Unklar war lediglich, ob das Verfahren hierdurch wesentlich verzögert werden musste. Schwierig war bislang, festzustellen, dass der Antrag-

167 LR-*Becker*, § 238 Rn. 18.

168 LR-*Becker*, § 238 Rn. 43.

steller subjektiv aus dem alleinigen Motiv der Verschleppung des Prozesses den Antrag gestellt hat. Dies konnte sich nur aus dem gesamten Verhalten des Angeklagten während der Hauptverhandlung ergeben.

Nach der rasanten Entwicklung in den letzten sechs Jahren haben sich die Voraussetzungen nach Ansicht der Rechtsprechung erheblich gewandelt. Hiernach ist für die Ablehnung eines Antrags nach wie vor erforderlich, dass die Beweiserhebung nutzlos ist, der Antragsteller dies weiß und alleine aus Verschleppungsabsicht den Antrag gestellt hat. Der subjektive Tatbestand des Ablehnungsgrundes kann nun bei Vorliegen folgender Voraussetzungen angenommen werden:

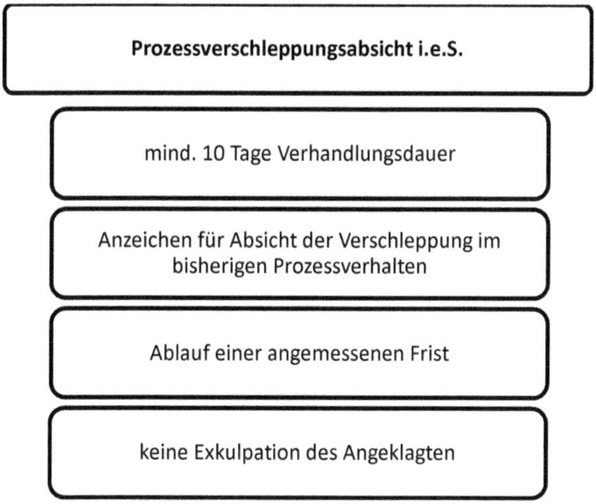

Abb. 2: Voraussetzungen der Prozessverschleppungsabsicht i.e.S. nach der Fristenlösung

Damit ist eine Ablehnung wegen Prozessverschleppungsabsicht wesentlich erleichtert, da bei Vorliegen der o.g. Voraussetzungen das subjektive Merkmal der Prozessverschleppungsabsicht i.e.S. angenommen werden kann. Unberührt bleiben die objektive Voraussetzung der Nutzlosigkeit der Beweiserhebung und die subjektive Voraussetzung der Kenntnis der Nutzlosigkeit.[169] Nach Ansicht

169 Ob die indizielle Wirkung der Fristversäumung lediglich die Prozessverschleppungsabsicht i.e.S. erfasst oder darüber hinaus auch das Bewusstsein von der Nutzlosigkeit der Beweiserhebung, ist den Urteilen nicht eindeutig zu entnehmen, vgl. Teil II B II 1.

des vierten Senats reicht eine späte Antragsstellung für die Annahme einer solchen Kenntnis jedenfalls nicht aus.[170]

Wesentlich erleichtert ist auch die Bescheidung der Anträge. Zumindest, wenn Beweisanträge „massenhaft“[171] gestellt wurden und vorherige Beweisanträge „wiederholt“[172] wegen Prozessverschleppungsabsicht abgelehnt wurden, ist es möglich, alle Beweisanträge pauschal und gebündelt erst in den Urteilsgründen zu bescheiden.

D. Das Beschleunigungsziel in der Entwicklung der Rechtsprechung

Die Entwicklung der Fristenlösung ist ein Instrument zur Verfahrensstraffung. Das Verfahrensziel „Beschleunigung“ ist dabei kein neues. Bereits 1994 wurde die Frage „Empfehlen sich Änderungen des Strafverfahrens mit dem Ziel, ohne Preisgabe rechtsstaatlicher Grundsätze den Strafprozess, insbesondere die Hauptverhandlung, zu beschleunigen?“[173] zum Thema der Verhandlungen des 60. Deutschen Juristentages gemacht. Diese Frage wurde unlängst beim 68. Deutschen Juristentag 2010 aufgegriffen. Die Diskussionen wurden insbesondere auf die Rechtsinstitute der Fristenlösung, der Verständigung im Strafverfahren und der Beschränkung der Geltendmachung von Verfahrensgarantien fokussiert.[174] Diese drei Institute nehmen dabei keine Ausnahmestellung ein. Es finden sich zahlreiche von der Judikative entwickelte Institute, die dazu dienen sollen, Hauptverfahren zügig abzuschließen, aber auch Rechtsmittelverfahren abzukürzen.[175] Exemplarisch sollen einige hiervon herausgegriffen und dargestellt und dabei Rolle und Stellung der Fristenlösung analysiert werden.

I. Obergerichtliche Institute zur Verfahrensstraffung

In der Rechtsprechung finden sich insbesondere in den letzten Jahren vermehrt beschleunigende Tendenzen. Das Beschleunigungsgebot hat sich als Leitmotiv

---

170 BGH StV 2009, 5.

171 BGH NJW 2011, 2821, 2822.

172 BGH NJW 2005, 2466, 2468.

173 *Gössel*, Gutachten C, 60. DJT.

174 *Kudlich*, NJW-Beil. 2010, 86.

175 *Wohlers*, NJW 2010, 2470.

entwickelt, das „multifunktional“ verschiedenste Verfahrensrechte beschneidet.[176] Dabei wird häufig der Beschleunigungsgrundsatz als Rechtfertigungsgrund angeführt. Die wichtigsten Instrumente der Verfahrensbeschleunigung sollen im Folgenden dargestellt und eventuell bestehende Parallelen zur Fristenlösung aufgezeigt werden, um diese anschließend systematisch einzuordnen zu können.

1. Verständigung im Strafverfahren

Mit dem Gesetz zur Regelung der Verständigung im Strafverfahren[177] ist eine gängige Rechtspraxis 2009 in die StPO aufgenommen worden. Zentrale Vorschrift ist § 257c, der Einzelheiten zu den Absprachen enthält.[178] Die Beteiligten können sich über Verfahrensgang und Verfahrensergebnis verständigen, § 257c I, zumeist auf Grundlage eines Geständnisses des Angeklagten, § 257c II 2.[179] Eine Verständigung kann sich auf das gesamte Prozessverhalten des Angeklagten beziehen; so kann sich der Angeklagte verpflichten, Beweisanträge, Aussetzungs- und Befangenheitsanträge zurückzunehmen, auf die Befragung von Zeugen zu verzichten oder einer Protokollverlesung zuzustimmen (§ 251 I Nr. 1, II Nr. 3).[180]

Absprachen im Strafprozess haben damit eine stark beschleunigende Wirkung, da die Beweisaufnahme in der Regel hiermit abgeschlossen sein wird und das Ergebnis schon feststeht. Nach Ansicht des Großen Senats für Strafsachen des BGH sind Absprachen wegen knapper Ressourcen in der Justiz unverzichtbar, um eine funktionsfähige Strafrechtspflege zu gewährleisten.[181] In der Literatur ist die Absprachenpraxis stark kritisiert worden.[182] Abgesehen von der systembedingten Unvereinbarkeit eines konsensualen Verfahrens[183] im sonst inquisitorisch ausgerichteten Strafprozess besteht insbesondere die Gefahr, dass unter

---

176 *Wohlers*, NJW 2010, 2470.

177 „Gesetz zur Regelung der Verständigung im Strafverfahren“ v. 29.7.2009, BGBl I 2353; vgl. hierzu die kritische Auseinandersetzung bei *Heller*, Das Gesetz zur Regelung der Verständigung im Strafverfahren, S. 137 ff.

178 BeckOK-*Gorf*, § 243 Rn. 25a; *Heller*, Das Gesetz zur Regelung der Verständigung im Strafverfahren, S. 149, 157 ff.

179 *Heller*, Das Gesetz zur Regelung der Verständigung im Strafverfahren, S. 163 ff.

180 Beck'sches Rechtsanwaltshandbuch-*Andrejtschitsch*, § 11 Rn. 188.

181 BGHSt 50, 40, 54.

182 Statt aller *Beulke*, StPO, Rn. 394, Fn. 79.

183 *Kudlich*, NJW-Beil. 2010, 86, 88; *Tepperwien*, NStZ 2009, 1, 5.

dem Druck einer avisierten Absprache Verfahrensrechte des Angeklagten zu Lasten der Wahrheitsfindung beschnitten werden.[184]

2. Widerspruchslösung

Im Bereich der Beweisverwertung hat der BGH die sog. Widerspruchslösung entwickelt.[185] Besteht ein Verwertungsverbot und widerspricht der verteidigte Angeklagte der Verwertung in der ersten Instanz nicht, so kann das Gericht den Beweis dennoch berücksichtigen. Dem verteidigten Angeklagten wurde der Angeklagte gleichgestellt, der zwar keinen Verteidiger hat, aber vom Vorsitzenden über seine Widerspruchsbefugnis belehrt wurde.[186] Der Angeklagte muss diesen Widerspruch bis zu dem in § 257 II genannten Zeitpunkt geltend machen. Ein Widerspruch bereits im Ermittlungsverfahren,[187] aber auch erst in der Berufungs- oder Revisionsinstanz[188] oder nach Zurückweisung[189] reicht nicht aus. Diese Obliegenheit entwickelte der BGH zunächst bei einem Verstoß gegen die Belehrungspflicht aus § 136 I 2, die obergerichtliche Rechtsprechung dehnte den Anwendungsbereich dann auf weitere Verstöße aus, wie bspw. einer Verletzung des Richtervorbehalts nach § 81 a II[190] oder einer unterlassenen Belehrung nach § 55 II.[191] Zudem wurden die Anforderungen an einen Widerspruch verschärft. Seit seiner Entscheidung BGHSt 52, 38, 42 verlangt der BGH, dass die Gründe dargelegt werden, weshalb eine Unverwertbarkeit angenommen wird, und die Angriffsrichtung der Beanstandung muss dargetan werden.[192] Das Gericht ist dabei nicht zu einem Zwischenbescheid über die Frage der Verwertbarkeit verpflichtet.[193]

Begründet wird die Widerspruchslösung mit der Dispositionsmacht der Verteidigung bezüglich der Beweisinhalte. Diese Dispositionsmacht ergebe sich daraus, dass der Angeklagte zu seiner Verteidigung während der Hauptverhand-

---

184 *Heller*, Das Gesetz zur Regelung der Verständigung im Strafverfahren, S. 187 ff.; *Tepperwien*, NStZ 2009, 1, 5; zur weiteren Kritik überblicksartig *Beulke*, StPO, Rn. 394a.

185 BGHSt 38, 214, 225 f.

186 *M-G*, § 136 Rn. 25.

187 BGH NStZ 1997, 502, 503.

188 OLG Stuttgart NStZ 1997, 405; OLG Celle StV 1997, 68.

189 BGH NJW 2006, 707.

190 OLG Celle NVZ 2011, 48; OLG Frankfurt a.M. NStZ-RR 2011, 45.

191 BayObLG NVZ 2001, 525.

192 BeckOK-*Eschelbach* § 257 Rn. 20; *Kasiske*, NJW-Spezial 2011, 376.

193 BVerfG Beschl. v. 18.3.2009 – 2 BvR 2025/07.

lung aussagen, aber auch schweigen kann.[194] Diese Argumentation versagt jedoch beim Sachbeweis, bei dem es nicht um die Verwertung des Aussageinhalts geht.[195]

Zudem wird die Widerspruchslösung damit gerechtfertigt, dass der Angeklagte sich spätestens in der Revisionsinstanz gegen die Verwertung richten muss. Aus verfahrensökonomischen Gründen sei es erforderlich und dem Angeklagten zumutbar, den Widerspruch bereits vor dem Tatgericht zu erheben, das u.U. erst hierdurch Kenntnis von den Umständen erhält, aus denen der Angeklagte ein Verwertungsverbot ableitet.[196] Hiergegen ist einzuwenden, dass eine effektive Beherrschung der Informationsmacht über Aussageinhalte nicht vollständig verwirklicht werden kann, solange das Gericht nicht Stellung beziehen muss, ob aus seiner Sicht der Widerspruch Erfolg hat.

Hier zeigt sich eine Parallele zur Fristenlösung. Das Recht der Verteidigung, über die Auffassung des Gerichts informiert zu werden, um das Prozessverhalten entsprechend auszurichten, wird durch die Bescheidung eines Beweisantrags erst im Urteil beschnitten. Eine umfassende Information und Transparenz ist Grundlage für eine effektive Verteidigung.

In der Literatur ist die Widerspruchslösung weitestgehend auf Ablehnung gestoßen.[197] Ihre dogmatische Herleitung ist unklar, ein Anhaltspunkt in der StPO lässt sich nicht finden. Die prozessuale Situation des Angeklagten wird erheblich verschlechtert, indem eine faktische Präklusionswirkung bei fehlendem Widerspruch eintritt.[198] Es wird eine Obliegenheit statuiert, die das Gesetz nicht vorsieht.[199] Es wird kritisiert, dass die Grenzen der richterlichen Rechtsfortbildung überschritten wurden.[200] Die als Schutznorm für den Angeklagten konzipierte Norm des § 257 wird in ihr Gegenteil verkehrt.[201] Es ist hierin eine weitere Parallele zur Fristenlösung zu finden. Der BGH verwendet den Beschleunigungsgrundsatz als Rechtfertigungsgrund für die Befristung von Beweisanträgen. Dieser Grundsatz ist jedoch dem Grunde nach ein den Angeklagten schützender Grundsatz; ihn zur Rechtfertigung der Beschneidung von Ver-

---

194 BeckOK-*Eschelbach*, § 257 Rn. 21

195 BeckOK-*Eschelbach*, § 257 Rn. 21.

196 KK-*Nack*, Vor § 94 Rn. 13.

197 *Fahl*, Rechtsmissbrauch, S. 163 ff.; *Gaede*, wistra 2010, 210, 212 m.w.N.

198 *Herdegen*, NStZ 2000, 1, 5.

199 *Herdegen*, NStZ 2000, 1, 4.

200 *Kasiske*, NJW-Spezial 2011, 376.

201 LR-*Gollwitzer*, § 257 Rn. 12; BeckOK-*Eschelbach*, § 257 Rn. 22.

teidigungsrechten anzuführen, bedeutet eine Pervertierung seiner ursprünglichen Schutzrichtung.[202]

Wie die Fristenlösung, soll auch die Widerspruchslösung Rechtsmissbrauch verhindern. Dabei wird in beiden Fällen vorbeugend angesetzt, indem eine Präklusion geschaffen wird. Hintergrund der Widerspruchslösung ist, dass man verhindern möchte, dass die Verteidigung Rechtsfehler bewusst in der Tatsacheninstanz nicht zur Sprache bringt, um einen Revisionsgrund aufrecht zu erhalten[203]. Dieser vermutete Revisionsmissbrauch[204] soll durch die Präklusion späterer Rügen bezogen auf das Verwertungsverbot umgangen werden. Ähnlich verhält es sich in Bezug auf die Fristenlösung. Erfüllt die Verteidigung ihre Obliegenheit nicht, Beweisanträge bis zum Ende der Frist zu stellen, wird vermutet, dass dies in Prozessverschleppungsabsicht, also rechtsmissbräuchlich, geschieht. Kann die Verteidigung diese Vermutung nicht widerlegen, tritt eine Präklusion in Bezug auf den Beweisantrag ein.

Eine weitere Parallele ist in dem Argument der Verfahrensökonomie zu finden. Letztlich wurde die Widerspruchslösung aus ökonomischen Gründen entwickelt, indem dem Angeklagten eine kostspielige Instanz genommen wird. Auch die Fristenlösung dient der Verfahrensökonomie; sie hilft, Beweisanträge einfach, schnell und damit günstig abzulehnen.[205] Ob allein fiskalische Interessen die Einschränkung von Rechten des Angeklagten rechtfertigen können, ist indes fraglich.

Die Ausdehnung der Widerspruchslösung auf immer weitere Verwertungsverbote sowie die Erhöhung der Anforderungen an den Widerspruch werden in der Literatur mit Bedenken verfolgt.[206] Auch die Entwicklung der Fristenlösung in der Rechtsprechung weist solche Ausdehnungstendenzen auf.

3. Zwischenrechtsbehelf § 238 II

Der Widerspruchslösung sehr ähnlich ist der für eine Revision im Vorfeld erforderliche Zwischenrechtsbehelf nach § 238 II. Die Rechtsprechung sieht in dieser Vorschrift nicht nur einen hauptverhandlungsinternen Rechtsbehelf, sondern dehnt seine Wirkung auf das Revisionsverfahren aus.[207] Anordnungen des Vor-

202 S. hierzu Teil II A I 4. a) bb).

203 *Gaede*, wistra 2010, 210, 211.

204 *Gaede*, wistra 2010, 210, 211.

205 *Gaede*, Bucerius Law Journal, 3/2009, 107, 109.

206 BeckOK-*Eschelbach*, § 257 Rn. 22; *Kasiske*, NJW-Spezial 2011, 376.

207 KK-*Schneider*, § 238 Rn. 28.

sitzenden müssen in der Hauptverhandlung mit dem Zwischenrechtsbehelf gem. § 238 II beanstandet werden, damit eine diesen Fehler betreffende Verfahrensrüge im Revisionsverfahren zulässig bleibt. Unterlässt der Angeklagte einen solchen Zwischenrechtsbehelf, tritt eine Rügepräklusion ein und der Verfahrensfehler wird nicht mehr berücksichtigt.[208] Eine Ausnahme wird für den nicht verteidigten Angeklagten gemacht, der von der Möglichkeit des Zwischenrechtsbehelfs keine Kenntnis hatte,[209] sowie bei unterbliebenen unverzichtbaren Handlungen des Vorsitzenden.[210]

Die Begründungen für ein solches Vorgehen sind vielfältig: Zum Teil wird auf einen konkludenten Verzicht abgestellt,[211] auf ein fehlendes Rechtsschutzbedürfnis,[212] eine Verwirkung des Rügerechts[213] oder ein mangelndes Beruhen des Urteils auf dem Verfahrensfehler.[214]

Auch diese Entwicklung wurde in der Literatur kritisiert.[215] Die bestehenden Erklärungsansätze wurden weitestgehend abgelehnt.[216] Die Verknüpfung des hauptverfahrensinternen Zwischenrechtsbehelfs mit den Voraussetzungen des Revisionsverfahrens geht über Wortlaut und systematische Stellung des § 238 II hinaus; die Rechtsschutzgarantie des Art. 19 IV GG droht insbesondere bei landgerichtlichen Verfahren, denen die einzige Überprüfungsinstanz mit einer Rügepräklusion genommen wird, ausgehöhlt zu werden.[217]

Es ist auch in diesem Bereich erkennbar, dass das Erfordernis eines Zwischenrechtsbehelfs immer weiter ausgedehnt wird und dem Angeklagten immer

---

208 BGHSt 1, 322, 325; BGHSt 3, 368, 369 f; BGHSt 4, 364, 366; BGHSt 38, 260, 261; BGHSt 42, 73, 77 f; BGHSt 45, 203, 205; BGH NStZ 1982, 432; 1992, 346; 2005, 340, 341; 2007, 230, 231.

209 OLG Köln NJW 1954, 1820; OLG Hamm GA 1962, 87; OLG Koblenz StV 1992, 263, 264; M-G, § 238 Rn. 22.

210 BGHSt 3, 368; BGHSt 42, 73, 78; a.A.: KK-*Schneider*, § 238 Rn. 34.

211 RG JW 1984, 223 Nr. 2; BGH NJW 1978, 1815; BayObLG MDR 1983, 511; KK-*Schneider*, § 238 Rn. 29.

212 *Mosbacher*, FS Widmaier, S. 339, 348 ff.; a.A.: *Gaede*, wistra 2010, 210, 214.

213 BGH NStZ 1982, 432; OLG Koblenz StV 1992, 563, 564; KK-*Schneider*, § 238 Rn. 29; *M-G*, § 238 Rn. 22.

214 RG JW 1931, 950; RGSt 71, 21, 23; BGHSt 1, 284, 286; BGHSt 4, 364, 366.

215 KK-*Schneider*, § 238 Rn. 32.

216 Allein den Ansatz des fehlenden Rechtsschutzbedürfnisses befürwortend KK-*Schneider*, § 238 Rn. 32 f. m.w.N.; dies abl. *Gaede*, wistra 2010, 210, 214.

217 *Widmaier*, NStZ 2011, 305, 307, 309.

weitergehende Rügepräklusionen drohen.[218] Auch hier besteht ein Bedürfnis für eine Präklusion allein aus Gründen der Ressourcenschonung,[219] die zu Lasten des Angeklagten umgesetzt wird.

4. Rügeverkümmerung

Dem Hauptverhandlungsprotokoll kommt in der Revisionsinstanz zentrale Bedeutung zu. Für eine erfolgreiche Verfahrensrüge muss der Revisionsführer einen Verfahrensmangel beweisen. Dies kann nur durch das Hauptverhandlungsprotokoll geschehen, § 274 S. 1.[220]

Bis zur Leitentscheidung des Großen Senats im Jahr 2007[221] war es höchstrichterliche Rechtsprechung, dass das Protokoll nachträglich nicht korrigiert werden durfte, wenn einer Verfahrensrüge dadurch der Boden entzogen würde.[222] Diese Rechtsprechung verfolgt der Große Senat nicht mehr. Vordergründig wird dies damit begründet, dass der wahre Sachverhalt zur Urteilsgrundlage gemacht werde und nicht aus Unwahrheit Wahrheit gemacht würde.[223] Die materielle Wahrheit soll so Grundlage der Revisionsentscheidung sein. Tatsächlich geht es aber auch hier um eine Beschleunigung des Verfahrens. So stützt der Große Senat seine Rechtsprechungsänderung auch darauf, dass auf diese Weise dem Beschleunigungsgrundsatz Genüge getan werde, indem unnötige Verfahrensverzögerungen vermieden würden.[224] Bei einem Verbot der Rügeverkümmerung müsse das Revisionsgericht ein Urteil aufheben und zurückverweisen, obwohl tatsächlich kein Verfahrensfehler vorgelegen habe. Dabei werde meist ohnehin das bisherige Urteil bestätigt.[225] Dieser „Umweg“ führe zu einer vermeidbaren Verfahrensverzögerung und u.U. zu einem Strafabschlag, der der Schuld des Angeklagten nicht angemessenen ist.[226]

---

218 *Gaede*, wistra 2010, 210, 213 f.

219 KK-*Schneider*, § 238 Rn. 34, spricht von einer „ressourcenschonende(n) frühzeitige(n) Fehlerkorrektur“; *Widmaier*, NStZ 2011, 305.

220 *Beulke*, StPO, Rn. 564.

221 BGHSt 51, 298.

222 BGHSt 2, 125; BGHSt 10, 145; *Beulke*, StPO, Rn. 564.

223 BGHSt 51, 298, 309 f.

224 BGHSt 51, 298, 310 f.; bestätigt vom BVerfG NJW 2009, 1469 in einer 5:3-Entscheidung.

225 *Beulke*, StPO, Rn. 564.

226 *Landau*, FS Hassemer, S. 1073, 1084.

Daran wird kritisiert, dass § 274 eine prozessuale Wahrheit sichern soll, die zwingend allein aus der Beweiskraft des Protokolls fließt. Die „echte" Wahrheit soll gem. § 274 nicht Grundlage der Revision sein, sondern nur die im Strengbeweisverfahren ermittelte, sich allein aus dem Hauptverhandlungsprotokoll ergebende, prozessuale Wahrheit.[227] Hieran zeigt sich exemplarisch die Tendenz der Rechtsprechung, auf formale Kriterien zu verzichten - hier um die materielle Wahrheit als Grundlage heranzuziehen; ein formalistisches Verständnis der Verfahrensnormen ist jedoch im zwingenden rechtsstaatlichen Interesse. Formelle Verfahrensvorschriften haben ihren einen eigenen Stellenwert[228] und sind meist wahrheitssichernder Natur.[229]

Eine ähnliche Situation ergibt sich im Hinblick auf die Fristenlösung und § 246 I. § 246 I schreibt vor, dass ein Beweisantrag nicht abgelehnt werden darf, weil er zu spät vorgebracht wurde. Sinn und Zweck der Vorschrift legen eine formalistische, am Wortsinn haftende Auslegung nahe. Den Beteiligten soll es freistehen, wann sie einen Beweisantrag stellen. Nicht der Verteidiger ist verpflichtet, einen Beweisantrag zu dem vom Gericht für angemessen gehaltenen Zeitpunkt zu stellen, sondern das Gericht ist verpflichtet, Beweisanträge bis zum Beginn der Urteilsverkündung entgegenzunehmen.[230] Die Fristenlösung umgeht diesen Zweck, indem sie im Ergebnis – wenn auch explizit nicht so bezeichnet – einen Beweisantrag wegen Zeitablaufs nicht zur Entscheidung in der Hauptverhandlung annimmt, also eine Präklusion geschaffen wird. Der Unterschied zur Rügeverkümmerung ist, dass die Nichtbescheidung des Beweisantrags in der Hauptverhandlung gerade nicht der Wahrheitsfindung dient, wie es die Rügeverkümmerung tut. Im Gegenteil werden die Beweistatsachen nicht aufgeklärt und der Beweisantrag erst in den Urteilsgründen beschieden und zwar grundsätzlich abschlägig, wenn sich der Antragsteller nicht exkulpieren kann.

5. Konnexitätserfordernis

Im Beweisantragsrecht wurden neben der Fristenlösung weitere Möglichkeiten zur Verfahrensstraffung entwickelt. Das Konnexitätserfordernis setzt dabei schon bei der Qualifizierung eines Antrags als Beweisantrag an.[231] Nur für einen Beweisantrag gilt der numerus clausus der Ablehnungsgründe in §§ 244, 245.

227 *Kühne*, StPO, Rn. 976.1 f.

228 *Beulke*, FS Amelung, S. 543, 560.

229 *Trüg*, StV 2010, 528, 531.

230 BGHSt 21, 118, 123.

231 LR-*Becker*, § 244 Rn. 113.

Das Verfahren wird bei einem Beweisantrag, der dem Konnexitätserfordernis nicht genügt, insofern abgekürzt, als der Antrag nur unter Aufklärungsgesichtspunkten geprüft werden muss (§ 244 II) und die Ablehnung erheblich vereinfacht ist, da er nicht in der Hauptverhandlung beschieden werden muss (§ 244 VI).

Konnex müssen Beweisziel und Beweismittel[232] sein, wie der BGH in ständiger Rechtsprechung seit 1993[233] fordert. Wenn die Konnexität sich nicht von selbst versteht, muss der Antragsteller diese plausibel erklären können und im Antrag begründet darlegen,[234] will er nicht Gefahr laufen, dass der Antrag als Beweisermittlungsantrag[235] lediglich unter Aufklärungsgesichtspunkten geprüft wird.[236] Konnexität bedeutet dabei, dass erkennbar sein muss, weshalb eine als Zeuge benannte Person zu der behaupteten Beweistatsache etwas bekunden können soll.[237] Das zusätzliche Erfordernis der Konnexität verhindert damit die Stellung von Beweisanträgen ins Blaue hinein, die aus der Luft gegriffen sind.[238]

Neuerdings verlangt die Rechtsprechung zudem, dass bei bereits fortgeschrittener Beweisaufnahme erkennbar werde, inwiefern die beantragte Beweiserhebung unter Berücksichtigung der konkreten Wahrnehmungssituation des betreffenden Zeugen über das bisherige Beweisergebnis hinaus zu der weiteren Sachaufklärung beitragen könne.[239]

An dem Kriterium der Konnexität wird kritisiert, dass dies dem Grundsatz zuwiderläuft, dass der Antragsteller nicht belegen muss, inwieweit der Zeuge

---

232 Z.T. wird auch von einer Konnexität zwischen Beweisbehauptung und Beweismittel (LR-*Becker*, § 244 Rn. 113) oder zwischen Beweistatsache und Beweismittel (BGHSt 40, 3, 6; *Jahn*, StV 2009, 663, 664) gesprochen, ohne dass damit etwas anderes gemeint ist; vgl. *Basdorf*, FS Widmaier, S. 51, 52.

233 BGHSt 40, 3, 6; BGHSt 43, 321; BGHSt 52, 284; BGH NStZ 1998, 97; 1999, 522; 2000, 437; 2001, 604.

234 BGHSt 43, 321, 330; BGHSt 52, 284; BGH NStZ 1999, 522; 2000, 437, 438; NStZ-RR 2001, 43, 44.

235 Zu diesem Begriff s. *Ostendorf*, StPO, Rn. 355.

236 BGHSt 43, 321, 331.

237 BGH NStZ 2011, 169, 170; LR-*Becker*, § 244 Rn. 113.

238 Ob diesem Kriterium neben dem Konnexitätserfordernis noch eine selbstständige Bedeutung zukommt, offen gelassen in: BGH NStZ 2011, 169, 170; KK- *Fischer*, § 244 Rn. 83; LR-*Becker*, § 244 Rn. 113; a.A.: *Basdorf*, FS Widmaier, S. 51, 58.

239 BGHSt 52, 284 m. krit. Anm. *Brüning*, ZJS 2008, 554; *Schneider*, FS Eisenberg, S. 609, 620 ff, 628 ff.; *Eisenberg*, ZIS 2008, 469; *Fezer*, HRRS 2008, 457.

tatsächlich in der Lage ist, die Beweisbehauptung zu stützen.[240] Die Darlegungspflicht der Konnexität führt zu einer Umverteilung der Argumentationslast auf den Angeklagten;[241] er muss sich entlasten, indem er bspw. darlegt, weshalb der Zeuge etwas zu einem Beweisthema bekunden können soll.[242]

Hier zeigen sich zwei Parallelen zur Fristenlösung.

Zum einen besteht eine Parallele bezüglich der Umkehr der Beweislast: Grundsätzlich muss das Gericht die Voraussetzungen des Ablehnungsgrundes der Prozessverschleppungsabsicht darlegen. Nach der Fristenlösung muss jedoch der Antragsteller nach Fristablauf Gründe für die verspätete Antragstellung vorbringen. Er muss die prima facie vorliegende, vermutete Prozessverschleppungsabsicht entkräften. Dies führt zu einer Umkehr der Beweislast. Mit Anerkennung der Fristenlösung in der Rechtsprechung wird diese Argumentationslast auf den Angeklagten verschoben.[243]

Eine zweite Parallele besteht darin, dass der Verteidigung ebenso wie bei der Fristenlösung eine Preisgabe der Verteidigungsstrategie droht, um Rechtsnachteilen vorzubeugen. Der Antragsteller muss im Voraus in den Antrag aufnehmen, was der Zeuge wahrgenommen hat und was er dementsprechend aussagen kann; er muss den Ertrag des Beweises darlegen.[244] Dies kann der Schweigepflicht widersprechen,[245] ebenfalls ein Kritikpunkt der Gegner der Fristenlösung.[246]

Zudem wird kritisiert, dass im Fall fehlender Konnexität meist ohnehin die Ablehnungsgründe der Bedeutungslosigkeit oder völligen Ungeeignetheit (§ 244 III 2 Alt. 2, 4) greifen, so dass kein Grund besteht, bereits die Qualität als Beweisantrag in Frage zu stellen,[247] zumal dieses Kriterium sehr unbestimmt ist

---

240 KK-*Fischer*, § 244 Rn. 83; *Trüg*, StraFo 2010, 139, 143 f.

241 KK-*Fischer*, § 244 Rn. 83; *Horvat*, Das allgemeine Missbrauchsverbot, S. 76; *Fezer*, FS Meyer-Goßner, S. 629, 634 f.; *Jahn*, StV 2009, 663, 664; a.A.: *Schneider*, FS Eisenberg, S. 609, 625 ff.

242 BGHSt 43, 321, 329.

243 S. hierzu Teil II A II 3. c).

244 *Hamm*, StV 2010, 418, 421; *Jahn*, StV 2009, 663, 665.

245 *Hamm*, StV 2010, 418, 421; *Jahn*, StV 2009, 663, 664.

246 S. hierzu Teil II A II 3. c).

247 KK-*Fischer*, § 244 Rn. 83.

und flexibel ausgelegt werden kann.[248] Es wird hierdurch ein zusätzlicher Ablehnungsgrund geschaffen, den das Gesetz nicht vorsieht.[249]

Der schwerwiegendste Vorwurf ist, dass das Konnexitätserfordernis das Beweisantragsrecht als stärkstes Verteidigungsrecht, das „das Gericht (...) nötigen (soll), über das von ihm zur Aufklärung des Sachverhalts für erforderlich Gehaltene hinauszugehen“[250], unverhältnismäßig einschränkt und in Konflikt mit dem verfassungsrechtlich garantierten Recht auf Gewährung rechtlichen Gehörs nach Art. 103 II GG gerät[251] - ein Vorwurf, der auch der Fristenlösung gemacht wird.[252]

6. Aufgabe des Erfordernisses der wesentlichen Verfahrensverzögerung

Beweisaufnahmen im Hauptverfahren sind besonders zeitaufwändig. Die gesetzlichen Ablehnungsgründe der §§ 244 III - V, 245 wirken daher effektiv beschleunigend. Auch hier besteht eine Tendenz der Gerichte zur extensiven Auslegung;[253] dies gilt insbesondere für den Ablehnungsgrund der Prozessverschleppungsabsicht.

Dieser Ablehnungsgrund verlangt, wie bereits dargelegt, dass die begehrte Beweiserhebung nach Überzeugung des Gerichts nichts Sachdienliches zu erbringen vermag, diese geeignet ist, den Abschluss des Verfahrens erheblich hinauszuzögern und der Antragsteller sich dessen bewusst ist und mit seinem Beweisbegehren alleine eine Verzögerung des Verfahrens bezweckt.[254]

---

248 KK-*Fischer*, § 244 Rn. 83; *Jahn*, StV 2009, 663, 664; *Trüg*, StraFo 2010, 139, 142.

249 KK-*Fischer*, § 244 Rn. 84; *Schneider*, FS Eisenberg, S. 609, 625; *Trüg*, StraFo 2010, 139, 143; a.A.: *Basdorf*, FS Widmaier, S. 51, 58; von einer Einebnung der „strukturell notwendige(n) Abstufung zwischen Beweisantragsrecht und Amtsaufklärungsgrundsatz“ spricht *Fezer*, FS Meyer-Goßner, S. 629, 638.

250 BGHSt 21, 118, 124.

251 *Jahn*, StV 2009, 663, 664; *Ventzke*, NStZ 2011, 301.

252 S. hierzu Teil II A II 2. d).

253 Vgl. hierzu *Neumann*, Über den Einbruch der Verfahrensökonomie in die Strafprozessordnung, S. 63 ff., der hieraus den Schluss zieht, dass Normzweck der Ablehnungsgründe die verfahrensökonomische Gestaltung des Beweisverfahrens ist, S. 71 ff.

254 BGHSt 29, 149, 151; *Fahl*, Rechtsmissbrauch, S. 467 ff.; *HHP*, Beweisantragsrecht, Rn. 245; *Hirsch*, Der zum Zwecke der Prozeßverschleppung gestellte Beweisantrag, S. 47, Fn. 245; *Kindhäuser*, StPO, § 22 Rn. 49 m.w.N.

Eine „erhebliche“[255] oder „wesentliche“[256] Verzögerung wurde zunächst angenommen, wenn sich das Verfahren auf unbestimmte Zeit hinziehen würde.[257] Diese Voraussetzung wurde im Laufe der Zeit abgeschwächt, indem Wesentlichkeit bereits dann vorlag, wenn eine Aussetzung oder Unterbrechung der Hauptverhandlung zwingend erforderlich war (§§ 228 I, 229 II).[258] In einem obiter dictum hat der 1. Strafsenat erwogen, „(...) das objektive Kriterium, dass die zu erwartende Verfahrensverzögerung wesentlich sein muss, deutlich restriktiver auszulegen, wenn nicht gar aufzugeben.“[259] Dies folgert er aus einem Vergleich mit den Vorschriften der § 245 II 3 Var. 5 und § 26a I Nr. 3, die unstreitig keine wesentliche Verzögerung erfordern. Zudem stützt sich der BGH auf den Beschleunigungsgrundsatz, der insbesondere in Haftsachen beachtet werden müsse.[260]

Dies stößt zum Teil auf Zustimmung, meist um den Ablehnungsgrund handhabbarer zu machen.[261] Es werden jedoch auch Einwände erhoben. Zunächst ist unklar, was eine „restriktivere“ Auslegung bedeuten soll. Entweder eine Verzögerung ist wesentlich oder unwesentlich. Das Merkmal der Wesentlichkeit restriktiv auszulegen, bedeutet, es aufzugeben.[262] Das würde dazu führen, dass jede kleinste Verzögerung ausreiche, um einen Antrag abzulehnen.[263] Das Ausmaß der Verzögerung ist jedoch gleichzeitig ein gewichtiges Indiz zur Feststellung der subjektiven Absicht der Verschleppung, so dass kaum Fälle denkbar sind, in denen subjektiv Prozessverschleppungsabsicht nachgewiesen werden kann, ohne dass objektiv eine Verzögerungsgefahr besteht.[264] Dies gilt insbesondere vor dem Hintergrund des Zweckes des Ablehnungsgrundes der Prozessverschleppungsabsicht. Zum einen soll das Gericht keine Beweise erheben müssen, die

---

255 BGH StV 1982, 405, 406.

256 BGH NJW 1958, 1783.

257 BGHSt 21, 118, 121; BGHSt 22, 124, 126; BGHSt 29, 149, 151.

258 BGH NStZ 1992, 551; BGH GA 1968, 19; *M-G*, § 244 Rn. 67; LR-*Becker*, § 244 Rn. 274 m.w.N.; *HHP*, Beweisantragsrecht, Rn. 247; *Trüg*, StraFo 2010, 139, 144.

259 BGHSt 51, 333, 342; dem folgend auch der 3. Strafsenat, BGH StV 2008, 9, 10; abl. der 4. Senat, BGH NStZ-RR 2009, 21.

260 BGHSt 51, 333, 343.

261 SK-*Frister*, § 244 Rn. 170 f.; LR-*Becker*, § 244 Rn. 265; KK-*Fischer*, § 244 Rn. 178.

262 *Niemöller*, JR 2010, 335.

263 A.A.: *Niemöller*, NStZ 2008, 181, 184.

264 *Trüg*, StraFo 2010, 139, 145.

der Wahrheitsfindung nicht dienen.[265] Zudem soll er verhindern, dass das Verfahren hierdurch missbräuchlich gefährdet wird.[266] Eine Gefährdung des Verfahrens wird hingegen nur vorliegen können, wenn es zu einer „erheblichen" Verfahrensverzögerung kommt. Geringfügige Verzögerungen sind jedem Verfahren immanent und zum Schutz des Beweisantragsrechts hinzunehmen. Eine Abgrenzung zwischen „keiner Verzögerung" und einer „geringfügigen Verzögerung" ist schwer zu treffen. Denkbar ist daher nur, entweder das Kriterium der Verfahrensverzögerung ganz aufzugeben oder dem Merkmal der Wesentlichkeit klarere Konturen zu geben.[267]

Daher wird auch vertreten, alleine die subjektive Absicht der Prozessverschleppung ausreichen zu lassen und eine Verzögerung des Verfahrens allein als Indiz hierfür zu werten.[268] Bedenklich ist diese Auslegung jedoch insofern, als die Aufgabe des Merkmals der wesentlichen Verfahrensverzögerung in Kombination mit der Fristenlösung den Ablehnungsgrund der Prozessverschleppungsabsicht erheblich weitet. Erforderlich für eine Ablehnung wäre danach nur, dass das Gericht subjektiv davon überzeugt ist, dass die Beweisaufnahme nichts Sachdienliches zu Tage fördern könnte. Dies beruht jedoch auf einer antizipierten Bewertung des Gerichts. Subjektiv müsste der Antragsteller allein aus Verschleppungsabsicht den Antrag gestellt haben. Dies wiederum ist nach Fristablauf zu vermuten, so die Fristenlösung. Dies hätte zur Folge, dass die Gerichte immer eine Frist setzen könnten, nach deren Ablauf sie ohne weitergehende Prüfung (wenn der Antragsteller nichts Entlastendes vorbringen kann), die Anträge ablehnen könnten.

Daran lässt sich erkennen, welches Missbrauchspotential dem Ablehnungsgrund der Prozessverschleppungsabsicht innewohnt.

II. Einordnung der Fristenlösung

Wie gezeigt, reiht sich das Fristenlösungsmodell in einen Trend ein, der zu Gunsten der Beschleunigung und Straffung des gesamten Verfahrens die Einschränkung von Verteidigungsrechten hinnimmt. Diese Entwicklung zeichnet sich dadurch aus, dass sie in der Regel keinen oder nur unzulänglichen Nieder-

---

265 KK-*Fischer*, § 244 Rn. 175; LR-*Becker*, § 244 Rn. 265.

266 LR-*Becker*, § 244 Rn. 265.

267 Für die Aufgabe des Merkmals spricht sich *Niemöller*, NStZ 2008, 181, 184 aus.

268 *Niemöller*, NStZ 2008, 181.

schlag im Gesetz findet.[269] Das Strafverfahrensrecht als „Seismograph der Staatsverfassung“[270] sucht jedoch stets einen Ausgleich der Interessen der Strafverfolgung und der verfassungsrechtlich garantierten Teilhaberechte des Angeklagten. Es ist ein System der „checks and balances“[271], das bei Verschiebungen außerhalb des Gesetzes nicht mehr funktioniert. Die dargestellten Institute verschieben diesen gesetzlichen Ausgleich jedoch einseitig zu Lasten des Angeklagten. Es zeichnet sich eine Entwicklung in der Rechtsprechung ab, vermehrt außergesetzliche Obliegenheiten zu schaffen, die mit der Rechtsfolge der Präklusion des betreffenden Rechts kombiniert werden.[272] Damit wird eine Sanktion für gesetzeskonformes Verteidigungshandeln geschaffen, die zumeist mit dem Beschleunigungsgrundsatz zu rechtfertigen versucht wird.[273]

Weiterhin zeigen sich Tendenzen zur kontinuierlichen Erhöhung der Anforderungen an die Verteidigung. Wurde ein verfahrensbeschleunigendes Institut geschaffen, dauerte es meist nicht lange, bis die Rechtsprechung dieses weiter ausweitete und weitere Anforderungen an die Verteidigung stellte. Exemplarisch sei an dieser Stelle an die Widerspruchslösung erinnert: Zunächst reichte eine einfache Rüge, später musste ein Widerspruch ausführlich begründet werden, an diese Begründung wurden dann weitere Anforderungen gestellt.

Des Weiteren lässt sich beobachten, dass verfahrensbeschleunigende Institute in der Regel präventiv ansetzen und missbräuchlichem Verhalten durch Vorbeugung begegnen. Dogmatisch wird dies meist durch Präklusionen erreicht. Verteidigungsrechte werden bereits bei Verdacht eingeschränkt; diesen Weg geht auch die Fristenlösung.[274]

Im Bereich des Beweisantragsrechts lassen sich zwei Methoden zur Verfahrensstraffung finden.[275] Zum einen wird bereits die Qualifizierung als Beweisantrag in Frage gestellt. Dies ermöglicht es dem Gericht, außerhalb des numerus clausus der §§ 244 III-V, 245 und unabhängig von der Bescheidungspflicht nach § 244 VI einfach, schnell und bequem Anträge im Vorfeld zu verwerfen. Eine Überprüfung ist in einem solchen Fall nur über eine Aufklärungsrüge möglich,

---

269 *Kudlich*, NJW-Beil. 2010, 86, 89.

270 *Roxin/Schüne*mann, Strafverfahrensrecht, § 2 Rn. 1.

271 *Schünemann*, ZStW (119) 2007, 945, 947.

272 *Gaede*, Jus 2009, 372, Anm. zu BGHSt 52, 355.

273 *Kudlich*, NJW-Beil. 2010, 86, 89.

274 *Gaede*, wistra 2010, 210, 216; *ders*., Bucerius Law Journal, 3/2009, 107, 109.

275 *Fahl*, Rechtsmissbrauch, S. 529.

die in der Regel keinen Erfolg haben wird.[276] Die zweite Methode besteht darin, die abschließend genannten Ablehnungsgründe extensiv auszulegen, bzw. zu überspannen. Die Kombination des Ablehnungsgrundes der Prozessverschleppungsabsicht mit der Fristsetzung für Beweisanträge entspricht diesem Vorgehen.

Die dargestellten Tendenzen in der Rechtsprechung tangieren Vorschriften, die insbesondere ein faires Verfahren und die Subjektstellung des Angeklagten sichern sollen.[277] Insgesamt passt die Fristenlösung in dieses Bild. Das Beweisantragsrecht wird hierdurch stark eingeschränkt, die Anforderungen an einen erfolgreichen Beweisantrag werden kontinuierlich erhöht. Wo allerdings die Grenze zwischen zulässiger Disziplinierung der Verteidigung und rechtswidriger Einschränkung des Verteidigungsrechts liegt, ist allein anhand des Gesetzes zu beantworten.[278] Diese Untersuchung soll in Teil II folgen.

E. Rechtspolitische Reformversuche

Dass der BGH die Fristenlösung zur Verfahrensbeschleunigung heranzieht, ist kein neuer Gedanke. Rechtspolitische Ansätze, das Beweisantragsrecht in diesem Sinne zu reformieren, gab es mehrfach. Worin diese im Einzelnen bestanden und inwiefern sich die Fristenlösung darin wieder findet, soll im Folgenden dargestellt werden.

I. Gescheiterte Reformen

1. Vorschläge für die 53. Justizministerkonferenz 1982

Auf der 52. Konferenz der Justizminister im Oktober 1981 entschied man angesichts steigenden Arbeitsaufkommens, Vorschläge zu „irgend vertretbaren Möglichkeiten“[279] für eine Verkürzung und Vereinfachung des Strafverfahrens zu entwickeln. Daraufhin entstand ein Arbeitspapier, das auf den von den Landesjustizverwaltungen und den vom Bundesjustizministerium entworfenen Vorschlägen basierte.[280]

---

276 *Kindhäuser*, StPO, § 22 Rn. 6.

277 *Beulke*, FS Amelung, S. 543, 563

278 *Trüg*, StraFo 2010, 139, 142.

279 *Dokumentation*, StV 1982, 325.

280 S. die diesbezgl. *Dokumentation*, StV 1982, 325.

Es wurde zum einen vorgeschlagen, das Beweisantragsrecht vor den Amtsgerichten gänzlich abzuschaffen. Das Gericht sollte nicht an die Ablehnungsgründe des § 244 III–V und nicht an die Bescheidungspflicht aus § 244 VI gebunden sein und allein nach Maßgabe der Aufklärungspflicht gem. § 244 II über Anträge entscheiden.[281]

Dies ist vergleichbar mit der Rechtsfolge der Fristenlösung nach Fristablauf. Grundsätzlich liegt nach Fristablauf zwar Verschleppungsabsicht vor, von einer Prüfung des Antrags nach Maßgabe des § 244 II wird das Gericht aber nicht befreit. Die Fristenlösung unterscheidet sich von diesem Vorschlag insofern, als die Ablehnung des Antrags nach Fristablauf grundsätzlich wegen Prozessverschleppungsabsicht als gesetzlichem Ablehnungsgrund erfolgt.

Ein weiterer Vorschlag bestand in der Einführung einer Präklusionsvorschrift abweichend von § 246 I. Das Berliner Arbeitspapier sah vor, dass das Gericht eine Frist zur Beweisantragstellung setzen könnte, nach deren Ablauf die formellen Ablehnungsgründe nicht mehr gelten sollten. Das Gericht sollte die Anträge bereits ablehnen können, wenn sonst eine Unterbrechung der Hauptverhandlung erforderlich geworden wäre.[282] Noch weitergehend wurde vorgeschlagen, dass das Gericht auch an die Aufklärungspflicht nicht gebunden sein sollte, sondern nach freiem Ermessen handeln sollte.[283]

Hier zeigt sich erstmals der Gedanke der Befristung von Beweisanträgen. Auch die Anknüpfung an das Erfordernis der Unterbrechung der Hauptverhandlung findet sich bei der Fristenlösung wieder. Nach 10 Hauptverhandlungstagen ist eine Unterbrechung bis zu einem Monat möglich gem. § 229 II. Diese 10-Tages-Zäsur ist auch Grundlage der Fristenlösung. Nach diesem Zeitpunkt ist eine Fristsetzung angezeigt.

Das Arbeitspapier Bayern sah vor, dass Beweisanträge nach Schluss der Beweisaufnahme nur nach § 244 III–V beschieden werden müssten, wenn der Antragsteller zureichende Gründe für die nachträgliche Antragstellung glaubhaft mache. Eine Ablehnung per Gerichtsbeschluss sei abweichend von § 244 VI nicht erforderlich, sondern könne erst im Urteil erfolgen.[284] Dabei sollte allein

---

281 *Dokumentation*, StV 1982, 325, 327; s. zu den Reaktionen hierauf *Schatz*, Beweisantragsrecht, S. 141 f.

282 Arbeitspapier Berlin, S. 1-5, *Dokumentation*, StV 1982, 325, 331; *Schatz*, Beweisantragsrecht, S. 142 f.

283 Arbeitspapier Berlin, S. 6, *Dokumentation*, StV 1982, 325, 331.

284 Arbeitspapier Bayern, S. 8-10, *Dokumentation*, StV 1982, 325, 331.

ein verspäteter Beweisantrag ausdrücklich nicht zur Abweisung wegen Prozessverschleppungsabsicht führen können.

Auf diese Weise sollte verhindert werden, dass die Verteidigung absichtlich ihr bekannte Informationen zurückhält. Dies behindere den Prozess so wesentlich, dass es gerechtfertigt sei, dass nach Fristablauf Nachteile für die Verteidigung drohen, kann sie die Gründe für das verspätete Vorbringen nicht darlegen. Damit würden nur verzögernde und verschleppende Prozesstaktiken verhindert, im Übrigen aber erhalten bleiben.[285]

Auch hier zeigen sich parallele Elemente zur Fristenlösung. Der Vorschlag enthält ebenso wie die Fristenlösung eine Umkehr der Darlegungslast. Der Antragsteller muss die Verspätung rechtfertigen. Auch die Ablehnung in den Urteilsgründen, ebenfalls ein Element der Fristenlösung, ist in diesem Vorschlag enthalten.

Die Berliner Vorschläge stießen jedoch auf Bedenken, dass auf diese Weise in die legitime Verteidigungsstrategie eingegriffen und die rechtsstaatliche Verfahrensstruktur gefährdet würde.[286] Von Strafverteidigern wurden sie als „Horror- und Spinnerliste" bezeichnet.[287] Teile der Vorschläge wurden von der 53. Justizministerkonferenz im September 1982 übernommen,[288] woraufhin diese in einen Referentenentwurf übernommen werden sollten. Dieser Referentenentwurf eines Strafverfahrensänderungsgesetzes 1983 enthielt jedoch letztlich keinen der Vorschläge.[289] Nach weiterer Modifizierung des Entwurfs trat das „Strafverfahrensänderungsgesetz 1987" schließlich zum 1. April 1987 in Kraft,[290] ohne dass die diskutierten Einschränkungen des Beweisantragsrechts umgesetzt wurden.

2. Rechtspflegeentlastungsgesetz 1993

Im Jahr 1991 entstand ein „Entwurf eines Gesetzes zur Entlastung der Rechtspflege".[291] Der Entwurf des Bundesrates enthielt u.a. Änderungen des Beweisan-

285 *Dokumentation*, StV 1982, 325, 332 f.

286 *Dokumentation*, StV 1982, 325, 331; zu den Reaktionen der Organe und Fachkommissionen der Richterschaft sowie der abl. Haltung seitens der Anwaltschaft s. *Schatz*, Beweisantragsrecht, S. 144 f.

287 *Bandisch*, AnwBl 1991, 311; *Scheffler*, NJW 1994, 2191, 2193.

288 *Schatz*, Beweisantragsrecht, S. 145 f.

289 BR-Drucks 546/83, S. 11.

290 BGBl. 1987, I, Nr. 9, S. 475-480.

291 BR-Drucks. 314/91; BT-Drucks. 12/1217.

tragsrechts. Erneut wurde erwogen, dass Beweisanträge nach Schluss der Beweisaufnahme, bei denen ein verständiger Grund für die späte Antragstellung nicht erkennbar sei, ohne Anwendung der Ablehnungsgründe der § 244 III–V abgelehnt werden könnten. Ob ein verständiger Grund vorliege, sollte vom Gericht frei gewürdigt werden können, was revisionsrechtlich nicht überprüfbar sein sollte. Die Umsetzung sollte durch die Aufnahme eines Absatzes 5a in § 244 erfolgen.[292] Dieser Entwurf unterschied sich nur gering von dem Vorschlag für die 53. Justizministerkonferenz. Letztlich sind lediglich die Darlegungslast des Angeklagten und die Möglichkeit zur Bescheidung in den Urteilsgründen entfallen.

Ausdrücklich betont wurde hierbei, dass § 246 unberührt bleiben sollte und ein verspätetes Vorbringen allein nicht zur Ablehnung führen durfte; auch ändere der Entwurf nichts an der Aufklärungspflicht des Gerichts.[293]

Doch auch dieser Entwurf scheiterte im Gesetzgebungsverfahren[294] und wurde nicht in das Rechtspflegeentlastungsgesetz[295] übernommen.

3. Der 60. Deutsche Juristentag 1994

Zum 60. Deutschen Juristentag 1994 in Münster legte *Karl Heinz Gössel* ein Gutachten vor zu der Frage „Empfehlen sich Änderungen des Strafverfahrensrechts mit dem Ziel, ohne Preisgabe rechtsstaatlicher Grundsätze den Strafprozess, insbesondere die Hauptverhandlung, zu beschleunigen?“.[296] Dieses Gutachten enthielt ein bislang noch nicht da gewesenes radikales Präklusionsmodell.[297] Dieses sah vor, dass alle Beweisanträge schon im Zwischenverfahren gestellt werden müssten. Die Staatsanwaltschaft müsste hiernach alle Beweistatsachen und Beweismittel mit Erhebung der Anklage angeben. Daraufhin sollten Angeklagter und Verteidigung innerhalb einer bestimmten Frist auch ihre entlastenden Beweise angeben. Wurde dieser Pflicht nicht nachgekommen, sah Gössel als Sanktion vor, später folgenden Anträgen nur dann stattzugeben, wenn das betreffende Beweismittel präsent sei.[298] oder wenn die Antragstellung im Zwi-

---

292 BR-Drucks. 314/91, S. 11, 104 ff.

293 BR-Drucks. 314/91, S. 105.

294 Im Einzelnen s. *Schatz*, Beweisantragsrecht, S. 151.

295 Gesetz zur Entlastung der Rechtspflege v. 11.1.1993, BGBl. 1993, I, Nr. 2, S. 50-57.

296 *Gössel*, Gutachten C für den 60. DJT, Band I, Teil C.

297 Begriff bei *Schatz*, Beweisantragsrecht, S. 180.

298 *Gössel*, Gutachten C 60. DJT, C 62, C 74.

schenverfahren schuldlos unterblieben sei.[299] Daneben sah das Gutachten vor, die Aufklärungspflicht umfassend zu modifizieren; diese sollte sich nur auf erreichbare und existente Beweismittel erstrecken[300] und der revisionsrechtlichen Überprüfung teilweise entzogen sein.[301] Die Beweisaufnahme sollte durch förmlichen Beschluss beendet werden. Allein zu diesem Zeitpunkt sollte über die gestellten Beweisanträge entschieden werden.[302] Danach seien Beweisanträge präkludiert und könnten erst in einem Wiederaufnahmeverfahren geltend gemacht werden.[303]

Diese Änderungen zu einer umfassenden Präklusion von Beweisanträgen wurden auf dem 60. Deutschen Juristentag mit einer deutlichen Mehrheit abgelehnt.[304] Angenommen wurde hingegen der Vorschlag, dass das formelle Beweisantragsrecht präkludiert sei nach Schluss der Beweisaufnahme, außer es liege ein verständiger Grund vor.[305] Die Aufklärungspflicht sollte hiervon unberührt bleiben.[306] Diese angenommenen Vorschläge entsprechen denen, die bereits Gegenstand des Entwurfs für die 53. Justizministerkonferenz 1982 und des Entwurfs für das Rechtspflegeentlastungsgesetz 1993 waren. Doch erneut scheiterte die Umsetzung dieses Vorschlags.

4. Entwurf eines 2. Rechtspflegeentlastungsgesetzes 1996

Die gescheiterten Vorschläge des 1. Rechtspflegeentlastungsgesetzes wurden im Rahmen eines Bundesratsentwurfs für ein zweites Rechtspflegeentlastungsge-

---

299 Vgl. § 244 V der vorgeschlagenen Neuregelung von *Gössel*, Gutachten C 60. DJT, C 74 f.

300 Vgl. § 244 II 1, 2 der vorgeschlagenen Neuregelung von *Gössel*, Gutachten C 60. DJT, C 67 ff., C 74.

301 Vgl. § 337 II der vorgeschlagenen Neuregelung von *Gössel*, Gutachten C 60. DJT, C 81, 85.

302 Vgl. § 245 II der vorgeschlagenen Neuregelung von *Gössel*, Gutachten C 60. DJT, C 76.

303 Vgl. § 359 Nr. 6 der vorgeschlagenen Neuregelung *Gössel*, Gutachten C 60. DJT, C 72, C 77.

304 Abgelehnt mit 11:126:8 Stimmen, vgl. Beschlüsse des 60. DJT, NJW 1994, 3075, 3079 f.

305 Angenommen mit 90:50:9 Stimmen, vgl. Beschlüsse des 60. DJT, NJW 1994, 3075, 3080.

306 Angenommen mit 132:1:12 Stimmen, vgl. Beschlüsse des 60. DJT, NJW 1994, 3075, 3080.

setz[307] nur kurze Zeit später unverändert aufgegriffen und erneut dem Bundestag zugeleitet.[308] Nach Schluss der Beweisaufnahme sollte § 244 II gelten, zuvor sollte es bei den gesetzlichen Ablehnungsgründen bleiben. Der Rechtsausschuss und der Ausschuss für Innere Angelegenheiten lehnten diese Beschränkungen des Beweisantragsrechts ab, woraufhin dieser Vorschlag ebenfalls nicht weiter verfolgt wurde.[309]

5. Die Gesetzgebungsinitiative Nordrhein-Westfalens 2009

Einen neuen Vorstoß unternahm 2009 die ehemalige Justizministerin Nordrhein-Westfalens, *Roswitha Müller-Piepenkötter*. In einer Presseerklärung teilte sie mit, dass beabsichtigt werde, im Herbst 2009 einen Gesetzesentwurf zur Änderung des Beweisantragsrechts über den Bundesrat in den Bundestag einzubringen. Dieser Vorschlag sehe vor, dass das Gericht in länger andauernden Strafprozessen zum Ende der Beweisaufnahme eine Frist zur Stellung von Beweisanträgen stellen könnte, nach deren Ablauf es die Anträge ablehnen könne, wenn sie zur Erforschung der Wahrheit nicht erforderlich seien.[310] Auch dieser Entwurf wurde letztlich nicht weiter verfolgt und nicht in den Bundesrat eingebracht.[311]

6. Der 68. Deutsche Juristentag 2010

Vertieft diskutiert wurden Änderungen des Beweisantragsrechts erst wieder 2010 auf dem 68. Deutschen Juristentag vom 21.–24.9.2010 in Berlin unter der Fragestellung „Erfordert das Beschleunigungsgebot eine Umgestaltung des Strafverfahrens?“[312]. Die Fristenlösung hatte sich in der Rechtsprechung bereits durchgesetzt und wurde auf dem Juristentag als einziger Vorschlag knapp ange-

---

307 BR-Drucks. 633/95 v. 01.03.1996; eingebracht in den Bundesrat durch die Freie und Hansestadt Hamburg, vgl. BR-Drucks. 290/94 v. 31.03.1994.

308 BT-Drucks. 13/197, S. 4 vom 12.1.1995.

309 BR-Drucks. 633/1/95, S. 6 f. v. 16.02.1996; s. im Einzelnen *Schatz*, Beweisantragsrecht, S. 166 ff; *Jahn*, StV 2009, 663, 667.

310 Presseerklärung vom 17.6.2009, http://www.nrw.de/presse/ministerin-mueller-piepenkoetter-stopp-fuer-prozess-sabotage-durch-beweisantrags-flut-bundesratsinitiative-geplant-7168/, zuletzt aufgerufen am 04.05.2013; vgl. auch beck-link 283780 vom 18.6.2009.

311 Der Verfasserin liegt eine entsprechende Auskunft des Justizministeriums des Landes Nordrhein-Westphalens vor.

312 Vgl. den Titel des Gutachtens von *Kudlich*, NJW-Beil. 2010, 86.

nommen.[313] Vorschläge, das Beweisantragsrecht auf die Beweisaufnahme zu beschränken[314] sowie der Vorschlag, gesetzliche Präklusionsvorschriften einzuführen,[315] wurden abgelehnt.

Der angenommene Vorschlag lautete: „§ 246 I muss beibehalten werden. Allerdings kann die Stellung eines Beweisantrags nach einer vom Gericht in angemessener Weise gesetzten Frist ein Indiz für die Verschleppungsabsicht sein, sofern nicht der Antragsteller die späte Stellung des Beweisantrags nachvollziehbar rechtfertigt.“[316] Abgelehnt wurde hingegen, dass die Sachleitungsbefugnis generell dem Vorsitzenden ein Recht zur Fristsetzung gebe.[317] Das Fristenlösungsmodell wurde damit nicht vollständig angenommen. Der Verknüpfung von Fristsetzung und Verschleppungsabsicht wurde zwar zugestimmt, jedoch blieb unklar, woraus sich ein Recht zur Befristung ergeben sollte, wenn nicht aus der Sachleitungsbefugnis des Vorsitzenden oder durch Einführung einer gesetzlichen Vorschrift.

Nochmals diskutiert wurden diese Ergebnisse auf dem 35. Strafverteidigertag vom 25.–27.3.2011 in Berlin unter dem Thema „Abschied von der Wahrheitssuche“.[318] Die Arbeitsgruppe „Ressourcen der Justiz“ kam dabei zu einem anderen Ergebnis. Aus politischen, menschlichen und rechtlichen Gründen sei eine Aufgabe der Mandantenrechte zugunsten einer funktionsfähigen Strafrechtspflege nicht hinnehmbar.[319]

II. Auswirkungen auf die Zulässigkeit einer Fristsetzung

Die gescheiterten Reformen verdeutlichen symptomatisch die Sensibilität des Themas. Insgesamt sechs Mal ist das Thema Präklusion des Beweisantragsrechts

---

313 Angenommen mit 51:42:1 Stimmen, vgl. *Dokumentation* der Beschlüsse des 68. DJT, StV 2011, 55 f.

314 Abgelehnt mit 1:86:4 Stimmen, vgl. *Dokumentation* der Beschlüsse des 68. DJT, StV 2011, 56.

315 Abgelehnt mit 22:65:0 Stimmen, vgl. *Dokumentation* der Beschlüsse des 68. DJT, StV 2011, 56.

316 *Dokumentation* der Beschlüsse des 68. DJT, StV 2011, 55, 56.

317 Abgelehnt mit 10:81:2 Stimmen, vgl. *Dokumentation* der Beschlüsse des 68. DJT, StV 2011, 56.

318 Vgl. www.strafverteidigervereinigungen.org, zuletzt aufgerufen am 04.05.2013.

319 *Dokumentation* der Ergebnisse der Arbeitsgruppen des 35. Strafverteidigertages Berlin 2011, StV 2011, 321.

aufgegriffen, erörtert und weiterentwickelt worden, ohne dass der Gesetzgeber einen Vorschlag umsetzte. Aus verfassungsrechtlicher Sicht ist daraus der Schluss zu ziehen, dass die Legislative sich bewusst gegen den Erlass eines solchen Gesetzes entschieden hat. Daraus resultieren schwere verfassungsrechtliche Vorwürfe gegen die Fristenlösung, die *Matthias Jahn* treffend auf den Punkt bringt:

> „Was auf der Vordertreppe zum Parlament nicht eingelassen wird, darf nicht durch die Hintertür zum selben Ergebnis gelangen.“[320]

Die Judikative hat in keinem ihrer Urteile Bezug auf die gescheiterten Reformen genommen. Hat die Rechtsprechung in den Kompetenzbereich der Legislative eingegriffen? Oder lassen sich die betroffenen Vorschriften so extensiv auslegen, wie von der Rechtsprechung vorgeschlagen? Welche Folgeprobleme ergeben sich daraus? Diese Fragen sollen im folgenden Teil II untersucht werden.

320 *Jahn*, StV 2009, 663, 669; *ders*., Jus 2009, 372, 373.

Teil II: Das Fristenlösungsmodell – eine Rechtsprechung contra legem?

Das von der Rechtsprechung entwickelte Fristenlösungsmodell wurde heftig kritisiert.[321] Die Vorwürfe der Literatur sollen im folgenden Teil auf Ihre Richtigkeit überprüft werden. Hat der BGH seine Kompetenzen überschritten? Ist die entwickelte Fristenlösung haltbar oder eine Rechtsprechung contra legem?

Um diese Fragen beantworten zu können, ist zunächst klarzustellen, welchen Grenzen die Rechtsprechung unterworfen ist: Die Rechtsprechung ist an Gesetz und Recht gebunden und muss bestehende Gesetze anwenden, Art. 20 III, 97 I GG[322]; sie muss den Gewaltenteilungsgrundsatz achten, Art. 20 II GG.[323] Setzt sich das Gericht über bestehende Normen hinweg und unterwirft sich Recht und Gesetz nicht, sondern wird als normsetzende Instanz tätig, verletzt es seine Gesetzesbindung aus Art. 20 III GG.[324] Der Richter muss den vom Gesetzgeber vorgegebenen Sinn und Zweck einer Vorschrift beachten und zu deren maximaler Verwirklichung beitragen; richterliche Rechtsfortbildungen contra legem sind damit nicht zulässig und verstoßen gegen den Gewaltenteilungsgrundsatz aus Art. 20 II 2, III GG sowie Art. 97 I GG.[325] Das Rechtsstaatsprinzip verbietet es den Gerichten, Befugnisse zu beanspruchen, die von der Verfassung dem Gesetzgeber zugewiesen sind.[326] Hat der Gesetzgeber eine eindeutige Entscheidung getroffen, kann der Richter seine eigenen rechtspolitischen Wertvorstellungen nicht an deren Stelle setzen und nicht eine eigene judikative Lösung entwickeln, die im Parlament so nicht umsetzbar gewesen ist.[327]

Die Übergänge zwischen noch zulässiger Auslegung und unzulässiger Rechtsfortbildung sind dabei fließend.[328] Das Bundesverfassungsgericht beschreibt diese Grenze mit den folgenden Überlegungen: „Der mögliche Wort-

---

321 Vgl. Einführung A.

322 Maunz/Dürig-*Herzog/Grzeszick*, Art. 20 GG Rn. 146.

323 *Pieroth/Aubel*, JZ 2003, 504, 505.

324 BVerfGE 34, 269, 287, 291; BVerfGE 56, 99, 107 ff.; BVerfGE 61, 68, 72 f.; BVerfGE 65, 182, 190 ff.; BVerfGE 69, 315, 371 f.; BVerfGE 82, 6, 11 ff.; BVerfGE 87, 273, 280; Maunz/Dürig-*Herzog/Grzeszick*, Art. 20 GG Rn. 146 ff.

325 Maunz/Dürig-*Herzog/Grzeszick*, Art. 20 GG Rn. 148; *Krey*, StPO I, Rn. 67.

326 BVerfGE 96, 375, 394.

327 BVerfGE 82, 6, 12.

328 *Pieroth/Aubel*, JZ 2003, 504, 505; s. zum Ganzen *Schlaich/Korioth*, Bundesverfassungsgericht, Rn. 301 ff.

sinn des Gesetzes markiert die äußerste Grenze zulässiger richterlicher Interpretation.“[329] Dabei ist es den Gerichten „(…) von Verfassungs wegen verwehrt, die gesetzgeberische Entscheidung im Wege der Auslegung zu unterlaufen (…)“[330]. Das Gericht bewegt sich dagegen im Rahmen des Zulässigen, wenn es „(…) die gesetzgeberische Grundentscheidung respektiert hat und den anerkannten Methoden der Gesetzesauslegung gefolgt ist.“[331]

Somit sind im Folgenden die betroffenen Normen daraufhin zu untersuchen, ob sie eine Auslegung im Sinne der Fristenlösung ermöglichen oder der Wortlaut dies nicht zulässt. Dabei soll die Kernproblematik des Fristenlösungsmodells heraus gearbeitet werden. Des Weiteren sollen die Konsequenzen bei Anerkennung der Fristenlösung beleuchtet und sich ergebende Folgeprobleme erörtert werden.

A. Vereinbarkeit der Fristenlösung mit dem geltenden Recht

I. Vereinbarkeit der Fristenlösung mit § 244 VI

Gem. § 244 VI muss jeder Beweisantrag noch in der Hauptverhandlung durch Gerichtsbeschluss beschieden werden. Das Fristenlösungsmodell sieht hingegen vor, dass das Gericht die Ablehnung der Beweisanträge wegen Prozessverschleppungsabsicht wie bei Hilfsbeweisanträgen in den Urteilsgründen vornehmen kann.[332] Im Folgenden ist § 244 VI mit den gängigen Auslegungsmethoden nach Wortlaut, Systematik, Sinn und Zweck, seinem historischen Hintergrund sowie verfassungs- und konventionskonform auszulegen.[333]

1. Grammatikalische und systematische Auslegung

a) Erfordernis eines Beschlusses durch das Gericht

§ 244 VI lautet: „Die Ablehnung eines Beweisantrages bedarf eines Gerichtsbeschlusses.“ Da der Gesetzgeber nicht formuliert hat, dass der Vorsitzende hier-

---

329 BVerfGE 71, 122, 136.; vgl. auch BVerfGE 71, 108, 115f. „Wortlaut“ als Grenze.

330 BVerfGE 34, 269; BVerfGE 63, 266, 289.

331 BVerfGE 96, 375, 395.

332 NJW 2005, 2466, 2467 f.; BGHSt 52, 355, 361; gebilligt vom BVerfG in NStZ 2010, 155, 156.

333 *Pieroth/Aubel*, JZ 2003, 504, 508.

über zu befinden hat,[334] anders als bei der Stattgebung von Beweisanträgen (§ 238 I),[335] ist klargestellt, dass das gesamte Gericht hierüber zu entscheiden hat.[336] Zudem wird angeordnet, dass ein Beschluss erforderlich ist. Damit wird zugleich eine Aussage darüber getroffen, wann eine Entscheidung ergehen muss. Ein Beschluss ergeht während der Hauptverhandlung und nicht zusammen mit Verkündung des Urteils, was zeitlich nach Abschluss der Hauptverhandlung läge (§ 260 I). Beschlüsse müssen bis spätestens vor Schluss der Beweisaufnahme bekannt gemacht werden, § 35 I 1.[337]

b) Einzelbescheidung der Anträge

Der BGH hat in seinem ersten Urteil zur Fristenlösung vorgesehen, dass die Beweisanträge im Urteil nicht einzeln beschieden werden müssen.[338] Bereits in der Hauptverhandlung wird die pauschale Ablehnung aller verspäteten Anträge beschlossen. Diese Ablehnung „im Paket" wirkt fort bis zur endgültigen Bescheidung in den Urteilsgründen. Das Gericht braucht die vorab abgelehnten Anträge dann ebenfalls nicht individuell zu prüfen, sondern macht lediglich eine summarische Prüfung unter Aufklärungsgesichtspunkten und bescheidet die Beweisanträge im Urteil und nicht durch gesonderten Beschluss.

Hiergegen spricht jedoch der Wortlaut des § 244 VI, der im Singular von *einem* Beweisantrag spricht.[339] Der Ablehnungsbeschluss bezieht sich damit auf einen einzelnen Antrag, nicht auf eine Gesamtheit mehrerer gebündelter Anträge. Sonst hätte der Gesetzgeber § 244 VI so formulieren können, dass „Beweisanträge durch Gerichtsbeschluss abzulehnen sind" oder „Die Ablehnung von Beweisanträgen erfolgt durch Gerichtsbeschluss". Mit der Formulierung „Die Ablehnung *eines* Beweisantrags bedarf *eines* Gerichtsbeschlusses." ist hingegen klar gestellt, dass jeder Antrag für sich beschieden werden muss. Auf einen Beweisantrag kommt ein Beschluss. Auch ein systematischer Vergleich mit den Absätzen III–VI ergibt, dass stets nur von der Ablehnung eines einzelnen Beweisantrags gesprochen wird. Auch § 245 II 2, 3 sprechen von einem Beweisantrag.

---

334 So bspw. in §§ 31 II, 228 I 2, 241, 249 II StPO, § 176 GVG.

335 LR-*Becker*, § 244 Rn. 131.

336 Ein Verzicht der Prozessbeteiligten hierauf ist nicht möglich, *M-G*, § 244 Rn. 41a.

337 *Ingelfinger*, Bedingte Beweisanträge, S. 2.

338 BGH NJW 2005, 2466, 2468.

339 *Deckers*, Beweisantrag, S. 49.

Eine pauschale Vorabablehnung begegnet zudem weiteren Bedenken. Die vorab abgelehnten Beweisanträge sind zu diesem Zeitpunkt noch nicht gestellt und damit nicht in der Welt. Es gibt zu diesem Zeitpunkt noch keinen Beweisantrag, der abgelehnt werden könnte. Versteht man diesen Beschluss lediglich als Absichtserklärung des Gerichts, verfristete Anträge abzulehnen, fragt sich, weshalb dies in Beschlussform geschieht. Hintergrund könnte sein, den Beteiligten die Möglichkeit einer Beschwerde einzuräumen, § 304 I. Wenn der BGH jedoch der Auffassung ist, dass das Gesetz es zulässt, Beweisanträge im Urteil zu bescheiden, stellt sich die Frage, weshalb das Gericht hierüber zuvor einen Beschluss fassen muss.

c) Ergebnis der grammatikalischen und systematischen Auslegung

Eine grammatikalische und systematische Auslegung des § 244 VI ergibt, dass das Gericht in der Hauptverhandlung jeden einzelnen Beweisantrag durch Beschluss bescheiden muss. Eine pauschale Vorabbescheidung sowie die nachträgliche Bescheidung in den Urteilsgründen wie nach der Fristenlösung vorgesehen, ist nicht mit § 244 VI vereinbar.

2. Teleologische Auslegung

a) Zweck der Bescheidungspflicht in der Hauptverhandlung

Die in § 244 VI statuierte Bescheidungspflicht erfüllt eine wichtige Informationsfunktion für den Angeklagten. Das Gericht muss seine Bewertung der Beweislage offenlegen und zum Antrag des Angeklagten Stellung nehmen.[340] Die Beratung über den Beweisantrag gleicht einer „kleinen Urteilsberatung“, die sich im Beschluss über den Beweisantrag manifestiert; dies ermöglicht es dem Antragsteller, den Stand des Prozesses frühzeitig zu erkennen und eine Prognose über dessen Ausgang zu treffen.[341] Der Antragsteller wird in die Lage versetzt, seine Verteidigungsstrategie auf die Prozesslage nach Ablehnung des Antrags neu auszurichten und dabei die Begründung (§ 34) des Gerichts zu berücksichtigen.[342]

Wird ein Beweisantrag wegen Prozessverschleppungsabsicht abgelehnt, indiziert dies einen für den Angeklagten ungünstigen Ausgang des Verfahrens.[343]

---

340 HK-*Julius*, § 244 Rn. 54; LR-*Becker*, § 244 Rn. 134; *Deckers*, Beweisantrag, S. 126.

341 *Deckers*, Beweisantrag, S. 8, 117, 126 f.

342 *M-G*, § 244 Rn. 41a.

343 *Deckers*, Beweisantrag, S. 127; *HHP*, Beweisantragsrecht, Rn. 254.

Das Gericht darf unter Nichtgeltung des Verbots der Beweisantizipation entscheiden, ob die beantragte Beweiserhebung nichts Sachdienliches hervorbringen kann. Kommt es zu dem Entschluss, dass die Beweiserhebung seine Überzeugung nicht erschüttern könnte, kann es wegen Prozessverschleppungsabsicht ablehnen. Dies kann für eine Verurteilung des Angeklagten sprechen.[344] Zudem kann dem Ablehnungsgrund der Prozessverschleppungsabsicht der Vorwurf anhaften, dass auch die Verteidigung mit einer Verurteilung rechnet und zur Schadensbegrenzung nur noch eine Verzögerung des Verfahrens bezweckt.[345]

Des Weiteren wird die revisionsgerichtliche Überprüfbarkeit durch die erforderliche Begründung sichergestellt.[346] Daraus ergibt sich auch, dass jeder gestellte Beweisantrag einzeln und nicht etwa pauschal zusammen mit anderen Anträgen abgelehnt werden darf und alle rechtlichen und tatsächlichen Erwägungen enthalten muss.[347]

b) Umgehung durch Qualifizierung als Hilfsbeweisantrag

Die Besonderheit der Fristenlösung besteht darin, dass der BGH Beweisanträge nach Fristablauf wie Hilfsbeweisanträge behandeln will,[348] die anerkanntermaßen erst in den Urteilsgründen beschieden werden dürfen.[349] Es stellt sich somit die Frage, ob verspätete Beweisanträge und Hilfsbeweisanträge dogmatisch so nah beieinander liegen, dass eine Gleichbehandlung gerechtfertigt ist, die zu einer Umgehung der gesetzlichen Anordnung des § 244 VI führt.

aa) Der Begriff des Hilfsbeweisantrags

Der Hilfsbeweisantrag ist eine Sonderform des bedingten Beweisantrags.[350] Seine Besonderheit besteht darin, dass er zwingend an einen Hauptantrag gekoppelt ist.[351] Die Bedingung tritt ein, wenn das Gericht dem Hauptantrag nicht entspricht.[352] Ein Hilfsbeweisantrag kann bspw. für den Fall gestellt werden, dass

344 *Deckers*, Beweisantrag, S. 127; *HHP*, Beweisantragsrecht, Rn. 254.

345 *Deckers*, Beweisantrag, S. 127; *HHP*, Beweisantragsrecht, Rn. 254.

346 *M-G*, § 244 Rn. 41a.

347 *M-G*, § 244 Rn. 42 f.

348 BGH NJW 2005, 2466, 2468.

349 *Kindhäuser*, StPO, § 22 Rn. 28.

350 *HHP*, Beweisantragsrecht, Rn. 69.

351 *Ingelfinger*, Bedingte Beweisanträge, S. 7.

352 *HHP*, Beweisantragsrecht, Rn. 69.

das Gericht statt Freispruch auf Verurteilung,[353] statt Versuch auf Vollendung oder statt Geldstrafe auf Freiheitsstrafe erkennt.[354]

bb) Gründe für die Ausnahme von § 244 VI bei Hilfsbeweisanträgen

§ 244 VI stellt die Regel auf, dass Beweisanträge in der Hauptverhandlung beschieden werden müssen. Aus der Natur des Hilfsbeweisantrags ergibt sich, dass über ihn nur zusammen mit dem Urteil entschieden werden kann. Ob die Bedingung eingetreten ist, kann das Gericht erst nach Entscheidung über den Hauptantrag (z.B. Verurteilung, Vollendung des Delikts, Freiheitsstrafe) beurteilen. Ein Hilfsbeweisantrag kann damit aufgrund seiner strukturellen Besonderheit, der Abhängigkeit des Hilfs- vom Hauptantrag, nur zusammen mit dem Urteil ergehen.[355] Diese Ausnahme von § 244 VI ist damit logische Schlussfolgerung der Abhängigkeit des bedingten Antrags vom Hauptantrag.

Dogmatisch begründet wird diese Ausnahme auf verschiedenen Wegen. Die Theorie des konkludent erklärten Verzichts geht davon aus, dass der Antragsteller mit der Bedingung des Antrags zugleich erklärt, auf eine der Urteilsverkündung vorausgehende Bescheidung des Antrags zu verzichten.[356] Da hiervon auch Art. 103 I GG tangiert ist, soll hierin zugleich ein Verzicht auf weitergehendes rechtliches Gehör liegen.[357] Zum anderen wird die Ausnahme damit erklärt, dass das Gericht nicht gezwungen werden soll, seine Überzeugungen bereits vor Urteilsverkündung offenbaren zu müssen. Müsste das Gericht noch in der Hauptverhandlung entscheiden, ob die Bedingung für den Hilfsbeweisantrag bereits eingetreten ist, wäre es gezwungen, sich zu den Erfolgsaussichten des Hauptantrags zu äußern, bevor es darüber beraten hat. Dies liefe auf eine „Urteilsverkündung vor der Urteilsverkündung“[358] hinaus. Der Antragsteller soll nicht mehr

353 Eine beispielhafte Formulierung eines solchen Hilfsbeweisantrags findet sich bei *Ostendorf*, StPO, Rn. 353.

354 Beisp. bei *Kindhäuser*, StPO, § 22 Rn. 25 m.w.N.

355 *M-G*, § 244 Rn. 44a; *Ingelfinger*, Bedingte Beweisanträge, S. 27, 29; *Niemöller*, JZ 1992, 884, 888 f.

356 BGHSt 32, 10, 13; NStZ 184, 372; NStZ 1991, 547, 548; KK-*Fischer*, § 244 Rn. 92; krit. hierzu *Ingelfinger*, Bedingte Beweisanträge, S. 2, 29 f.; *Alsberg*, JW 1930, 931; zur Problematik eines Verzichts eines Verzichts mittels einer „Bescheidungsklausel“ s. *HHP*, Beweisantragsrecht, Rn. 71 ff.; *Ingelfinger*, Bedingte Beweisanträge, S. 23 ff.

357 *Witting*, FS Volk, S. 885, 894.

358 *Niemöller*, JZ 1992, 884, 887 ff.

Informationen erhalten können, als wenn er den Beweisantrag unbedingt gestellt hätte.[359]

cc) Die Rückausnahme bei Ablehnung wegen Prozessverschleppungsabsicht

Eine Rückausnahme wird jedoch für den Fall gemacht, dass der Hilfsbeweisantrag wegen Prozessverschleppungsabsicht abgelehnt werden soll.[360] Dies ergebe sich daraus, dass der Antragsteller diesen Vorwurf entkräften können oder neue Anträge stellen können soll.[361] Die Lehre vom konkludenten Verzicht sieht in diesen Konstellationen keine Hinweise für einen Verzicht des Antragstellers, da der Vorwurf der Verschleppungsabsicht so massiv sei, dass nicht davon ausgegangen werden könne, dass auf rechtliches Gehör verzichtet werde; insbesondere wenn dieser Vorwurf gegenüber einem Verteidiger erhoben wird.[362] Prozessverschleppende Hilfsbeweisanträge müssten danach bereits vor Urteilsverkündung beschieden werden.[363] In diesen Fällen soll die Regel des § 244 VI wieder aufleben.

In der älteren Rechtsprechung wurde daneben aus standesrechtlicher Sicht argumentiert, dem Verteidiger sollte Gelegenheit gegeben werden, sich von dem Vorwurf der Verschleppungsabsicht freizusprechen. Ihm drohe anderenfalls ein Disziplinarverfahren wegen grob standeswidrigen Verhaltens und auch unabhängig von einem Disziplinarverfahren habe der Verteidiger ein Interesse daran, einen solchen Verdacht auszuräumen. Verzichtet der Angeklagte auf eine Revision, habe der Verteidiger die Möglichkeit hierzu nur, wenn sein Beweisantrag vor Urteilsverkündung beschieden wurde und er dann unter Berücksichtigung der Gründe weitere Beweisanträge stellen könne oder Beweismittel benennen könne, die den Vorwurf der Prozessverschleppungsabsicht entkräften. Eine Bescheidung in der Hauptverhandlung sei auch im Interesse des Angeklagten, da dieser das Verhalten des Verteidigers ohne gerichtlichen Hinweis gar nicht einschätzen könne und jenes Verhalten ihm schade. Dem Angeklagten müsse Gelegenheit gegeben werden, seinen Verteidiger zu einer Rücknahme des Antrags zu bewegen oder ihm im Extremfall das Mandat zu entziehen.[364] Dieser Argumentation ist jedoch nicht zuzustimmen. Der Strafprozess dient nicht dazu, dass der

---

359 *Ingelfinger*, Bedingte Beweisanträge, S. 32 f.

360 LR-*Becker*, § 244 Rn. 158; *HHP*, Beweisantragsrecht, Rn. 74.

361 BGH NJW 1968, 1329; NStZ 1986, 372.

362 *ANM*, Beweisantrag, S. 771.

363 LR-*Becker*, § 244 Rn. 158 m.w.N.; *Fahl*, Rechtsmissbrauch, S. 584 f.; *HHP*, Beweisantragsrecht, Rn. 74.

364 KG Berlin, JR 1954, 231 f.

Verteidiger sich in einem guten Licht darstellen kann; vielmehr ist er verpflichtet, den Angeklagten optimal zu verteidigen.[365] Zum anderen ist es realitätsfern, dass der Verteidiger ohne vorherige Absprache mit dem Angeklagten prozessverschleppende Anträge stellt, die den Angeklagten zu einem Entzug des Mandats veranlassen sollten.[366]

dd) Vergleichbarkeit von „verspäteten" Anträgen und Hilfsbeweisanträgen

Der BGH leitet aus einer „verfassungs- und konventionskonforme(n) Einschränkung von § 244 VI"[367] her, dass Beweisanträge, die nach Fristablauf gestellt wurden, „wie Hilfsbeweisanträge in den Urteilsgründen"[368] beschieden werden könnten und „freilich der Ablehnungsgrund der Prozessverschleppungsabsicht nicht ausgeschlossen"[369] sei.

Diese Aussage steht der bisherigen Rechtsprechung diametral entgegen. Bislang konnten nur bedingte (Hilfs-)Beweisanträge in den Urteilsgründen abgelehnt werden - niemals jedoch wegen Prozessverschleppungsabsicht. Nach der Fristenlösung „verspätete"[370] Anträge können sowohl bedingt als auch unbedingt gestellt werden. Die Fristenlösung unterscheidet nicht zwischen bedingten und unbedingten Anträgen. Die Fristenlösung will die „verspäteten" Anträge wegen Prozessverschleppungsabsicht im Urteil ablehnen. Wurde ein „verspäteter" Antrag zusätzlich bedingt gestellt, wäre eine Ablehnung wegen Prozessverschleppungsabsicht nach bisheriger Rechtsprechung in den Urteilsgründen ausgeschlossen; die Fristenlösung sieht dies dagegen als Regelfall vor. Der BGH verquickt damit Kategorien, die sich nach bisheriger Auffassung ausgeschlossen haben. Nicht kompatibel waren die Kategorien „Bescheidung in den Urteilsgründen" und „Ablehnung eines bedingten (Hilfs-)beweisantrags wegen Prozessverschleppungsabsicht". Neu ist nach der Fristenlösung aber genau die Verbindung dieser Kategorien. „Bescheidung in den Urteilsgründen" und „Ablehnung eines bedingten wie auch unbedingten (sic!) Antrags wegen Prozessverschleppungsabsicht" sind nach der Fristenlösung nunmehr miteinander verein-

---

365 *Sarstedt*, Anm. zu KG Berlin, JR 1954, 232 f.; *Schrader*, NStZ 1991, 224, 225 f.

366 *Fahl*, Rechtsmissbrauch, S. 587 f.

367 BGH NJW 2005, 2466, 2468.

368 BGH NJW 2005, 2466, 2468.

369 BGH NJW 2005, 2466, 2468.

370 Wie bereits oben (Teil II, A I 1.) gezeigt, kennt das Gesetz keine „verspäteten" Beweisanträge. Aus Gründen der Vereinfachung sind mit diesem Begriff im Folgenden solche Beweisanträge gemeint, die nach der gerichtlich gesetzten Frist gestellt wurden, was nach der Fristenlösung zulässig sein soll.

bar. Die Aussage des BGH, dass verspätete Anträge „*wie* Hilfsbeweisanträge" wegen Prozessverschleppungsabsicht in den Urteilsgründen abgelehnt werden können, widerspricht sich selbst.

Mit der bisherigen Rechtsprechung zu den Hilfsbeweisanträgen lässt sich die Fristenlösung nicht vereinbaren. Da eine Fristsetzung bedingte und unbedingte Anträge erfasst, können Hilfsbeweisanträge so doch wegen Prozessverschleppungsabsicht in den Urteilsgründen beschieden werden. Dies wird faktisch für alle Hilfsbeweisanträge gelten, da diese typischerweise erst zu einem späten Zeitpunkt in der Hauptverhandlung gestellt werden, meist im Schlussvortrag des Verteidigers,[371] der zeitlich nach einer gerichtlich gesetzten Frist liegen wird. Der Grundsatz, dass Hilfsbeweisanträge nicht wegen Prozessverschleppungsabsicht in den Urteilsgründen abgelehnt werden dürfen, gilt damit nicht mehr. Faktische Folge wäre, dass keine Hilfsbeweisanträge mehr gestellt würden, da sich die Vorteile des Hilfsbeweisantrags relativierten und zudem weitere Nachteile drohten: Beweisanträge könnte man danach zwar von einem Hauptantrag abhängig machen, über diesen Hilfsbeweisantrag würde jedoch in jedem Fall (also auch bei Prozessverschleppungsabsicht) erst im Urteil entschieden. Zudem wären de facto alle Hilfsbeweisanträge aufgrund ihrer späten Stellung nach der Fristenlösung präkludiert. Dies würde eine Zunahme unbedingter Anträge nach sich ziehen, über die im Gegensatz zu den Hilfsbeweisanträgen (Entscheidung nur, wenn die Bedingung eintritt) in jedem Fall entschieden werden muss. Dem Ziel der Beschleunigung des Verfahrens würde so sogar entgegen gewirkt.[372]

Zu einem anderen Ergebnis käme man nur, wenn der BGH auch seine Rechtsprechung zu den Hilfsbeweisanträgen ändern wollte, wofür in den einschlägigen Urteilen jedoch keine Hinweise zu finden sind. Die Fristenlösung des BGH passt somit nicht ins System des Beweisantragsrechts, insbesondere im Hinblick auf die Behandlung von Hilfsbeweisanträgen.

ee) Kritik an der Rückausnahme bei Prozessverschleppungsabsicht

Man kann jedoch die Frage stellen, ob die Rückausnahme bei Ablehnung von Hilfsbeweisanträgen wegen Prozessverschleppungsabsicht, so wie von Rechtsprechung und dem überwiegenden Schrifttum gefordert[373], überhaupt gerechtfertigt ist. Wenn nicht, d.h. wenn Hilfsbeweisanträge im Urteil abgelehnt werden könnten wegen Prozessverschleppungsabsicht, ebenso wie aus allen anderen

371 *Ingelfinger*, Bedingte Beweisanträge, S. 1.

372 *Witting*, FS Volk, S. 885, 895.

373 *Fahl*, Rechtsmissbrauch, S. 584 m.w.N.

Gründen, würde die Fristenlösung in ihrer Wirkung zumindest in Bezug auf Hilfsbeweisanträge relativiert.

Wieso also erfährt der Ablehnungsgrund der Prozessverschleppungsabsicht eine Sonderbehandlung gegenüber den anderen Ablehnungsgründen? Auch im Falle einer Ablehnung bspw. wegen Bedeutungslosigkeit, Ungeeignetheit oder Unerreichbarkeit hat der Antragsteller ein Interesse daran, frühzeitig hierüber informiert zu werden, um ggf. weitere Anträge zu stellen oder seine Prozesstaktik zu ändern. Dieses Interesse besteht immer bei Ablehnung eines Antrags und ist unabhängig davon, warum dieser abgelehnt wurde.

Zu einem anderen Ergebnis käme man nur, wenn der Ablehnungsgrund strukturell so anders wäre, dass ein besonderes Bedürfnis zu einer vorzeitigen Information bestünde. Dies wird z.T. darin gesehen, dass dem Ablehnungsgrund der Prozessverschleppungsabsicht ein subjektiver, moralischer Vorwurf anhafte, den es zu entkräften gälte.[374] Dem Hauptargument in der Literatur, der Antragsteller müsse Gelegenheit erhalten, den Vorwurf der Prozessverschleppungsabsicht zu entkräften, liegt diese Auffassung zugrunde. Dies ist jedoch zweifelhaft. Der Strafprozess dient nicht dazu, dass sich Angeklagter oder Verteidiger in einem bestimmten Licht präsentieren können. Weder Angeklagte noch Verteidiger müssen ihr Prozessverhalten in irgendeiner Weise begründen oder rechtfertigen. Ihr Agieren im Prozess muss allein dazu dienen, den Angeklagten vor dem staatlichen Vorwurf einer Strafbarkeit optimal zu verteidigen.

Eine andere Möglichkeit zur Begründung der Besonderheiten bei Ablehnung wegen Prozessverschleppungsabsicht ist, ausnahmsweise keinen Verzicht der Bescheidung in der Hauptverhandlung anzunehmen. Einem Antragsteller, der den Abschluss des Verfahrens verschleppen will, wird man kaum einen konkludent erklärten Verzicht auf die (verzögernde) Bescheidung noch in der Hauptverhandlung unterstellen können.[375] Der Fiktion des erklärten Verzichts steht der tatsächliche Wille des Antragstellers entgegen, das Verfahren zu verschleppen. Auf der Basis der Theorie vom konkludent erklärten Verzicht kann man somit begründen, dass prozessverschleppende Anträge noch in der Hauptverhandlung beschieden werden müssen.[376] Hiergegen ist dennoch einzuwenden, dass die

374 So ausdrücklich KG, JR 1954, 231; *Alsberg*, JW, 1930, 3417, 3418; a.A.: *Fahl*, Rechtsmissbrauch, S. 116 f., 489, 495.

375 So auch: *Sarstedt*, JR 1954, 231, 233.

376 Ob dies allerdings sinnvoll ist, ist fraglich. Welchen Sinn hat es, dem verschleppenden Antragsteller die besondere Möglichkeit einzuräumen, das Verfahren hierdurch noch weiter zu strecken? Bei einer zweckorientierten Auslegung müsste man gerade prozessverschleppende Anträge erst in den Urteilsgründen bescheiden können.

Absicht, ein Verfahren zu verschleppen, nicht schützenswert ist. Ein rechtsmissbräuchlicher Wille ist unbeachtlich. Auch hierauf kann die Rückausnahme bei Prozessverschleppungsabsicht nicht basieren.

Sieht man die Begründung der Ausnahme von § 244 VI bei Hilfsbeweisanträgen darin, dass diese allein auf der besonderen Struktur (der Abhängigkeit vom Hauptantrag) beruht, kann man eine Ausnahme bei Prozessverschleppungsabsicht ebenfalls nicht begründen. Wenn über einen Hilfsbeweisantrag nur zusammen mit der Hauptsache entschieden werden kann, ist unerheblich, weshalb ein Beweisantrag abgelehnt wird. Konsequenz wäre dann, keine Ausnahme bei Ablehnung wegen Prozessverschleppungsabsicht zu machen.[377] Hierfür spricht, dass es jedem Antragsteller freisteht, den Beweisantrag unbedingt zu stellen. Dann ist klar, dass über diesen vor Urteilsverkündung beschieden wird – die Vorabbescheidungspflicht des Gerichts wird so durch eine unbedingte Stellung des Beweisantrags „erkauft". Entscheidet sich der Antragsteller, den Beweisantrag zu bedingen, muss er den prozesstaktischen Nachteil in Kauf nehmen, dass er von der Auffassung des Gerichts, es handele sich um einen verschleppenden Antrag, erst im Urteil erfährt.[378] § 244 VI schützt allein Interessen des Angeklagten und ist damit dispositiver Natur.[379]

Grafisch lässt sich dieser Ausgleich wie folgt darstellen:

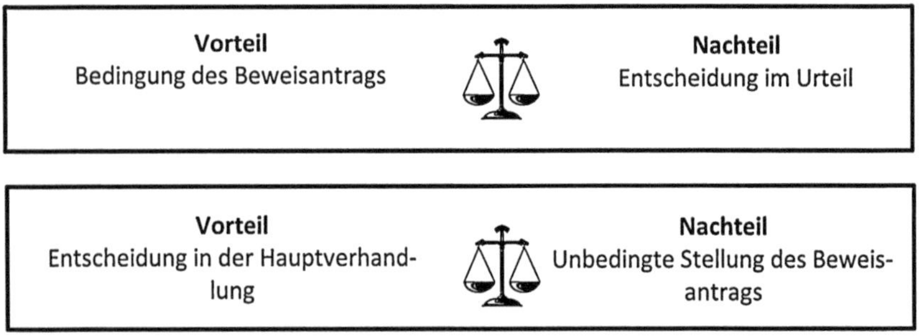

Abb. 3: Vor- und Nachteile der Bedingung von Beweisanträgen

377 *Fahl*, Rechtsmissbrauch, S. 588; *ders.* DRiZ 2009, 291, 293.

378 *Fahl*, Rechtsmissbrauch, S. 585; *Schrader*, NStZ 1991, 224.

379 *Ingelfinger*, Bedingte Beweisanträge, S. 28.

Es spricht also viel dafür, auch verschleppende Hilfsbeweisanträge erst im Urteil zu bescheiden. Mit diesem Ergebnis stimmt auch die Fristenlösung in Bezug auf bedingte Hilfsbeweisanträge überein.

Dennoch lässt sich die Fristenlösung hierüber nicht rechtfertigen. Ein weiterer, der Fristenlösung immanenter Grund spricht hiergegen: Nach der Fristenlösung werden auch unbedingte Beweisanträge erst im Urteil beschieden. Die oben aufgezeigte Möglichkeit, den Antrag unbedingt zu stellen und so die Vorabbescheidungspflicht des Gerichts wieder auszulösen, besteht damit nicht mehr. Dem Nachteil, von der Ablehnung eines Beweisantrags erst mit Verkündung des Urteils zu erfahren, steht nicht ausgleichend die Möglichkeit gegenüber, den Antrag unbedingt zu stellen und so eine Vorabentscheidung zu erreichen, wie dies bei Hilfsbeweisanträgen der Fall ist. Die Fristenlösung bringt damit auch das System des Hilfsbeweisrechts ins Wanken – und zwar erneut zu Lasten des Angeklagten. Somit führt auch der Vergleich mit den Hilfsbeweisanträgen dazu, dass die Ablehnung eines Beweisantrags wegen Prozessverschleppungsabsicht nur während der Hauptverhandlung erfolgen darf.[380]

c) Ausgleich durch Vorabinformation

Dieses Ungleichgewicht scheint der BGH erkannt zu haben, auch wenn er es nicht als solches bezeichnet. In dem ersten Urteil zur Fristenlösung gibt er unumwunden zu, dass ein „Eingriff in die durch § 244 VI StPO garantierte Informationsfunktion des individuellen Ablehnungsbeschlusses“ vorliegt, dieser sich jedoch „(...) auf Grund der gleichsam ‚vor die Klammer gezogenen‘ Vorabinformation über die zukünftigen Ablehnungsgründe auch in Grenzen (hält).“[381] Es fragt sich also, ob die beschriebenen Nachteile dadurch kompensiert werden, dass der Antragsteller bereits im Vorfeld der Entscheidung über den Antrag alle relevanten Informationen erhält.

Es ist somit zu untersuchen, welche Informationen ein Ablehnungsbeschluss in der Hauptverhandlung enthält und ob eine, wie vom BGH vorgesehene, Vorabinformation den Antragsteller in gleicher Weise befähigt, sich auf das Prozessgeschehen einzustellen.

---

380 Zu diesem Ergebnis kommt auch, wie bereits gezeigt, die Theorie vom konkludent erklärten Verzicht.

381 BGH NJW 2005, 2466, 2468; nochmals aufgegriffen in BGHSt 52, 355, 362.

aa) Inhalt und Schutz durch Ablehnungsbeschlüsse in der Hauptverhandlung

Die Ablehnung eines Beweisantrages bedarf eines Gerichtsbeschlusses (§ 244 VI), der gem. § 34 zu begründen ist. Diese Begründung muss zwei Anforderungen gerecht werden:

Zunächst müssen die tragenden Gründe mitgeteilt werden in einem Umfang, der den Antragsteller in die Lage versetzt, sein weiteres Verhalten danach auszurichten. Daraus ergibt sich, dass bspw. die bloße Wiedergabe des Gesetzestextes oder formelhafte und allgemeine Wendungen nicht ausreichen können.[382] Bei einer Ablehnung wegen Prozessverschleppungsabsicht müssen die Tatsachen bekannt gemacht werden, aus denen das Gericht auf eine solche Absicht schließt.[383] Die Besonderheit besteht dabei darin, dass der Ablehnungsgrund der Prozessverschleppungsabsicht auf Indizien beruht. Dem Revisionsgericht ist eine eigene Prüfung untersagt; es prüft die Entscheidung lediglich im Hinblick auf Rechtsfehler, so dass der Beschluss das gesamte Tatsachenmaterial enthalten muss, aus dem das Gericht auf eine solche Absicht schließt.[384]

Hieraus ergibt sich die zweite Anforderung an den Ablehnungsbeschluss: Er muss es den Revisionsrichtern ermöglichen, die Entscheidung auf Rechtsfehler hin zu überprüfen. Es muss nachvollzogen werden können, dass das Gericht von zutreffenden rechtlichen Erwägungen ausgegangen ist.[385]

Komplettiert wird der Schutz des rechtlichen Gehörs dadurch, dass der Beschluss dem Antragsteller in der Hauptverhandlung verkündet wird, § 35 I 1. Ihm müssen mündlich der wesentliche Inhalt und die tragenden Gründe mitgeteilt werden.[386] Der Antragsteller kann gem. § 35 I 2 eine Abschrift der Entscheidung verlangen. Dies kommt insbesondere dann in Betracht, wenn es auf den Wortlaut der Ablehnung ankommt – was bei einer ausführlicheren Ablehnung eines Beweisantrags die Regel sein wird.[387] Auch hier steht im Vordergrund, dass der Antragsteller sein zukünftiges Verhalten neu ausrichten können soll.

---

382 KK-*Maul*, § 34 Rn. 1, 5 f. m.w.N.

383 BGHSt 21, 118; KK-*Maul*, § 34 Rn. 6.

384 *Schwedendieck*, NStZ 1991, 109, 112.

385 KK-*Maul*, § 34 Rn. 1 m.w.N.

386 KK-*Maul*, § 35 Rn. 1, 6; *Mosbacher*, NStZ-Sonderheft 2009, 20, 22.

387 *ANM*, Beweisantrag, S. 767; *Mosbacher*, NStZ-Sonderheft 2009, 20, 22.

bb) Gleiches Schutzniveau durch Vorabinformation?

Der BGH stellt sich auf den Standpunkt, dass dadurch, dass der Vorsitzende den Antragsteller vorab informieren müsse, sich die Einschränkung der Verteidigungsrechte in Grenzen hielte.[388] Dieser Hinweis müsse enthalten, dass eine Frist gesetzt werde und deren Ablauf als Indiz für eine Prozessverschleppungsabsicht gewertet werde. Diese „vor die Klammer gezogen(e) Vorabinformation über die zukünftigen Ablehnungsgründe"[389] reiche aus. Es bestehe danach kein Bedürfnis mehr, dem Antragsteller Gelegenheit zur Stellungnahme zum Vorwurf der Prozessverschleppungsabsicht zu geben.[390] Durch die Vorabinformation würde der Antragsteller in die Lage versetzt, zu entscheiden, welche weiteren Schritte er einleiten wollte. Er könnte bspw. von seinem Selbstladerecht Gebrauch machen oder weitere Beweisanträge stellen.[391]

Das BVerfG teilt die Auffassung des BGH. Ergänzend bemerken die Verfassungsrichter, dass es nachteilig für den Antragsteller sei, dass er nicht die Begründung des Gerichts abwarten könne und dann einen neuen modifizierten Beweisantrag „nachschieben" könne, sondern nun die Begründung seines Antrags so formulieren müsse, dass im Vorfeld die Annahme einer Prozessverschleppungsabsicht ausgeschlossen sei. Dies schränke die Verteidigungsrechte zwar ein, sei jedoch nicht verfassungswidrig.[392]

Um eine Bewertung vornehmen zu können, ist es erforderlich, zu untersuchen, welche Informationen im Einzelnen gegeben werden. Eine Fristsetzung kommt nur dann in Betracht, wenn sich in dem Vorverhalten des Antragstellers Anzeichen für eine Prozessverschleppung gezeigt haben. Der Vorsitzende muss also mitteilen,

- *dass* eine Frist gesetzt wird und wie lang diese ist,
- *weshalb* eine Frist gesetzt wird, d.h. aus welchen Umständen das Gericht auf eine potentielle Prozessverschleppungsabsicht schließt,
- *welche* Folgen eine Versäumung der Frist hat sowie
- *dass* Beweisanträge danach grundsätzlich wegen Prozessverschleppungsabsicht abgelehnt werden.

---

388 BGH NJW 2005, 2466, 2468.

389 BGH NJW 2005, 2466, 2468.

390 BGHSt 52, 355, 362.

391 BGH NJW 2009, 169, 170 f.

392 BVerfG NStZ 2010, 155, 156

Unproblematisch erhalten bleibt die Funktion der revisionsgerichtlichen Überprüfbarkeit der Ablehnungsbeschlüsse. Die Entscheidung über die Anträge ist im Urteil enthalten und bleibt damit überprüfbar.

Problematisch an der Vorabinformation ist, dass sie sich zwingend auf sämtliche folgenden Beweisanträge bezieht und damit niemals so detailliert und einzelfallbezogen ausfallen kann, wie die Ablehnung des einzelnen Antrags in der Hauptverhandlung. Auch die Möglichkeit, eine Abschrift zu verlangen, um den Wortlaut der Ablehnung zu studieren, entfällt. Einen gewissen Ausgleich bietet immerhin die Tatsache, dass das Gericht begründen muss, weshalb eine Frist gesetzt wird und worin es im bisherigen Prozessverhalten des Antragstellers Anzeichen für verschleppendes Verhalten sieht. Soweit ein solches Verhalten nicht ohnehin beabsichtigt ist, kann die Verteidigung in Zukunft eine insgesamt kooperativere Prozessstrategie einschlagen. Bezogen auf den einzelnen Beweisantrag bringt dies jedoch wenig. Der Antragsteller muss antizipieren, worin das Gericht die Voraussetzungen für einen Ablehnungsgrund erblicken könnte. Dem Antragsteller bleibt nur, ins Blaue hinein vorsorglich weitere ergänzende Anträge zu stellen. Die Stellung weiterer Anträge wiederum kann aus Sicht des Gerichts den Verdacht der Verschleppungsabsicht erhärten. Die Antragsbegründung muss der Antragsteller also möglichst so formulieren, dass der Verdacht der Prozessverschleppungsabsicht gar nicht aufkommt. Eine Nachbesserung, bspw. durch Nachschieben einer ausführlicheren Begründung, ist nicht mehr möglich. Es besteht also entgegen der Auffassung des BGH durchaus Anlass, dem Antragsteller Gelegenheit zur nochmaligen Verteidigung gegen den Verschleppungsvorwurf zu geben. Der Hinweis darauf, dass verfristete Anträge wegen Prozessverschleppungsabsicht abgelehnt werden können, ist so pauschal, dass ihm kein eigenständiger Informationswert zu kommt.

Der BGH erkennt auch, dass eine Vorabinformation nicht denselben Umfang hat, wie eine Einzelbescheidung in der Hauptverhandlung, rechtfertigt dies jedoch damit, dass „(…) die mit der Fristsetzung zur Antragstellung verbundenen Zwecke im Wesentlichen leer laufen, wenn in diesen Konstellationen der Grundsatz Anwendung fände, dass Hilfsbeweisanträge nicht im Urteil wegen Prozessverschleppungsabsicht abgelehnt werden dürfen.“[393] Diese Aussage ist zirkelschlüssig: Ziel der Fristsetzung ist, Verfahren zu beschleunigen. Ob dieses Ziel mit der geltenden Gesetzeslage in Einklang zu bringen ist, soll erst überprüft werden. Kommt man dabei zu dem Ergebnis, dass das Gesetz ein Vorgehen im Sinne der Fristenlösung nicht zulässt (hier Bescheidung in den Urteilsgründen statt in der Hauptverhandlung), kann man sich hierüber nicht mit der

393 BGHSt 52, 355, 362.

Argumentation hinweg setzen, die Ziele der Fristenlösung würden anderenfalls nicht erreicht.

In dieser Argumentation zeigt sich ein wesentlicher Aspekt der Fristenlösung. Es wäre durchaus denkbar, dass man direkt nach Fristablauf über die Anträge entscheidet. Die indizielle Wirkung der Frist bliebe so erhalten. Vorteil für den Antragsteller wäre dann, ggf. weitere Nachbesserungen vorzunehmen, also eine tiefergehende Begründung für die Verspätung darzulegen, weitere Anträge zu stellen usw. Doch genau dies will man mit der Bescheidung im Urteil vermeiden. Der beschleunigende Effekt der Fristenlösung wird durch eine Versagung solcher verzögernden Nachbesserungen erreicht. Eine signifikante Beschleunigung wird insbesondere dadurch erreicht, dass Anträge nur bis zum Fristende gestellt werden können und dann jede weitere Handlung des Verteidigers faktisch leer läuft. Der Zeitraum zwischen Fristablauf und Urteilsverkündung soll so möglichst gering gehalten werden.

Das Beschlusserfordernis des § 244 VI erfüllt wichtige Zwecke für den Angeklagten. Diese können nur erreicht werden, wenn sich die Ablehnung und ihre Begründung auf jeden einzelnen Beweisantrag und jede einzelne Beweisfrage bezieht.[394] Pauschal sämtliche verfristete Anträge vor ihrer eigentlichen Stellung abzulehnen, bedeutet, dass das Beschlusserfordernis letztlich leer liefe.[395] Die vom BGH angeführte „Vorabinformation“ vermag dies nicht zu ändern.

d) Ergebnis der teleologischen Auslegung

Die Bescheidung der Beweisanträge in der Hauptverhandlung erfüllt einen wichtigen Zweck für den Antragsteller und sichert dessen Einflussmöglichkeiten auf den weiteren Prozessverlauf in elementarer Weise. Ein Vergleich mit der Ablehnung von Hilfsbeweisanträgen ist nicht möglich. Eine Vorabinformation kann die Nachteile für den Antragsteller nicht in adäquater Weise ausgleichen. Eine teleologische Auslegung des § 244 VI kommt somit zu dem Ergebnis, dass auch verfristete Beweisanträge in der Hauptverhandlung beschieden werden müssen.

---

394 BGHSt 21, 118, 124; BGHSt 29, 149, 152; *ANM*, Beweisantrag, S. 639; LR-*Becker*, § 244 Rn. 287; *Schwedendieck*, NStZ 1991, 109, 112.

395 *HHP*, Beweisantragsrecht, S. 75.

3. Historische Auslegung

Die Bescheidungspflicht in der Hauptverhandlung nach § 244 VI stand im Rahmen der Reformbestrebungen des Beweisantragsrechts zur Debatte.[396] Dass die Vorschrift dennoch beibehalten wurde, spricht für den Willen des Gesetzgebers, an der Regelung festzuhalten. Die Fristenlösung steht diesem Willen entgegen. Auch eine historische Auslegung kommt zu dem Ergebnis der Unvereinbarkeit der Fristenlösung mit § 244 VI.

4. Verfassungs- und konventionskonforme Auslegung

BGH und BVerfG möchten § 244 VI verfassungs- und konventionskonform auslegen und so den Weg bereiten für die Zulässigkeit einer Bescheidung in den Urteilsgründen. Als leitende Auslegungstopoi werden der Beschleunigungsgrundsatz sowie die Funktionsfähigkeit der Strafrechtspflege vor dem Hintergrund begrenzter Justizressourcen angeführt.[397] Fraglich ist, ob diese Grundsätze Beschränkungen des Beweisantragsrechts im Sinne der Fristenlösung im Wege einer verfassungs- und konventionskonformen Auslegung des § 244 VI rechtfertigen können.

a) Das Beschleunigungsgebot als Rechtfertigung

aa) Dogmatische Herleitung

Das Beschleunigungsgebot ist in der StPO nicht ausdrücklich geregelt,[398] findet seinen Ausdruck jedoch in zahlreichen Einzelvorschriften, u.a. in der Normierung der Ablehnungsgründe für Beweisanträge in § 244 II–V.[399] Seinen positivrechtlichen Niederschlag findet das Beschleunigungsgebot in Art. 6 I 1 Europäische Menschenrechtskonvention[400] bzw. Art. 5 III 1 2. Halbsatz EMRK in Haftsachen als besondere Ausprägung dieses Grundsatzes. Die EMRK hat als Teil

---

396 Arbeitspapier Bayern, S. 8-10, *Dokumentation*, StV 1982, 325, 331; s.o. (Teil I E I. 1.).

397 BGH NJW 2005, 2466, 2468; BVerfG NStZ 2010, 155, 156; BVerfG NJW 2010, 2036, 2037.

398 *Laue*, GA 2005, 648; *Nack*, FS Strauda, S. 425; eine Aufnahme in die StPO durch das 1. StVRG v. 9.12.1974 wurde erwogen, aber nicht umgesetzt, vgl. BT-Drucks.7/551 S. 36.

399 *Franke*, StV 2010, 433, 435; *Kudlich*, Gutachten C 68. DJT, C 12, Fn. 14; *Laue*, GA 2005, 648, Fn. 3; *Leipold*, Beschleunigungsgebot, in: Strafverteidigung im Rechtsstaat, S. 636, 637.

400 Im Folgenden „EMRK“.

des Völkerrechts in Deutschland den Rang eines einfachen Gesetzes.[401] Das BVerfG sieht das allgemeine Beschleunigungsgebot als Teil des Rechtsstaatsprinzips[402] in Art. 20 III GG i.V.m. Art. 2 I GG und das Beschleunigungsgebot in Haftsachen in Art. 2 II 2 GG verfassungsrechtlich verankert. Den Vorgaben in Bezug auf Haftsachen tragen bspw. die §§ 121 ff. einfachgesetzlich Rechnung.[403] Auch die Vorschriften zur Unterbrechung der Hauptverhandlung (§§ 228 f.) als Ausfluss der Konzentrationsmaxime[404] konkretisieren beispielhaft das Beschleunigungsgebot.[405] Das Beschleunigungsgebot garantiert ein faires, rechtsstaatliches Verfahren mit einer Entscheidung in angemessener Frist.[406]

bb) Ambivalente Wirkung des Grundsatzes

Dabei entfaltet das Beschleunigungsgebot eine ambivalente Wirkung. In erster Linie[407] stellt das Beschleunigungsgebot eine beschuldigtenschützende Garantie dar und ist somit ein subjektives Recht des Beschuldigten, bzw. nach Ansicht des Bundesverfassungsgerichts sogar ein (Prozess-)Grundrecht des Angeklagten.[408] Die mit einem Strafverfahren notwendigerweise verbundenen psychischen und physischen Belastungen sollen auf ein Minimum begrenzt werden.[409] Hierfür sollen Verfahrensverzögerungen durch die Justizorgane verhindert werden.[410] Ein Verstoß gegen das so verstandene subjektivrechtliche Beschleunigungsgebot hat eine Kompensationspflicht des betreffenden Staats zur Folge. Wie diese Kompensation zu erfolgen hat, ist dabei nicht unumstritten. Der Gro-

---

401 BVerfGE 10, 271; *Kudlich*, Gutachten C 68. DJT, C 13; *Leipold*, Beschleunigungsgebot, in: Strafverteidigung im Rechtsstaat, S. 636, 637; *I. Roxin*, StV 2010, 437; vgl. zur Bindungswirkung von EGMR-Urteilen: BVerfG NJW 2004, 3407; BVerfG StV 2008, 1, 2; *I. Roxin*, Bindungswirkung, in:Strafverteidigung im Rechtsstaat, S. 1070.

402 Bzw. dem daraus entspringenden Grundsatz der Verhältnismäßigkeit, BVerfG NJW 1993, 3254, 3255; BVerfG NJW 2001, 2707, 2708; BVerfG NJW 2003, 2897.

403 *Landau*, FS Hassemer, S. 1073, 1077.

404 *Kindhäuser*, StPO, § 18 Rn. 1, 24 f.

405 *Piel*, FS Widmaier, S. 429, 430.

406 Zu den Ungenauigkeiten bei der Übersetzung des Originaltexts der EMRK aus dem Englischen ins Deutsche s. *Nack*, FS Strauda, S. 425, 426.

407 BVerfG NStZ 2006, 680, 681; BGHSt 26, 228, 232; *M-G*, Einl. Rn. 160; *Piel*, FS Widmaier, S. 429, 438; *I. Roxin*, StV 2010, 437, 438; a.A.: LR-*Rieß*, Einl. G Rn. 31: Gleichwertigkeit von objektiver und subjektiver Ausrichtung des Grundsatzes.

408 *Laue*, GA 2005, 648.

409 *Laue*, GA 2005, 648; *Wohlers*, NJW 2010, 2470.

410 St. Rspr. BVerfG, vgl. BVerfG NJW 1993, 3254; BVerfG 2003, 2897; *I. Roxin*, StV 2010, 437.

ße Senat für Strafsachen hat sich 2008 gegen das Strafabschlagsmodell[411] und für ein Strafvollstreckungsmodell entschieden.[412] Die Bestimmung, wann ein Verfahren nicht mehr „innerhalb angemessener Frist“ i.S.d. Art. 6 I 1 EMRK verhandelt wurde, ist ebenfalls schwierig. Feste Zeitspannen lassen sich nicht festlegen,[413] es kommen jedenfalls nur rechtstaatswidrige Verfahrensverzögerungen in Betracht. Ob eine solche Verfahrensverzögerung vorliegt, entscheidet der EGMR anhand folgender vier Kriterien: Der Komplexität des Falles, dem Verhalten des Beschuldigten, Art und Weise der Ermittlung durch die Behörden sowie Art und Schwere des Tatvorwurfs.[414] Vermeidbare Verzögerungen sollen verhindert werden. Dies sind insbesondere solche, die aus einer mangelnden Ausstattung, Desorganisation oder Untätigkeit der Behörden resultieren.[415] Insofern wird das Beschleunigungsgebot auch als „Verzögerungsverbot“[416] bezeichnet.

Gleichzeitig besteht ein öffentliches Interesse an der Durchsetzung des Beschleunigungsgebots.[417] Neben die beschuldigtenschützende Dimension des Beschleunigungsgebots tritt damit eine öffentliche, wahrheitssichernde, aber auch ökonomische Dimension.[418] Sie garantiert, dass die Beweislage möglichst unverfälscht bleibt.[419] Je länger die Tat zurück liegt, desto mehr verschlechtert sich die Qualität der Beweise; so verblasst bspw. die Erinnerung von Zeugen mit fortschreitender Zeit.[420] Damit dient das Beschleunigungsgebot auch der Wahrheitssicherung.[421] Zudem soll das Gericht sein Urteil möglichst bald nach Ende

---

411 Auch als „Strafzumessungslösung“ bezeichnet, vgl. *Leipold*, Beschleunigungsgebot, in: Strafverteidigung im Rechtsstaat, S. 636, 641.

412 BGHSt 52, 124; *Kudlich*, Gutachten C 68. DJT, C 14 Fn. 28; *Tepperwien*, NStZ 2009, 1, 3 ff. m.w.N.

413 *Leipold*, Beschleunigungsgebot, in: Strafverteidigung im Rechtsstaat, S. 636, 637 f.

414 EGMR NJW 2006, 2389; *I. Roxin*, StV 2010, 437, 438.

415 *Fezer*, FS Widmaier, S. 177, 179.

416 *Fezer*, FS Widmaier, S. 177, 179; *Landau*, FS Hassemer, S. 1073, 1086; *Piel*, FS Widmaier, S. 429, 435; *Laue*, GA 2005, 648, 663; *I. Roxin*, GA 2010, 425, 432 m.w.N.

417 *Franke*, StV 2010, 433; *Kudlich*, Gutachten C 68. DJT, C 13 ff.; *Landau*, FS Hassemer, S. 1073; *Laue*, GA 2005, 648; *I. Roxin*, StV 2010, 437; *dies.* GA 2010, 425; *Trüg*, StV 2010, 528; *Wohlers*, NJW 2010, 2470.

418 *Kudlich*, Gutachten C 68. DJT, C 13.

419 BVerfG, NJW 2010, 592, 593; BVerfG, NStZ 2006, 680, 681.

420 *Landau*, FS Hassemer, S. 1073, 1074 f.; *Piel*, FS Widmaier, S. 429, 432 m.w.N.

421 BVerfGE 57, 250, 280; *Kudlich*, Gutachten C 68. DJT, C 16; *Landau*, FS Hassemer, S. 1073, 1074; *Piel*, FS Widmaier, S. 429, 432.

der Hauptverhandlung fällen, um die Eindrücke der Hauptverhandlung noch frisch im Gedächtnis zu haben.[422] Je kürzer die Hauptverhandlung, desto leichter fällt es dem Gericht, den Überblick zu behalten und das Urteil „aus dem Inbegriff der Verhandlung", § 261, zu fällen.[423] Zudem wird mit einem zügigen Verfahren ein generalpräventiver Zweck verfolgt.[424] Die Gesellschaft soll die Strafe als unmittelbare staatliche Reaktion auf geschehenes Unrecht empfinden. Damit soll der Rechtsfrieden wiederhergestellt werden.[425] Nicht zuletzt bedeutet ein schnelles Verfahren eine Schonung der Ressourcen und damit eine Einsparung von Kosten.[426] Ausdruck findet diese öffentliche Dimension des Beschleunigungsgrundsatzes bspw. in der Normierung des Ablehnungsgrundes der Prozessverschleppungsabsicht. Obwohl der Angeklagte mit einem verschleppenden Beweisantrag zu verstehen gibt, dass er an einer zügigen Durchführung des Verfahrens kein Interesse hat, wird ein solcher Beweisantrag abgelehnt.[427] Aus der objektivrechtlichen Dimension ergibt sich zudem, dass das Beschleunigungsgebot nicht zur Disposition des Beschuldigten steht.[428]

cc) Tauglichkeit zur Rechtfertigung

Damit stellt sich die Frage, ob das Beschleunigungsgebot in der Lage ist, Beschränkungen des Beweisantragsrechts i.S.d. Fristenlösung zu rechtfertigen. Dabei gilt, dass, je mehr das einfache Recht beschleunigende Elemente enthält, desto eher der Beschleunigungsgrundsatz als Auslegungshilfe heran gezogen werden kann.[429] In Bezug auf den Ablehnungsgrund der Prozessverschleppungsabsicht ist der Beschleunigungsgrundsatz bei der Auslegung somit grundsätzlich zu beachten. Das Beweisantragsrecht ist jedoch in erster Linie ein Verteidigungsrecht des Angeklagten. Die subjektivrechtliche, beschuldigtenschützende Dimension des Beschleunigungsgebots vermag das Beweisantragsrecht somit nicht einzuschränken.

Jedoch könnte sich aus der objektivrechtlichen Dimension eine Einschränkung ergeben. Der BGH argumentiert, dass vor dem Hintergrund der strengeren

---

422 Vgl. § 268 III; *Franke*, StV 2010, 433, 434.

423 *Landau*, FS Hassemer, S. 1073, 1075.

424 BVerfG NStZ 2006, 680, 681.

425 BVerfG NJW 2010, 592, 593; *Landau*, FS Hassemer, S. 1073, 1075; *I. Roxin*, StV 2010, 437, 438.

426 *Kudlich*, Gutachten C 68. DJT, C 16; *Piel*, FS Widmaier, S. 429, 433.

427 *Laue*, GA 2005, 648, 649.

428 *Laue*, GA 2005, 648, 649; *I. Roxin*, StV 2010, 437, 438.

429 *Franke*, StV 2010, 433, 435.

Kammerrechtsprechung des BVerfG zum Beschleunigungsgrundsatz Hauptverhandlungen so bald und schnell wie möglich durchzuführen seien, um einer Kompensationspflicht zu entgehen.[430] Um Einschränkungen zu rechtfertigen, müsste die extensive Ausübung des Beweisantragsrechts durch den Angeklagten zu einer Kompensationspflicht führen können. Das Beschleunigungsgebot soll jedoch vor rechtsstaatswidrigen, der Justiz anzulastenden Verfahrensverzögerungen schützen. Das Verhalten des Beschuldigten bleibt dabei zwar nicht völlig unberücksichtigt, jedoch ist allein aufgrund verzögernden Verhaltens des Beschuldigten noch keine Kompensationspflicht anerkannt worden.[431] Verpflichteter des Beschleunigungsgebotes ist nicht der Beschuldigte – er ist nicht gehalten, an seiner eigenen Verurteilung mitzuwirken – sondern allein der Vertragsstaat. Adressat des Gebotes ist der Staat und nicht der Bürger.[432] Verzögernde Handlungen des Angeklagten tangieren den Beschleunigungsgrundsatz nicht und sind damit nicht geeignet, diesen zu verletzen.[433] Das Prozessverhalten des Angeklagten ist der Justiz auch nicht zuzurechnen[434] und vermag damit keine Kompensationspflicht auszulösen.[435]

Das Beschleunigungsgebot darf nicht absolutes Leitprinzip eines Strafprozesses sein.[436] Der Beschleunigungsgedanke darf sich nicht verselbstständigen. Nicht immer ist ein kurzer Prozess ein guter. Ein faires Verfahren ist nicht zwingend ein schnelles, sondern eines, in dem der Angeklagte Subjekt des Verfahrens ist und weitreichende Möglichkeiten zur Teilnahme und Einflussnahme auf den Prozess innehat.[437] Übergeordnetes Verfahrensziel bleibt damit die Wahrheitsermittlung. Das Beschleunigungsgebot findet also dort seine Grenze, wo es nicht mehr wahrheitssichernd wirkt (im Sinne einer schnellen Entscheidung aufgrund einer ungetrübten Beweisbasis), sondern seinerseits wahrheitssi-

---

430 BGHSt 51, 333, 345; jedoch in Bezug auf die Rechtsprechungsänderung zur Aufgabe des Merkmals der „Wesentlichkeit der Verfahrensverzögerung“; zu den Beschleunigungsanforderungen von BVerfG und EGMR: *Michalke*, StV 2008, 228, 229; krit. *Eidam*, JZ 2009, 318, 320.

431 *Kempf*, StraFo 2010, 316, 321.

432 *Leipold*, Beschleunigungsgebot, in: Strafverteidigung im Rechtsstaat, S. 636, 639.

433 *Horvat*, Das allgemeine Missbrauchsverbot, S. 140 f.; *Eidam*, JZ 2009, 318, 320; *Kempf*, StraFo 2010, 316, 321.

434 EGMR Eckle./. Deutschland, EuGRZ 1983, 371, Rn. 82; BVerfG NJW 2003, 2225.

435 BVerfG StV 2003, 383; *Nack*, FS Strauda, S. 425, 427, 432; *Piel*, FS Widmaier, S. 429, 434, 445; *I. Roxin*, StV 2010, 437, 438; *Trüg*, StV 2010, 528, 536.

436 *Landau*, FS Hassemer, S. 1073, 1076, 1085.

437 *Tepperwien*, NStZ 2009, 1, 5, 7.

chernde Verfahrensrechte beschneidet.[438] Das Beweisantragsrecht ist ein wahrheitssicherndes Verteidigungsrecht. Gründliche Ermittlungen und die Geltendmachung von Verteidigungsrechten brauchen Zeit. Diese Zeitverzögerung ist jedoch der „Preis“ für ein rechtsstaatliches Verfahren.[439] Der Gesetzgeber hat mit Ausgestaltung des Beweisantragsrechts neben der gerichtlichen Aufklärungspflicht die Entscheidung getroffen, Verzögerungen als „Preis“ für eine aktive Rolle des Angeklagten zu zahlen. Hierzu zählt auch die gesetzgeberische Entscheidung, dass noch in der Hauptverhandlung und über jeden einzelnen Beweisantrag entschieden werden muss. Das Beschleunigungsgebot kann sich über diese Entscheidung nicht hinwegsetzen und nicht aus sich heraus verzögerndes Verfahrensrecht ändern.[440]

Die subjektive Dimension des Grundsatzes kann zudem nicht völlig vernachlässigt werden. In erster Linie bleibt das Beschleunigungsgebot eine Garantie zugunsten des Angeklagten. Nach der Fristenlösung soll es möglich sein, Beweisanträge entgegen § 244 VI im Urteil zu bescheiden. Wie gezeigt, beschneidet dies das Beweisantragsrecht des Angeklagten in elementarer Weise. Dies mit dem Beschleunigungsgrundsatz zu rechtfertigen, der seinerseits im Interesse des Angeklagten besteht, ist absurd. Die subjektive Ausrichtung des Grundsatzes liefe damit völlig leer bzw. würde in sein Gegenteil verkehrt.[441]

dd) Bewertung und Ergebnis

Der Rechtsprechung der letzten Jahre lässt sich die steigende Tendenz entnehmen, auf das Beschleunigungsgebot zur Einschränkung von Verfahrensrechten zurückzugreifen.[442] Jahrzehntelang wurde es nur zugunsten des Angeklagten herangezogen.[443] Hier hat sich eine Trendwende vollzogen. Doch dies ist problematisch. Wo das Gesetz eindeutige Vorgaben macht, kann der Beschleunigungsgrundsatz geltendes Recht nicht umgehen.[444] Die Fristenlösung steht der

---

438 *Trüg*, StV 2010, 528, 530.

439 *Waßmer*, ZStW 118 (2006), 159, 166 f.; *Piel*, FS Widmaier, S. 429, 436; *Tepperwien*, NStZ 2009, 1, 5.

440 So auch: EGMR NJW 2005, 3125, 3127 – Cevizovic./.Deutschland; *Landau*, FS Hassemer, S. 1073, 1085; *Fezer*, FS Widmaier, S. 177, 181, 184; *Eidam*, JZ 2009, 318, 320.

441 *Piel*, FS Widmaier, S. 429, 438; *Kempf*, StraFo 2010, 316, 321; *Ventzke*, HRRS 2005, 233, 235.

442 *Fezer*, FS Widmaier, S. 177, 188 f.; *Tepperwien*, FS Widmaier, S. 583, 595.

443 *I. Roxin*, StV 2010, 437.

444 *Tepperwien*, FS Widmaier, S. 583, 597.

unzweideutigen Aussage des § 244 VI entgegen. Eine verfassungs- und völkerrechtskonforme Auslegung entgegen dem Wortlaut kann das Beschleunigungsgebot nicht rechtfertigen. Als Teil des Rechtsstaatsprinzips ist das Beschleunigungsgebot bei Spielräumen in der Auslegung heranzuziehen.[445] Wie die grammatikalische Auslegung des § 244 VI jedoch gezeigt hat, bestehen hier solche Auslegungsspielräume nicht. Das Gesetz abzuändern vermag das Beschleunigungsgebot nicht.[446]

Zudem besteht grundsätzlich die Gefahr, dass die Beschleunigung im Vergleich zu anderen Verfahrensprinzipien überbewertet wird und damit andere Verfahrensgrundsätze überstrahlt und verdrängt.[447] Sinn des Strafverfahrens ist es, in einem rechtsförmigen Verfahren die Wahrheit zu ermitteln und zu einer gerechten Entscheidung zu gelangen.[448] Auch das Beschleunigungsgebot muss diesem Ziel dienen. Bis zu einem bestimmten Grad wirkt das Beschleunigungsgebot in diesem Sinne. Der Beschuldigte wird möglichst kurz über den Ausgang des Verfahrens im Ungewissen gelassen, Belastungen für die Opfer der Straftat werden gering gehalten,[449] die knappen Justizressourcen werden geschont und die Gesellschaft erfährt eine schnelle staatliche Reaktion auf das Unrecht. Doch eine Grenze liegt dort, wo rechtsstaatlich installierte Verfahrensrechte beschränkt werden. Ein auch im Allgemeininteresse liegendes faires Verfahren[450] muss diese zwar Zeit in Anspruch nehmenden, aber rechtsstaatlich erforderlichen Verfahrensrechte wahren. Die Strafprozessordnung verwirklicht einen komplexen Ausgleich der Rechte der Beteiligten. Ein Eingriff in dieses gesetzliche System darf nicht Machtpositionen verschieben. Dies droht jedoch bei Ausweitung des Auslegungsbegriffs des Beschleunigungsgebots als „multifunktionales Instrument“[451]. Dies gilt in besonderer Weise für das Beweisantragsrecht als starkes und ausgleichend wirkendes Verteidigungsrecht. Insbesondere dürfen nicht fiskalische Erwägungen dazu führen, dass das Beweisantragsrecht – weil

445 *Landau*, FS Hassemer, S. 1073, 1085.

446 *Fezer*, FS Widmaier, S. 177, 181, 184; *Landau*, FS Hassemer, S. 1073, 1085; *ders.*, Beschleunigung, in: *Jahn/Nack*, Strafprozesspraxis und Rechtswissenschaft – getrennte Welten?, Referate und Diskussionen auf dem 1. Karlsruher Strafrechtsdialog, S. 39, 41.

447 *Tepperwien*, FS Widmaier, S. 583, 596.

448 *Joecks*, Studienkommentar StPO, Einl. Rn. 4; *HHP*, Beweisantragsrecht, Rn. 243; ausführlich *Spiekermann*, Missbrauch, S. 30 ff.

449 *Basdorf*, StV 1995, 310, 312; *Bünger*, NStZ 2006, 305, 310.

450 *Tepperwien*, FS Widmaier, S. 583, 596.

451 *Wohlers*, NJW 2010, 2470.

es einen Prozess verlangsamt – unter dem Deckmantel des Beschleunigungsgebots eingeschränkt wird.[452] Damit ist festzuhalten, dass § 244 VI nicht unter Hinweis auf das Beschleunigungsgebot einschränkend ausgelegt werden kann.

b) Funktionsfähigkeit der Strafrechtspflege

Neben dem Beschleunigungsgebot argumentieren BGH und BVerfG mit dem Schlagwort der „Funktionsfähigkeit der Strafrechtspflege".[453] Im Folgenden soll untersucht werden, ob dieser Topos es rechtfertigen kann, Beweisanträge entgegen § 244 VI im Urteil zu bescheiden.

aa) Dogmatische Herleitung

Aus dem staatlichen Gewaltmonopol ergibt sich zwingend, dass der Staat ein System schaffen muss, in dem er seinen Strafanspruch durchsetzt.[454] Das materielle Strafrecht erfordert seine effektive Durchsetzung in Form eines Strafverfahrens. Die Strafrechtspflege muss somit eine „funktionsfähige" sein.[455] Das Grundgesetz gewährleistet die Einrichtung von Gerichten als Institutsgarantie.[456] Aus dieser verfassungsrechtlichen Einrichtung ergibt sich der verfassungsrechtliche Wille, dass diese Strafgerichte ihrer Aufgabe gerecht werden, indem sie funktionsfähig und effektiv arbeiten.[457] Dies fördert die gleichmäßige Durchsetzung des materiellen Strafrechts und verwirklicht somit die Grundsätze der Gleichheit und Gerechtigkeit als Teile des Rechtsstaatsprinzips.[458]

bb) Tauglichkeit zur Rechtfertigung und Bewertung

Das BVerfG verwendet den Begriff erstmals 1972.[459] Der Topos wird seither als gegenläufiges Auslegungskriterium zu den Justizrechten des Beschuldigten verwendet und als Rechtfertigung für die Beschränkung von Verteidigungsrech-

---

452 *Fezer*, FS Widmaier, S. 177, 188 f.; *Kempf*, StraFo 2010, 316, 323; *Wohlers*, NJW 2010, 2470, 2471.

453 BGH NJW 2005, 2466, 2468; BVerfG NStZ 2010, 155, 156.

454 *Laue*, GA 2005, 648, 653 f.

455 *Dallmeyer*, Beweisführung im Strengbeweisverfahren, S. 113; *Hassemer*, StV 1982, 275.

456 Vgl. Art. 20 II, III, 92, 104 II, III GG.

457 Maunz/Dürig-*Schmid-Aßmann*, Art. 103 GG Rn. 176; *Laue*, GA 2005, 648, 653.

458 BVerfGE 33, 367, 383; Maunz/Dürig-*Schmid-Aßmann*, Art. 103 GG Rn. 176; *Hassemer*, StV 1982, 275; *Laue*, GA 2005, 648, 654.

459 BVerfGE 33, 367, 384.

ten herangezogen.[460] Die Ausübung von Verteidigungsrechten, und damit auch die Stellung von Beweisanträgen, verzögert ein Verfahren nicht nur in zeitlicher Hinsicht, es erschwert aus Sicht des Gerichts auch ein Verfahren, macht es umfangreicher und aufwändiger – sprich ineffizienter. Überschneidungen mit dem Beschleunigungsgebot bestehen dort, wo die Strafrechtpflege aufgrund zeitlicher Belastungen in ihrer Funktionsfähigkeit gefährdet ist.

Die Funktionsfähigkeit der Strafrechtspflege wird als Gegenpol zu den Verteidigungsrechten des Angeklagten betrachtet.[461] Funktionsfähigkeit der Strafrechtspflege und Verteidigungsrechte stehen sich somit gegenüber und verlangen nach einer Abwägung.[462] Ähnlich wie bei dem Grundsatz der Beschleunigung des Verfahrens besteht jedoch auch hier die Gefahr, dass sich der Begriff der Funktionsfähigkeit der Strafrechtspflege verselbständigt und damit jede Ausübung eines Verteidigungsrechtes im Keim erstickt. Wird der Begriff der Funktionsfähigkeit der Strafrechtspflege mit Werten wie Rechtsstaatlichkeit, Gerechtigkeit, Wahrheit und Rechtsfrieden aufgeladen, bleibt für die andere Seite der Waagschale lediglich die Wahrung der Verteidigungsinteressen des Angeklagten. Diese erscheinen dann als Rechte minderer Qualität.[463] Die Funktionsfähigkeit der Strafrechtspflege pauschal als gewichtiges Abwägungskriterium heranzuziehen, birgt damit Gefahren.[464] Ebenso wie ein Strafverfahren nicht unendlich beschleunigt werden kann, kann die Effizienz eines Strafverfahrens nicht unendlich gesteigert werden. Grenze beider Bestrebungen ist die Einhaltung der Rechtsstaatlichkeit des Verfahrens. Bedenklich ist die Argumentation mit diesem Schlagwort insbesondere dann, wenn es nicht mehr nur um die Effektivität der Strafrechtspflege, sondern um ihre Effizienz geht.[465] Effektivität ist ein „Beurteilungskriterium, mit dem sich beschreiben lässt, ob eine Maßnahme

---

460 *Hassemer*, StV 1982, 275; zust. *Basdorf*, Verständigung, in: *Jahn/Nack*, Strafprozesspraxis und Rechtswissenschaft – getrennte Welten?, Referate und Diskussionen auf dem 1. Karlsruher Strafrechtsdialog, S. 53, 56 f.

461 *Dallmeyer*, Beweisführung im Strengbeweisverfahren, S. 110 ff.; *Laue*, GA 2005, 648, 655; krit.: *Kudlich*, Gutachten C 68. DJT, C 16 m.w.N.

462 BVerfGE 47, 239, 250; BVerfGE 80, 367, 375.

463 *Hassemer*, StV 1982, 275, 277; ebenso *Abdallah*, Die Problematik des Rechtsmissbrauchs im Strafverfahren, S. 150.

464 *Horvat*, Das allgemeine Missbrauchsverbot, S. 129 ff., 173; *I. Roxin*, GA 2010, 425, 435.

465 Häufig werden diese Begriffe fälschlicherweise synonym verwendet, *Neumann*, Über den Einbruch der Verfahrensökonomie in die Strafprozessordnung, S. 1.

geeignet ist, ein vorgegebenes Ziel zu erreichen."[466] Dabei bleiben die Art und Weise der Zielerreichung unberücksichtigt. Wenn die Strafrechtspflege „effektiv" arbeitet, kann dies lediglich bedeuten, dass sie ihrem Auftrag gerecht wird. Dieser Auftrag ist die Verwirklichung des übergeordneten Zieles des Strafverfahrens, den staatlichen Strafvorwurf in einem rechtsförmigen Verfahren aufzuklären, den staatlichen Strafanspruch durchzusetzen und hierdurch Rechtsfrieden zu schaffen.[467] Effektivität bedeutet damit auch immer Wahrung der Justizförmigkeit des Verfahrens und somit Wahrung der Verteidigungsrechte des Beschuldigten. Eine Einschränkung dieser Rechte ist also nur dort möglich, wo ein Gericht ohne Einschränkungen der Beschuldigtenrechte nicht in der Lage ist, ein Verfahren zu beenden und damit das gesamte System strafrechtlicher Sozialkontrolle zu kollabieren droht.[468] Der Begriff der Effizienz hingegen bezieht die Art und Weise der Zielerreichung ein.[469] Effizient arbeitet danach, wer ein bestimmtes Ziel mit geringstem Aufwand erreicht. Dies führt zu einer wirtschaftlichen Betrachtung des Strafverfahrens. Ein Strafverfahren effizienter zu gestalten, bedeutet Einsparung von Kosten. Dies ist jedoch kein rechtsstaatlich relevanter Gesichtspunkt und damit auch nicht geeignet, zwar kostspielige (weil zeitaufwändige), aber rechtsstaatlich erforderliche Verteidigungsrechte zu beschränken. Dem Angeklagten kann aus rechtsstaatlichen Gründen eben kein „kurzer Prozess" gemacht werden,[470] sondern er bleibt Subjekt des Verfahrens mit verfassungsrechtlich verbürgten Verteidigungsrechten. Diese erfüllen keinen Selbstzweck[471] und existieren nicht in erster Linie um ein Verfahren zu verlängern oder aufzublähen, sondern ermöglichen erst die Verwirklichung von Rechtsfrieden. Eine Argumentation mit der Funktionsfähigkeit der Strafrechtspflege impliziert, dass die Ausübung von Verteidigungsrechten ein Verfahren „stört". Der Beschuldigte, der sich auf seine Rechte beruft und diese ausübt, ist aus Ge-

---

466 *Mühlbacher/Krauth*, Gabler Wirtschaftslexikon, Stichwort: Effektivität, online im Internet: http://wirtschaftslexikon.gabler.de/Archiv/7639/effektivitaet-v9.html, zuletzt aufgerufen am 04.05.2013.

467 *Joecks*, Studienkommentar StPO, Einl. Rn. 4; *HHP*, Beweisantragsrecht, Rn. 243; ausführlich *Spiekermann*, Missbrauch, S. 30 ff.

468 *Abdallah*, Die Problematik des Rechtsmissbrauchs im Strafverfahren, S. 155; *Hassemer*, StV 1982, 275, 279 f.: „Not kennt kein Gebot."; *Wohlers*, NJW 2010, 2470, 2472.

469 *Siepermann/Steven*, Gabler Wirtschaftslexikon, Stichwort: Effizienz, online im Internet: http://wirtschaftslexikon.gabler.de/Archiv/7640/effizienz-v10.html, zuletzt aufgerufen am 04.05.2013.

470 Hiervor schützt Art. 103 I GG, vgl. BVerfGE 55, 1, 6.

471 *Hassemer*, StV 1982, 275, 278.

richtsperspektive ein „Störer".[472] Damit wird die Ausübung von Verteidigungsrechten rechtfertigungsbedürftig. Dies widerspricht jedoch der gesetzlichen Intention. Ein gesetzlich geregeltes Recht darf ausgeübt werden, die Einschränkung eines solchen Rechts muss durch höherrangige Interessen gerechtfertigt sein. Doch der Topos der Funktionsfähigkeit der Strafrechtspflege ist gegenüber der uneingeschränkten Ausübung von Verteidigungsrechten nicht höherrangig. Im Gegenteil ist die uneingeschränkte Ausübung der Verteidigungsrechte Bedingung für die Funktionsfähigkeit der Strafrechtspflege: Erst ein Urteil, das unter Wahrung von Verteidigungsrechten zustande gekommen ist, erfährt gesellschaftliche Akzeptanz,[473] die Grundlage des Rechtsfriedens ist.

c) Ergebnis der verfassungs- und konventionskonformen Auslegung

Weder der Beschleunigungsgrundsatz noch das Gebot einer funktionstüchtigen Strafrechtspflege können darüber hinweg helfen, dass der Gesetzgeber in § 244 VI bestimmt hat, dass das Gericht per Beschluss in der Hauptverhandlung über Beweisanträge entscheiden muss. Auch eine verfassungs- und konventionskonforme Auslegung kommt nicht zu einem gegenteiligen Ergebnis. Die Rechtsprechung greift hingegen vermehrt auf diese Grundsätze zurück, um Verteidigungsrechte zu beschneiden. Es drängt sich dabei der Verdacht auf, dass allzu oft fiskalische Interessen im Hintergrund stehen. Die Justiz ist überlastet, die Justizressourcen sind knapp und werden immer knapper. Der Gesetzgeber ist dabei keine Hilfe. Die Reformen des Beweisantragsrechts sind wiederholt gescheitert und es ist keine Änderung in Ausicht. Ein Überblick über die Rechtsprechung zur Fristenlösung vermittelt den Eindruck, dass die Judikative nun selbst das Heft in die Hand genommen hat, um diese Missstände zu beseitigen.[474] Doch auch die Berufung auf völkerrechtliche und rechtsstaatliche Grundsätze ändert nichts daran, dass das Gesetz der Fristenlösung entgegensteht. In Bezug auf eine Bescheidung von Beweisanträgen im Urteil bedeutet dies, dass die Rechtsprechung sich über § 244 VI und damit über den Gesetzgeber hinwegsetzt.

---

472 *Niemöller/Schu*ppert, AöR 107 (1982), 399.

473 KMR-*Eschelbach*, Vor § 226 Rn. 5; *Dallmeyer*, Beweisführung im Strengbeweisverfahren, S. 114 f.; *Horvat*, Das allgemeine Missbrauchsverbot, S. 129; *Tepperwien*, FS Widmaier, S. 583, 596; *Laue*, GA 2005, 648, 661; *I. Roxin*, GA 2010, 425, 435.

474 So auch: *Fischer*, StV 2010, 423, 428.

5. Ergebnis

Der Wortlaut des § 244 VI impliziert, dass Beweisanträge vor Verkündung des Urteils beschieden werden müssen. Sinn und Zweck dieser Regelung ist es, dem Angeklagten und seinem Verteidiger die Möglichkeit zur Reaktion auf eine Ablehnung eines Beweisantrags zu sichern. Diese Interventionsmöglichkeit ist Teil eines starken Beweisantragsrechts. Eine Vorabinformation über mögliche Ablehnungsgründe gewährleistet ein solches jedoch nicht ausreichend. Weder der Beschleunigungsgrundsatz noch das Gebot der Funktionstüchtigkeit der Strafrechtspflege können rechtfertigen, dass Beweisanträge im Urteil beschieden werden. Die Fristenlösung ist folglich nicht mit § 244 VI zu vereinbaren.

II. Vereinbarkeit der Fristenlösung mit § 246 I

§ 246 I lautet: „Eine Beweiserhebung darf nicht deshalb abgelehnt werden, weil das Beweismittel oder die zu beweisende Tatsache zu spät vorgebracht worden sei." Nach der Fristenlösung wird ein Beweisantrag zwar nicht wegen Verspätung abgelehnt; vielmehr wird der Ablehnungsgrund der Prozessverschleppungsabsicht herangezogen, der auf der Verspätung als Indiz basiert. Hieraus ergeben sich die Einwände der Literatur, die Fristenlösung missachte das Präklusionsverbot des § 246 I.[475] Auch hier stellt sich die Frage, ob die Vorschrift im Sinne der Fristenlösung ausgelegt werden kann.

1. Grammatikalische Auslegung

Ausgangspunkt der Auslegung ist der Wortlaut der Norm. § 246 I bestimmt, dass sich eine Ablehnung eines Beweisantrags nicht allein darauf stützen darf, dass der Antrag nach einem bestimmten Zeitpunkt gestellt wurde.[476]

Die negative Formulierung „(...) darf nicht deshalb abgelehnt werden, weil (...)" verdeutlicht zugleich das Verhältnis zu § 244. Während § 244 III-V positiv bestimmt, aus welchen abschließenden Gründen ein Beweisantrag abgelehnt werden darf, bestimmt § 246 I, mit welcher Begründung ein Antrag jedenfalls nicht abgelehnt werden darf.[477] Diese Erläuterung ist streng genommen nur de-

---

475 So bspw.: KK-*Fischer*, § 244 Rn. 113; *HHP*, Beweisrecht, Rn. 144; *Gössel*, JR 2006, 128; *Jahn*, Jus 2009, 372, 373; *Habetha/Trüg*, GA 2009, 406, 427 ff.; *Tepperwien*, FS Widmaier, S. 583, 589.

476 *Pfeiffer*, StPO, § 246 Rn. 1.

477 Treffend bezeichnet *Foth*, FS Widmaier, S. 223, 229 diese Vorschrift als „Nicht-Ablehnungsgrund".

klaratorischer Natur. Wenn der Kanon der Ablehnungsgründe aus § 244 III-V abschließenden Charakter hat, versteht sich von selbst, dass andere Begründungen eine Ablehnung nicht tragen können. Daraus lässt sich nur der Schluss ziehen, dass es dem Gesetzgeber besonders daran gelegen war, festzuhalten, dass es einen „verspäteten Beweisantrag" nicht gibt.

Diese Auslegung wird bestätigt durch die Verwendung des Konjunktivs im zweiten Halbsatz („zu spät vorgebracht *worden sei*."). Der Gesetzgeber hätte auch formulieren können: „zu spät vorgebracht *wurde*." Ein Verbot einer Ablehnung wegen später Antragstellung hätte man auch mit einer solchen Formulierung erreichen können.

Durch Verwendung des Konjunktivs wird jedoch verdeutlicht, dass die Begründung einer Ablehnung eines Beweisantrags nicht lauten darf: „Der Beweisantrag wird abgelehnt, weil er zu spät gestellt wurde." Durch Verwendung des Konjunktivs wird klargestellt, dass es *tatsächlich* keine Verspätung eines Beweisantrags gibt. Es existiert keine zeitliche Grenze, anhand derer man zwischen „gerade noch rechtzeitig" oder „zu spät" differenzieren könnte.[478] Hätte der Gesetzgeber die Formulierung „zu spät vorgebracht *wurde*" in den Gesetzestext aufgenommen, hätte er zum Ausdruck gebracht, dass es zwar „verspätete" Beweisanträge gibt, dies jedoch nicht für eine Ablehnung ausreicht, bzw. kein tauglicher Ablehnungsgrund ist. Gerade dies hat der Gesetzgeber jedoch nicht getan. Somit ist festzuhalten, dass es keinen Zeitpunkt gibt, bis zu dem Beweisanträge gestellt werden müssen.

Die Fristenlösung sieht vor, Beweisanträge nach Fristablauf wegen Prozessverschleppungsabsicht abzulehnen. Die Versäumung der Frist soll dabei ein Indiz für die subjektive Verschleppungsabsicht sein. Streng formalistisch betrachtet, lehnt das Gericht Anträge damit nicht mit der Begründung ab, dass sie zu spät gestellt wurden, sondern damit, dass die Beweiserhebung nichts Sachdienliches zu erbringen vermag und der Antragsteller dies weiß und subjektiv zur Verschleppung des Verfahrens ausnutzt.[479] Der Fristenlösung steht bei einer streng formalistischen Auslegung des § 246 I dessen Wortlaut somit nicht entgegen.[480]

---

478 *Fezer*, HRRS 2009, 17, 18; *Kempf*, StraFo 2010, 316, 319.

479 Vgl. BGHSt 51, 333, 345.

480 LR-*Becker*, § 244 Rn. 273; *I. Roxin*, FS Widmaier, S. 583, 589; *Fahl*, DRiZ 2009, 291, 294.

2. Systematische Auslegung

a) Antragstellung bis zur Urteilsverkündung

Wenn ein Beweisantrag nicht angelehnt werden kann, weil er zu spät gestellt wurde, folgt daraus, dass „bis zum Schluss“ eine Antragsstellung möglich sein muss. Ein Hauptverfahren endet mit der Verkündung des Urteils, § 260 I. Somit statuiert § 246 I den Grundsatz, dass Beweisanträge bis zur Urteilsverkündung gestellt werden können.[481] Die Fristenlösung macht hiervon jedoch nicht nur eine Ausnahme, sondern verkehrt diesen Grundsatz in sein Gegenteil:[482] Beweisanträge können grundsätzlich nicht bis zur Urteilsverkündung gestellt werden, sondern nur bis zur gerichtlich festgesetzten Frist. Eine Ausnahme gilt nur für Anträge, bei denen die Verspätung substantiiert begründet werden kann.

b) Vergleich mit §§ 420 IV, 411 II 2

Die Fristenlösung sieht zudem vor, dass nach Fristablauf Beweisanträge wegen Prozessverschleppungsabsicht pauschal abgelehnt werden können, das Gericht aber zur Prüfung des Antrags nach § 244 II verpflichtet bleibt.[483] Ein ähnliche Beschränkung des Beweisantragsrechts hat der Gesetzgeber für das beschleunigte Verfahren in § 420 IV und das Strafbefehlsverfahren in §§ 411 II 2, 420 IV angeordnet. Das Gericht ist in diesen speziellen Verfahrensarten nicht an den Kanon der Ablehnungsgründe gebunden, sondern entscheidet allein nach Maßgabe der Aufklärungspflicht nach § 244 II. Diese Beschränkung gilt nur in diesen beiden Verfahrensarten, die zur Behandlung der Bagatellkriminalität geschaffen wurden[484] und ist zudem nur in Verfahren vor dem Strafrichter möglich (§ 420 IV).

In diesen beiden Fällen hat sich der Gesetzgeber zugunsten eines schnellen Verfahrens dazu entschieden, Verfahrensrechte des Angeklagten einzuschränken.[485] Aus einem Umkehrschluss dieser Vorschriften lässt sich ableiten, dass in

---

481 BGH NStZ 2005, 395; *Witting*, FS Volk, S. 885, 892 f.; *Deckers*, Beweisantrag, S. 102, weist darauf hin, dass aus verteidigungsstrategischen Gründen Beweisanträge besser frühestmöglich in den Prozess eingebracht werden sollten, um vorzeitigen Vorurteilen des Gerichts entgegen zu wirken und den inertia-Effekt gering zu halten.

482 *Tepperwien*, FS Widmaier, S. 583, 589.

483 BGHSt 51, 333, 344 f.; BGH NStZ 2005, 648.

484 Zum Beschleunigten Verfahren: *Kindhäuser*, StPO, § 26 Rn. 46; zum Strafbefehlsverfahren: *ders.*, StPO, § 26 Rn. 1

485 *Kudlich*, Gutachten C 68. DJT, C 72, Fn. 264, spricht von einer praktischen Aushöhlung des Beweisantragsrechts.

allen anderen Fällen die Ablehnungsgründe zwingend Anwendung finden müssen und das Gericht nicht allein nach Maßgabe des § 244 II entscheiden kann.[486] Dem Richter steht es nicht zu, durch Setzung einer Frist sein Prüfungsprogramm auf eine Prüfung nach § 244 II zu reduzieren.[487]

c) Strafprozessuale Präklusionsvorschriften

Der StPO sind Präklusionen von Verteidigungsrechten indes nicht fremd. Die Vorschriften bezüglich der Zuständigkeits- und Besetzungsrügen der §§ 6a, 222b sowie der Ablehnung wegen Besorgnis der Befangenheit nach § 25 enthalten Rechtsfolgen, die präkludierende Wirkung haben. Dies nutzt der BGH als Argument für die Fristenlösung. Er argumentiert, die bestehenden Vorschriften zeigten exemplarisch eine angemessene Abwägung zwischen den Topoi einer funktionstüchtigen Strafrechtspflege und einer effektiven Verteidigung. Präklusionen seien damit nicht systemfremd. Eine gesetzliche Regelung, die die Fristenlösung umsetzte, wäre damit ein angemessener Eingriff in das Beweisantragsrecht und de lege ferenda durchaus denkbar.[488]

Aber wie der BGH bereits formuliert, de lege lata lässt sich eine Präklusion des Beweisantragsrechts mit dem Wortlaut des § 246 I nicht vereinbaren. „Unzweideutig“[489] bestimmt diese Vorschrift, dass ein Beweisantrag nicht als zu spät abgelehnt werden kann. Eine Präklusion ist der Verlust einer Rechtsstellung unter bestimmten Voraussetzungen, insbesondere nach Ablauf einer Frist.[490] Der Antragsteller verliert sein Recht, Beweisanträge zu stellen nach Fristablauf, wenn er sich nicht exkulpieren kann. Insofern kann von einer „verkappten Präklusion“[491] gesprochen werden; sie ist „verkappt“, da eine Exkulpation möglich bleibt. Dies ist mit § 246 I nicht vereinbar. § 246 I regelt eindeutig die Frage der Befristung von Beweisanträgen. Mangels planwidriger Regelungslücke muss auch eine Analogie zu bestehenden strafprozessualen Präklusionsvorschriften ausscheiden.

---

486 *I. Roxin*, StV 2010, 437, 440; *Trüg*, StV 2010, 528, 535.

487 *I. Roxin*, StV 2010, 437, 440.

488 BGH NJW 2005, 2466, 2468.

489 So *Kudlich*, Gutachten C 68. DJT, C 77.

490 *Köbler*, Juristisches Wörterbuch, S. 369.

491 *Beulke*, FS Amelung, S. 543, 556; *Beulke/Ruhmannseder*, NStZ 2008, 300, 302; *Niemöller*, JR 2010, 332, 334.

d) Vergleich mit Präklusionsvorschriften anderer Prozessordnungen

Auch andere Prozessordnungen enthalten Präklusionsvorschriften. Im Verwaltungsprozess regelt § 87b III VwGO die Befugnis des Gerichts, eine Frist zu setzen, nach deren Ablauf der Kläger verpflichtet ist, verspätete Beweisanträge hinreichend zu entschuldigen (§ 87b III Nr. 2 VwGO). Ähnliche Vorschriften finden sich auch in der ZPO in den §§ 282, 296 sowie für das Berufungsverfahren in den §§ 530, 531 ZPO.[492] Nach einer gerichtlich bestimmten Frist werden danach Verteidigungsmittel nur zugelassen, wenn entweder nach der freien Überzeugung des Gerichts die Erledigung des Rechtsstreits nicht verzögert würde oder die Verspätung genügend entschuldigt wird, vgl. § 296 I ZPO.

Sinn und Zweck der zivilprozessualen Vorschriften ist es, den einzelnen Prozess zu beschleunigen, indem sukzessives Vorbringen einer Partei verhindert wird. Eine Partei soll es nicht durch wiederkehrendes Vorbringen in der Hand haben, den Abschluss des Prozesses immer weiter hinauszuzögern. Zudem sollen die Präklusionsvorschriften generalpräventiv wirken, indem sie die Parteien zu einem rechtzeitigen Vorbringen anhalten. Dies soll insgesamt einer Überlastung der Rechtspflege vorbeugen.[493] Der Beschleunigung und Konzentration des Verfahrens hat der Gesetzgeber in § 87b VwGO gegenüber der im öffentlichen Interesse liegenden sachlichen Richtigkeit der Entscheidung Vorrang eingeräumt.[494]

Keinen anderen Regelungsgehalt hat die Fristenlösung.[495] Das Gericht setzt eine Frist, nach der Anträge nur angenommen werden, wenn entweder die Aufklärungspflicht dies gebietet oder der Antragsteller sich exkulpieren kann. Aber auch hier gilt, dass § 246 I dem entgegensteht. Es gibt kein „zu spät" und damit auch nichts, was der Antragsteller entschuldigen müsste. Eine Exkulpation ist nur erforderlich, wenn eine Schuld besteht. Dies verneint § 246 I jedoch, indem ein unbefristetes Beweisantragsrecht gewährleistet wird. Dem Strafverfahrensrecht ist eine Präklusion des Beweisantragsrechts aufgrund Zeitablaufs fremd.[496]

Die mit diesen Vorschriften verfolgten Zwecke sind nicht auf den Strafprozess übertragbar. Anders als im Zivilprozess (§ 282 I ZPO) trifft den Angeklag-

---

492 Weitere Präklusionsvorschriften finden sich bspw. in den §§ 128a VwGO, 364b AO, 10 III 5 BImSchG, 73 IV VwVfG; weitere Präklusionsvorschriften bei Schoch/Schmidt-Aßmann/*Pietzner-Ortloff/Riese*, VwGO, § 87b VwGO Rn. 8f.

493 MüKo ZPO-*Prütting*, § 296 ZPO Rn. 2 ff.

494 Schoch/Schmidt-Aßmann/*Pietzner-Ortloff/Riese*, VwGO, § 87b VwGO Rn. 2.

495 SK-*Frister*, § 244 Rn. 178.

496 *Jahn*, StV 2009, 663, 667; *ders.*, JuS 2009, 372.

ten im Strafprozess keine Verfahrensförderungspflicht; von ihm kann daher auch nicht verlangt werden, eine bestimmte Prozesshandlung zu dem aus Sicht des Gerichts passenden Zeitpunkt zu stellen oder zu begründen, weshalb er dies nicht getan hat.[497] Auch der Aspekt der Generalprävention lässt sich nicht auf den Strafprozess übertragen. Wenn § 246 I eine unbegrenzte zeitliche Stellung von Beweisanträgen garantiert, kann gegen eine späte Antragstellung nicht generalpräventiv vorgegangen werden.

Allerdings gilt im Verwaltungs- wie im Strafprozess der Untersuchungsgrundsatz. § 87 III VwGO sieht ebenfalls bei Geltung des Untersuchungsgrundsatzes eine Präklusionswirkung vor. Daraus könnte man die gesetzgeberische Gesamtwertung entnehmen, dass sich Untersuchungsgrundsatz und Präklusion von Prozessrechten nicht zwingend ausschließen.[498] Dabei ist jedoch zu bedenken, dass hierbei in besonderer Weise der Anspruch auf rechtliches Gehör (Art. 103 I GG) zu beachten ist. Jede Beschränkung von Verteidigungsrechten kann sich unmittelbar nachteilig auf die Wahrheitsfindung auswirken.[499] Aus diesem Grunde hat das BVerfG zu den zivilprozessualen Präklusionsvorschriften geurteilt, dass zwingend eine einfachgesetzliche Normierung der Präklusion erforderlich sei; eine Analogie zu bestehenden Präklusionsvorschriften ließe sich mangels planwidriger Regelungslücke nicht begründen.[500] Dies muss erst Recht für den Strafprozess gelten, in dem es nicht nur um den von den Parteien vorgebrachten Prozessstoff geht und eine formelle Wahrheit gefunden wird, sondern dessen Ziel es ist, die materielle Wahrheit und den tatsächlichen Sachverhalt zu erforschen.[501]

Somit ist nicht nur eine Analogie zu den Präklusionsvorschriften anderer Prozessordnungen ausgeschlossen; § 246 I ist eine abschließende Regelung und bildet in Bezug auf die Frage einer Präklusionswirkung eine absolute Grenze.[502] Die Vorschrift ist systematisch als klare gesetzgeberische Wertung gegen eine Präklusion von Beweisvorbringen im Strafprozess zu werten.[503]

---

497 *Jahn*, StV 2009, 663, 668; *Kempf*, StraFo 2010, 316, 320.

498 *Bauer*, NStZ 2008, 542, 545.

499 MüKo ZPO-*Prütting*, § 296 ZPO Rn. 14.

500 Schoch/Schmidt-Aßmann/*Pietzner-Ortloff/Riese*, VwGO, § 87b VwGO Rn. 12 m.w.N.

501 BVerfGE 57, 250, 275; *Kindhäuser*, StPO, § 4 Rn. 21.

502 *Kudlich*, Strafprozess und allgemeines Missbrauchsverbot, S. 77; *Duttge*, JZ 2005, 1012, 115.

503 So auch: *Horvat*, Das allgemeine Missbrauchsverbot, S. 77.

e) Ergebnis der systematischen Auslegung

Die Fristenlösung ist nach einer systematischen Auslegung des § 246 I nicht mit dem geltenden Recht in Einklang zu bringen.

3. Teleologische Auslegung

Die teleologische Auslegung fragt nach dem Gesetzeszweck. § 246 I dient der Ermittlung der materiellen Wahrheit und lässt das Interesse der Verfahrensbeschleunigung dahinter zurück treten.[504] Den Verfahrensbeteiligten kann nicht vorgeschrieben werden, wann sie einen Beweisantrag zu stellen haben.[505] Ein Antrag kann auch nicht abgelehnt werden, wenn es möglich gewesen wäre, den Antrag früher anzubringen oder der Antragsteller zuvor erklärt hatte, keine Anträge mehr zu stellen.[506]

a) Freie Wahl des Zeitpunkts der Antragstellung

Das Beweisantragsrecht erlangt seine herausragende Bedeutung dadurch, dass der Antragsteller jenseits der Aufklärungspflicht des Gerichts eine Beweiserhebung ggf. auch entgegen der vorgefassten Meinung des Gerichts durchsetzen kann. Ob ein Beweisantrag notwendig ist, muss sich dementsprechend aus Sicht des Antragstellers beurteilen lassen, die mit der des Gerichts nicht zwingend übereinstimmen muss.[507] Eine gerichtliche Fristsetzung widerspricht diesem Zweck des § 246 I.

b) Wahrung der Verteidigungsstrategie

Ein Hauptverfahren beginnt mit einer Schieflage des Verfahrens zu Lasten des Angeklagten.[508] Um Waffengleichheit herzustellen, sieht die Strafprozessordnung ein starkes Beweisantragsrecht in der Hauptverhandlung vor, das neben der gerichtlichen Aufklärungspflicht besteht.[509] Dass Beweisanträge aus Sicht des Gerichts unsachgemäß, wenig erfolgversprechend oder unbegründet spät gestellt erscheinen, liegt damit in der Natur der Sache. Dennoch sind sie erforderlich, um die Subjektstellung des Angeklagten zu sichern, indem er weiterhin

---

504 LR-*Becker*, § 246, Rn. 1; *I. Roxin*, FS Widmaier, S. 583, 589

505 BGH NStZ 1986, 371; BGH NStZ 1990, 350; LR- *Becker*, § 246, Rn. 1.

506 BGH NStZ 1986, 371; LR-*Becker*, § 246 Rn. 1; *M-G*, § 246 Rn. 1

507 HK-*Julius*, § 246 Rn. 2; *Gaede*, Bucerius Law Journal, 3/2009, 107.

508 S.o. Teil I A I.

509 *König*, StV 2009, 171, 172.

auf den Gang des Verfahrens entscheidenden Einfluss nehmen kann.[510] Auch diesem Zweck dient § 246 I. Der Angeklagte soll es selbst in der Hand haben, wann für ihn die Stellung eines Beweisantrages taktisch am günstigsten ist.[511] Nach dem Fristenlösungsmodell ist die Verteidigung jedoch verpflichtet, die Stellung von Beweisanträgen nach Fristablauf substantiiert darzulegen. Damit droht ihr die Gefahr, die eigene Verteidigungsstrategie, die zum Kern des durch § 148 geschützten Mandatsverhältnisses gehört,[512] offen legen zu müssen.[513]

Der BGH argumentiert hingegen, dass kein Grund ersichtlich sei, weshalb ein Angeklagter vernünftigerweise einen Beweisantrag erst zu einem späten Zeitpunkt stelle, wenn ihm dies auch früher möglich sei. Um seine Interessen durchzusetzen, müsste der Angeklagte bestrebt sein, Beweisanträge so früh wie möglich zu stellen.[514] Auch sei fraglich, ob der Verteidigungsstrategie ein eigener prozessualer Wert beizumessen sei, den es zu wahren gälte.[515] Im Strafprozess ginge es um die Erforschung der Wahrheit.[516] Diesem Verfahrensziel sei es abträglich, wenn Informationen zurück gehalten würden. Ebenso werde die Wahrheitsfindung konterkariert, wenn Beweisanträge in prozessverschleppender Absicht inflationär eingesetzt würden, nur um eine Sachentscheidung zu verhindern.

Diese Gegenargumente sind jedoch nicht haltbar: Es sind durchaus Situationen denkbar, in denen der Angeklagte zwar Kenntnis von einem Beweismittel hat, er jedoch hofft, es nicht anbringen zu müssen. Dies ist denkbar, wenn das betreffende Beweismittel ambivalente Wirkungen entfaltet. Um sich zu exkulpieren, müsste die Verteidigung die Ambivalenz offenlegen. Dies bringt den Verteidiger in ein Dilemma: Legt er dar, weshalb der Beweis auch belastende Wirkung hat, handelt er seiner Schweigepflicht entgegen[517] und belastet seinen Mandanten. Erläutert er diese Ambivalenz nicht, wird der Beweisantrag abgelehnt.

---

510 *Barton*, StV 1995, 290, 292; *Witting*, FS Volk, S. 885, 893.

511 *Jahn*, JuS 2009, 372, 373; *Kempf*, StraFo 2010, 316, 319; *Kudlich*, Gutachten C 68. DJT, C 79.

512 *Ventzke*, StV 2009, 655, 659.

513 *Gaede*, NJW 2009, 608; *Habetha/Trüg*, GA 2009, 406, 426; *Jahn*, JuS 2009, 372, 373; *König*, StV 2009, 171, 172; *Tepperwien*, FS Widmaier, S. 583, 589.

514 BGHSt 51, 333, 344 f.

515 Abl. *Brause*, NJW 1992, 2865, 2869 f.

516 BVerfG NJW 1981, 1719, 1722.

517 *Trüg*, StraFo 2010, 139, 146.

Konsequenz der Fristenlösung wäre bspw., dass ein Angeklagter zu seiner Entschuldigung gezwungen würde, zu erläutern, er habe einen Zeugen vorher nicht benannt, weil dieser ihn in einem Punkt zwar entlasten, in einem anderen aber belasten würde; und nun, da er ohnehin überführt sei, wolle er den Zeugen doch hören.[518] Denkbar ist auch, dass befürchtet wird, der Zeuge könnte nahestehende Dritte belasten[519] oder weitere bislang unbekannte belastende Umstände hervorbringen. Möglich ist zudem, dass die Verteidigung einen Zeugen bislang nicht genannt hat, weil sie selbst von dessen Glaubwürdigkeit nicht überzeugt ist.[520] und man hoffte, ohne diesen auszukommen. Als weitere Gründe sind denkbar, dass die Verteidigung selbst erst spät von der Existenz oder Erreichbarkeit eines Beweismittels Kenntnis erlangt hat oder die späte Antragstellung schlicht auf einem Büroversehen beruht.[521] Der Angeklagte kann zudem ein Interesse haben, Beweismittel so lange es geht zurück zu halten, weil sie intimen oder kompromittierenden Inhalts sind.[522]

Zudem kann es wichtig sein, Beweismittel zurück zu halten, wenn bspw. unklar ist, was genau ein Zeuge aussagen wird.[523] Um auf die Aussage des Zeugen reagieren zu können, bspw. seine Glaubwürdigkeit zu erschüttern oder zu stärken, kann es erforderlich sein, Beweise sukzessiv anzubringen. Die Verteidigung erhält damit die Möglichkeit, mit „maximaler Überzeugungskraft“ und ohne „Verwässerung des vorgehaltenen Beweismaterials durch vorzeitige Preisgabe“[524] an der Hauptverhandlung mitzuwirken. Letztlich trägt die flexible und situationsangepasste, taktische Stellung von Beweisanträgen damit zu der Wahrheitsfindung bei.[525] Zurückhaltung einzelner Beweismittel und sukzessives Stellen von Beweisanträgen verhindert damit nicht per se die Erforschung des wahren Sachverhalts, sondern kann im Gegenteil dieses vorrangige Ziel des Strafverfahrens fördern.[526]

---

518 Beispiel bei *Jahn*, StV 2009, 663, 668 sowie *ders*., Jus 2009, 372, 373.; ähnliches Beispiel bei *König*, StV 2009, 171, 172; *Ventzke*, StV 2009, 655, 660.

519 *Habetha/Trüg*, GA 2009, 406, 426.

520 *König*, StV 2009, 171, 172.

521 SK-*Frister*, § 244 Rn. 176; *Habetha/Trüg*, GA 2009, 406, 426; weitere Beispiele bei *Scheffler*, GA 1995, 449, 460 f.

522 Krit. zu diesen Fallgruppen: *Basdorf*, StV 1995, 310, 314.

523 SK-*Frister*, § 246 Rn. 3.

524 *Witting*, FS Volk, S. 885, 893.

525 *Witting*, FS Volk, S. 885, 893.

526 So auch: SK-*Frister*, § 246 Rn. 3.

Der Verteidigung wird durch den Rechtfertigungszwang jede Möglichkeit eines strategischen Vorgehens genommen. Muss die Verteidigung dem Gericht offenbaren, mit welchen Mitteln sie genau dieses zu überzeugen versucht, wird die eigene Strategie ad absurdum geführt.[527]

Ein weiteres Dilemma ergibt sich daraus, dass der Verteidiger entweder auf das taktische Potenzial der Stellung eines Beweisantrags zu einem speziellen (nach Fristablauf liegenden) Zeitpunkt verzichtet oder alternativ diesen Vorteil zwar nutzt, dann aber offenbaren muss, weshalb er sich hierfür entschlossen hat – was zudem mit dem Risiko der Ablehnung wegen Prozessverschleppungsabsicht behaftet ist. In jedem Fall sind die Möglichkeiten einer effektiven Verteidigung deutlich eingeschränkt.

Den Kritikern der Fristenlösung wird entgegen gehalten, dass der Grundsatz der Waffengleichheit nur im Verhältnis zwischen Staatsanwaltschaft und Angeklagtem gelte[528] und damit kein Recht zur zeitlich unbegrenzten Stellung von Beweisanträgen gewähre, bzw. die Staatsanwaltschaft in gleicher Weise von einer Fristsetzung betroffen sei. Richtig ist, dass der Angeklagte nicht im Sinne einer „Waffengleichheit" vor dem urteilenden Gericht geschützt werden muss. Das Gericht hat nicht die Aufgabe, den Angeklagten zu überführen und ist nicht als Antagonist zu verstehen, sondern als neutrale Instanz.[529] Das Gericht übt im Strafprozess staatliche Macht aus. Waffengleichheit kann daher nur Ausbalancierung der Rollen der Prozessbeteiligten bedeuten.[530] Jedoch ist systembedingt das Gericht bereits durch Perseveranzeffekt und einseitige Darstellung in der Ermittlungsakte durch die polizeilichen Ermittlungen voreingenommen.[531] Insofern bleibt mittelbar die Staatsanwaltschaft „Gegner" des Angeklagten, da sie vorurteilsbildend am Ermittlungsverfahren teilnimmt und so im Vorverfahren gewichtigen Einfluss auf das Gericht ausübt, was dem Angeklagten weitestgehend verwehrt ist. Diesen staatsanwaltlichen vorurteilsbildenden Einfluss und das Teilhabedefizit des Angeklagten im Ermittlungsverfahren soll ein starkes Beweisantragsrecht im Hauptverfahren ausgleichen.[532] Das Argument der Waffengleichheit bleibt somit ein schlagendes, geht es um die Verkürzung der Ein-

---

527 *Gaede*, Bucerius Law Journal, 3/2009, 107, 110.

528 *Fahl*, DRiZ 2009, 291, 293 unter Hinweis auf BVerfGE 63, 45 67; BVerfG 63, 380, 392 f.

529 Dies gilt im Übrigen auch für die Staatsanwaltschaft, vgl. §§ 160 II, 296 II.

530 *Horvat*, Das allgemeine Missbrauchsverbot, S. 53; *Fischer*, NStZ 1997, 212, 217.

531 S.o. Teil I A I.

532 *Habetha/Trüg*, GA 2009, 406, 410 f.

wirkungsmöglichkeiten des Angeklagten und seiner Verteidigung mittels der Stellung von Beweisanträgen.

Daraus folgt, dass die freie Wahl des Zeitpunkts der Stellung eines Beweisantrags als Teil einer Verteidigungsstrategie von § 246 I geschützt wird. Besteht eine Verteidigungsstrategie allein darin, ein Urteil zu verhindern und hierfür das Gericht mit Beweisanträgen zu überfluten, hält § 246 I keine Lösung parat. Sicher ist nur, dass Beweisanträge nicht wegen Verspätung abgelehnt werden können. Ob darüber hinaus der Ablehnungsgrund der Prozessverschleppungsabsicht vorliegt oder eine Ablehnung auf ein allgemeines Missbrauchsverbot gestützt werden kann, ist damit noch nicht gesagt.

§ 246 I steht damit einer Offenlegung der Verteidigungsstrategie, wie es die Fristenlösung voraussetzt, entgegen.[533]

c) Begründungspflicht und Umkehr Darlegungslast

Das Fristenlösungsmodell sieht vor, dass der Antragsteller nach Fristablauf substantiiert darlegen muss, warum er die Frist verpasst hat; tut er dies nicht, ist dies als Indiz für eine Verschleppungsabsicht zu werten.[534] Auch hier stellt sich die Frage, ob dies mit der Zwecksetzung des § 246 I vereinbar ist. § 246 I stellt sicher, dass nicht der Angeklagte ein Beweismittel zu einem bestimmten Zeitpunkt anbringen muss, sondern umgekehrt, dass das Gericht bis zur Urteilsverkündung verpflichtet bleibt, Beweisanträge anzunehmen.[535] Das Gesetz enthält dementsprechend keine Pflicht des Antragstellers, den Zeitpunkt seiner Antragstellung zu begründen.[536] Der Antragsteller soll frei entscheiden können, wann er einen Beweisantrag stellt. Begründet der Antragsteller die späte Stellung des Beweisantrags nicht, kann daraus somit auch kein negativer Schluss gezogen werden.[537] Dennoch kann es sinnvoll sein, eine Begründung abzugeben, etwa um andere Indizien für eine Verschleppungsabsicht zu widerlegen. Verlangen kann das Gericht eine solche Begründung jedoch nicht.[538]

Erst recht kann eine fehlende oder unplausible Begründung kein Indiz für das Vorliegen des Ablehnungsgrundes der Verschleppungsabsicht sein. Dies

---

533 *Tepperwien*, FS Widmaier, S. 583, 589.

534 BGHSt 51, 333, 344.

535 BGHSt 21, 118, 123.

536 So noch BGH NStZ 1986, 371; *M-G*, § 244 Rn. 68; *Fezer*, HRRS 2009, 17, 18; *Jahn*, JuS 2009, 372, 373; *Kempf*, StraFo 2010, 316, 319.

537 *Beulke*, FS Amelung, S. 543, 556.

538 *Jahn*, StV 2009, 663, 668.

ergibt sich bereits aus dem System des Beweisantragsrechts: Grundsätzlich muss jedem Beweisantrag entsprochen werden. Es obliegt damit dem Gericht, die Voraussetzungen eines Ablehnungsgrundes zu beweisen. Eine Begründungspflicht nach Fristablauf kehrt diesen Grundsatz um. Der Antragsteller muss darlegen, weshalb die Voraussetzungen für eine Ablehnung *nicht* vorliegen.[539]

Diese Umkehr der Darlegungslast gerät in Konflikt mit der verfassungsrechtlich garantierten Selbstbelastungsfreiheit (Nemo-tenetur-Grundsatz).[540] Sie garantiert u.a., dass der Angeklagte nicht an der Sachaufklärung aktiv mitwirken muss.[541] Es ist Aufgabe des Staates, den Schuldnachweis zu führen.[542] Diese Aufgabe kann der Staat nicht auf den Angeklagten abwälzen,[543] indem er von ihm eine Begründung für Beweisanträge verlangt und bei Nichterfüllung die pauschale Ablehnung des Antrags als Sanktion androht.

Eine Begründungspflicht liefe zudem darauf hinaus, dass das verfassungsrechtlich garantierte Schweigerecht des Angeklagten leer liefe. Auch die Schweigepflicht des Verteidigers kann hiervon tangiert werden.[544]

Diese Umkehr der Beweislast mindert das Beweisantragsrecht massiv. Ähnlich wie ein Zahlungsanspruch gemindert ist, wenn den Gläubiger die Beweislast trifft, dass noch keine Erfüllung eingetreten ist,[545] bewirkt die Beweislastumkehr in Bezug auf den Ablehnungsgrund der Prozessverschleppungsabsicht, dass Beweisanträge nach Fristablauf geringere Erfolgschancen haben.[546] Sie sind mit der drohenden Ablehnung belastet. § 246 I verbietet jedoch eine Unterscheidung zwischen rechtzeitigen und verspäteten Anträgen. Jeder bis zur Urteilsverkündung gestellte Antrag muss die gleichen Erfolgschancen haben.

---

539 *Niemöller*, JR 2010, 332, 334; *Trüg*, StV 2010, 528, 536.

540 *Beulke*, StV 2009, 554, 556; *Jahn*, StV 2009, 663, 668; so auch *Dahs* auf dem 2. Karlsruher Strafrechtsdialog 2009, vgl. *Eidam*, Diskussionsbericht, S. 92 in: *Jahn/Nack*, Wer regelt das Strafrecht?, Referate und Diskussionen auf dem 2. Karlsruher Strafrechtsdialog.

541 *M-G*, Einl. Rn. 29a.

542 *Verrel*, NStZ 1997, 361, 365; *Weßlau*, ZStW 110 (1998), 1, 32.

543 *Habetha/Trüg*, GA 2009, 406, 426 sprechen von einer „Selbstentpflichtung der Gerichte".

544 *Witting*, FS Volk, S. 885, 894; so auch *Dahs* auf dem 2. Karlsruher Strafrechtsdialog 2009, vgl. *Eidam*, Diskussionsbericht, S. 92 in: *Jahn/Nack*, Wer regelt das Strafrecht?, Referate und Diskussionen auf dem 2. Karlsruher Strafrechtsdialog.

545 Beisp. bei *Niemöller*, JR 2010, 332, 335.

546 *Niemöller*, JR 2010, 332, 335.

Damit kann dem Antragsteller nicht auferlegt werden, seinen Beweisantrag zu begründen und über den Zeitpunkt der Antragstellung Rechenschaft zu legen.

d) Faktische Präklusionswirkung und Zwecksetzung des § 246 I

Der BGH betont in seinen Urteilen zur Fristenlösung, dass eine Antragsablehnung allein wegen Verspätung nicht möglich sei[547] und diese auf dem Ablehnungsgrund der Prozessverschleppungsabsicht und nicht auf der späten Antragstellung basiere.[548] Es handele sich damit nicht um eine unzulässige Ausschlussfrist.[549] Das Gericht bleibe zur Entgegennahme auch nach Fristablauf verpflichtet.[550]

Dem ist insofern zuzustimmen, als dass nicht jede Fristversäumung automatisch zur Ablehnung führt,[551] sondern ein gesetzlich vorgesehener Ablehnungsgrund lediglich indiziert wird. Diesem Verständnis liegt jedoch eine enge, formale Auslegung des § 246 I zugrunde. Bei einer vom Gesetzeszweck ausgehenden Betrachtung zeigt sich jedoch ein anderes Bild. Um dem Verdikt der Verschleppungsabsicht im Vorfeld zu entgehen, wird jeder vernünftige Verteidiger sich an die gerichtlich gesetzte Frist halten.[552] Dies ist es schließlich, was die Frist bewirken soll. Damit entsprechen die faktischen Wirkungen der Fristenlösung denen einer Ausschlussfrist.[553] § 246 I, der eine solche Präklusionsfrist verbietet, wird damit nur noch formal beachtet.[554] Es bleibt nur noch die Hülle des § 246 I, dessen Aussage damit inhaltsleer ist.

Auch der Hinweis darauf, dass nach Fristablauf noch Beweisanträge gestellt werden können, vermag den Widerspruch zum Zweck des § 246 I nicht zu beheben. Ein Beweisantrag nach Fristablauf kann zwar gestellt werden, seine Erfolgschancen sind jedoch erheblich geschmälert. Ein verspäteter Beweisantrag indiziert die Absicht der Verschleppung des Verfahrens und ist damit bemakelt; er trägt bereits den Stempel der Prozessverschleppungsabsicht.

---

547 Sieht man von der Entscheidung BGHSt 52, 355 ab.

548 BGHSt 51, 333, 345; BGHSt 52, 355, 361 f.; BGH NStZ 2010, 161.

549 BGHSt 52, 355, 362.

550 BGHSt 51, 333, 345

551 *Kudlich*, Gutachten C 68. DJT, C 77.

552 *Gaede*, Bucerius Law Journal, 3/2009, 107, 110; *Kudlich*, Gutachten C 68. DJT, C 77.

553 *Witting*, FS Volk, S. 885, 893.

554 *Gaede*, Bucerius Law Journal, 3/2009, 107, 110; *Kudlich*, Gutachten C 68. DJT, C 79; *Tepperwien*, FS Widmaier, S. 583, 589.

Das Gericht muss auch verspätete Beweisanträge entgegen nehmen und bescheiden.[555] Doch auch dies ist nur ein schwacher Trost für den Antragsteller. Das Gericht darf nach Ansicht des BGH eine Frist nur dann setzen, wenn das gerichtliche Beweisprogramm aus seiner Sicht abgearbeitet ist. Jedem Vorsitzenden wird es also in praxi gerade recht sein, dass verspätete Beweisanträge bereits indiziert prozessverschleppend sind. Diesen Vorwurf muss der Antragsteller entkräften. Das Gericht ist jedoch bereits zu dem Entschluss gekommen, dass weitere Beweise nicht erforderlich sind. Es stellt sich also die Frage, was der Antragsteller hiergegen noch einwenden können soll. Ihm bleibt nur, sich auf prozesstaktische Erwägungen zu stützen, für die das Gericht sehr wahrscheinlich wenig Verständnis haben wird, da es den Prozess bereits in einem abschlussnahen Stadium sieht.[556] Rechtlich soll die Verfristung lediglich indiziellen Charakter haben und einer von mehreren Gesichtspunkten sein, der zur Ablehnung führt. Rechtstatsächlich ist jedoch davon auszugehen, dass Beweisanträge nach Fristablauf ohne nähere Prüfung abgelehnt werden.[557]

Man könnte argumentieren, dass, wenn zwar das Gericht nicht kraft Beweisantrags zu einer bestimmten Beweiserhebung gezwungen werden kann, es sich immerhin nicht seiner Aufklärungspflicht nach § 244 II entledigen kann und diese als Auffangnetz zumindest dafür sorgt, dass für das Verfahren entscheidende Umstände in jedem Fall ermittelt werden, unabhängig vom Zeitpunkt ihrer Einbringung in den Prozess. Dies klingt auch in der Entscheidung BGHSt 51, 333 an, in der der BGH erklärt: „Besteht nach der Überzeugung des Gerichts kein nachvollziehbarer Anlass für die verfristete Antragstellung, so kann es – falls nicht die Aufklärungspflicht nach § 244 II gleichwohl zur Beweiserhebung drängt – grundsätzlich davon ausgehen, dass der Antrag nichts anderes als die Verzögerung des Verfahrens bezweckt."[558] Doch die Argumentation ist zirkelschlüssig. Die Indizwirkung bezieht sich allein auf die subjektive Voraussetzung des Ablehnungsgrundes. Es wird allein vermutet, dass der Antragsteller mit Absicht der Verschleppung des Verfahrens gehandelt hat und keine anderen Zwecke damit verfolgt. Die übrigen Voraussetzungen bleiben hiervon unberührt. Es ist zumindest noch erforderlich, dass die erstrebte Beweiserhebung nichts Sachdienliches zu Tage zu fördern vermag und der Antragsteller dies weiß. Wenn ein Beweisantrag also ordnungsgemäß wegen Prozessverschleppungsabsicht abgelehnt werden soll, muss das Gericht prüfen, ob die begehrte Beweiserhebung

---

555 BGHSt 51, 333, 345.

556 *Witting*, FS Volk, S. 885, 893.

557 *Eidam*, JZ 2009, 318, 319.

558 BGHSt 51, 333, 345.

sachdienlich ist. Kommt das Gericht zu dem Entschluss, dass dies nicht der Fall ist, das Verfahren durch die Beweiserhebung also nicht voran gebracht würde, kann es den Beweisantrag wegen Prozessverschleppungsabsicht ablehnen; die subjektive Komponente ist durch die späte Antragstellung indiziert. Dann aber wird auch niemals die Aufklärungspflicht zu einer Beweiserhebung drängen. Ein Beweis, der nicht das Verfahren fördert, muss auch nach Maßgabe der Aufklärungspflicht nicht erhoben werden. Der Verweis auf die Prüfung des Beweisbegehrens zumindest nach Aufklärungsgesichtspunkten neben einer Ablehnung wegen Prozessverschleppungsabsicht ist damit zirkelschlüssig. Entweder eine Beweiserhebung ist sachdienlich, dann liegt keine Prozessverschleppungsabsicht vor und zwingt daneben auch die Aufklärungspflicht zur Beweiserhebung, oder sie ist nicht sachdienlich, dann muss weder dem Beweisantrag nachgegangen werden noch zwingt die Aufklärungspflicht zu weiteren Ermittlungen. Prozessverschleppungsabsicht schließt eine Verpflichtung des Gerichts zur Beweiserhebung aufgrund seiner Aufklärungspflicht aus § 244 II aus.

e) Kontraproduktive Wirkung des Fristenlösungsmodells

Dem Fristenlösungsmodell wird zudem vorgeworfen, es bewirke, dass die Verteidigung und der Angeklagte zu einem kontraproduktiven Verhalten angehalten würden. Um einer drohenden Präklusion zu entgehen, bestünde die Gefahr, dass die Verteidigung alle möglicherweise relevanten Beweisanträge im Vorfeld vorsorglich stellt und so das Verfahren verlängert würde. Der Zweck der Verfahrensbeschleunigung würde so sogar vereitelt.[559] Diesen Einwänden ist nur bedingt zuzustimmen. Es droht zwar die Gefahr, dass der Verteidiger ungefiltert alle nur denkbaren Beweismittel benennt, es fallen aber die Beweisanträge weg, die die Verteidigung nur gestellt hätte, um auf bestimmte Prozessgegebenheiten zu reagieren. Ob sich also zahlenmäßig ein Unterschied ergibt, ist pauschal nicht zu sagen. Jedenfalls versetzt die Fristenlösung das Gericht in die Lage, den Verfahrensstoff bereits zu einem frühen Zeitpunkt des Verfahrens zu überblicken. Zudem gewährt die Fristenlösung dem Gericht die Möglichkeit einer Verbescheidung der Anträge in den Urteilsgründen, was an sich bereits beschleunigend wirkt.

---

559 Stellungnahme des Rechtsausschusses, BR-Drucks. 633/1/95, S. 6 f. v. 16.02.1996; *Jahn*, StV 2009, 663, 667, Fn. 55; *König*, StV 2009, 171, 173; *Scheffler*, GA 1995, 449, 461; *Witting*, FS Volk, S. 885, 895.

f) Ergebnis der teleologischen Auslegung

Eine teleologische Auslegung ergibt, dass die Fristenlösung nicht mit § 246 I vereinbar ist. Die Argumente des BGH, es handele sich nicht um eine Ausschlussfrist, Beweisanträge könnten auch nach Fristablauf noch gestellt werden und eine Ablehnung erfolge nicht wegen Verspätung, sondern wegen Vorliegen des Ablehnungsgrundes der Prozessverschleppungsabsicht, verfangen nicht. Die Inkorporierung der Fristenlösung in den Ablehnungsgrund der Prozessverschleppungsabsicht bedeutet lediglich eine Umgehung des § 246 I, dessen Zwecksetzung damit konterkariert wird. Die gesetzgeberische Intention wird damit unterlaufen und der BGH untergräbt die Kompetenzen der Legislative.

4. Historische Auslegung

a) Unveränderter Wortlaut

Die Regelung des § 246 I war bereits in der ersten Fassung der StPO enthalten.[560] Trotz verschiedener Reformbestrebungen ist die Vorschrift seitdem nicht geändert worden.[561] Hieraus lässt sich schließen, dass der Gesetzgeber trotz rechtspolitischer Umstrittenheit an der Regelung festhalten wollte. Eine Auslegung an dieser gesetzgeberischen Wertung vorbei ist eine unzulässige Rechtsfortbildung.[562]

b) Aufklärungspflicht und Beweisantragsrecht

Historisch ist das Beweisantragsrecht des Angeklagten neben die Aufklärungspflicht des Gerichts gewachsen.[563] Ausgangspunkt dieser Entwicklung war zunächst das Verständnis, dass das Gericht allein den Umfang der Beweisaufnahme bestimmte. Um dem Angeklagten eine gewisse Teilhabemöglichkeit zuzubilligen, wurde dann ein Beweiserhebungsanspruch zumindest für präsente Beweismittel entwickelt, § 244 I RStPO.[564] Eine Verletzung der daneben bestehenden Aufklärungspflicht unabhängig von einem Beweisantrag mittels einer Auf-

560 § 245 RStPO i.d.F. von 1877; *Julius*, Unerreichbarkeit von Zeugen, S. 8; SK-*Frister*, § 246 Rn. 1.

561 SK-*Frister*, § 246 Rn. 1; *Kudlich*, Gutachten C 68. DJT, C 79 f.

562 *Eidam*, JZ 2009, 318, 320; *Gaede*, NJW 2009, 608; *Jahn*, StV 2009, 663, 668; *Kudlich*, Gutachten C 68. DJT, C 80.

563 KK-*Fischer*, § 244 Rn. 64; *Ranft*, Strafprozessrecht, Rn. 1546; *Spiekermann*, Missbrauch, S. 78 ff.; *Julius*, NStZ 1986, 61, 62; *Schlüchter*, GA 1994, 397, 416.

564 Vgl. zu dieser Entwicklung: *Julius*, Unerreichbarkeit von Zeugen, S. 8 ff.

klärungsrüge wurde vom Reichsgericht erst 1928 anerkannt.[565] Da dem Angeklagten vor 1928 nur die Stellung eines Beweisantrages zur Verfügung stand, war damit auch selbstverständlich, dass vor dem Hintergrund der Erforschung der Wahrheit ein Ausschluss eines Beweisantrags wegen Verspätung nicht möglich sein konnte. Hieraus wird von den Befürwortern der Fristenlösung geschlossen, dass die Erforschung der Wahrheit heute ausreichend durch die gerichtliche Aufklärungspflicht garantiert wird und § 246 I einer teleologischen Reduktion zugänglich sei.[566] Wie bereits erläutert, ist diese Annahme falsch. In Bezug auf den Ablehnungsgrund der Prozessverschleppungsabsicht laufen die Ablehnung eines Beweisantrags wegen Prozessverschleppungsabsicht und gerichtliche Aufklärungspflicht parallel zueinander. Es ist kein Fall denkbar, in dem die gerichtliche Aufklärungspflicht zu einer Beweiserhebung drängt, ein entsprechender Beweisantrag jedoch wegen Prozessverschleppungsabsicht abgelehnt werden könnte. Dies hängt an dem für eine Ablehnung wegen Prozessverschleppungsabsicht erforderlichen Merkmal der „Sachdienlichkeit“. Die Aufklärungspflicht verpflichtet das Gericht nur, wenn Tatsachen betroffen sind, die für die Entscheidung von Bedeutung sind.[567] Dies ist bei nicht sachdienlichen Beweiserhebungen nie der Fall.

c) Ergebnis der historischen Auslegung

Auch eine historische Auslegung vermag den Widerspruch der Fristenlösung zu § 246 I nicht zu lösen.

5. Verfassungs- und konventionskonforme Auslegung

Das Beweisantragsrecht ist in besonderer Weise verfassungsrechtlich durch das Recht auf rechtliches Gehör geschützt (Art. 103 I GG)[568] und genießt damit einen hohen Stellenwert. Dieses grundrechtsgleiche Recht kann nur eingeschränkt werden durch kollidierende Grundrechte oder sonstige Güter mit Verfassungsrang.[569] Als kollidierende Prinzipien kommen der Beschleunigungsgrundsatz und die Funktionsfähigkeit der Strafrechtspflege in Betracht. Weder BGH noch BVerfG haben sich bislang zu einer einschränkenden verfassungskonformen

565 RG JW 1928, 1506; *ANM*, Beweisantrag, S. 24 m.w.N.

566 *Bauer*, NStZ 2008, 542, 545

567 *ANM*, Beweisantrag, S. 20.

568 BVerfGE 65, 305; *Perron*, Beweisantragsrecht, S. 27 ff.

569 Maunz/Dürig-*Schmid-Aßmann*, Art. 103 I GG, Rn. 16 ff.

Auslegung des § 246 I in Bezug auf die Fristenlösung erklärt,[570] hingegen eine verfassungskonforme Auslegung des § 244 VI angenommen.[571]

Dogmatisch ließe sich die Fristenlösung mit § 246 I nur dann vereinbaren, wenn diese Norm teleologisch reduziert würde. Voraussetzung für eine teleologische Reduktion ist, dass der Anwendungsbereich dem Wortlaut nach den Problemfall zwar erfasst, dieser Problemfall jedoch dem Normzweck widerspricht.[572] Eine Ablehnung wegen verspäteten Stellens eines Beweisantrags ist nach § 246 I ausgeschlossen. Hiervon ist auch der Problemfall erfasst, dass Beweisanträge exzessiv und sukzessiv gestellt werden. Fraglich ist, was für eine Reduktion des § 246 I spricht, das es rechtfertigt, das Beweisantragsrecht wie bereits beschrieben derart massiv einzuschränken. Wie bereits gezeigt, können weder der Beschleunigungsgrundsatz noch das Gebot der Funktionsfähigkeit der Strafrechtspflege bestehendes Recht abändern. Der Beschleunigungsgrundsatz ist aufgrund seiner (auch) beschuldigtenschützenden Funktion nicht geeignet, Verteidigungsrechte des Angeklagten zu beschränken.[573]

Die Funktionsfähigkeit der Strafrechtspflege fordert hingegen eine Abwägung. Dieser Topos kann Beschuldigtenrechte nur einschränken, wenn die Gefahr bestünde, dass das System der Strafrechtspflege als solches zusammenbräche. Gewichtige Bedeutung kommt ihm also nur in extrem gelagerten Einzelfällen zu. Es besteht bei der Argumentation aufgrund der Konturenlosigkeit des Begriffs die latente Gefahr, diesen mit sämtlichen rechtsstaatlichen Grundsätzen aufzuladen. Die Funktionsfähigkeit der Strafrechtspflege darf nicht zum „Knock-out-Kriterium" avancieren. Daher ist mit ihr nur dosiert zu argumentieren. Wie gezeigt, ist § 246 I keineswegs nur eine „Luxusvorschrift"[574], sondern erfüllt wichtige, rechtsstaatlich unverzichtbare Funktionen für den Angeklagten.[575] Die Fristenlösung sieht eine Einschränkung des § 246 I bereits vor, wenn nur 10 Tage verhandelt wurde, Anzeichen im bisherigen Prozessverhalten des Angeklagten für eine Prozessverschleppungsabsicht bestehen, die Frist versäumt wurde und dies nicht entschuldigt wurde. Hiervon werden zwar nicht alle Ver-

---

570 *Nack*, FS Strauda, S. 425, 432 will dem Kammerbeschluss des BVerfG vom 29.12.2005, NJW 2006, 668, eine solche Tendenz entnehmen.

571 BGH NJW 2005, 2466, 2468; s.o. Teil II A I 4.

572 *Möllers*, Juristische Arbeitstechnik, Rn. 313.

573 A.A.: *Nack*, FS Strauda, S. 425, 432.

574 *Basdorf*, Verständigung, in: *Jahn/Nack*, Strafprozesspraxis und Rechtswissenschaft – getrennte Welten?, Referate und Diskussionen auf dem 1. Karlsruher Strafrechtsdialog, S. 53, 55.

575 S.o. Teil II A II. 3.

fahren erfasst, von „extrem gelagerten“ Fällen kann jedoch keine Rede sein. Ein Zusammenbruch der Strafrechtspflege ist nach 10 Tagen Verhandlungsdauer noch nicht zu befürchten. Die Bedingungen der Fristenlösung sind zu gering, um von einem Kollaps der Strafrechtspflege zu sprechen. Die Funktionsfähigkeit der Strafrechtspflege vermag § 246 I nicht generell einzuschränken. Im Einzelfall kann diese Abwägung jedoch zu einem anderen Ergebnis kommen. Dies dürfte dann jedoch nur extreme Einzelfälle betreffen, in denen ein gesamtes Gericht an die Grenze seiner Leistungsfähigkeit gebracht wird. Eine allgemeine Abwägung fällt hingegen zu Gunsten der Beschuldigtenrechte aus. Auch der BGH zieht nicht den Schluss, dass § 246 I verfassungswidrig wäre, weil das verfassungsrechtliche Interesse an einer funktionsfähigen Strafrechtspflege höher wiege als das Präklusionsverbot von Beweisvorbringen.[576] § 246 I ist somit auch nicht verfassungs- und konventionskonform i.S.d. Fristenlösung auslegbar.

6. Ergebnis

Die Auslegung des § 246 I ergibt, dass die Fristenlösung zwar noch mit dem Wortlaut vereinbar ist, im Übrigen aber der Systematik des Gesetzes sowie der Zwecksetzung der Norm zuwider läuft. Auch eine einschränkende Auslegung des § 246 I kann ein Vorgehen wie vom Fristenlösungsmodell vorgesehen, nicht rechtfertigen. Der BGH hat somit seine Kompetenzen überschritten und in legislative Kompetenzen eingegriffen.

III. Vereinbarkeit der Fristenlösung mit § 244 III 2 Var. 6

Die Fristenlösung sieht vor, nach Fristablauf Beweisanträge wegen Prozessverschleppungsabsicht abzulehnen. Das Gesetz sieht die Möglichkeit einer Fristsetzung hierbei jedoch nicht explizit vor. Die Gründe, weswegen ein Beweisantrag abgelehnt werden kann, ergeben sich aus den §§ 244 III-V, 245 II. Diese Aufzählung ist abschließend.[577] Dies ergibt sich daraus, dass diese Vorschriften enumerativ aufzählend[578] und sehr ausdifferenziert die Voraussetzungen einer Ablehnung regeln[579] und dieses austarierte System nicht durch eine Anwendung weiterer, nicht geregelter Zurückweisungsgründe umgangen werden darf.

576 SK-*Frister*, § 244 Rn. 179.

577 BGHSt 29, 149, 151; BGH StV 1993, 621, 622.

578 LR-*Gollwitzer*, § 244 Rn. 178; *Duttge*, JZ 2005, 1012, 1014.

579 *Kudlich*, Strafprozess und allgemeines Missbrauchsverbot, S. 77, 281.

Was die §§ 244, 245 jedoch nicht regeln, ist die Frage, *ob* ein Beweisantrag überhaupt vorliegt,[580] *wann* ein Antrag zulässig ist[581] oder *wie* ein Antrag zu stellen ist.[582] § 244 ist nur in seinem Regelungsbereich abschließender Natur.[583] Eine Beschränkung des Beweisantragsrechts als solches und unabhängig von der Frage der Ablehnung eines Beweisantrags ist durchaus möglich. Die Besonderheit der Fristenlösung besteht darin, dass sie in den Ablehnungsgrund der Prozessverschleppungsabsicht inkorporiert ist und an dessen Voraussetzungen anknüpft. Sie betrifft damit den Regelungsinhalt der Ablehnungsgründe der §§ 244, 245 und muss sich der abschließenden Wirkung fügen. Es stellt sich damit die Frage, ob ein Vorgehen nach der Fristenlösung mit dem Ablehnungsgrund des § 244 III 2 Var. 6 vereinbar ist.

1. Grammatikalische Auslegung

Der Beweisantrag kann abgelehnt werden, wenn er „zum Zweck der Prozessverschleppung" gestellt wurde, § 244 III 2 Var. 6. Angelegt ist die Prozessverschleppung zudem in den §§ 26a I Nr. 3 und 245 II 3 Alt. 5. Von einer *Absicht* der Prozessverschleppung spricht der Wortlaut des Gesetzes jedoch an keiner Stelle.[584] Ob der „Zweck der Prozessverschleppung" objektiver oder subjektiver Natur sein muss, ist nicht explizit geregelt.[585] Einen Hinweis auf die subjektive Einstellung des Antragstellers zur Verschleppung gibt § 26a I Nr. 3, der davon spricht, dass „durch die Ablehnung offensichtlich das Verfahren nur verschleppt (...) werden *soll*". § 26a wurde wesentlich später als die Regelungen zum Beweisantragsrecht in die StPO übernommen.[586] Die Hinzufügung des Wortes „soll" kann als Klarstellung aufgefasst werden, dass es auf die innere Einstellung des Antragstellers ankommt. Die Gesetzesmaterialien[587] geben keinen

---

580 S.o. Teil I D I. 5.

581 Im Unterschied zur Unzulässigkeit der Beweiserhebung, die als Ablehnungsgrund in § 244 III 1 konzipiert wurde, vgl. *M-G*, § 244 Rn. 48; *ANM*, Beweisantrag, S. 425.

582 Bspw. kann angeordnet werden, Beweisanträge nur noch über den Verteidiger zu stellen, BGHSt 38, 111.

583 *Kudlich*, Strafprozess und allgemeines Missbrauchsverbot, S. 77, 281; a.A.: *Duttge*, JZ 2005, 1012, 1014.

584 *Fahl*, Rechtsmissbrauch, S. 468, 471.

585 *Fahl*, Rechtsmissbrauch, S. 468.

586 *Fahl*, Rechtmissbrauch, S. 468.

587 Begründung zum Gesetz zur Änderung der Strafprozeßordnung und des Gerichtsverfassungsgesetzes v. 7.2.1967, BT-Drucks IV/178, S. 35.

Hinweis darauf, dass im Vergleich zu § 244 III 2 Var. 6 andere Voraussetzungen für die Annahme der Prozessverschleppungsabsicht gelten sollen. Im Gegenteil wird auf § 244 III 2 als „entsprechende Vorschrift des geltenden Rechts" ausdrücklich verwiesen.[588] Dies spricht für eine einheitliche subjektive Auslegung des Begriffs. Auch der Zusatz „zum Zweck" spricht für eine subjektive Auslegung. Ein Zweck entsteht durch eine Zwecksetzung. Eine Zwecksetzung entsteht durch Entwicklung und Kundgabe eines Willens des Zwecksetzenden. Eine subjektive Komponente muss somit vorliegen. Ob dieser Zweck auch erreicht werden muss, sagt das Gesetz hingegen nicht.

In Bezug auf die Fristenlösung stellt sich damit die Frage, ob diese mit dem Wortlaut des § 244 III 2 Var. 6 vereinbar ist. Wie dargelegt, muss jedenfalls eine subjektive Einstellung des Antragstellenden zur Verschleppung festgestellt werden können. Wie diese Absicht festgestellt wird, lässt das Gesetz offen. Die Fristenlösung wertet die Versäumung der Frist als Indiz für eine solche Absicht. Die in ständiger Rechtsprechung entwickelten vier Voraussetzungen für die Annahme einer Prozessverschleppungsabsicht (fehlende Sachdienlichkeit, wesentliche Verfahrensverzögerung, diesbezügliche Kenntnis und Prozessverschleppungsabsicht i.e.S. als alleiniges Motiv) sind im Wortlaut nicht enthalten, sondern wurden von der Rechtsprechung in Auslegung der Vorschrift entwickelt. Die Fristenlösung stellt keine völlig neuen Voraussetzungen auf, sondern knüpft an die anerkannte Voraussetzung der Prozessverschleppungsabsicht i.e.S. an und erleichtert deren Beweisbarkeit.

Der Wortlaut der Vorschrift ist hiervon nicht betroffen. Zuzugeben ist, dass eine Fristsetzung im Wortlaut nicht angelegt ist. Dies sind die entwickelten Voraussetzungen jedoch ebenfalls nicht. Der Wortlaut des Gesetzes ist jedoch so dürftig, dass eine weitreichende Interpretation möglich ist. Auch die Setzung einer Frist dient nur dazu, den Ablehnungsgrund auszufüllen und zu konkretisieren. Die Fristsetzung erfüllt keinen Selbstzweck. Insofern verfängt das Argument, dass nur die Ablehnung eines Beweisantrages vom Wortlaut gerechtfertigt werde,[589] nicht. Die von der Rechtsprechung entwickelten Voraussetzungen für eine Prozessverschleppungsabsicht werden durch die Fristenlösung nur geringfügig modifiziert und die Fristenlösung fügt sich in die bisherige Rechtsprechung ein.

Der Wortlaut der Norm widerspricht der Fristenlösung nicht. Die Fristenlösung als reine Rechtsprechungsänderung ist im Rahmen des Wortlauts unprob-

---

588 BT-Drucks. IV/178, S. 35.

589 *Kempf*, StraFo 2010, 316, 320.

lematisch möglich. Eine grammatikalische Auslegung ergibt somit, dass die Fristenlösung insofern nicht gegen den Wortlaut des § 244 III 2 Var. 6 verstößt.

Eine pauschale Ablehnung mehrerer Beweisanträge sieht der Wortlaut jedoch nicht vor. Ebenso wie § 244 VI spricht § 244 III 2 von der Ablehnung eines Beweisantrages im Singular. Dass Beweisanträge gebündelt abgelehnt werden können, sieht das Gesetz nicht vor. Insofern gilt hier dasselbe wie zu § 244 VI: Eine pauschale Ablehnung aller verfristeter Anträge gebündelt widerspricht dem Wortlaut des § 244 III 2.

2. Systematische Auslegung

a) Der Begriff der Prozessverschleppungsabsicht in den §§ 26a I Nr. 3, 245 II

Auch die §§ 26a I Nr. 3, 245 II enthalten das Tatbestandsmerkmal der Prozessverschleppungsabsicht. In § 26a I Nr. 3 steht dieses neben dem Merkmal der „verfahrensfremden Zwecken". Dabei wird die Prozessverschleppungsabsicht als Unterfall der verfahrensfremden Zwecke angesehen.[590] Es muss feststehen, dass es dem Antragsteller nicht auf die Ablehnung eines Richters ankommt, er vielmehr ausschließlich die Verzögerung des Verfahrens bezweckt. Diese Voraussetzung lässt sich nur schwer beweisen, so dass dieser Ablehnungsgrund selten zur Anwendung gelangt.[591]

Die Wertung des § 26a I Nr. 3 lässt sich auf § 244 III 2 Var. 6 übertragen. Es geht darum, dass das Recht, einen Richter wegen Besorgnis des Antragstellers bezüglich der Befangenheit abzulehnen, seine Grenze dort findet, wo nur ein prozessualer Schein besteht, eine ernsthafte Besorgnis aber tatsächlich nicht vorliegt. Dies ist bei der Ablehnung von Beweisanträgen ähnlich. Glaubt selbst der Beweisantragsteller nicht daran, dass sein Antrag das Verfahren fördern kann, und handelt er nur um das Verfahren hinauszuzögern, besteht kein nennenswertes Interesse an der Erhebung des Beweises.

Bedenklich erscheint jedoch die Tatsache, dass durch den sehr weiten Anwendungsbereich der Fristenlösung die Gefahr besteht, dass eine Fristsetzung zur Regel wird. Ob jedoch bei jeder Fristüberschreitung immer ein „verfahrensfremder Zweck" verfolgt wird, ist fraglich. Dies wird jedoch dadurch abgefangen, dass der Antragsteller sich exkulpieren kann, wenn er die Verspätung sub-

---

590 KK-*Fischer*, § 26a Rn. 10.

591 KK-*Fischer*, § 26a Rn. 10.

stantiiert entschuldigt. Freilich wird damit die Beweislast umgekehrt,[592] hiergegen spricht aber zumindest im Hinblick auf § 244 III 2 Var. 6 nichts.

b) Umkehr des Regel-Ausnahme-Verhältnisses

Die Fristenlösung tangiert einen fundamentalen Grundsatz des Beweisantragsrechts: Beweisanträgen ist grundsätzlich statt zu geben.[593] Dies ergibt sich aus der abschließenden Aufzählung der Ablehnungsgründe in den § 244 III –V.[594] Diese Garantie trägt der besonderen Stellung und Wertigkeit des Beweisantragsrechts Rechnung.[595]

Nach Ablauf der Frist gilt dieser Grundsatz nicht mehr. Im Gegenteil werden Beweisanträge nach Fristablauf grundsätzlich abgelehnt. Das dem Beweisantragsrecht zugrunde liegende Regel-Ausnahme-Verhältnis wird damit umgekehrt. Auch hier vermag die Exkulpationsmöglichkeit diesen Nachteil teilweise auszugleichen; das Beweisantragsrecht als solches wird jedoch hierdurch stark abgewertet.[596] Diese Umkehr des Regel-Ausnahme-Verhältnisses widerspricht damit der gesetzlichen Konzeption der Ablehnungsgründe, zu dem auch der der Prozessverschleppungsabsicht gehört. Die Fristenlösung ist mit der Konzeption des § 244 III 2 Var. 6 als Ausnahme zum Grundsatz der Stattgebung eines jeden Beweisantrags nicht vereinbar.

c) Vergleich mit Präklusionsvorschriften anderer Prozessordnungen

Fristsetzungen mit präkludierender Wirkung sind in anderen Prozessordnungen ausdrücklich vorgesehen.[597] So verlangt bspw. § 87b III VwGO, dass die Zulassung der Beweismittel nach der freien Überzeugung des Gerichts die Erledigung des Rechtsstreits verzögern müsste (III 1 Nr. 1), der Antragsteller die Verspätung nicht ausreichend entschuldigt (III 1 Nr. 2) und dass der Beteiligte über die Folgen der Fristversäumung belehrt wurde (III 1 Nr. 3). Dieselben Voraussetzungen enthält die zivilprozessuale Präklusionsvorschrift des § 296 I ZPO. Diese Voraussetzungen entsprechen denen der Fristenlösung. Ein Unterschied besteht allein darin, dass auch sachdienliche Beweiserhebungen abgelehnt wer-

---

592 S.o. Teil II A II 3 c).

593 *Kindhäuser*, StPO, § 22 Rn. 34.

594 BGHSt 29, 149, 151; BGH StV 1993, 621, 622.

595 S.o. Teil I A I.

596 S.o. Teil II A II 3. c).

597 S.o. Teil II A II 2. d).

den können, sowie darin, dass § 87b VwGO und § 296 I ZPO auf eine subjektive Komponente verzichten.[598] Aus welchen Motiven der Beteiligte Beweismittel verspätet einbringt, ist unerheblich. Daher taucht der Begriff der „Prozessverschleppungsabsicht" in diesen Vorschriften nicht auf.

Die Fristenlösung möchte jedoch mittels ebendieser Voraussetzungen (Fristversäumung, keine Exkulpation, Belehrung über Konsequenzen einer verspäteten Antragstellung) gerade eine subjektive Prozessverschleppungsabsicht belegen. Wenn dem so ist, stellt sich die Frage, weshalb sich in den §§ 87b VwGO, 296 I ZPO keinerlei Hinweise darauf finden lassen, dass damit eine Prozessverschleppungsabsicht gemeint ist. Im Gegenteil verzichten diese Vorschriften auf eine verschleppende Absicht des Beteiligten. Es erscheint systemwidrig, aus diesen objektiven Gesichtspunkten auf eine subjektive Absicht zu schließen. Rechtfertigen kann man dies höchstens damit, dass nach der Fristenlösung hinzutreten muss, dass die Verhandlung bereits 10 Tage andauert und weitere Anzeichen für eine Prozessverschleppungsabsicht im bisherigen Prozessverhalten des Antragstellers erkennbar sind. Dass eine objektive Fristversäumung Indiz für eine subjektive Verschleppungsabsicht sein soll, leuchtet nicht ein.

Der Gesetzgeber hat im strafprozessualen Beweisantragsrecht auf eine Präklusionsvorschrift verzichtet und die Gründe für eine Ablehnung abschließend geregelt. Es kann damit nicht davon ausgegangen werden, dass der Gesetzgeber einen der Ablehnungsgründe als versteckte Präklusionsvorschrift verstanden wissen will. Dieses Ergebnis soll im Folgenden durch eine rechtshistorische Auslegung abgesichert werden.

d) Ergebnis

Zusammenfassend lässt sich feststellen, dass eine systematische Auslegung ergibt, dass die Fristenlösung auch mit § 244 III 2 Var. 6 nicht vereinbar ist. Der elementare Grundsatz des Beweisantragsrechts, dass jedem Beweisantrag statt zu geben ist, wird nach Fristablauf in sein Gegenteil verkehrt. Auch ein Vergleich mit Präklusionsvorschriften anderer Prozessordnungen hat gezeigt, dass eine Präklusion nicht mit dem Ablehnungsgrund der Prozessverschleppungsabsicht in Einklang zu bringen ist.

598 Vgl. Schoch/Schmidt-Aßmann/*Pietzner-Ortloff/Riese*, VwGO, § 87b VwGO Rn. 48, Fn. 1: Eine gerichtliche Fristsetzung ist sinnvoll bei offensichtlicher Verzögerungsabsicht, Voraussetzung für eine Fristsetzung ist sie hingegen nicht.

3. Historische Auslegung

a) Die Prozessverschleppungsabsicht in der reichsgerichtlichen Rechtsprechung

Der Ablehnungsgrund der Prozessverschleppung wurde vom Reichsgericht entwickelt. Die Reichsstrafprozessordnung[599] sah zunächst keine Ablehnungsgründe vor. Vielmehr bestand für präsente Beweismittel eine Beweiserhebungspflicht (§ 244 I 1 RStPO) und die Erhebung nichtpräsenter Beweismittel war in das Ermessen des Gerichts gestellt.[600] Diesen Beweiserhebungsanspruch bei präsenten Beweismitteln schränkte das Reichsgericht in einer Entscheidung vom 3. März 1880 ein, indem es urteilte:

> „Allerdings muss es eine Schutzwehr dagegen geben, daß nicht die Erledigung einer Strafsache vereitelt, daß nicht das dem Angeklagten in § 244 eingeräumte formale Recht[601] durch Heranziehung von Urkunden oder anderen Gegenständen, von Zeugen und Sachverständigen, welche Beweismittel für die vorliegende Sache überhaupt nicht sind und sein können, lediglich zum Verschleife des Prozesses chikanös gemißbraucht werde.“ [602]

Auf eine subjektive Absicht des Antragstellers zur Verschleppung stellte das Reichsgericht erst fünf Jahre später ab.[603] Das Reichsgericht forderte, dass der Antragsteller beabsichtigen müsse, seine Verurteilung hinaus zu zögern und nicht den Zweck verfolgen dürfe, die behauptete Tatsache tatsächlich zu beweisen. Eine deutliche Unterscheidung zwischen objektiven und subjektiven Voraussetzungen traf das Reichsgericht in seiner Entscheidung vom 24. Januar 1890.[604] Objektiv müsse die Beweiserhebung eine Verzögerung des Verfahrens bewirken und subjektiv müsse der Antragsteller sich bewusst sein, dass er die behauptete Tatsache nicht beweisen könne und ausschließlich die Verschleppung des Verfahrens bezwecken. Damit waren die Voraussetzungen für den Ablehnungsgrund der Prozessverschleppungsabsicht gesetzt. Diese haben sich bis dato im Wesentlichen nicht verändert. Die heute als gefestigte Rechtsprechung

---

599 Reichsstrafprozessordnung v. 1. 2.1877.

600 *ANM*, Beweisantrag, S. 3; *Hirsch*, Der zum Zwecke der Prozessverschleppung gestellte Beweisantrag, S. 7.

601 Gemeint ist das Recht auf Verwendung präsenter Beweismittel.

602 RGSt 1, 241, 243 f.

603 RGSt 12, 335, 336.

604 RGSt 20, 206, 207.

anerkannten Voraussetzungen der Prozessverschleppungsabsicht[605] wurden in dieser Klarheit erstmals[606] 1966 vom BGH aufgestellt.[607]

b) Kodifizierung des Ablehnungsgrundes

Eingang in das Gesetz hat der Ablehnungsgrund der Prozessverschleppungsabsicht 1926 gefunden,[608] in Bezug auf die Ablehnung nichtpräsenter Beweismittel erst 1935.[609] Die Kodifizierung ist jedoch ohne inhaltliche Änderung der Voraussetzungen an den Ablehnungsgrund geblieben.[610] Der Gesetzgeber übernahm letztlich einen im Rahmen des Richterrechts bereits vollständig ausgebildeten Ablehnungsgrund, über dessen Voraussetzungen keine Unklarheiten bestanden.[611] Ein besonderer Wille des Gesetzgebers in Bezug auf einzelne Voraussetzungen des Ablehnungsgrundes der Prozessverschleppungsabsicht ist auch aus den Gesetzesmaterialien nicht ersichtlich.[612] Daraus ist der Schluss zu ziehen, dass gerade auch im Vergleich zu den Präklusionsvorschriften in anderen Prozessordnungen[613] der Gesetzgeber an den bereits anerkannten und ausgebildeten Voraussetzungen festhalten wollte. Dass eine Frist zur Stellung von Beweisanträgen gestellt werden kann, deren Versäumung indiziellen Charakter für eine Prozessverschleppungsabsicht hat, wollte der Gesetzgeber erkennbar nicht regeln.

c) Gesetzesänderungen und Reformen des Beweisantragsrechts

Das Beweisantragsrecht als solches war in der Folgezeit wiederholt Gegenstand von Gesetzesänderungen;[614] die Anforderungen an den Ablehnungsgrund der

---

605 *Kudlich*, Gutachten C 68. DJT, C 69 m.w.N.

606 *Fahl*, Rechtsmissbrauch, S. 468.

607 BGHSt 21, 118.

608 § 245 I 1 RStPO, eingeführt durch das Gesetz zur Abänderung der Strafprozeßordnung v. 27.12.1926, Abschnitt A Nr. 11, RGBl. I, S. 529.

609 § 245 II RStPO, eingeführt durch das Gesetz zur Änderung des Strafverfahrens und des Gerichtsverfassungsgesetzes v. 28.6.1935, RGBl. I, S. 844.

610 *ANM*, Beweisantrag, S. 8; *Hirsch*, Der zum Zwecke der Prozessverschleppung gestellte Beweisantrag, S. 11.

611 LR-*Becker*, § 244 Rn. 265.

612 *Niemöller*, NStZ 2008, 181, 182 f.

613 S.o. zur systematischen Auslegung: Teil II A III 2. c).

614 Vgl. zur Rechtsentwicklung des Beweisantragsrechts bis 1978: ANM, Beweisantrag, S. 1 ff., insb. S. 8 ff.

Prozessverschleppungsabsicht wandelten sich hingegen nicht. Die schwierige Anwendung des Ablehnungsgrundes wurde in der Literatur häufig bemängelt. Der Nachweis der subjektiven Verschleppungsabsicht stelle sich als so schwierig dar, dass dieser Ablehnungsgrund nahezu leer liefe.[615] Der argumentative Aufwand sei im Hinblick auf die hohen Voraussetzungen einer erfolgreichen Revision so hoch, dass der Ablehnungsgrund kaum Anwendung fände.[616] Tatsächlich haben nur 1 % aller Revisionen mit Beweisantragsrügen Erfolg.[617] Vor diesem Hintergrund erklären sich die zahlreichen Reformbestrebungen, den Ablehnungsgrund handhabbarer zu machen. Auch die Fristenlösung verfolgt diesen Zweck. In der Literatur finden sich dementsprechend auch befürwortende Stellungnahmen zu den Urteilen, in denen die Fristenlösung entwickelt wurde.[618] Begrüßt wurde die Fristenlösung auch im Hinblick darauf, dass hiermit dem Gericht ein Instrument an die Hand gegeben werde, missbräuchlichen Beweisanträgen effektiv zu begegnen. Die juristischen „Umwege“ über eine Abstufung von Beweisanträgen zu Beweisermittlungsanträgen[619] oder der Abweisung von Anträgen als bereits unzulässig, seien damit obsolet geworden.[620]

d) Bewertung und Ergebnis

Doch bleibt zu beachten, dass sämtliche Reformen im Parlament scheiterten. Diese gesetzgeberische Wertung ist zu respektieren. Die bereits vom Reichsgericht vor fast 90 Jahren entwickelten Anforderungen an den Ablehnungsgrund der Prozessverschleppungsabsicht mögen als reformbedürftig empfunden werden; die Rechtsprechung hat jedoch nicht die Kompetenz, die gesetzlichen Anforderungen zu modifizieren. Hiergegen lässt sich einwenden, dass auch die anerkannten Voraussetzungen an den Ablehnungsgrund der Prozessverschleppungsabsicht letztlich von der Judikative entwickelt wurden. Der von der Legislative vorgegebene Wortlaut ist so weit, dass auch ein Vorgehen wie nach der

---

615 BGHSt 21, 118, 122 f.; LR-*Becker*, § 244 Rn. 268; *Eisenberg*, Beweisrecht, Rn. 235; *Römbke*, Ablehnungsgrund der Prozessverschleppung, S. 151; *Spiekermann*, Missbrauch, S. 100; *Kempf*, StraFo 2010, 316, 320.

616 KK-*Fischer*, § 244 Rn. 178; LR-*Becker*, § 244 Rn. 266; *Dahs*, FS Odersky, S. 317, 330; *Bünger*, NStZ 2006, 305, 308.

617 *Basdorf*, StV 1995, 310, 311.

618 *Basdorf*, FS Widmaier, S. 51, 58, 62; *Dahs*, FS Odersky, S. 317, 330; *Fahl*, Rechtsmissbrauch, S. 474; *Senge*, FS Nehm, S. 339, 344 ff.; *Bünger*, NStZ 2006, 305, 311 f.

619 S.o. Teil I D II.

620 LR-*Becker*, § 244 Rn. 266 m.w.N.

Fristenlösung grammatikalisch mit dem Gesetz vereinbar wäre.[621] Wenn die Rechtsprechung also nur ihre Auffassung bezüglich der Auslegung des § 244 III 2 Var. 6 geändert hätte, stünde der Fristenlösung im Rahmen des Ablehnungsgrundes der Prozessverschleppungsabsicht nichts im Wege. Dennoch bleibt rechtshistorisch die Entwicklungsgeschichte des Ablehnungsgrundes zu beachten. Wiederholt ist der Gesetzgeber mit einer Reform des Beweisantragsrechts und insbesondere mit einer Neustrukturierung der Ablehnungsgründe gescheitert. Daraus muss man den Schluss ziehen, dass der Wille des Gesetzgebers der Fristenlösung entgegensteht.[622] Eine historische Auslegung des Ablehnungsgrundes der Prozessverschleppungsabsicht ergibt somit, dass die Fristenlösung nicht mit § 244 III 2 Var. 6 vereinbar ist.

4. Teleologische Auslegung

Eine teleologische Auslegung fragt nach dem Sinn und Zweck der Vorschrift. Es ist also zu ermitteln, welchem Zweck der Ablehnungsgrund der Prozessverschleppungsabsicht dient und ob auch die Fristenlösung diesen Zweck verfolgt.

a) Die Verhinderung von Rechtsmissbrauch

Zweck der Ablehnung von Beweisanträgen wegen Prozessverschleppungsabsicht ist es, rechtsmissbräuchlichem, verfahrensfremdem Gebrauch des Beweisantragsrechts zu begegnen.[623] Wie der Begriff des Rechtsmissbrauchs zu definieren ist, ist nicht unumstritten.[624] Weitestgehender Konsens besteht jedenfalls, dass ein Rechtsmissbrauch erfordert, dass ein Recht nicht zu der vom Gesetz gewollten Interessenbeförderung ausgeübt wird.[625] Ein rechtsmissbräuchliches Verhalten muss äußerlich scheinbar legitim sein und sich im Einklang mit dem Wortlaut der Norm bewegen, dabei aber dennoch gegen den Gesetzeszweck verstoßen.[626]

Dies läuft jedoch auf einen Zirkelschluss hinaus: Bei der Bestimmung des Gesetzeszweckes der Prozessverschleppungsabsicht kann man nicht argumentieren, dass dies die Verhinderung von Rechtsmissbrauch ist, Rechtmissbrauch je-

---

621 S.o. zur grammatikalischen Auslegung Teil II A III 1.

622 So auch: *Hamm*, StV 2010, 418, 420.

623 LR-*Becker*, § 244 Rn. 265.

624 *Spiekermann*, Missbrauch, S. 22 ff.; *Senge*, NStZ 2002, 225 m.w.N.

625 *Hassemer*, FS Meyer-Goßner, S. 127, 128; *Bünger*, NStZ 2006, 305, 307.

626 *Herdegen*, NStZ 2000, 1, 2, 6; *Senge*, NStZ 2002, 225, 226.

doch ein Handeln gegen den Gesetzeszweck erfordert. Jede Argumentation mit dem Topos des Rechtsmissbrauchs ist letztlich ein umgekehrter Analogieschluss, also eine teleologische Reduktion.[627] Ein Verhalten, dass unter den Wortlaut subsumiert werden kann, soll aufgrund einer entgegenstehenden Wertung nicht vom Tatbestand erfasst werden. Der Umfang des Tatbestandes wird reduziert. Eine solche teleologische Reduktion baut jedoch auf einer „frei geschöpften Wertung (auf), die die Gesetzesgeltung gegen den Text definiert."[628]

Eine tragfähige Argumentation kann also nur auf dem Zweck des Strafverfahrens als solchem basieren.[629] Somit muss man sich das übergeordnete Ziel des Strafprozesses vor Augen halten. Zweck des gesamten Strafverfahrens ist es, den staatlichen Strafvorwurf in einem rechtsförmigen Verfahren aufzuklären, den staatlichen Strafanspruch durchzusetzen und hierdurch den Rechtsfrieden zu wahren.[630] Es geht um die Ermittlung einer prozessualen Wahrheit, um in einem justizförmigen Verfahren zu einer materiell richtigen Entscheidung zu gelangen.[631]

Das Beweisantragsrecht dient funktional der Sicherung der Subjektstellung des Beschuldigten sowie der Wahrheitsfindung.[632] Damit sind rechtsmissbräuchliche Beweisanträge solche, die zwar den äußerlichen Schein eines ordnungsgemäßen Beweisantrages wahren, jedoch tatsächlich nicht der Wahrheitsfindung dienen.[633] Daraus folgt, dass Beweisanträge, die schon nicht geeignet sind, die Erkenntnisgrundlagen des Gerichts zu erweitern und damit dem gesamten Strafprozess abträglich sind, nicht erhoben werden müssen.[634] Vor dem Hintergrund der Ermittlung der Wahrheit muss man sogar so weit gehen, dass solche Beweisanträge nicht erhoben werden *dürfen*. Noch deutlicher wird dies bei Beweisanträgen, die nicht nur die Wahrheitsfindung konterkarieren, sondern sich

---

627 *Herdegen*, NStZ 2000, 1, 2; *Möllers*, Juristische Arbeitstechnik, Rn. 313.

628 *Kühne*, NJW 1998, 3027; i.d.S. auch LR-*Kühne*, Einl. H, Rn. 62.

629 So auch: *Eschenhagen*, Missbrauch des Beweisantragsrechts, S. 13 ff.; *Spiekermann*, Missbrauch, S. 25.

630 *HHP*, Beweisantragsrecht, Rn. 243; *Joecks*, Studienkommentar StPO, Einl. Rn. 4; *Pöstges*, Funktion und Missbrauch prozessualer Rechte, S. 55 ff.; ausführlich *Spiekermann*, Missbrauch, S. 30 ff.; *Kahlo*, FS Meyer-Goßner, S. 447, 465 f.

631 KK-*Pfeiffer/Hannich*, Einl., Rn. 1 f.; *Roxin/Schünemann*, Strafverfahrensrecht, § 1 Rn. 2 f.

632 *Pöstges*, Funktion und Missbrauch prozessualer Rechte, S. 60 f.

633 RGSt 1, 241, 244; LR-*Becker*, § 244 Rn. 265.

634 LR-*Becker*, § 244 Rn. 265.

gegen das Verfahren als solches richten.[635] Ein Beweisantrag, der alleine dazu dient, das Verfahren unnötig, d.h. ohne substantiellen Ertrag, zu verlängern, zu verschleppen oder gar zu torpedieren, muss abgelehnt werden. Voraussetzung hierfür ist freilich, dass dem Beweisantrag nicht ein Funke „Geeignetheit zur Wahrheitsermittlung" anhaftet. Sobald ein Beweisantrag bei antizipierter Bewertung durch das Gericht das Verfahren zwar verschleppen könnte, aber dennoch der Wahrheitsermittlung dienen könnte, muss er erhoben werden. Dies ergibt sich auch daraus, dass das Verfahren rechtsförmig durchgeführt wird. Der Angeklagte ist nicht Objekt des Verfahrens, sondern Verfahrenssubjekt mit möglichst weitreichenden Einflussmöglichkeiten. [636] Die Wahrheit wird nicht um jeden Preis ermittelt. [637] Besteht also auch nur eine geringe Wahrscheinlichkeit für den Angeklagten, einen entlastenden Beweis in die Hauptverhandlung einzubringen, muss dem nachgegangen werden.

Bei der Frage eines verfahrensfremden Einsatzes des Beweisantragsrechts ist zudem zu berücksichtigen, dass dies von den Verfahrensbeteiligten unterschiedlich beurteilt werden kann. Die unterschiedlichen Interessen der verschiedenen Beteiligten wirken sich bei der Bewertung, ob ein Verhalten rechtsmissbräuchlich ist, aus.[638] Die Orientierung an der Geeignetheit zur Wahrheitsfindung ist jedoch ein ausreichend objektiver Maßstab, der weitestgehend frei von individuellen Interessen bestimmt werden kann.

Bei Beweisanträgen des Verteidigers ist zudem zu beachten, dass es diesem aufgrund seiner Stellung als Organ der Rechtspflege[639] ohnehin untersagt ist, Beweisanträge zu stellen, die alleine dazu dienen, den Sachverhalt zur verdunkeln oder zu verzerren und dadurch die Wahrheitserforschung zu erschweren.[640] Der Verteidiger darf nicht bewusst unwahre Sachverhalte in die Hauptverhandlung einführen.[641] Dies gilt für den Angeklagten aufgrund des Nemo-tenetur

---

635 *HHP*, Beweisantragsrecht, Rn. 243 f.; *Habetha/Trüg*, GA 2009, 406, 412.

636 *Basdorf*, StV 1995, 310.

637 BGHSt 14, 358, 365; BGHSt 38, 214, 220; BGHSt 31, 304, 309.

638 *Deckers*, Beweisantrag, S. 49 f., folgert daraus, dass eine teleologische Auslegung deshalb zu keinem Ergebnis führt.

639 Vgl. § 1 BRAO; BVerfGE 53, 214.

640 So die sog. Organtheorie der h.M., vgl. *Kindhäuser*, StPO, § 7, Rn. 4 ff.; BGHSt 9, 20, 22; BGHSt 38, 348; BGH NStZ 1999, 188; *Pfeiffer*, StPO, Vor § 137, Rn. 1.

641 *Kindhäuser*, StPO, § 7, Rn. 8.

Grundsatzes[642] hingegen nicht. Der Angeklagte hat ein Recht zur Lüge.[643] Solche Beweisanträge können vom Angeklagten gestellt werden; das Gericht ist aber befugt, sie wegen Prozessverschleppungsabsicht abzulehnen, soweit die weiteren Voraussetzungen des Ablehnungsgrundes vorliegen.

b) Beweisanträge als Druckmittel

Beweisanträge des Verteidigers und des Angeklagten dienen dazu, die Wahrheit dort zu ermitteln und den Sachverhalt dort zu erhellen, wo das Gericht von sich aus nicht ermitteln würde. Dabei ist die Erhebung eines Beweises zeitaufwändig. Zeugen müssen geladen und gehört werden, Sachverständige müssen Gutachten verfassen, Beweisgegenstände in Augenschein genommen werden, usw. Aufwändig ist aber auch die Ablehnung eines Beweisantrags, die einen begründeten Beschluss erfordert, §§ 244 VI, 34. Das Beweisantragsrecht ist damit aus Sicht des Gerichts unbequem,[644] gleichzeitig aus Sicht der Verteidigung aber auch ein effektives Verteidigungsmittel. Beweisanträge sind geeignet, Druck auf das Gericht auszuüben. Werden z.B. Hilfsbeweisanträge gestellt, kann ein Gericht verleitet sein, der Auffassung des Antragstellers zu folgen, um eine Entscheidung über den Beweisantrag zu vermeiden. Dieses Dilemma will die Verteidigung oftmals provozieren. Das Gericht soll „zähneknirschend" dem Antrag der Verteidigung folgen und an die „Schmerzgrenze" seiner Vorstellung vom schuldangemessenen Strafmaß gehen[645], sich auf eine Strafmilderung einlassen, Teileinstellungen verfügen,[646] oder sich sogar zu einem Freispruch entschließen.[647] Der Verteidigung kann es auch schlicht darauf ankommen, Zeit zu gewinnen oder die Urteilsverkündung hinauszuzögern.[648] Auch kann die Stellung von Beweisanträgen dazu dienen, das Gericht zu einer Verfahrensabsprache (§ 257c) zu

---

642 Dieser Grundsatz ist Ausfluss des allgemeinen Persönlichkeitsrechts (Art. 1 I, 2 I GG), bzw. des Rechtsstaatsprinzips (Art. 20 III GG), vgl. *Roxin/Schünemann*, Strafverfahrensrecht, § 25 Rn. 1.

643 *Roxin/Schünemann*, Strafverfahrensrecht, § 25 Rn. 10.

644 S.o. Teil I A I.

645 *Schlothauer*, StV 1988, 542, 545; *Schmitt*, GA 2001, 411, 419.

646 *Basdorf*, StV 1995, 310, 311.

647 So bspw. im o.g. Urteil des LG Wiesbaden, NJW 1995, 409, vgl. Teil I B I; i.d.S. auch *Basdorf*, StV 1995, 310, 311 („Kapitulation der Tatgerichte vor den Prozessproblemen") und *Niemöller*, JR 2010, 332, 333 („den Abschluss des Verfahrens zu vereiteln") sowie *Fahl*, Rechtsmissbrauch, S. 529.

648 *Deckers*, Beweisantrag, S. 116; *Basdorf*, StV 1995, 310, 311.

bewegen[649] oder gar zu nötigen.[650] Teil einer Verteidigungsstrategie kann zudem sein, das Gericht zu Fehlern bei der Behandlung des Beweisantrages zu veranlassen, die dann in der Revisionsinstanz zur Aufhebung und Zurückweisung führen sollen.[651]

Das Beweisantragsrecht taugt damit zum Einsatz als „Drohgebärde“ und zwar vor allem in sog. Umfangsverfahren.[652] Die Gerichte werden letztlich erpresst.[653] Die Verteidigung nutzt die „Angst des Tatrichters vor dem Beweisantrag“[654] aus.

c) Konflikt als Grundstruktur des Strafprozesses

Nun ist es dem deutschen Strafverfahrensrecht nicht fremd, dass dem Verfahren ein ständiger Konflikt zwischen Verteidigung und Gericht anhaftet. In einem Strafprozess greift der Staat wie sonst nirgends in elementare Freiheits- und Vermögensinteressen des Bürgers ein. Dies geschieht niemals konsensual,[655] sondern in einem hierarchischen Verfahren.[656] Staatlicher Strafanspruch und Unschuldsvermutung sind Antagonisten im Strafprozess.[657] Daraus folgt, dass das gesamte Strafverfahren wehrhaft ausgestaltet sein muss,[658] um dem Angeklagten die Möglichkeit zu geben, sich vor dem staatlichen Strafvorwurf zu ver-

---

649 *Basdorf*, StV 1995, 310, 311; *Gaede*, Bucerius Law Journal, 3/2009, 107, 108; *Ventzke*, StV 2009, 655, 656; krit. *Deckers*, Beweisantrag, S. 130 f.: Die Gerichte und nicht die Verteidigung diktierten eine Absprache.

650 BGH NStZ 2005, 45 f.; LR-*Becker*, § 244 Rn. 284, „Erzwingungsanträge“. Hiergegen ließe sich einwenden, dass sich das Gericht nicht zu einer Absprache erpressen lassen muss. Aufgrund des steigenden Erledigungsdrucks ist dies jedoch aus praktischen Gründen oftmals nicht umsetzbar, vgl. *Schmitt*, GA 2001, 411, 418.

651 *Deckers*, Beweisantrag, S. 116; *Beulke*, FS Amelung, S. 543, 556; *Schlothauer*, StV 1988, 542, 544; *Schrader*, NStZ 1991, 224; weitere denkbare Missbrauchskonstellationen finden sich bei *Eschenhagen*, Missbrauch des Beweisantragsrechts, S. 45 f.

652 *Gaede*, Bucerius Law Journal, 3/2009, 107, 108.

653 *Gaede*, Bucerius Law Journal, 3/2009, 107, 108.

654 *Basdorf*, StV 1995, 310, 311.

655 Eine Verständigung (§ 257c) hat zwar einen konsensualen Abschluss des Verfahrens zur Folge, dennoch greift der Staat bereits durch Erhebung der Anklage in die Freiheitssphäre des Bürgers ein.

656 Vgl. das Zitat von *Hassemer* bei *Hamm*, NJW 2006, 2084, 2087.

657 *Richter*, AnwBl 1995, 405, 407

658 *HHP*, Beweisantragsrecht, Rn. 33 f., 243.

teidigen. Der Konflikt ist im Strafverfahren damit als Grundstruktur angelegt und notwendiger Bestandteil eines liberalen, rechtsstaatlichen Verfahrens.[659]

Auch in einem Strafverfahrenssystem, in dem – anders als bspw. im US-amerikanischen Strafverfahrenssystem[660] – Gericht und Staatsanwaltschaft zur Objektivität verpflichtet sind, ergibt sich die Notwendigkeit einer Verteidigung daraus, dass sie sicherstellen muss, dass sich das Gericht in Bezug auf die Schuldfrage nicht vorzeitig festlegt.[661] Gerade das Beweisantragsrecht, das es dem Angeklagten und seinem Verteidiger ermöglicht, das Gericht zu einer Beweisaufnahme zu zwingen, wo es selbst die Beweiserhebung für unnötig hält, ist ein auf Streit ausgelegtes Instrument der Verteidigung. Die Wahrnehmung dieses Verteidigungsrechts bremst das Strafverfahren und kann dementsprechend in den Augen des Gerichts verfahrenshinderlich sein.[662] Doch gerade diese Verfahrensverzögerung ist in diesem kontradiktorischen Verfahren angelegt und gewollt.[663] Ein Verteidiger, der nicht die Rechte des Angeklagten wahrnimmt, auslotet und ausschöpft,[664] handelt genauso pflichtwidrig wie ein Verteidiger, der „schlecht und ungeschickt, aber stark und mächtig“[665] massenweise und rechtsmissbräuchlich Beweisanträge stellt. Es ist Aufgabe des Verteidigers, die Rechte seines Mandanten strategisch, taktisch und vor allem einseitig zu wahren.[666] Das Beweisantragsrecht schafft durch eine effektive Gegenwehr erst die nötige Verfahrensbalance im sonst von der staatlichen Gewalt beherrschten Prozess.[667]

d) Arten von rechtsmissbräuchlichen Beweisanträgen

Es bleibt jedoch die Frage, wann dieses Verhalten in einen Rechtsmissbrauch umschlägt. Dies ist anhand des Zweckes des Strafverfahrens, der Ermittlung der

---

659 LR-*Kühne*, Einl. H Rn. 42; *HHP*, Beweisantragsrecht, Rn. 33 f.; *Jahn*, Konfliktverteidigung und Inquisitionsmaxime, S. 61; *Kramer*, Grundbegriffe, Rn. 293; *Pöstges*, Funktion und Missbrauch prozessualer Rechte, S. 142 ff.; *Hamm*, NJW 2006, 2084, 2089.

660 *Kempf*, FS Hassemer, S. 1041, 1042.

661 *Hamm*, NJW 2006, 2084, 2087.

662 *Kramer*, Grundbegriffe, Rn. 293; *Herdegen*, NStZ 2000, 1, 3; *Senge*, NStZ 2002, 225, 228.

663 *Senge*, NStZ 2002, 225, 228.

664 *Hamm*, NJW 2006, 2084, 2085; *Herdegen*, NStZ 2000, 1, 3.

665 *Hamm*, NJW 2006, 2084, 2085.

666 *Hamm*, StV 2010, 418, 422.

667 *Kempf*, FS Hassemer, S. 1041, 1042; *I. Roxin*, StV 2010, 437, 440.

materiellen Wahrheit, zu beantworten. Dient ein Beweisantrag objektiv nicht der Wahrheitsfindung, wird er dysfunktional und damit rechtsmissbräuchlich eingesetzt.[668]

Dabei gibt es mehrere Möglichkeiten, einen Beweisantrag rechtsmissbräuchlich einzusetzen. Es lassen sich im Wesentlichen zwei Grundmuster im Antragsverhalten festmachen.[669] Zunächst kann auf einen Schlag eine Vielzahl von Beweisanträgen gestellt werden.[670] Die Masse an Anträgen kann dann dazu führen, dass das Gericht regelrecht „überflutet" wird. *Martin Niemöller* spricht anschaulich von „Tsunami-Anträgen".[671] Dieser Effekt wird noch verstärkt, wenn das Gericht hiermit nicht rechnet[672] oder der Prozess sich in einem Stadium befindet, in dem üblicherweise keine Beweisanträge mehr gestellt werden, bspw. nach Schluss der Beweisaufnahme (§ 258 I) oder gar im Termin zur Verkündung des Urteils. Allgemein lässt sich sagen, dass, je später der Beweisantrag in das Verfahren eingebracht wird, desto unbequemer er für das Gericht ist.[673]

Die zweite Möglichkeit besteht darin, Beweisanträge iterativ zu stellen.[674] Hat das Gericht eine Charge Beweisanträge beschieden, schließt sich eine neue an. Dieses stoßweise, sukzessive Vorgehen bezeichnet *Martin Niemöller* als „Geysir-Anträge".[675] Geysir-Anträge können mit Tsunami-Anträgen kombiniert werden. Aber bereits das wiederholte Stellen von Beweisanträgen kann ein Gericht an die Grenze seiner Arbeitskapazitäten bringen.[676]

Bei beiden Arten von Beweisanträgen kann zusätzlich der Beweisinhalt nicht der Wahrheitsfindung dienen. Dies ist bei Beweisanträgen der Fall, die be-

---

668 *Basdorf*, StV 1995, 310, 311.

669 I.d.S. auch LR-*Becker*, § 244 Rn. 283 „kontinuierlich und massenhaft".

670 *Basdorf*, Verständigung, in: *Jahn/Nack*, Strafprozesspraxis und Rechtswissenschaft – getrennte Welten?, Referate und Diskussionen auf dem 1. Karlsruher Strafrechtsdialog, S. 53, 56.

671 *Niemöller*, JR 2010, 332; ähnlich *Basdorf*, StV 1995, 310, 311 „Flut von Beweisanträgen".

672 Stellung der Beweisanträge „überraschend und zur Unzeit", so *Basdorf*, StV 1995, 310, 311.

673 Auch *Bünger*, NStZ 2006, 305, sieht das Problem darin, dass Beweisanträge „spät und exzessiv" gestellt werden.

674 *Fahl*, Rechtsmissbrauch, S. 495 f. spricht von einer „tröpfchenweise(n)" Stellung von Beweisanträgen.

675 *Niemöller*, JR 2010, 332.

676 *Niemöller*, JR 2010, 332.

reits entschiedene Beweisanträge schlicht wiederholen, unsinnig sind[677] oder alleine dem Zweck dienen, Propaganda und Werbung zu machen, Zeugen bloßzustellen und zu diffamieren oder Aufsehen zu erregen.[678] Auch wird versucht, Richter durch ihre Benennung als Zeugen auszuschalten.[679]

e) Kernproblematik: Überlastung der Justiz

Damit stellt sich die Frage, weshalb die Gerichte durch die Stellung von Beweisanträgen erpressbar sind. Die StPO legt die Verfahrensleitung in die Hände des Vorsitzenden des Gerichts, § 238 I; die Verantwortung für die Rechtmäßigkeit der Verhandlung im Ganzen trägt das Gericht.[680] Bei einem missbräuchlichen Gebrauch des Beweisantragsrechts verliert das Gericht die tatsächliche Herrschaft über den Verfahrensablauf. In Extremfällen verliert es auch die Herrschaft über den Ausgang des Strafverfahrens, bspw. wenn es dem Druck der Verteidigung nicht Stand hält und es eine Strafe ausspricht, die es nicht für schuldangemessen hält. Die Unabhängigkeit des Gerichts ist dann nicht mehr gewährleistet, Art. 97 I GG. Das Gericht entscheidet nicht mehr aufgrund seiner freien Überzeugung, § 261, sondern aus fremdbestimmten Motiven. Diese Situation widerspricht damit fundamentalen Grundvoraussetzungen des der Wahrheitsfindung verpflichteten Strafverfahrens.

Um zu beantworten, wie man diesem Herrschaftsverlust begegnen kann, muss zuvor nach den Ursachen gesucht werden. Dass vornehmlich Richter sich über den Missbrauch von prozessualen Rechten beklagen, ist kein neues Phänomen. Bereits zur Kaiserzeit wurde bemängelt, dass „(…) Strafverfahren zu sensationellen Schaustellungen oder zu politischen Agitationen (…)“[681] missbraucht werden.[682] Auch in der aktuellen Literatur finden sich bis zur oberge-

---

677 BGHSt 17, 28, 29; *Beulke*, Rechtsmissbrauch, in: *Jahn/Nack*, Wer regelt das Strafrecht?, Referate und Diskussionen auf dem 2. Karlsruher Strafrechtsdialog, S. 85, 87.

678 RGSt 14, 189, 193; RGSt 65, 304, 306; LR-*Becker*, § 244 Rn. 276; M-G, § 244 Rn. 67; *Pöstges*, Funktion und Missbrauch prozessualer Rechte, S. 152 f.; zum Teil werden solche Anträge jedoch bereits wegen Unzulässigkeit abgelehnt, § 244 III 1, LR-*Becker*, § 244 Rn. 276 m.w.N.; a.A.: *Eisenberg*, Beweisrecht, Rn. 202; LR-*Becker*, § 244 Rn. 277.

679 BGH NStZ 2003, 558; LR-*Becker*, § 244 Rn. 279 ff.; *Pöstges*, Funktion und Missbrauch prozessualer Rechte, S. 150 f.

680 BeckOK-*Gorf*, § 238 Rn. 1.

681 *Hamm*, DJZ 1911, Sp. 312.

682 Weitere Nachweise zu diesem Phänomen im bayerischen Partikularrecht und friderizianischen Preußen bei *Schatz*, Beweisantragsrecht, S. 134 Fn. 675.

richtlichen Anerkennung der Fristenlösung zahlreiche vergleichbare Unmutsäußerungen.[683] Zudem wird wiederholt betont, dass sich die Justiz am Rande ihrer Leistungsfähigkeit befände.[684] Im Folgenden soll daher untersucht werden, ob sich dieses subjektive Empfinden statistisch belegen lässt, was die Gründe für das erhöhte Arbeitsaufkommen sind und ob ein Missbrauch des Beweisantragsrechts hierfür tatsächlich ursächlich ist. Sollte die Arbeitsüberlastung auf einem flächendeckenden exzessiven Missbrauch des Beweisantragsrechts basieren, könnte dies als Argument für die Fristenlösung angeführt werden.

aa) Statistische Auswertung des Arbeitsaufkommens

Konkrete empirische Daten zu dem Aufkommen rechtsmissbräuchlichen Gebrauchs von Verfahrensrechten gibt es nicht.[685] Statistiken zum Arbeitsaufkommen bei den Staatsanwaltschaften und Gerichten gibt es hingegen; die folgenden Zahlen entstammen Statistiken des Statistischen Bundesamts Deutschlands und des Bundesministeriums der Justiz.[686]

(1) Amtsgerichte

Die Anzahl der anhängigen Verfahren bei den Amtsgerichten zum Jahresbeginn 2010 betrug 246.618 und erreichte damit einen neuen Tiefstand seit dem Jahr 2000.[687] 59,1 % aller Verfahren wurden innerhalb von 3 Monaten beendet. Eine Verhandlungsdauer von 18-24 Monaten hatten 0,8 %, eine Dauer von 24–36 Monaten 0,6 % und eine Verfahrensdauer von über 36 Monaten 0,4% aller Verfahren.[688]

---

683 Bspw. *Gössel*, Gutachten C 60. DJT, C 19 m.w.N.; *Kröpil*, ZRP 1997, 9; *Senge*, NStZ 2002, 225.

684 *Jahn*, Konfliktverteidigung und Inquisitionsmaxime, S. 32 f. m.w.N.; *Krey*, StPO 1, Rn. 66; *Hirsch*, Der zum Zwecke der Prozeßverschleppung gestellte Beweisantrag, S. 94; *Kudlich*, Gutachten C 68. DJT, C 18; *Dölling*, FS Meyer-Goßner, S. 101; *Fezer*, FS Widmaier, S. 177, 189; *Franke*, StV 2010, 433.

685 *Barton*, StV 1996, 692, 693 f.; *Bünger*, NStZ 2006, 305; *Fischer*, NStZ 1997, 212 f.

686 S. die folgenden Zahlen aus Statistiken des Statistischen Bundesamts Deutschland, Fachserie 10, Reihe 2.3, 2010, sowie die Statistik des Bundesamts für Justiz zur Geschäftsentwicklung der Straf- und Bußgeldverfahren in der Eingangs- und Rechtsmittelinstanz, abrufbar unter: https://www.bundesjustizamt.de/ DE/SharedDocs/ Publikationen/Justizstatistik/Geschaeftsentwicklung_Straf_Bussgeldsachen.pdf?__blob=publicationFile&v=1, Stand 16.8.2011, zuletzt aufgerufen 04.05.2013.

687 *Statistisches Bundesamt*, Fachserie 10, Reihe 2.3, 2010, S. 14 f.

688 *Statistisches Bundesamt*, Fachserie 10, Reihe 2.3, 2010, S. 40.

Von den 2010 erledigten 790.085 Verfahren wurden 251.779 ohne Hauptverhandlung abgeschlossen;[689] damit lässt sich feststellen, dass über zwei Drittel aller Verfahren einer Hauptverhandlung bedurften.[690] Diese Hauptverhandlungen betrugen 2010 im Durchschnitt 1,2 Tage.[691] 0,12 % dieser Verfahren hatten zwischen 6 und 10 Hauptverhandlungstage,[692] lediglich 0,02 % aller Verfahren hatten 11 und mehr Verhandlungstage.[693]

Die durchschnittliche Verfahrensdauer bei den Amtsgerichten betrug 1995[694] 4,4 Monate; sie sank in den Folgejahren bis 2000 auf 4,0 Monate und blieb bis 2008 nahezu konstant. Im Jahr 2010 sank die durchschnittliche Verfahrensdauer bei den Amtsgerichten auf 3,8 Monate.

(2) Landgerichte als Eingangsinstanz

Bei den Landgerichten zeigt sich ein ähnliches Bild. Waren es zu Beginn des Jahres 1996 noch 7362 anhängige Verfahren in erster Instanz, verringerte sich diese Zahl nahezu kontinuierlich auf 6872 anhängige Verfahren zu Beginn des Jahres 2010.[695]

Die durchschnittliche Verfahrensdauer betrug 1995 6,3 Monate. Diese veränderte sich in den Folgejahren kaum und betrug auch 2010 6,3 Monate.[696] Die durchschnittliche Anzahl der Hauptverhandlungstage der Verfahren mit Hauptverhandlung betrug in erster Instanz 3,6 Tage.[697] In 5,76 % aller Verfahren mit Hauptverhandlung dauerten diese länger als 10 Verhandlungstage.[698]

---

689 *Statistisches Bundesamt*, Fachserie 10, Reihe 2.3, 2010, S. 36.

690 Ca. 68,13 %.

691 *Statistisches Bundesamt*, Fachserie 10, Reihe 2.3, 2010, S. 36.

692 745 von 538.306 Verfahren, vgl. *Statistisches Bundesamt*, Fachserie 10, Reihe 2.3, 2010, S. 36.

693 129 von 538.306 Verfahren, vgl. *Statistisches Bundesamt*, Fachserie 10, Reihe 2.3, 2010, S. 36.

694 Als Basisjahr bietet sich 1995 an, da 1995 erstmals auch die Daten der neuen Bundesländer berücksichtigt wurden, vgl. *BMJ*, Statistik zur Geschäftsentwicklung der Straf- und Bußgeldverfahren in der Eingangs- und Rechtsmittelinstanz, S. 2.

695 *Statistisches Bundesamt*, Fachserie 10, Reihe 2.3, 2010, S. 50 f.

696 *Statistisches Bundesamt*, Fachserie 10, Reihe 2.3, 2010, S. 78; *BMJ*, Statistik zur Geschäftsentwicklung der Straf- und Bußgeldverfahren in der Eingangs- und Rechtsmittelinstanz, S. 1, 3.

697 *Statistisches Bundesamt*, Fachserie 10, Reihe 2.3, 2010, S. 74.

698 In 590 von 10.238 Verfahren, *Statistisches Bundesamt*, Fachserie 10, Reihe 2.3, 2010, S. 74.

(3) Landgerichte als Rechtsmittelinstanz

In der Berufungsinstanz hingegen steigerte sich die Zahl anhängiger Verfahren von 16.752 im Jahre 1996 auf 19.340 im Jahr 2010.[699]

Die Verfahrensdauer betrug 1995 3,5 Monate und stieg bis 2010 auf 4,3 Monate. In der Berufungsinstanz betrug die durchschnittliche Verfahrensdauer 4,3 Monate bei durchschnittlich 1,2 Hauptverhandlungstagen.[700] Bei nur 0,53 % aller Verfahren mit Hauptverhandlung dauerte diese länger als 6 Hauptverhandlungstage.[701]

(4) Oberlandesgerichte als Eingangsinstanz

Bei den Oberlandesgerichten als Eingangsinstanz waren zu Beginn des Jahres 2010 lediglich 14 Verfahren anhängig, 1996 waren es noch 144.[702] Bei den Oberlandesgerichten betrug die durchschnittliche Verfahrensdauer 1995 12,1 Monate; die durchschnittliche Verfahrensdauer erreichte 1999 mit 19,3 Monaten einen Höchststand, um dann bis 2010 auf 12,0 Monate abzusinken.[703] Die im Vergleich zu den Amts- und Landgerichten stark schwankenden Zahlen lassen sich damit erklären, dass die absolute Zahl der anhängigen Verfahren wesentlich geringer ist und sich einzelne lange Verfahren unmittelbar bemerkbar machen. Von den 2010 erledigten 12 Verfahren erforderten 10 eine Hauptverhandlung.[704] Durchschnittlich gab es 2010 26,8 Hauptverhandlungstage pro Verfahren mit Hauptverhandlung.[705] In der Hälfte aller Verfahren wurden mehr als 10 Hauptverhandlungstage benötigt.[706]

(5) Oberlandesgerichte als Rechtsmittelinstanz

Bei den Oberlandesgerichten als Rechtsmittelinstanz waren zu Beginn des Jahres 2010 713 Verfahren anhängig. Von 534 Verfahren 1996 steigerte sich die

---

699 *Statistisches Bundesamt*, Fachserie 10, Reihe 2.3, 2010, S. 50 f.

700 *Statistisches Bundesamt*, Fachserie 10, Reihe 2.3, 2010, S. 94, 98.

701 In 209 von 39.408 Verfahren, *Statistisches Bundesamt*, Fachserie 10, Reihe 2.3, 2010, S. 94.

702 *Statistisches Bundesamt*, Fachserie 10, Reihe 2.3, 2010, S. 102 f.

703 *BMJ*, Statistik zur Geschäftsentwicklung der Straf- und Bußgeldverfahren in der Eingangs- und Rechtsmittelinstanz, S. 1, 3.

704 *Statistisches Bundesamt*, Fachserie 10, Reihe 2.3, 2010, S. 118.

705 *Statistisches Bundesamt*, Fachserie 10, Reihe 2.3, 2010, S. 118.

706 In 6 von 12, s. *Statistisches Bundesamt*, Fachserie 10, Reihe 2.3, 2010, S. 118.

Zahl anhängiger Verfahren bis 2008 auf 737 Verfahren und sank bis 2010 wieder auf 713 ab.[707]

Die durchschnittliche Verfahrensdauer betrug sowohl 1995 als auch 2010 1,4 Monate und veränderte sich in der Zwischenzeit kaum.[708] Ab Eingang in der Revisionsinstanz dauerten 91,8 % aller Verfahren nicht länger als 3 Monate.[709] 5.782 Verfahren wurden ohne Hauptverhandlung, 288 mit Hauptverhandlung abgeschlossen.[710]

(6) Belastungsquotienten

Die Zahl der Richter bei der Ordentlichen Gerichtsbarkeit ging 2008 im Vergleich zu 2000 um 3 % zurück.[711] Dies könnte dafür sprechen, dass die Richterschaft tatsächlich mehr leisten muss. Ob das subjektive Empfinden, dass die Gerichte überlastet sind, tatsächlich zutrifft, lässt sich genauer anhand des Belastungsquotienten ermitteln. Dieser ergibt sich aus den Neuzugängen dividiert durch die Personalverwendung.[712] Abgesehen von dem Belastungsquotienten bei den Oberlandesgerichten als Eingangsinstanz[713] ist dieser bei allen Gerichten im Vergleich zu 1995 gestiegen: Bei den Amtsgerichten ist der Belastungsquotient von 376,3 auf 388,5 gestiegen, was einer Steigerung von 3,24 % entspricht. Der Belastungsquotient bei den Landgerichten als Eingangsinstanz ist um 14,17 %, bei den Landgerichten als Rechtsmittelinstanz um 1,26 % gestiegen. Bei den Oberlandesgerichten als Rechtsmittelinstanz ist der Belastungsquotient um 3,99 % gestiegen.

(7) Zusammenfassung

Zusammenfassend lässt sich feststellen, dass die Verfahrensdauer an fast allen Gerichten konstant geblieben ist oder abgenommen hat. Auch die Zahl der anhängigen Verfahren hat sich verringert. Der Anteil der Verfahren mit mehr als 10 Hauptverhandlungstagen ist gering. Eine Ausnahme bildet nur das Oberlandesgericht als Eingangsinstanz. Hier dauert jedes zweite Verfahren länger als 10

---

707 *Statistisches Bundesamt*, Fachserie 10, Reihe 2.3, 2010, S. 102 f.

708 *BMJ*, Statistik zur Geschäftsentwicklung der Straf- und Bußgeldverfahren in der Eingangs- und Rechtsmittelinstanz, S. 1, 3.

709 *Statistisches Bundesamt*, Fachserie 10, Reihe 2.3, 2010, S. 134.

710 *Statistisches Bundesamt*, Fachserie 10, Reihe 2.3, 2010, S. 122.

711 Vgl. Broschüre des *Statistischen Bundesamts*, Justiz auf einen Blick, 2011, S. 38.

712 *BMJ*, Statistik zur Geschäftsentwicklung der Straf- und Bußgeldverfahren in der Eingangs- und Rechtsmittelinstanz, S. 2.

713 Abnahme von 2,5 auf 0,6 Neuzugänge/Richter; das entspricht einer Abnahme von 76 %.

Hauptverhandlungstage. Dabei ist jedoch zu berücksichtigen, dass es deutschlandweit insgesamt nur 12 Verfahren gab und nur in 6 Verfahren mehr als 10 Hauptverhandlungstage erforderlich waren. Die Daten zur Anzahl der Hauptverhandlungstage werden von eine aktuelleren Erhebung aus dem Jahr 2010 bestätigt; hier wurden sechzehn Landgerichte verglichen.[714] Die durchschnittliche Anzahl an Hauptverhandlungstagen betrugen bei dem Schwurgericht, den Strafkammern und Jugendkammern in Haftsachen zwischen 4 und 5 Tage, in Nichthaftsachen weniger als 3 Tage.[715] Lediglich die Wirtschaftsstrafkammer kam in Haftsachen auf einen Wert über 10 Hauptverhandlungstage.[716] Eine Belastung der Gerichte geht damit nur von einzelnen Verfahren aus, auch wenn diese im Einzelnen durchaus in der Lage sind, Strafkammern oder ganze Landgerichte zu blockieren.[717] Einen Grund zur allgemeinen Besorgnis, dass sämtliche Strafverfahren nicht in angemessener Zeit abgeschlossen werden, besteht in dieser Allgemeinheit nicht.[718] Ein dringendes Bedürfnis zur Beschleunigung der Strafverfahren lässt sich somit nicht ableiten.[719]

Aufschlussreich ist die Entwicklung des Belastungsquotienten. Hier ist eine Steigerung der Belastung erkennbar. Diese ist jedoch nicht so dramatisch wie oftmals behauptet.[720] Die höchste Steigerung ist bei den Landgerichten als Eingangsinstanz zu verzeichnen. Und auch diese Steigerung liegt noch unter 15 %. Es lässt sich also durchaus sagen, dass der einzelne Richter mehr leisten muss als noch vor etwa 15 Jahren. Es bleibt jedoch die Frage, worauf dieses erhöhte Arbeitsaufkommen zurück zu führen ist.

bb) Ursachen langer Strafverfahren

Aus den Zahlen lässt sich ein weiterer wichtiger Schluss ziehen: Wenn die Anzahl der Verfahren abgenommen hat, ebenso wie die durchschnittliche Dauer

---

714 *Ahrenhövel/Otte*, DRiZ 2010, 227; *dies*. DRiZ 2010, 270; *dies*. DRiZ 2011, 120.

715 *Ahrenhövel/Otte*, DRiZ 2010, 227, 228.

716 13,5 Tage in Haftsachen, 8,8 Tage in Nichthaftsachen, *Ahrenhövel/Otte*, DRiZ 2010, 227, 228; *dies*., DRiZ 2010, 270.

717 *Ahrenhövel/Otte*, DRiZ 2010, 270, 271.

718 Ebenso: *Bernsmann*, ZRP 1994, 329, 330; *Wohlers*, Die Reaktion, in: *Jahn/Nack*, Strafprozesspraxis und Rechtswissenschaft – getrennte Welten?, Referate und Diskussionen auf dem 1. Karlsruher Strafrechtsdialog, S. 42; *Dölling* in *Dölling/Feltes/ Dittmann/Laue/Törnig*, Die Dauer von Strafverfahren vor den Landgerichten, S. 284 f.

719 Zu diesem Ergebnis ist nach Auswertung der Daten von 1982–1990 auch *Gössel* gekommen, s. *dens*., Gutachten C 60. DJT, C 8 ff., insb. C 13.

720 Ebenso *Dölling*, FS Meyer-Goßner, S. 101, 111.

dieser Verfahren, gleichzeitig Personal (Richter) abgebaut wurde, aber dennoch der Belastungsquotient steigt, bedeutet dies, dass der Staat mehr Personal wegrationalisiert hat, als die Arbeitsbelastung entsprechend abgenommen hat.[721] Vereinfacht lässt sich sagen: Der Staat hat Geld gespart.[722] Dieses fiskalische Interesse des Staates beeinflusst die Länge eines Strafverfahrens.

Doch nicht nur eine mangelnde Personalausstattung[723] kann Verfahren in die Länge ziehen. Auch das materielle Strafrecht wirkt sich auf das Strafverfahren aus.[724] Neukriminalisierung, bspw. im Umweltstrafrecht, führen zu einer Erhöhung der Zahl der Strafverfahren,[725] wenn nicht gleichzeitig an anderer Stelle eine entsprechende Entkriminalisierung durchgeführt wird. Tatsächlich beträgt das Verhältnis der neu eingeführten strafbegründenden oder strafschärfenden Vorschriften zu den gestrichenen Tatbeständen ungefähr 3:1.[726]

Konturenlose Tatbestände,[727] wie bspw. der der Untreue, § 266 StGB, erhöhen ebenfalls die Anzahl der zu erledigenden Strafverfahren. Hinzu kommt, dass Kriminalität selbst komplexer wird[728] und mit ihr ihre strafrechtliche Würdigung. Dies ist in umfangreichen Wirtschaftsstrafverfahren erkennbar, aber auch im Rahmen der Computer- und Internetkriminalität. Straftatbestände werden komplexer; so sind bspw. die Vorschriften über die Marktpreismanipulation in

---

721 Zu diesem Ergebnis kommt auch *Kudlich*, Gutachten C 68. DJT, C 19 f. bei Auswertung der Daten bis 2007.

722 Zumindest in Bezug auf die Ausgaben für Personal. Die gesamten öffentlichen Ausgaben für den Bereich der öffentlichen Sicherheit und Ordnung und Rechtschutz sind von 1994 (25,6 Mrd. €) um 27,9 % auf 32,7 Mrd. € 2005 gestiegen, s. die von der Bundeszentrale für politische Bildung aufgearbeiteten Daten des *Statistischen Bundesamts*, Tabelle „Ausgaben nach Aufgabenbereichen", http://www.bpb.de/nachschlagen/ zahlen-und-fakten/soziale-situation-in-deutschland/61871/oeffentliche-ausgaben, zuletzt aufgerufen 04.05.2013.

723 Auch Polizei und Staatsanwaltschaften sind unterbesetzt, *Gössel*, Gutachten C 60. DJT, C 14 f. m.w.N.

724 *Gössel*, Gutachten C 60. DJT, C 14.

725 *Fischer*, NStZ 1997, 212, 214 f.

726 *Kudlich*, Gutachten C 68. DJT, C 19; eine Entkriminalisierung zur Entlastung der Justiz fordert daher: *Frister*, StV 1994, 445, 454; krit. *Dölling*, FS Meyer-Goßner, S. 101, 111.

727 *Hamm*, NJW 2006, 2084.

728 *Dölling*, FS Meyer-Goßner, S. 101, 112; *Franke*, StV 2010, 433, 436.

den §§ 20a, 38, 39 WpHG so komplex, dass i.d.R. Sachverständigengutachten einzuholen sind.[729]

Verzögerungen können sich auch aus dem Strafverfahren selbst ergeben, sei es durch eine nicht reibungsfreie Koordination zwischen Polizei und Staatsanwaltschaft im Ermittlungsverfahren,[730] eine fehlerhafte Verhandlungsleitung in der Hauptverhandlung[731] oder Unsicherheiten bei Anwendung und Auslegung der Ermächtigungsgrundlagen.

In der Hauptverhandlung wird die Länge des Verfahrens im Wesentlichen durch folgende Determinanten bestimmt: Die Anzahl der angeklagten Taten, die Zahl der Opfer, die Zahl der Beschuldigten, die Zahl der eingeführten Beweismittel, die Ausübung von Aussage- und Zeugnisverweigerungsrechten, der Zusammenhang mit organisierter Kriminalität, die Zahl der Verteidiger, der Anwesenheit von Nebenklägern und die Aktivität der Verteidigung (bspw. durch Ablehnungsanträge, Beweisanträge, Anträge nach §§ 238 oder 273).[732]

cc) Rechtsmissbräuchliche Beweisanträge als Ursache?

Auch das Verhalten der Verteidigung wirkt sich somit auf die Länge eines Verfahrens aus. Fraglich ist, welchen Einfluss die Stellung von Beweisanträgen auf die Verfahrensdauer hat und wie häufig dieses Beschuldigtenrecht rechtsmissbräuchlich eingesetzt wird.

(1) Der Einfluss der Stellung von Beweisanträgen auf die Verfahrensdauer

Zunächst ist zu untersuchen, in welchem Umfang von dem Beweisantragsrecht Gebrauch gemacht wird. Hierüber gibt eine vom Bundesministerium der Justiz in Auftrag gegebene Studie zur Dauer von Strafverfahren vor den Landgerichten aus dem Jahr 2000 Auskunft, in der erstinstanzliche Verfahren vor vier verschiedenen Landgerichten untersucht wurden:[733]

Beweisanträge werden überwiegend (94 %) von der Seite der Verteidigung gestellt, davon wiederum 16 % von dem Angeklagten selbst.[734] Etwa in einem

---

729 *Kudlich*, Gutachten C 68. DJT, C 21.

730 *Dölling*, FS Meyer-Goßner, S. 101, 111; *Nehm/Senge*, NStZ 1998, 377.

731 *Nehm/Senge*, NStZ 1998, 377.

732 *Dölling*, FS Meyer-Goßner, S. 101, 108; weitere Gründe bei *Eschenhagen*, Missbrauch des Beweisantragsrechts, S. 64 ff.

733 *Dölling/Feltes/Dittmann/Laue/Törnig*, Die Dauer von Strafverfahren vor den Landgerichten, 2000.

734 *Dölling/Feltes/Dittmann/Laue/Törnig*, Die Dauer von Strafverfahren vor den Landgerichten, S. 127 f., 287.

Viertel aller Verfahren wurden Beweisanträge von der Verteidigung gestellt.[735] In knapp 86 % aller Verfahren stellten Angeklagter und Verteidiger keinen oder nur einen Beweisantrag, in 5,9 % aller Verfahren 5 und mehr Beweisanträge.[736] Beweisanträge werden vornehmlich im Hauptverfahren gestellt.[737] Im Ermittlungsverfahren wurden nur 3 % aller Beweisanträge gestellt, im Zwischenverfahren 3,4 %.[738] Werden Beweisanträge im Hauptverfahren gestellt, geschieht dies überwiegend während der Beweisaufnahme; vor Eröffnung der Beweisaufnahme werden kaum Beweisanträge gestellt (unter 1 % aller Verfahren), nach Schluss der Beweisaufnahme in 8,3 % der Verfahren.[739] Gerade Beweisanträge, die nach Schluss der Beweisaufnahme gestellt werden, bergen ein hohes Risiko für eine signifikante Verfahrensverzögerung, kommen jedoch selten vor.[740] Selbst wenn zu diesem späten Zeitpunkt Beweisanträge gestellt wurden, belief sich dies überwiegend (ca. 60 %) auf einen einzigen Antrag.[741] Eine exzessive Stellung von Beweisanträgen oder gar eine Überflutung des Gerichts lässt sich mithin nicht feststellen. In den meisten Verfahren werden gar keine Beweisanträge gestellt.[742] Die besonders verzögernd wirkenden Beweisanträge nach Schluss der Beweisaufnahme kommen so gut wie nie vor. Ein Bedürfnis für eine Fristsetzung lässt sich hieraus nicht ableiten.

---

735 *Dölling/Feltes/Dittmann/Laue/Törnig*, Die Dauer von Strafverfahren vor den Landgerichten, S. 129.

736 *Dölling/Feltes/Dittmann/Laue/Törnig*, Die Dauer von Strafverfahren vor den Landgerichten, S. 131 ff.

737 *Dölling/Feltes/Dittmann/Laue/Törnig*, Die Dauer von Strafverfahren vor den Landgerichten., S. 287.

738 *Dölling/Feltes/Dittmann/Laue/Törnig*, Die Dauer von Strafverfahren vor den Landgerichten, S. 142, 287; zu einem ähnlich geringen Verhältnis kommt auch *ter Veen* in seiner Analyse Hamburger Großverfahren, vgl. *dens.* Strukturanalyse Hamburg, 1998, S. 134 ff.

739 *Dölling/Feltes/Dittmann/Laue/Törnig*, Die Dauer von Strafverfahren vor den Landgerichten, S. 146 ff.; ähnliche Ergebnisse bei *ter Veen*, Strukturanalyse Hamburg, S. 140 f.

740 *Dölling/Feltes/Dittmann/Laue/Törnig*, Die Dauer von Strafverfahren vor den Landgerichten, S. 148 ff.; *Dölling*, FS Meyer-Goßner, S. 101, 109.

741 *Dölling/Feltes/Dittmann/Laue/Törnig*, Die Dauer von Strafverfahren vor den Landgerichten, S. 148 f.

742 Zu diesem Ergebnis ist kommt nach Auswertung einer 1994 durchgeführten Praktikerbefragung auch *Perron*, Beweisantragsrecht, S. 292 ff., 397.

Über zwei Drittel aller Beweisanträge wurden abgelehnt; weniger als jeder 25. Antrag wegen Prozessverschleppungsabsicht.[743] Ein Grund hierfür sind die bislang strengen Voraussetzungen an die Prozessverschleppungsabsicht vor Einführung der Fristenlösung und insbesondere die schwierige Nachweisbarkeit der subjektiven Absicht der Verschleppung des Verfahrens.[744] Zu diesem Ergebnis gelangt auch eine empirische Untersuchung aus dem Jahr 1995, in der 84 Strafrichter zur Anwendung des Ablehnungsgrundes der Prozessverschleppungsabsicht befragt wurden.[745] Die Schwierigkeiten beim Nachweis der Prozessverschleppungsabsicht als innere Tatsache wurden als häufigste Ursache benannt, weshalb der Ablehnungsgrund selten zur Anwendung gelangte.[746] Auch der strenge revisionsrechtliche Überprüfungsmaßstab hindere die Befragten daran, eine Ablehnung hierauf zu stützen.[747] Es ist zu erwarten, dass der Ablehnungsgrund der Prozessverschleppungsabsicht seit Aufgabe des Kriteriums der Wesentlichkeit und mit der obergerichtlichen Einführung der Fristenlösung vermehrt angewandt wird.

Die Stellung von Beweisanträgen durch die Verteidigung wirkt sich nicht auf die Gesamtverfahrensdauer aus, korreliert jedoch deutlich mit der Dauer der Hauptverhandlung und der Anzahl der Hauptverhandlungstage; je mehr Beweisanträge von der Verteidigung gestellt wurden, desto länger dauerte die Hauptverhandlung in Minuten.[748] Es besteht eine Kausalität zwischen Verteidigerverhalten und Hauptverhandlungsdauer.[749] Dass die Fristenlösung die Zahl der gestellten Beweisanträge mindert, ist nicht zu erwarten. Es besteht vielmehr die Gefahr, dass die Verteidigung sämtliche Beweisanträge vorsorglich stellt, um später mit diesem Beweisvorbringen nach Fristablauf nicht präkludiert zu sein.

---

743 69% aller Beweisanträge wurden abgelehnt, 4 % wegen Prozessverschleppungsabsicht, *Dölling/Feltes/Dittmann/Laue/Törnig*, Die Dauer von Strafverfahren vor den Landgerichten, S. 147, 152, 154, 288.

744 *Perron*, Beweisantragsrecht, S. 252 ff.; *Fahl*, DRiZ 2009, 291, 292; *Schmitt*, GA 2001, 411, 418.

745 *Römbke*, Der Ablehnungsgrund der Prozessverschleppungsabsicht, 1995.

746 *Römbke*, Der Ablehnungsgrund der Prozessverschleppungsabsicht, S. 160 ff., 164.

747 *Römbke*, Der Ablehnungsgrund der Prozessverschleppungsabsicht, S. 162; *Schwedendieck*, NStZ 1991, 109.

748 *Dölling/Feltes/Dittmann/Laue/Törnig*, Die Dauer von Strafverfahren vor den Landgerichten, S. 217 f., 220.

749 Krit. zur unreflektierten Annahme einer solchen Kausalität: *Hassemer*, FS Meyer-Goßner, S. 127, 129.

Zwischen der Tatsache, dass in einem Verfahren Beweisanträgen mehrheitlich stattgegeben wurde oder sie mehrheitlich abgelehnt wurden, und der Verfahrensdauer besteht kein signifikanter Zusammenhang.[750] Für die Verfahrensdauer ist also unerheblich, ob Beweisanträge mehrheitlich abgelehnt wurden oder ihnen mehrheitlich stattgegeben wurde. Dies kann seinen Grund in der Bescheidungspflicht nach § 244 VI haben. Einem Beweisantrag stattzugeben und eine Beweisaufnahme durchzuführen, kostet Zeit, einen begründeten Beschluss zu fassen, jedoch auch. Um einer Aufhebung in der Revisionsinstanz zu entgehen, ist die Begründung des Ablehnungsbeschlusses „wasserfest" und revisionssicher zu formulieren.[751] Das Ablehnungsprocedere wirkt damit stark verzögernd. Die Fristenlösung ermöglicht eine pauschale Ablehnung aller verfristeten Beweisanträge im Urteil, ein begründeter Beschluss ist danach nicht erforderlich. Hierin besteht somit ein großes Beschleunigungspotential, was für die Fristenlösung spricht.

Werden überwiegend unbedingte Beweisanträge gestellt, dauert das gesamte Verfahren länger.[752] Hilfsbeweisanträge hingegen brauchen nur bei Eintritt der Bedingung beschieden werden. Hilfsbeweisanträgen kommt somit eine beschleunigende Wirkung zu. Wie jedoch bereits gezeigt, verhindert die Fristenlösung die Stellung von Hilfsbeweisanträgen.[753] Ein Hilfsbeweisantrag wird i.d.R. zu einem späten Zeitpunkt gestellt. Nach der Fristenlösung werden diese Anträge meist verspätet sein und drohen abgelehnt zu werden. Die Fristenlösung fördert somit ein Stellen des Beweisantrags zu einem frühen Zeitpunkt und in unbedingter Form. Dies kann zu einer Aufhebung des Zeitvorteils der Fristenlösung kommen. Die Verteidigung wird sämtliche eventuell relevanten Beweisfragen bereits zu einem frühen Zeitpunkt durch Stellung eines Beweisantrags absichern und nicht den weiteren Prozessverlauf beobachten, um einer Präklusion durch Fristablauf zu entgehen. Dadurch kann es nicht nur zu einer Erhöhung der Anzahl von Beweisanträgen kommen, sondern auch zu einer Erhöhung der Zahl unbedingter Beweisanträge, die ihrerseits verzögernd wirken.

---

750 *Dölling/Feltes/Dittmann/Laue/Törnig*, Die Dauer von Strafverfahren vor den Landgerichten, S. 218 f.

751 Vgl. *Römbke*, Der Ablehnungsgrund der Prozessverschleppungsabsicht, S. 162.

752 *Dölling/Feltes/Dittmann/Laue/Törnig*, Die Dauer von Strafverfahren vor den Landgerichten, S. 218 f.

753 S.o. Teil II A I 2 b) dd).

Kaum Einfluss auf die Dauer des Verfahrens haben sonstige Verfahrensrechte der Verteidigung, wie bspw. Aussetzungs- und Unterbrechungsanträge, Anträge nach § 273 III 1 und § 238 II sowie Besetzungsrügen.[754]

(2) Rechtsmissbräuchliche Stellung von Beweisanträgen

Damit bleibt als letzte Frage, wie häufig Beweisanträge rechtsmissbräuchlich gestellt werden. Da bereits der Begriff des Rechtsmissbrauchs nicht eindeutig definiert ist, existieren naturgemäß keine verlässlichen Daten hierzu.[755] Es finden sich im Schrifttum Stellungnahmen, dass es sich dabei um keine Seltenheit handele, sondern Rechtsmissbrauch regelmäßig in einer nicht geringen Anzahl an Fällen stattfände.[756] Andererseits wird vermutet, dass es sich nur zu einem kleinen Teil um eine verfahrensfremde Ausübung des Beweisantragsrechts handele[757] und es nur einzelne Verfahren sind, die in besonderer Weise Ressourcen binden.[758] Als Richtgröße wird regelmäßig angenommen, dass etwa 90 % aller Verfahren störungsfrei verlaufen.[759] Unstrittig ist dabei, dass sich insbesondere die späte Stellung von Beweisanträgen stark verzögernd auf die Hauptverhandlung auswirkt. Ob dies aus rechtsmissbräuchlichen Gründen geschieht, lässt sich dabei nicht zahlenmäßig festmachen.

Häufig wird bemängelt, dass sich das Berufsethos der Verteidiger nachteilig geändert hätte und es häufiger zu einer sog. Konfliktverteidigung komme.[760]

---

754 *Dölling/Feltes/Dittmann/Laue/Törnig*, Die Dauer von Strafverfahren vor den Landgerichten, S. 222 f.

755 *Barton*, StV 1996, 690, 693 f.; *Bünger*, NStZ 2006, 305; *Fischer*, NStZ 1997, 212; so auch: *Eschenhagen*, Missbrauch des Beweisantragsrechts, S. 50 ff. nach Auswertung hierzu vorhandener Studien.

756 LR-*Becker*, § 244 Rn. 199; *Pöstges*, Funktion und Missbrauch prozessualer Rechte, S. 15; *Senge*, NStZ 2002, 225.

757 *Dölling* in *Dölling/Feltes/Dittmann/Laue/Törnig*, Die Dauer von Strafverfahren vor den Landgerichten, S. 284.

758 *Wohlers*, Die Reaktion auf missbräuchliches und/oder exzessives Verteidigungsverhalten, in: *Jahn/Nack*, Strafprozesspraxis und Rechtswissenschaft – getrennte Welten?, Referate und Diskussionen auf dem 1. Karlsruher Strafrechtsdialog, S. 45.

759 *Hirsch*, Der zum Zwecke der Prozeßverschleppung gestellte Beweisantrag, S. 98; *Jahn*, Konfliktverteidigung und Inquisitionsmaxime, S. 27; *Bünger*, NStZ 2006, 305, 306; *Dahs*, NJW 1994, 909; *Senge*, NStZ 2002, 225.

760 BGH NStZ 2005, 341; *Jahn*, Konfliktverteidigung und Inquisitionsmaxime, S. 32 f. m.w.N.; *Bünger*, NStZ 2006, 305, 306; *Meyer-Goßner/Ströber*, ZRP 1996, 354, 356; zum Begriff der Konfliktverteidigung: *Jahn*, Konfliktverteidigung und Inquisitionsmaxime, S. 39, 61 m.w.N., 356.

Hierfür sei das Beweisantragsrecht eine wirkungsvolle Waffe.[761] Dies könnte für eine Zunahme von rechtsmissbräuchlichen Beweisanträgen sprechen. Der Ursprung dieser Konfliktverteidigung liegt in den Terroristenprozessen der 70er Jahren.[762] Damals handelte es sich noch um Ausnahmen im gerichtlichen Alltag, heute soll eine solche Verteidigungsstrategie häufig anzutreffen sein.[763] Ob dies tatsächlich der Fall ist, ist empirisch nicht eindeutig belegbar.[764] Dass eine sog. Konfliktverteidigung tatsächlich zu einer vermehrten rechtsmissbräuchlichen Stellung von Beweisanträgen führt, ist ebenfalls fraglich. Eine flächendeckende umfangreiche Nutzung des Beweisantragsrechts lässt sich statistisch nicht belegen.[765] Auch Anzeichen für eine verschleppende sukzessive Stellung von Beweisanträgen lassen sich nicht finden. Der Großteil der Beweisanträge wird bis zum Schluss der Beweisaufnahme gestellt.[766]

dd) Fristenlösung zur Entlastung der Justiz?

Die Fristenlösung wird damit gerechtfertigt, dass sie Strafverfahren beschleunigt, also verkürzt. Die Vorzüge kurzer Strafverfahren wurden bereits dargestellt.[767] Es wurde festgestellt, dass die Verfahrensdauer nicht zugenommen hat. Damit muss man sich die Frage stellen, ob das momentane Niveau der Verfahrensdauer so unerträglich ist, dass es gerechtfertigt ist, auf Kosten der Rechte des Angeklagten die Verfahren mittels der Fristenlösung zu beschleunigen. Im internationalen Vergleich werden Strafverfahren in Deutschland jedoch zügig bearbeitet.[768]

Statistisch hat sich die Notwendigkeit der Fristenlösung nicht begründen lassen können. Aus den Ergebnissen ist vielmehr der Schluss zu ziehen, dass die anhaltende Debatte über Rechtsmissbrauch im Strafprozess in erster Linie eine

---

761 *Schmitt*, GA 2001, 411, 417.

762 *Jahn*, Konfliktverteidigung und Inquisitionsmaxime, S. 27; *Fischer*, NStZ 1997, 212, 213.

763 *Barton*, StV 1996, 690, 693 f.; *Fischer*, NStZ 1997, 212, 213.

764 Für eine Zunahme der Konfliktverteidigung: *Meyer-Goßner/Ströber*, ZRP 1996, 354; *dies.* StV 1997, 212, 213 f.; gegen eine Zunahme: *Barton*, StV 1996, 690; es handele sich nur um Einzelfälle: *Jahn*, Konfliktverteidigung und Inquisitionsmaxime, S. 36; *Perron*, Beweisantragsrecht, S. 153 f. m.w.N.

765 *Nehm/Senge*, NStZ 1998, 385; *Senge*, NStZ 2002, 225, 229.

766 *Dölling/Feltes/Dittmann/Laue/Törnig*, Die Dauer von Strafverfahren vor den Landgerichten, S. 146 ff.

767 S.o. Teil II A I 4. a) bb).

768 *Perron*, Die Beweisaufnahme im Strafverfahrensrecht des Auslands, S. 559, 599 f.

Debatte über mangelnde finanzielle und personelle Ressourcen ist. In Wahrheit ist Rechtsmissbrauch nicht die Ursache für eine Überlastung der Justiz, sondern die Überlastung der Gerichte Ursache für die allgemeine Rechtsmissbrauchsdiskussion. Grundlage der Fristenlösung ist diese Rechtsmissbrauchsdebatte, für die die Fristenlösung eine Lösung darin findet, das unliebsame und aufwändige Beweisantragsrecht auf ein bequemeres Maß zu stutzen.[769]

Der Eindruck, dass die Gerichte durch eine exzessive und rechtsmissbräuchliche Beweisantragsstellung chronisch überlastet sind, hat sich nicht bestätigt. Die Fristenlösung kann damit lediglich in Extremfällen ein Lösungsweg sein. Gleichzeitig birgt sie durch ihre weiten Anwendungsvoraussetzungen die Gefahr, den Großteil der Verfahren, die alltäglichen „Normalverfahren“, ebenfalls zu erfassen und dabei massiv in das Beweisantragsrecht des Angeklagten einzugreifen. Aus Richtersicht mag die Fristenlösung ein bequemes und einfaches Mittel sein, Verfahren insgesamt zu beschleunigen. Wie gezeigt, basiert die Mehrbelastung jedoch auf einer Kürzung der Personalressourcen und liegt nicht in der Sphäre einer ausufernden Konfliktverteidigung. Zudem setzt die Fristenlösung allein auf eine symptomatische Lösung; ein massenhaftes Stellen von Beweisanträgen kann auch sie nicht verhindern und das Kernproblem der mangelnden Personalausstattung löst sie nicht. Allein fiskalische Interessen sind nicht geeignet, das verfassungsrechtlich abgesicherte Beweisantragsrecht (Art. 103 I GG) zu beschränken.[770] Das Vorgehen der Judikative erscheint als Selbsthilfe gegen die Kürzungen durch den Haushaltsgesetzgeber. Dogmatisch ist dies nicht haltbar. Vielmehr ist der Haushaltsgesetzgeber im Rahmen der staatlichen Justizgewährungspflicht verpflichtet, eine wirksame Strafrechtspflege sicher zu stellen.[771]

f) Die Ablehnungsvoraussetzungen nach der Fristenlösung

Die Fristenlösung modifiziert die Voraussetzungen für eine Ablehnung eines Beweisantrags wegen Prozessverschleppungsabsicht. Zudem hat die Rechtsprechung die Anforderungen hieran gesenkt, indem sie auf das Merkmal der We-

---

769 *Fischer*, NStZ 1997, 212, 213 f.; *Landau*, Rechtsmissbrauch im Strafprozess, in: *Jahn/Nack*, Wer regelt das Strafrecht?, Referate und Diskussionen auf dem 2. Karlsruher Strafrechtsdialog, S. 71; ebenso *Ignor*, Diskussionsbericht, S. 95 in *Jahn/Nack*, Wer regelt das Strafrecht?, Referate und Diskussionen auf dem 2. Karlsruher Strafrechtsdialog.

770 KMR-*Eschelbach*, Vor § 226 Rn. 18.

771 *Dölling*, FS Meyer-Goßner, S. 101, 113; *Kühne*, StPO, Rn. 293; ähnlich *Deckers*, Beweisantrag, S. 52.

sentlichkeit der Verfahrensverzögerung verzichtet. Objektiv erforderlich bleibt damit lediglich, dass die Beweiserhebung nutzlos wäre. Subjektiv muss der Antragsteller dies wissen. Die Absicht der Verfahrensverschleppung wird durch die Fristversäumung indiziert.

aa) Nutzlosigkeit der Beweiserhebung

Die Beurteilung, ob die begehrte Beweiserhebung nichts Sachdienliches zu Gunsten des Antragstellers zu erbringen vermag, obliegt dem Gericht.[772] Dieses Merkmal erklärt sich vor dem Hintergrund, dass die Wahrheit erforscht werden soll. Werden die Erkenntnisgrundlagen des Gerichts durch die beantragte Beweiserhebung nicht erweitert, soll das Gericht nicht verpflichtet sein, dem Beweisantrag nachzugehen.[773] Diese Beurteilung ist von dem Verbot der Beweisantizipation befreit.[774] Das Gericht muss unter Berücksichtigung des bisherigen Prozessverlaufs eine Prognose bezüglich des Ergebnisses der Beweiserhebung treffen; dabei muss das Gericht davon überzeugt sein, dass die Erhebung des Beweises nichts für den Antragsteller Günstiges zu Tage fördern würde.[775] Die Hürden für die Annahme, dass nichts Sachdienliches erhoben werden wird, sind somit nicht besonders hoch.[776] Gerade ein Gericht, das aufgrund weiterer Anzeichen eine prozessverschleppende Absicht im bisherigen Prozessverhalten erblickt hat und bereits eine Frist zur Stellung der Beweisanträge gesetzt hat, wird auch geneigt sein, im Wege einer Beweisantizipation davon auszugehen, dass die beantragte Beweiserhebung nutzlos wäre.

Dieses Merkmal ist dennoch nicht überflüssig. Das Gericht ist der Wahrheitssuche verpflichtet, § 244 II. Damit ist es gezwungen, einem Beweisantrag auch dann nachzugehen, wenn es erkennt, dass der Antragsteller zwar subjektiv davon ausgeht, dass sein Antrag nicht sachdienlich ist und er nur die Verschleppung bezweckt, dennoch der Antrag nach Auffassung des Gerichts die Möglichkeit zur Sachaufklärung bietet.[777] Von der Nutzlosigkeit der Beweiserhebung

---

772 LR-*Becker*, § 244 Rn. 268.

773 LR-*Becker*, § 244 Rn. 265.

774 BGHSt 21, 118, 121; LR-*Becker*, § 244 Rn. 268; *ANM*, Beweisantrag, S. 642; *HHP*, Beweisantragsrecht, Rn. 248.

775 *HHP*, Beweisantragsrecht, Rn. 248; *Schwedendieck*, NStZ 1991, 109, 110.

776 *Kudlich*, Gutachten C 68. DJT, C 79.

777 So auch: *HHP*, Beweisantragsrecht, Rn. 248; SK-*Frister*, § 244 Rn. 167, 173; *Spiekermann*, Missbrauch, S. 104; *Herdegen*, FS Boujong, S. 777, 786; dies käme jedoch praktisch nicht vor, so *Niemöller*, NStZ 2008, 181 f. sowie *ders.* NStZ 2009,129; diesbzgl. a.A.: *ANM*, Beweisantrag, S. 641.

müssen somit das Gericht und der Antragsteller überzeugt sein, um einen Antrag wegen Prozessverschleppungsabsicht ablehnen zu können.

bb) Kenntnis des Antragstellers von der Nutzlosigkeit

Das Erfordernis, dass der Antragsteller subjektiv von der Nutzlosigkeit der Beweiserhebung Kenntnis hat, ist jedoch immer erfüllt, wenn er aus Verschleppungsabsicht handelt. Der Antragsteller muss die Absicht der Verfahrensverschleppung als alleiniges Motiv aufweisen. Das bedeutet, dass der Antragsteller nicht damit rechnet, dass sein Antrag überhaupt etwas zur Sachverhaltsaufklärung beitragen kann. Sonst würde er nicht allein mit der Absicht der Verschleppung handeln, sondern auch (und das reicht aus) mit der Absicht, ggf. doch etwas Sachdienliches in das Verfahren einzubringen. Das Merkmal der Kenntnis der Nutzlosigkeit der Beweiserhebung stellt damit keine eigenen Voraussetzungen auf.[778]

cc) Aufgabe des Merkmals der wesentlichen Verfahrensverzögerung

Durch Aufgabe des Merkmals der wesentlichen Verfahrensverzögerung[779] ist es dem Gericht möglich, bei jeder kleinsten Verfahrensverzögerung Beweisanträge abzulehnen. Da jeder Beweisantrag ein Verfahren zumindest geringfügig verzögert, werden hiermit keine weiteren Ablehnungsanforderungen aufgestellt.[780] Wenn aber keine Verfahrensverzögerung zu befürchten ist, wird bereits der Versuch der Verschleppung sanktioniert.[781] Gerade die objektiv zu erwartende Verfahrensverzögerung vermag jedoch die subjektive Verschleppungsabsicht zu indizieren. Es ist schwer vorstellbar, dass ein Antragsteller subjektiv mit der Absicht handelt, das Verfahren zu verschleppen, der gestellte Beweisantrag hierfür jedoch objektiv nicht geeignet ist,[782] da er in kürzester Zeit erhoben werden könnte oder sich zeitlich nur unwesentlich auf das Verfahren auswirkt. Fehlt dieses Indiz, kann es durch die Fristenlösung kompensiert werden, indem diese ein neues schafft. Nach Fristablauf ist die subjektive Komponente des Ablehnungsgrundes widerleglich erfüllt.

Damit macht die Kombination des Verzichts auf das Merkmal der wesentlichen Verfahrensverzögerung und der Fristenlösung die Prozessverschleppungsabsicht zu einem scharfen Ablehnungsgrund und potenziert damit die einschrän-

---

778 *Niemöller*, NStZ 2008, 181.

779 Dies befürwortend und argumentativ untermauernd *Niemöller*, NStZ 2008, 181, 182 ff.

780 *Niemöller*, NStZ 2008, 181, 184.

781 So auch: *Niemöller*, NStZ 2009, 129; krit. *Bauer*, NStZ 2008, 542.

782 *Habetha/Trüg*, GA 2009, 406, 425.

kenden Auswirkungen auf das Beweisantragsrecht. Besondere Bedeutung kommt nunmehr den Indizien zu, die sich im bisherigen Prozessverhalten gezeigt haben müssen, um eine Frist setzen zu können. Die Beurteilung, ob der Antragsteller mit verschleppender Absicht handelt, wird der eigentlichen Antragstellung vorverlagert und gründet sich auf das gesamte vorige Prozessverhalten.

g) Ergebnis

Alle Beweisanträge müssen der Wahrheitsfindung dienen. Tun sie dies nicht, müssen sie abgelehnt werden. Dies ermöglicht der Ablehnungsgrund der Prozessverschleppungsabsicht. Dabei bleibt zu berücksichtigen, dass Beweisanträge einerseits als konfliktträchtiges Druckmittel eingesetzt werden können, andererseits diese Einwirkungsmöglichkeit rechtlich in der StPO installiert wurde und nicht per se rechtsmissbräuchlich ist. Die Fristenlösung weitet den Anwendungsbereich des Ablehnungsgrundes der Prozessverschleppungsabsicht bedenklich unterhalb der Schwelle des Rechtsmissbrauchs[783] aus und verhindert Rechtsmissbrauch präventiv. Die Befürchtung, es könnte bei Abwehr eines Rechtsmissbrauchs zu einem Missbrauch des Ablehnungsgrundes durch die Gerichte kommen,[784] ist somit nicht völlig unbegründet. Dass Gerichte Beweisanträge lediglich ablehnen, weil sie ihnen lästig sind, muss verhindert werden. Die statistische Untersuchung hat zudem gezeigt, dass auch fiskalische Interessen eine starke Motivation zur Einführung der Fristenlösung waren. Dies ist jedoch auch mittels einer teleologischen Reduktion des § 244 III 2 Var. 6 dogmatisch nicht zu rechtfertigen.

5. Verfassungs- und konventionskonforme Auslegung

Auch bei Auslegung des Ablehnungsgrundes der Prozessverschleppungsabsicht stellt sich die Frage, ob diese Vorschrift mithilfe des Beschleunigungsgrundsatzes und der Funktionstüchtigkeit der Strafrechtspflege im Sinne der Fristenlösung ausgelegt werden kann. Auch hier gilt es zu beachten, dass das Beweisantragsrecht in besonderer Weise vom Anspruch auf rechtliches Gehör nach Art. 103 I GG geschützt wird. Der Schutzbereich des Art. 103 I GG umfasst jedoch nur solche Äußerungen, die einen Bezug zum Verfahrensgegenstand auf-

---

783 *Bünger*, NStZ 2006, 305, 311.

784 Zum Missbrauch einer allgemeinen Missbrauchsklausel, aber hier übertragbar: *Senge*, NStZ 2002, 225, 226.

weisen.[785] Beruht die Nutzlosigkeit der Beweiserhebung also darauf, dass die Antragstellung nur dazu dient, die eigenen Weltanschauungen kundzutun oder Propaganda zu verbreiten und steht der Beweisantrag sonst in keinem denkbaren Zusammenhang zum Verfahren, wird dies nicht von Art. 103 I GG geschützt.[786]

Präklusionsvorschriften stehen dem Schutzzweck des Anspruchs auf rechtliches Gehör nicht grundsätzlich entgegen,[787] auch wenn das BVerfG sie aufgrund ihrer beschränkenden Wirkung lediglich als Ausnahmen zulässt.[788] Dies gilt jedoch nur für gesetzliche Präklusionswirkungen. Aus dem Grundsatz des Vorbehalts des Gesetzes (Art. 20 I, III GG) ergibt sich, dass solche Fragestellungen vom Parlament zu regeln sind. Die Fristenlösung als von der Judikative entwickelte Lösung scheidet damit aus.

Aus Art. 103 I GG ergibt sich zudem, dass die Entscheidung in angemessener Zeit ergehen muss. Damit ist der Grundsatz der Gewährung rechtlichen Gehörs nicht zwingend als Gegenpol zum Beschleunigungsgrundsatz zu verstehen. Bei der Argumentation mit dieser Prozessmaxime ist zu berücksichtigen, inwiefern bereits das einfache Recht beschleunigende Wirkungen vorsieht; je deutlicher sich in der betreffenden Vorschrift Anklänge einer Beschleunigung finden lassen, desto eher vermag der Beschleunigungsgrundsatz das entsprechende Recht zu beschränken.[789] Dies ist bei der Prozessverschleppungsabsicht deutlich der Fall.[790] Dieser Ablehnungsgrund dient auch dazu, das Verfahren zu sichern und vor zeitlich verschleppenden Anträgen zu schützen.[791] Eine einschränkende Auslegung i.S.d. Fristenlösung erscheint in dieser Hinsicht möglich. Aber wie bereits gezeigt,[792] kommt eine Einschränkung von Beschuldigtenrechten aufgrund der Ambivalenz des Beschleunigungsgrundsatzes nicht in Betracht. Die Funktionstüchtigkeit der Strafrechtspflege wird erst dann zu einem gewichtigen Argument, wenn ein Kollaps der gesamten Rechtspflege zu befürchten ist. Dies

---

785 BeckOK GG-*Radtke/Hagemeier*, Art. 103 GG, Rn. 16; Maunz/Dürig-*Schmidt-Aßmann*, Art. 103 GG, Rn. 85 f.

786 Dann jedoch wird bereits der Ablehnungsgrund der Bedeutungslosigkeit (§ 244 III 2 Var. 2) einschlägig sein, *Eisenberg*, Beweisrecht, Rn, 209, 211.

787 BeckOK GG-*Radtke/Hagemeier*, Art. 103 GG, Rn. 12; Maunz/Dürig-*Schmidt-Aßmann*, Art. 103 GG, Rn. 128.

788 BVerfGE 59, 330, 334; BVerfGE 60, 1, 6.

789 *Franke*, StV 2010, 433, 435.

790 *Franke*, StV 2010, 433, 435.

791 I.d.S. auch *HHP*, Beweisantragsrecht, Rn. 243 ff.

792 S. Teil II A II 5.

hat sich bei Auswertung der Statistiken zur Belastung der Gerichte jedoch nicht bestätigt.

Damit ist eine verfassungs- und konventionskonforme Auslegung ebenfalls nicht in der Lage, den Ablehnungsgrund der Prozessverschleppungsabsicht im Sinne der Fristenlösung auszulegen.

6. Ergebnis

Auch wenn eine grammatikalische Auslegung nicht gegen die Fristenlösung spricht, lässt sich diese aus systematischen, historischen und teleologischen Gründen nicht mit dem Ablehnungsgrund der Prozessverschleppungsabsicht vereinbaren. Eine Präklusion von Beweisvorbringen ist bewusst nicht vom Gesetzgeber eingeführt worden. Dennoch sieht die Fristenlösung eine solche Wirkung vor. Dies mag wünschenswert sein, unterhalb der Grenze zum Rechtsmissbrauch schießt die Fristenlösung jedoch über ihr Ziel hinaus. Der BGH hat sich unter Missachtung des Gewaltenteilungsgrundsatzes in die Belange der Legislative eingemischt.[793] Der Hintergrund des Sparzwanges kann und darf ein solches Vorgehen jedoch keinesfalls rechtfertigen.[794]

IV. Vereinbarkeit der Fristenlösung mit § 238

Die Befugnis des Gerichts, eine Frist zur Stellung von Beweisanträgen zu setzen, folgert der BGH aus der Sachleitungsbefugnis des Vorsitzenden, § 238 I.[795] Der Vorsitzende leitet die Hauptverhandlung gem. § 238 I. Im Interesse einer zügigen Durchführung der Hauptverhandlung obliegen ihm alle auf die Durchführung der Hauptverhandlung bezogenen Maßnahmen.[796] Hierzu zählt neben Eröffnung und Schließung der Verhandlung, der Vernehmung des Angeklagten etc., auch die Bestimmung der Reihenfolge der Beweisaufnahme. Da die Fristenlösung lediglich den Zeitpunkt der Stellung eines Beweisantrags betreffe, folgert der BGH aus dieser Befugnis die Kompetenz zur Fristsetzung.[797] Auch die Tatbestandsalternative der „Aufnahme des Beweises“, § 238 I Var. 3, könnte hierfür sprechen.

---

793 So bspw. auch *Deckers*, Beweisantrag, S. 51; *Dahs*, StV 2006, 116, 117.

794 *Deckers*, Beweisantrag, S. 51.

795 BGHSt 52, 355, 362.

796 BeckOK-*Graf*, § 238, Rn. 3; KK-*Schneider*, § 238 Rn. 2 f.

797 BGHSt 52, 355, 362; zust. *Fahl*, DRiZ 2009, 291, 293; *Habetha/Trüg*, GA 2009, 406, 424 f.

Dennoch hat die Fristenlösung sehr viel weitreichendere Auswirkungen auf das Beweisantragsrecht. Es wird inhaltlich beschränkt und abgewertet. Aus einer Befugnis zur organisatorischen Gestaltung des Verfahrens und innergerichtlichen Aufgabenverteilung kann jedoch nicht auf eine Kompetenz zur inhaltlichen Beschränkung eines Verfahrensrechts geschlossen werden. Unstrittig ist bspw., dass der Vorsitzende nicht dazu befugt ist, zur Vermeidung von Verzögerungen verbotene Vernehmungsmethoden (§ 136a) anzuwenden, das Fragerecht des Angeklagten (§ 257) einzuschränken oder die Öffentlichkeit (§ 169 GVG) in unzulässiger Weise zu beschränken.[798] Ebenso verhält es sich mit einer Fristsetzung für die Stellung von Beweisanträgen. Die Verhandlungsleitung kann keine neuen Eingriffsbefugnisse statuieren, sondern wird umgekehrt von Verteidigungsrechten begrenzt. Eine Fristsetzungsbefugnis entgegen §§ 244 III, VI, 246 I kann sich nicht aus der Sachleitungsbefugnis nach § 238 I ergeben, sondern die rein organisatorische Sachleitungsbefugnis findet ihre Grenze in den spezielleren §§ 244 III, VI, 246 I.[799] Dieser Weg zur dogmatischen Absicherung der Fristenlösung hat keine Substanz und erscheint als „Verzweiflungstat" des BGH.[800]

V. Vereinbarkeit mit dem Verbot der Beweisantizipation

Das Verbot der Beweisantizipation dient der Absicherung des Beweisantragsrechts. Das Beweisantragsrecht soll es dem Angeklagten ermöglichen, das Gericht zur Erhebung eines Beweises zu zwingen, den es von sich aus nicht erhoben hätte, um so dessen gewonnene Überzeugung zu erschüttern und neu auszurichten.[801] Das Ergebnis der Beweisaufnahme soll offen gehalten werden und vorzeitig festgelegte Überzeugungen des Gerichts sollen aufgebrochen werden können.[802] Daraus erklärt sich, dass das Verbot der Beweisantizipation eine gedankliche Vorwegnahme der Beweiswürdigung verbietet.[803] Es garantiert, dass das Gericht einen Beweisantrag nicht ablehnen kann, weil das Beweismittel

---

798 *Duttge/Neumann*, HRRS 2010, 34, 37 f.

799 *Horvat*, Das allgemeine Missbrauchsverbot, S. 78; *Duttge/Neumann*, HRRS 2010, 34, 37 f.; *Gaede*, NJW 2009, 608; *Kudlich*, Gutachten C 68. DJT, C 78.

800 *Duttge/Neumann*, HRRS 2010, 34, 37.

801 S.o. Teil I A I.

802 *HHP*, Beweisantragrecht, Rn. 149; *Neumann*, Verfahrensökonomie, S. 66.

803 RGSt 1, 189, 190; BGHSt 8, 181; *Eisenberg*, Beweisrecht, Rn. 198; *Joecks*, Studienkommentar StPO, § 244 Rn. 52; ausführlich zum Begriff der Beweisantizipation *Herdegen*, FS Boujong, S. 777, 778 f.

wertlos sei,[804] das Gegenteil der Beweistatsache bereits feststehe[805] oder die Beweisbehauptung bereits widerlegt sei.[806] Das Verbot der Beweisantizipation spielt eine zentrale Rolle im Beweisantragsrecht. Eine Aussage eines Landgerichtsdirektors aus dem Jahre 1932 bringt die Bedeutung dieses Grundsatzes auf den Punkt:

> „Ich erinnere mich an mehr als einen Fall aus meiner Praxis, wo nicht nur ich, sondern auch sämtliche anderen Mitglieder des Gerichts der Überzeugung gewesen sind, daß die beantragte Beweiserhebung an unserer Überzeugung von der Schuld oder Unschuld des Angeklagten nichts ändern könne und wo wir uns dann nachher haben doch überzeugen müssen, daß wir nach erfolgter Beweisaufnahme die Sache durchaus anders betrachteten."[807]

Dennoch gilt das Verbot der Beweisantizipation nicht absolut, sondern es gibt einzelne Durchbrechungen im Rahmen der Ablehnungsgründe aus § 244 III.[808] So werden bspw. bei Anwendung der Ablehnungsgründe der Offenkundigkeit, völligen Ungeeignetheit und der Unerreichbarkeit des Beweismittels Beweisantizipationen erlaubt.[809]

1. Antizipation des Merkmals der fehlenden Sachdienlichkeit

So gilt das Beweisantizipationsverbot ebenfalls nicht in Bezug auf das Merkmal der fehlenden Sachdienlichkeit.[810] Der Ablehnungsgrund der Verschleppungsabsicht verlangt sogar eine Vorabbewertung des Beweisergebnisses.[811] Dass bspw. ein Zeuge nichts Entlastendes aussagen wird, muss das Gericht unter Berücksichtigung des bisherigen Prozessgeschehens antizipiert bewerten. Ob dies tat-

---

804 BGH NStZ 1984, 42; *Deckers*, Beweisantragsrecht, S. 37; *HHP*, Beweisantragrecht, Rn. 156.

805 BGH NStZ 1997, 503; *Eisenberg*, Beweisrecht, Rn. 200; *HHP*, Beweisantragrecht, Rn. 156.

806 BGH NStZ 1984, 42, 43; BGH StV 1993, 621; *Deckers*, Beweisantragsrecht, S. 37; *HHP*, Beweisantragrecht, Rn. 156.

807 *Hellwig*, JW 1932, 2672, 2674; vgl. den Hinweis auf dieses Zitat bei *Frister*, StV 1994, 445, 450, Fn. 64.

808 *Deckers*, Beweisantrag, S. 38 f.; *Neumann*, Verfahrensökonomie, S. 66; *Herdegen*, FS Boujong, S. 777, 786.

809 *Eisenberg*, Beweisrecht, Rn. 206; vgl. auch LR-*Becker*, § 244 Rn. 183 sowie umfassend *Herdegen*, NStZ 1984, 97, 98.

810 *ANM*, Beweisantrag, S, 419; *HHP*, Beweisantragsrecht, Rn. 157, 166.

811 *Herdegen*, FS Boujong, S. 777, 787.

sächlich der Fall gewesen wäre, ließe sich nur durch Anhörung des Zeugen ermitteln[812] – diese Beweiserhebung will man mit Ablehnung des Beweisantrags verhindern. Somit liegt eine Beweisantizipation in Bezug auf das Merkmal der fehlenden Sachdienlichkeit in der Natur dieses Ablehnungsgrundes.

Problematisch ist damit nicht die Vorabbewertung als nutzlose Beweiserhebung, sondern vielmehr der Zeitpunkt dieser gerichtlichen Einschätzung. Je später das Gericht eine Einschätzung auf Basis des bisherigen Prozessgeschehens vornimmt, desto wahrscheinlicher ist i.d.R. ihre Richtigkeit. Das Problem liegt darin, dass die Fristenlösung eine pauschale Vorabablehnung aller Beweisanträge vorsieht. Die Fristversäumung indiziert das subjektive Merkmal der Verschleppungsabsicht des Antragstellers, das objektive Merkmal der fehlenden Sachdienlichkeit bleibt davon unberührt. Fraglich ist, wann das Gericht dieses Merkmal überhaupt prüft. Bei Setzung der Frist kann das Gericht noch keine Aussage über die Sachdienlichkeit der Anträge treffen, da diese noch nicht gestellt sind. Die Bewertung als nutzlose Beweiserhebung aller zukünftigen Anträge zu diesem Zeitpunkt ist somit nicht nur antizipierend, sondern entbehrt auch jeglicher Grundlage. Das Gericht weiß noch gar nicht, welche Beweise beantragt werden.

Nach Fristablauf ist eine erneute Prüfung der Anträge in Bezug auf das Vorliegen des Ablehnungsgrundes der Prozessverschleppungsabsicht nicht mehr vorgesehen. Die verspäteten Beweisanträge sind vielmehr pauschal mit dem Ablehnungsgrund der Prozessverschleppung „belastet". Eine Prüfung der Sachdienlichkeit als Merkmal der Prozessverschleppungsabsicht findet nach diesem Zeitpunkt nicht mehr statt. Trägt der Antragsteller nichts Entlastendes zu seiner Exkulpation vor, werden die Beweisanträge pauschal in den Urteilsgründen abgelehnt.

Jedoch hat der BGH vorgesehen, dass auch nach Fristablauf das Gericht zur Überprüfung der Anträge nach Maßgabe des § 244 II verpflichtet bleibt. Doch gilt hierbei das Verbot der Beweisantizipation nicht.[813] In Bezug auf das Merkmal der fehlenden Sachdienlichkeit wirkt sich das dennoch nicht aus, da dessen Vorliegen ohnehin antizipiert werden muss. Nach Fristablauf muss das Gericht somit trotz pauschaler Vorabablehnung aller Beweisanträge jeden einzelnen Antrag nach Maßgabe des § 244 II auf seine Sachdienlichkeit hin überprüfen. Dies ist konsequent, da auch das Merkmal der Sachdienlichkeit genauso wie die Auf-

---

812 *Thole*, Scheinbeweisantrag, S. 185.

813 BGHSt 21, 118, 124; BGHSt 36, 159, 165 f.; BGHSt 40, 60, 62; KK-*Fischer*, § 244 Rn. 34; LR-*Becker*, § 244 Rn. 49, 58; *Bauer*, NStZ 2008, 542, 543; krit.: SK-*Frister*, § 244 Rn. 16 ff.; *Gössel*, ZIS 2007, 557, 559.

klärungspflicht nach § 244 II sicherstellen soll, dass die Wahrheit bestmöglich erforscht wird.[814] Damit ist ein Verstoß gegen das Beweisantizipationsverbot in Bezug auf das Merkmal der fehlenden Sachdienlichkeit nicht festzustellen.

2. Antizipation des Merkmals der Verschleppungsabsicht i.e.S.

Anders könnte dies hingegen in Bezug auf die subjektive Komponente des Ablehnungsgrundes der Prozessverschleppungsabsicht zu bewerten sein. Durch die Fristenlösung wird antizipiert, dass ein nach Fristablauf gestellter Beweisantrag mit verschleppender Absicht gestellt wird. Diese zukunftsgerichtete Prognose wird bereits bei Fristsetzung vorgenommen. Insofern wird das Verbot der Beweisantizipation nicht beachtet. Dieser Verstoß wird dadurch abgemildert, dass die Fristsäumnis nur indiziellen Charakter hat, weitere Umstände für eine Verschleppungsabsicht sprechen müssen sowie dass der Antragsteller nach Fristablauf Umstände vortragen kann, die seine späte Antragstellung begründen und den antizipierten Vorwurf widerlegen. Das Verbot der Beweisantizipation könnte der Fristenlösung also in Bezug auf die prognostizierte Verschleppungsabsicht grundsätzlich entgegenstehen.

Fraglich ist jedoch, ob das Beweisantizipationsverbot hiervon überhaupt betroffen ist. Es verbietet eine vorweggenommene Prognose des Beweisergebnisses.[815] Die subjektive Absicht des Antragstellers, mit dem Beweisantrag eine Verzögerung des Verfahrens herbeizuführen, ist jedoch losgelöst vom eigentlichen Inhalt des Beweisantrags. Wird eine Verschleppungsabsicht prognostiziert, so bezieht sich diese Prognose nicht auf das Beweisergebnis, sondern auf außerhalb des Beweisinhalts liegende Umstände, den Intentionen des Antragstellers. Eine Antizipation der Absicht des Antragstellers, das Verfahren zu verschleppen, kollidiert somit nicht mit dem Verbot der Beweisantizipation.

VI. Vereinbarkeit mit der Verfassung und der EMRK

Darüber hinaus könnte die Fristenlösung gegen Verfassungsrecht verstoßen. Zunächst ist festzustellen, dass eine gesetzliche Grundlage für ein Vorgehen nach der Fristenlösung fehlt. Nach der Wesentlichkeitstheorie des BVerfG ist jedoch der Gesetzgeber gehalten, „(...) in grundlegenden normativen Bereichen, zumal im Bereich der Grundrechtsausübung, soweit diese staatlicher Regelung zugäng-

---

814 *ANM*, Beweisantrag, S. 412.

815 *ANM*, Beweisantrag, S. 411, 416; *HHP*, Beweisantragsrecht, Rn. 156; *Pfeiffer*, StPO § 244 Rn. 24.

lich ist, alle wesentlichen Entscheidungen selbst zu treffen (...)".[816] Das Beweisantragsrecht als Teil des Rechts auf rechtliches Gehör, Art. 103 I GG,[817] erfordert damit nach der Wesentlichkeitstheorie eine Regelung durch den Gesetzgeber. Insofern liegt ein Verstoß gegen den Vorbehalt des Gesetzes aus Art. 20 I, III GG vor.[818]

Auch inhaltlich könnte die Fristenlösung gegen das Grundgesetz verstoßen. Hiervon könnte das Recht auf rechtliches Gehör aus Art. 103 I GG betroffen sein. Dieses Prozessgrundrecht[819] ist zugleich Teil des Rechts auf ein faires Verfahren nach Art. 2 I GG i.V.m. dem Rechtsstaatsprinzip[820] bzw. Art. 6 I EMRK und ist zudem in den Art. 47 II, 48 II EU-Grundrechtecharta enthalten.[821] Dabei umfasst Art. 103 I GG zwei Regelungsebenen. Zum einen wird hiermit ein objektivrechtliches Verfahrensprinzip[822] mit Ursprung im Rechtsstaatsprinzip normiert. Zum anderen gewährt Art. 103 I GG, dass der Angeklagte auf den Prozess aktiv Einfluss nehmen kann und nicht zum bloßen Objekt des Verfahrens gemacht wird (sog. Objektformel)[823]. Damit hat dieses Recht Bezüge zur Menschenwürdegarantie, Art. 1 I GG.[824]

Als Prozessgrundrecht enthält Art. 103 I GG drei Verwirklichungsstufen: Das Recht auf Information, auf Äußerung und auf Berücksichtigung.[825]

Das Recht auf Information ist Grundlage dieses Äußerungsrechts und umfasst auch die Information über Rechtsauffassungen des Gerichts selbst, soweit die Beteiligten nicht damit rechnen müssen.[826] Die Fristenlösung läuft der Informationsfunktion des Ablehnungsbeschlusses nach § 244 VI zuwider.[827] Der

---

816 BVerfGE 49, 89, 126 f.; zur Wesentlichkeitstheorie s.a. BVerfGE 47, 46, 79; BVerfGE 61, 260, 275; BVerfGE 80, 124, 132; BVerfGE 108, 282, 311 f.

817 S.o. Teil II A II 5.

818 S.o. Teil II A III 5.

819 Zu diesem Begriff s. Maunz/Dürig-*Schmid-Aßmann*, Art. 103 GG, Rn. 4.

820 Maunz/Dürig-*Schmid-Aßmann*, Art. 103 GG, Rn. 9.

821 Maunz/Dürig-*Schmid-Aßmann*, Art. 103 GG, Rn. 2; *Epping*, Grundrechte, Rn. 954.

822 BVerfGE 55, 1, 6.

823 BVerfGE 96, 375, 399; BVerfGE 115, 118, 152; zur Objektformel s.a. *Epping*, Grundrechte, Rn. 955, 608 ff.

824 *Epping*, Grundrechte, Rn. 955.

825 Maunz/Dürig-*Schmid-Aßmann*, Art. 103 GG, Rn. 69 ff.; *Epping*, Grundrechte, Rn. 962 ff.

826 *Epping*, Grundrechte, Rn. 963.

827 S.o. Teil I C I 2. sowie Teil II A I 2. c) aa).

Antragsteller wird über die Einzelheiten der Ablehnung verspäteter Anträge im Unklaren gelassen, da diese pauschal wegen Prozessverschleppungsabsicht erst in den Urteilsgründen zurückgewiesen werden. Damit entfällt die Möglichkeit, einen Ablehnungsbescheid in Hinblick auf die Rechtsauffassung des Gerichts zu studieren. Dieser Eingriff in den Schutzbereich wird jedoch abgemildert, da eine Vorabinformation über das Vorgehen nach der Fristenlösung erforderlich ist. Nach Ablauf der Frist müssen die Beteiligten folglich mit einer Ablehnung rechnen. Somit ist die Informationsfunktion des Art. 103 I GG nicht verletzt.[828]

Die zweite Verwirklichungsstufe, das Recht auf Äußerung, ist von der Fristenlösung hingegen nicht betroffen. Wie BGH und BVerfG zutreffend betonen, können auch nach Fristablauf Beweisanträge vorgebracht werden.[829] Dem Antragsteller ist es auch nach Fristablauf unbenommen, weitere Beweisanträge zu stellen. Dass diese geringere Erfolgschancen haben, ist auf dieser zweiten Stufe zunächst irrelvant.

Die dritte Stufe der Berücksichtigung des Vorgebrachten erweist sich hingegen im Lichte der Fristenlösung als schwierig. Diese Beachtenspflicht garantiert, dass das Gericht das Vorgebrachte in seine Entscheidungsfindung einfließen lässt.[830] Beweisanträge nach Fristablauf sind jedoch mit einer drohenden Ablehnung wegen Prozessverschleppungsabsicht belastet. Ihre Erfolgsaussichten werden dadurch gemindert. Jedoch wird von Art. 103 I GG nicht garantiert, dass das Vorgebrachte in der Sache Erfolg hat.[831] Auch vermag ein verspäteter Antrag eine Berücksichtigung nach Maßgabe des Aufklärungsgrundsatzes auszulösen. Das Gericht kann sich dieser Pflicht nach § 244 II nicht entziehen. Somit ist zumindest nach Aufklärungsgesichtspunkten die Berücksichtigung des Vorgebrachten sichergestellt, auch wenn die Effektivität einer Durchsetzung mithilfe der Aufklärungsrüge gemindert ist. Auch steht Art. 103 I GG Fristen und Präklusionen nicht grundsätzlich entgegen.[832] Dabei muss lediglich der Verhältnismäßigkeitsgrundsatz gewahrt bleiben.[833] Die Fristenlösung findet nur dann Anwendung, wenn bereits verschleppende Tendenzen erkennbar wurden. Unter diesen Umständen ist es angemessen, den Antragsteller bei verspäteten Beweis-

---

828 BVerfG NStZ 2010, 155, 156; BVerfG NJW 2010, 2036, 2037.

829 BGHSt 51, 333, 345; BVerfG NJW 2010, 2036, 2037.

830 Maunz/Dürig-*Schmid-Aßmann*, Art. 103 GG, Rn. 94.

831 Maunz/Dürig-*Schmid-Aßmann*, Art. 103 GG, Rn. 98.

832 Maunz/Dürig-*Schmid-Aßmann*, Art. 103 GG, Rn. 122 ff., 130; s.o. Teil II A II 5.

833 Maunz/Dürig-*Schmid-Aßmann*, Art. 103 GG, Rn. 4, 124.

anträgen auf eine Aufklärungsrüge zu verweisen. Damit ist auch diese Verwirklichungsstufe nicht verletzt.

Eine Verletzung des fairen Verfahrens nach Art. 2 i.V.m. dem Rechtsstaatsprinzip, bzw. der menschenrechtlichen Vorschriften der Art. 6 I EMRK, Art. 47 II, 48 II EU-Grundrechtecharta, kommt darüber hinaus nicht in Betracht. Art. 103 I GG steht zu diesen Vorschriften in einem Spezialitätsverhältnis und ist ein Teil von ihnen.[834] Da bereits Art. 103 I GG nicht verletzt ist, kommt eine Verletzung der übrigen Vorschriften nicht in Betracht.

Die Fristenlösung verstößt damit inhaltlich nicht gegen die Verfassung oder die EMRK. Der Gesetzgeber wäre somit grundsätzlich in der Lage, die Fristenlösung einfachgesetzlich durch Erlass eines Gesetzes umzusetzen.

VII. Ergebnis der Auslegung

Die Untersuchung der von der Fristenlösung betroffenen Vorschriften hat gezeigt, dass diese Rechtsfigur nicht mit dem geltenden Recht vereinbar ist. Die Fristenlösung verstößt gegen die §§ 244 VI, 246 I, 244 III 2 Var. 6 und 238 I und ist verfassungsrechtlich in Hinblick auf die fehlende gesetzliche Normierung (Art. 20 I, III GG) zu beanstanden. Selbst extensive Auslegung und teleologische Reduktion der einfachgesetzlichen Vorschriften, auch unter Berücksichtigung der verfassungsrechtlichen und konventionsrechtlichen Vorgaben wie bspw. dem Beschleunigungsgrundsatz, vermögen diese Widersprüche nicht zu überwinden. Der Bundesgerichtshof hat hiermit seine Kompetenzen überschritten.[835]

B. Folgeprobleme bei Anerkennung der Fristenlösung

Der Mangel einer gesetzlichen Grundlage könnte durch Erlass eines entsprechenden Gesetzes vom Parlament behoben werden.[836] Doch selbst bei Anerkennung der Fristenlösung stellen sich zahlreiche Folgeprobleme. Die Schwierigkeiten bei Anwendung der Fristenlösung zeigen sich erst im Detail. Auch wenn die Fristenlösung derzeit keine gesetzliche Grundlage hat, sollen ihre weiteren

834 Maunz/Dürig-*Schmid-Aßmann*, Art. 103 GG, Rn. 9.

835 Zu diesem Ergebnis kommt auch *Ostendorf*, StPO, Rn. 366.

836 S.o. Teil II A VI.

Anwendungsvoraussetzungen im Folgenden untersucht werden. Dies erst ermöglicht eine Aussage darüber, ob die Fristenlösung allgemein ein taugliches Mittel zur Verhinderung von Rechtsmissbrauch sein kann oder ob andere Lösungsmöglichkeiten in Betracht zu ziehen sind.

I. Erforderlichkeit einer Fristsetzung

Im Folgenden soll daher zunächst untersucht werden, welche Voraussetzungen erfüllt sein müssen, damit eine Frist gesetzt werden darf. Da die Fristenlösung weitreichende Einschränkungen des Beweisantragsrechts zur Folge hat, müssen die Kriterien hierfür eindeutig und klar abgrenzbar sein. Sie müssen in der Lage sein, zwischen prozessordnungsgemäßem und rechtsmissbräuchlichem Verteidigungsverhalten zu unterscheiden.

In seiner ersten Entscheidung zur Fristenlösung erlaubt der BGH eine Fristsetzung „in extrem gelagerten Fällen",[837] was er in den nachfolgenden Urteilen dahin gehend konkretisiert, dass dies in Anlehnung an § 229 II nach zehn Hauptverhandlungstagen der Fall sei.[838] Zudem müssen bereits im Vorfeld Beweisanträge mehrfach wegen Prozessverschleppungsabsicht abgelehnt worden sein.[839] Es müssen also im bisherigen Prozessverhalten Anzeichen für eine verschleppende Absicht zu erkennen gewesen sein und diese muss der Vorsitzende bei Anordnung der Frist bezeichnen und ins Hauptverhandlungsprotokoll aufnehmen.[840]

Diese beiden Voraussetzungen müssen somit erfüllt sein, damit das Gericht eine Frist überhaupt setzen darf. Dies ist unabhängig von der späteren Frage beurteilen, ob Beweisanträge wegen Fristversäumung abgelehnt werden dürfen.

1. Zehn-Tages-Frist

Die Anknüpfung an die Unterbrechungsvorschrift des § 229 II ist fragwürdig.[841] Unabhängig von der dogmatischen Herleitung dieser 10-Tages-Grenze ist sie dennoch geeignet, den Anwendungsbereich der Fristenlösung einzuschränken.[842]

837 BGH NJW 2005, 2466, 2468.

838 BGHSt 51, 333, 344; BGHSt 52, 355, 362.

839 BGH NJW 2005, 2466, 2468.

840 BGHSt 54, 39; vollständige Entscheidungsgründe bei BeckRS 2009, 21879, Tz. 29.

841 S.o. Teil I C VII 2.

842 *Basdorf*, FS Widmaier, S. 51, 61 befürwortet die Zehn-Tages-Frist, allerdings ohne weitere Begründung.

Lediglich 5,76 % aller Verfahren benötigen 10 Hauptverhandlungstage und mehr.[843] Damit kommt eine Fristsetzung nur in wenigen Verfahren überhaupt in Betracht.

Dennoch wird durch Einführung der Zehn-Tages-Frist die Fristsetzung verfahrensrechtlich verallgemeinert[844] und aus dem Kontext des Rechtsmissbrauchs genommen. Auch wenn zahlenmäßig nur ein kleiner Teil aller Verfahren die Zehn-Tages-Frist erreicht, so werden nicht nur die vom BGH genannten „Extremfälle" erfasst.[845] Dies könnte jedoch durch das zusätzliche Merkmal der prozessverschleppenden Anzeichen aufgefangen werden.

2. Anzeichen im bisherigen Prozessverhalten

Aus dem bisherigen Prozessverhalten müssen Rückschlüsse auf eine bestehende Verschleppungsabsicht gezogen werden können. Dies führt zu einem begründeten Verdacht des späteren Rechtsmissbrauchs.[846] Diese präventive Ausrichtung ist jedoch bedenklich. Bei der Beurteilung, ob prozessverschleppende Anzeichen vorliegen, hat das Gericht einen großen Spielraum. Ganz anders ist dies jedoch bei der Ablehnung von Beweisanträgen im Allgemeinen. Hier sind die Anforderungen an eine Ablehnung zum Schutz des Beweisantragsrechts bewusst hoch gehalten. Bereits das Inaussichtstellen einer Befristung kann als Druckmittel durch das Gericht eingesetzt werden.[847] Wird eine Frist gesetzt, impliziert das Gericht, dass die Verteidigung verdächtigt wird, rechtsmissbräuchlich zu agieren. Die Verteidigung wird getadelt.[848]

Wenn zuvor bereits „mehrfach" Beweisanträge wegen Prozessverschleppungsabsicht abgelehnt worden sein müssen, bedeutet dies, dass zumindest zwei Beweisanträge zuvor nach § 244 III 2 Var. 6 abgelehnt wurden. Bei diesen Ablehnungen muss das Gericht alle Voraussetzungen des Ablehnungsgrundes geprüft haben, insbesondere die subjektive Absicht der Prozessverschleppung. Hier greift die Beweiserleichterung der Fristenlösung noch nicht, so dass das Gericht in seinem Beschluss ausführlich begründen (§ 34) muss, worin es insbe-

---

843 S.o. Teil II A III 4. e) aa) (2).

844 *Kempf*, FS Hassemer, S. 1041, 1045; *König*, StV 2009, 171.

845 *Kempf*, FS Hassemer, S. 1041, 1047 f., 1053; *ders.*, StraFo 2010, 316, 322; *Trüg*, StraFo 2010, 139, 145; ähnlich *Fischer*, StV 2010, 423, 427.

846 *Gaede*, Bucerius Law Journal, 3/2009, 107, 109.

847 *Gaede*, Bucerius Law Journal, 3/2009, 107, 109.

848 *Gaede*, Bucerius Law Journal, 3/2009, 107, 109

sondere die subjektive Voraussetzung erkennt. Der Arbeitsaufwand für das Gericht ist somit bereits recht umfangreich, bis es überhaupt eine Frist setzen kann.

Hierdurch ist sichergestellt, dass nicht alle länger dauernden Verfahren automatisch einer Fristsetzung unterliegen. Ohne die Beweiserleichterungen der Fristenlösung ist die Ablehnung der ersten Beweisanträge wegen Prozessverschleppungsabsicht an hohe Voraussetzungen geknüpft. Die vom BGH für eine Fristsetzung erforderlichen Kriterien sind somit ausreichend, aber auch erforderlich, um nur Verfahren zu erfassen, in denen bereits im Vorfeld prozessverschleppende Tendenzen zu erkennen waren und eine weitere rechtsmissbräuchliche Inanspruchnahme vom Beweisantragsrecht zu befürchten ist. Der Auffassung des BVerfG, dass auf dieses Kriterium verzichtet werden könnte,[849] kann somit nicht gefolgt werden.[850]

II. Der Begriff des „Indizes“

Die Besonderheit des Ablehnungsgrundes der Prozessverschleppungsabsicht ist seine subjektive Ausrichtung. Die Absicht der Verschleppung ist das Merkmal, das diesen Ablehnungsgrund von den anderen abhebt.[851] Die subjektive Seite des Ablehnungsgrundes kann, da es sich um eine innere Einstellung des Antragstellers handelt, nur aufgrund von Indizien anhand äußerer Beweisanzeichen bewiesen werden.[852] Dies liegt in der Natur der Subjektivität des Merkmals.[853] Der BGH begreift die Fristversäumung nicht als solche als Grund für die Ablehnung eines Beweisantrags, sondern betont wiederholt, dass die Fristsäumnis lediglich „Indiz“ für die Prozessverschleppungsabsicht sei. Welche Folgeprobleme dies aufwirft, soll im Folgenden untersucht werden.

1. Bezugspunkt der Indizwirkung

Es bleiben Unklarheiten, welches Merkmal der Prozessverschleppungsabsicht die Fristversäumung indiziert. In den Urteilen vom 9.5.2007[854] und 18.9.2009[855]

---

849 BVerfG NJW 2010, 2036.

850 S. bereits die Argumentation in Teil I C VIII 2.

851 *Schneider*, FS Geppert, S. 607, 627.

852 *M-G*, § 244 Rn. 68; *ANM*, Beweisantrag, S. 643; *Thole*, Scheinbeweisantrag, S. 160 f.; *Bauer*, NStZ 2008, 542, 543.

853 *Niemöller*, StV 1996, 501, 504.

854 BGHSt 51, 333, 336.

855 BGH NStZ-RR 2009, 21.

kommt der BGH zu dem Ergebnis, dass der späte Zeitpunkt der Antragstellung für sich allein kein ausreichendes Anzeichen für das *Bewusstsein der Nutzlosigkeit der Beweiserhebung* ist. An anderer Stelle spricht er jedoch davon, dass die Fristversäumung das subjektive, innere Element der *Prozessverschleppungsabsicht i.e.S.* indiziert.[856] In einigen Urteilen scheint die gesamte subjektive Seite des Ablehnungsgrundes der Prozessverschleppungsabsicht von der Indizwirkung erfasst zu werden;[857] indiziert würden dann sowohl das Bewusstsein der Nutzlosigkeit der Beweiserhebung als auch die alleinige Absicht der Verschleppung des Verfahrens.

Wie jedoch bereits gezeigt,[858] kann die alleinige Absicht, das Verfahren zu verzögern, ohnehin nur dann vorliegen, wenn der Antragsteller von der Nutzlosigkeit der Beweiserhebung überzeugt ist. Auf welches subjektive Merkmal sich die indizielle Wirkung der Fristsäumnis auswirkt, ist somit nicht entscheidend. Da die neueren Urteile des BGH zudem Tendenzen aufweisen, beide Merkmale zu erfassen, ist aufgrund dieser Entwicklung davon auszugehen, dass die Fristversäumung den gesamten subjektiven Teil des Ablehnungsgrundes indiziert.

2. Die Wirkung als „Indiz“

Dabei soll die indizielle Wirkung der Fristversäumung für sich noch nicht ausreichen, einen Beweisantrag abzulehnen. Die Fristversäumung soll eines von mehreren Beweisanzeichen sein, die zur Beurteilung des Vorliegens der Prozessverschleppungsabsicht herangezogen werden können.[859]

Indizien müssen sich aufgrund einer Gesamtwürdigung[860] aus dem Zeitpunkt der Antragstellung, dem bisherigen Beweisergebnis sowie aus dem bisherigen Prozessverhalten ergeben.[861] Dem bisherigen Prozessverhalten kommt dabei rechtlich wie rechtstatsächlich besondere Bedeutung zu,[862] was statistische Erhebungen in der Praxis bestätigen.[863] Als Indizien für eine subjektive Ver-

856 BGHSt 51, 333, 344; BGHSt 52, 355, 359.

857 BGH NStZ 2007, 716; BGH NStZ 2010, 161, 162; BGH NJW 2011, 2821.

858 S. Teil II A III 4. f) bb).

859 BGHSt 52, 355, 359; BGH NStZ-RR 2009, 21; BGH NStZ 2010, 161, 162; LR-*Becker*, § 244 Rn. 270.

860 SK-*Frister*, § 244 Rn. 173.

861 *Thole*, Scheinbeweisantrag, S. 164; HK-*Julius*, § 244 Rn. 37; *Niemöller*, JR 2010, 332, 334.

862 *M-G*, § 244 Rn. 68.

863 *Römbke*, Ablehnungsgrund der Prozessverschleppung, S. 192 ff.

schleppungsabsicht wurden bspw. die Wiederholung eines zurückgenommenen Antrags,[864] widersprüchliches und unschlüssiges Prozessieren,[865] das wiederholte Stellen von Beweisanträgen, die sich im Nachhinein als völlig sinnlos ergeben haben[866] oder auch eine sukzessive Antragstellung unter Benennung jeweils neuer Beweismittel trotz Scheiterns vorangehender Beweiserhebungen[867] anerkannt.[868]

Die Fristversäumung soll ein ebensolches Indiz sein. Dies ist jedoch problematisch. Abzustellen wäre bei dieser Beweiswürdigung auf das Prozessverhalten des Antragstellers. Der späte Zeitpunkt der Antragstellung kann alleine keine indizielle Wirkung entfalten.[869] Dies verbietet § 246 I. Garantiert § 246 I, dass es dem Angeklagten und der Verteidigung völlig frei steht, wann sie einen Beweisantrag stellt, so kann ein später Antragszeitpunkt für sich genommen keine negativen Konsequenzen nach sich ziehen. Auch der BGH hat in ständiger Rechtsprechung betont, dass der späte Zeitpunkt alleine nicht ausreicht, um eine Prozessverschleppungsabsicht zu begründen.[870] Maßgebend wäre dann formaljuristisch nicht das späte Einbringen des Beweisantrags in den Prozess, sondern die Stellung nach Ablauf der gerichtlich gesetzten Frist. Letztlich läuft dies auf dasselbe hinaus und trägt nur eine andere Bezeichnung. Dass Beweisanträge nicht abgelehnt werden, weil sie (zu) spät gestellt wurden, stimmt mithin nicht. Die Fristenlösung sieht genau dies vor. Es ist widersprüchlich, wenn der BGH einerseits betont, dass eine späte Antragstellung sich nicht nachteilig auswirken könne, hingegen eine verspätete Antragstellung nach Fristablauf ein Indiz für die subjektive Prozessverschleppungsabsicht ist und so die Ablehnung von Beweisanträgen erleichtert. Der Beweiswert der späten Antragstellung kann durch eine gerichtliche Fristsetzung nicht verstärkt werden.

---

864 BGH NJW 1982, 2201; *M-G*, § 244 Rn. 68.

865 LR-*Becker*, § 244 Rn. 273; *M-G*, § 244 Rn. 68.

866 SK-*Frister*, § 244 Rn. 174.

867 KK-*Fischer*, § 244 Rn. 180.

868 Weitere Bsp. hierfür bei KK-*Fischer*, § 244 Rn. 180 f.; LR-*Becker*, § 244 Rn. 271, 272; *Hirsch*, Der zum Zwecke der Prozeßverschleppung gestellte Beweisantrag, S. 59 ff.; *Schwedendieck*, NStZ 1991, 109, 111; Bsp. für nicht anerkannte Indikatoren finden sich bei *HHP*, Beweisantragrecht, Rn. 251; *Hirsch*, Der zum Zwecke der Prozeßverschleppung gestellte Beweisantrag, S. 55 f.

869 BGHSt 51, 333, 336; BGH NStZ 2009, 21; *Witting*, FS Volk, S. 885, 893; KK-*Fischer*, § 244 Rn. 180; LR-*Becker*, § 244 Rn. 271.

870 BGH NStZ 2009, 21.

Die Rechtsprechung kreiert mit der Fristenlösung ein neues Indiz; aus der objektiven Fristversäumung wird auf die subjektive Verschleppungsabsicht geschlossen.[871] Das Gericht muss Indizien nicht finden, sondern schafft sich selbst eines, indem es eine Frist setzt.[872] Diese Kompetenz spricht ihnen der BGH mit Anerkennung der Fristenlösung zu. Es ist jedoch nicht zulässig, die Ablehnung eines Beweisantrags auf ein gerichtlich erzeugtes Indiz zu stützen.[873] Unter dem Aspekt eines fairen Verfahrens ist es nicht möglich, dass das Gericht ein prozessuales Verhalten provoziert, um sodann negative Rechtsfolgen hieran zu knüpfen.

Dass weitere Umstände für eine Prozessverschleppungsabsicht sprechen müssen, ergibt sich bereits daraus, dass eine Fristsetzung nur dann erlaubt ist, wenn bereits prozessverschleppende Anzeichen im bisherigen Prozessverhalten festgestellt wurden. Ob dieser antizipierte Eindruck noch nach Stellung des Beweisantrags aufrecht zu erhalten ist, muss das Gericht vor Ablehnung jedes einzelnen Antrags nochmals prüfen. Die bisherigen Beweisanzeichen müssen also nochmals aufgegriffen werden und ggf. durch weitere ergänzt und bestätigt werden.

Als weiteres Indiz ist die zu erwartende Verfahrensverzögerung des einzelnen Beweisantrags notwendig. Eine Verschleppungsabsicht ohne eine wesentliche Verzögerung des Verfahrens ist nicht denkbar.[874] Zu bedenken ist dabei auch, dass ein Gericht, dass bereits prozessverschleppende Anzeichen im Prozessverhalten erkennt und aufgrund dessen eine Frist setzt, in aller Regel geneigt sein wird, auch im Verhalten nach Fristablauf verschleppende Indizien neben der verspäteten Antragstellung zu erkennen. Diese Bewertung müsste dann in den Urteilsgründen enthalten sein und wäre damit revisibel.

III. Länge der Frist

Eine Frist kann frühestens nach zehn Hauptverhandlungstagen gesetzt werden. Mit Fristsetzung muss das Gericht die Länge der Frist festlegen. In seinem Urteil vom 9.7.2009 hat der BGH eine Frist von 23 Stunden als „eklatant kurz“ und

871 *Kempf*, StraFo 2010, 316, 320.

872 *Thomas*, StV 2010, 428, 432; *Jahn*, StV 2009, 663, 668, die Indizwirkung sei eine „selbsterfüllende Prophezeihung“; *Niemöller*, JR 2010, 332, 334, das Indiz sei „home made“.

873 *Niemöller*, JR 2010, 332, 334.

874 S.o. Teil II A III 4. f) cc).

als nicht ausreichend bezeichnet.[875] Auch das Bundesverfassungsgericht sah hierin eine Beschneidung des Rechts auf effektive Teilhabe.[876] Es stellt sich damit die Frage, nach welchen Kriterien die Länge der Frist bestimmt werden muss.

Das Beweisantragsrecht ist Ausfluss des verfassungsrechtlichen Rechts auf rechtliches Gehör nach Art. 103 I GG. Flankiert wird diese Vorschrift von Art. 6 III b) EMRK, [877] der regelt, dass jede angeklagte Person ausreichend Zeit und Gelegenheit zur Vorbereitung ihrer Verteidigung haben muss.

An diesen Maßstäben muss sich die Länge der Frist messen lassen. Das Äußerungsrecht des Art. 103 I GG garantiert, dass der Betroffene Gelegenheit haben muss, sich zu allen potentiell entscheidungserheblichen Tatsachen und Rechtsfragen zu äußern. Dies wiederum setzt eine angemessene Vorbereitungsfrist voraus.[878] Werden Fristen zur Äußerung gesetzt, müssen diese so bemessen sein, dass der Äußerungsberechtigte in der Lage ist, sich fundiert und sachlich zum entscheidungserheblichen Sachverhalt und zur Rechtslage äußern zu können, um so das Äußerungsrecht effektiv wahrnehmen zu können.[879]

Die Länge der Frist hängt dabei von den Umständen des Einzelfalles ab.[880] Hierzu zählen u.a. Umfang und Stadium des Verfahrens, die Komplexität der Sach- und Rechtslage, die dem Beschuldigten eröffneten Verteidigungsmöglichkeiten sowie eine für den Verteidiger ausreichende Einarbeitungszeit.[881] Dieser Zeitraum muss so bemessen sein, dass Beschuldigter und Verteidiger die Möglichkeit haben, alles zur Vorbereitung des Verfahrens Notwendige zu tun, so dass dem Gericht alle erheblichen Argumente unterbreitet werden können.[882] Ihnen muss bspw. Gelegenheit gegeben werden, eigene Nachforschungen zu betreiben, Auskünfte einzuholen, Einsicht in die Verfahrensakten zu nehmen, Beweisgegenstände zu besichtigen oder eine Stellungnahme zum Tatvorwurf auszuarbeiten.[883]

---

875 BGH BeckRS 2009, 21879, Tz. 30.

876 BVerfG NJW 2010, 2036, 2037.

877 Maunz/Dürig-*Schmid-Aßmann*, Art. 103 GG Rn. 27.

878 BeckOK GG-*Radtke/Hagemeier*, Art. 103 GG Rn. 11.

879 BVerfGE 49, 212, 216; BVerfGE 65, 227, 234 f.; BVerfG NVwZ 2003, 859, 860; BeckOK GG-*Radtke/Hagemeier*, Art. 103 GG Rn. 12.

880 *Meyer-Ladewig*, EMRK, Art. 6 EMRK Rn. 228.

881 BeckOK-*Valerius*, Art. 6 EMRK Rn. 39; Maunz/Dürig-*Schmid-Aßmann*, Art. 103 GG Rn. 27; *Meyer-Ladewig*, EMRK, Art. 6 EMRK Rn. 228.

882 *Meyer-Ladewig*, EMRK, Art. 6 EMRK Rn. 227.

883 BeckOK-*Valerius*, Art. 6 EMRK Rn. 40.

Mit Setzung der Frist sind vom Vorsitzenden die Gründe hierfür mitzuteilen. Der Vorsitzende muss sich dazu äußern, worin er prozessverschleppende Anzeichen im bisherigen Prozessverhalten erblickt. Er muss zudem darauf hinweisen, dass verspätete Anträge pauschal wegen Prozessverschleppungsabsicht in den Urteilsgründen abgelehnt werden können.[884] Dies soll laut Aussage des BGH den Angeklagten in die Lage versetzen, von seinem Selbstladerecht (§ 220) Gebrauch zu machen oder weitere Beweisanträge zu stellen.[885]

Für die Verteidigung bedeutet die Fristsetzung damit einen wichtigen Einschnitt im Hauptverfahren. Sie muss die gesamte Verteidigungsstrategie neu ausrichten. Dabei muss sie die Beurteilung der prozessverschleppenden Anzeichen berücksichtigen. Beweisanträge, die (noch) nicht gestellt werden sollten, müssen vorbereitet werden. Dies geschieht i.d.R. durch schriftliche Abfassung des Antrags als Schriftsatz.[886] Dies muss in Abstimmung mit dem Angeklagten vorbereitet werden. Andererseits muss sich der Verteidiger nicht in eine völlig neue Sachlage einarbeiten. Ob und welche Beweisanträge im Laufe des Verfahrens gestellt werden sollen, ist u.U. bereits besprochen worden. Auch am Tatvorwurf ändert sich hierdurch nichts.

Eine Vertagung der Verhandlung wird dennoch immer notwendig sein, damit die Verteidigung ihre zukünftige Verteidigungsstrategie mit dem Angeklagten besprechen kann. Für die Vorbereitungen werden mehrere Tage, ggf. auch Wochen erforderlich sein, je nach Komplexität und Umfang des Verfahrens. Die Frist wird jedoch selbst in einfach gelagerten Fällen drei Tage nicht unterschreiten können. Im Verwaltungsverfahren wird eine Vorbereitungsdauer von vier bis sechs Wochen für angemessen gehalten[887] und wird auch in strafrechtlichen Umfangsverfahren genügen.

IV. Exkulpation nach Fristablauf

1. Anforderungen an eine Exkulpation

Beweisanträge können auch nach Fristablauf gestellt werden. Diese werden jedoch pauschal in den Urteilsgründen abgelehnt. Will der Antragsteller dies ver-

---

884 S.o. Teil II A I 2. c) bb).

885 BGH NJW 2009, 169, 170 f.

886 *M-G*, § 244 Rn. 32; *Kindhäuser*, StPO, § 22 Rn. 30.

887 Vgl. zur Präklusionsvorschrift im Verwaltungsgerichtsverfahren: Schoch/Schmidt-Aßmann/*Pietzner-Ortloff/Riese*, VwGO, § 87b VwGO Rn. 22, vier bis sechs Wochen seien in jedem Fall ausreichend.

meiden, muss er die Gründe für das verspätete Vorbringen nachvollziehbar und substantiiert darlegen.[888] Bei fehlender und nicht ausreichender Substantiierung kann das Gericht davon ausgehen, dass der Antragsteller nur die Verzögerung des Verfahrens bezweckt.[889]

Als mögliche Gründe für eine Exkulpation werden diskutiert, dass sich die Sachlage erheblich verändert hat, neue Informationen erst nach Fristablauf bekannt geworden sind,[890] oder die Verspätung schlicht auf einem Büroversehen beruht.[891] Bei einer verschuldeten Fristversäumung ist eine Exkulpation nicht denkbar. Wer vorsätzlich die Frist verpasst, kann die Gründe für die Verspätung nicht nachvollziehbar darlegen. Fahrlässiges Versäumen der Frist kann hingegen nicht ausreichen. Für die Annahme einer Prozessverschleppungsabsicht ist erforderlich, dass der Antragsteller allein eine Verfahrensverzögerung erstrebt.[892] Ein fahrlässiges Verhalten kann eine solche Absicht als stärkste Vorsatzform nicht indizieren.

2. Zurechnungsprobleme

Probleme stellen sich dann, wenn eine Exkulpation nur Verteidiger oder Angeklagtem gelingt. Dann ist fraglich, ob die eigene Exkulpation scheitert, weil sich der Antragsteller das Verschulden des anderen zurechnen lassen muss. Hierbei sind zwei Konstellationen denkbar. Zum einen ist denkbar, dass der Verteidiger nach Fristablauf einen Beweisantrag stellt, die Verspätung jedoch nicht auf seinem Verschulden beruht, sondern auf dem Verschulden des Angeklagten, bspw. weil dieser den Verteidiger vorsätzlich erst nach Fristablauf von einem Beweismittel in Kenntnis gesetzt hat. Dann stellt sich die Frage, ob das Verschulden des Angeklagten dem Verteidiger zuzurechnen ist, so dass eine Exkulpation scheitert und der Beweisantrag abgelehnt werden kann.

Zum anderen ist umgekehrt möglich, dass der Angeklagte nach Fristablauf einen Beweisantrag stellt, den er bspw. aufgrund falscher Beratung seines Verteidigers zu spät einbringt. Kann sich der Angeklagte exkulpieren und beruht die Verspätung allein auf dem Verschulden des Verteidigers, stellt sich die Frage, ob dem Angeklagten das Verschulden des Verteidigers zugerechnet werden kann.

---

888 BGHSt 51, 333, 344; BGHSt 52, 355, 363; BGH NStZ 2010, 161, 162.

889 BGH NStZ 2010, 161, 162.

890 BGH NJW 2005, 2466, 2468; *Trüg*, StraFo 2010, 139, 145.

891 *Trüg*, StraFo 2010, 139, 145.

892 *M-G*, § 244 Rn. 67.

Hierbei könnte sich ein Vergleich mit den Vorschriften über die Einsetzung in den vorigen Stand (§§ 44 ff.) anbieten. Bei einem Antrag auf Wiedereinsetzung in den vorigen Stand ist das Verschulden des Verteidigers dem Angeklagten i.d.R. nicht zuzurechnen;[893] d.h. einem Antrag auf Wiedereinsetzung wird auch dann stattgegeben, wenn der Verteidiger die Frist schuldhaft versäumt hat. Da sich bezüglich der Ablehnung wegen Prozessverschleppungsabsicht eigene Maßstäbe entwickelt haben, kann dies jedoch nicht auf das Beweisantragsrecht übertragen werden. Bei der Ablehnung eines Beweisantrags wegen Prozessverschleppungsabsicht ist grundsätzlich die Absicht des jeweiligen Antragstellers entscheidend.[894] Stellt der Verteidiger einen Beweisantrag, kommt es allein auf seine Absichten an,[895] unabhängig davon, ob der Angeklagte die Verschleppungsabsicht des Verteidigers kennt oder billigt.[896] Dem Verteidiger wird die verschleppende Absicht des Angeklagten grundsätzlich nicht zugerechnet, was sich bereits daraus ergibt, dass dieser ein eigenes, von dem des Angeklagten unabhängiges, Beweisantragsrecht hat.[897] Dies gilt auch dann, wenn er den Antrag „namens des Angeklagten" stellt.[898]

Stellt der Angeklagte einen Beweisantrag und liegt nur bei diesem und nicht bei dem Verteidiger Verschleppungsabsicht vor, gilt dasselbe. Der Beweisantrag des Angeklagten kann wegen Prozessverschleppungsabsicht abgelehnt werden, ein identischer Antrag des Verteidigers hingegen nicht. Jedoch hat der BGH die Möglichkeit entwickelt, einem Angeklagten, der selbst exzessiv Beweisanträge gestellt hat, aufzuerlegen, zukünftig alle Beweisanträge nur noch über seinen Verteidiger zu stellen.[899]

Ein Problem ergibt sich dadurch, dass der Ablehnungsgrund der Prozessverschleppungsabsicht dadurch ausgehebelt werden könnte, dass der Beweisantrag von demjenigen nochmals gestellt würde, der keine Prozessverschleppungsab-

---

893 BGHSt 14, 306, 308; *M-G*, § 44 Rn. 18; *Pfeiffer*, StPO, § 44 Rn. 6.

894 *M-G*, § 244 Rn. 69; SK-*Frister*, § 244 Rn. 172; *Eschenhagen*, Missbrauch des Beweisantragsrechts, S. 110.

895 BGHSt 21, 118, 121; LR-*Becker*, § 244 Rn. 285 m.w.N; SK-*Frister*, § 244 Rn. 172.

896 *ANM*, Beweisantrag, S. 647.

897 Vgl. Teil I A II 1; *Fahl*, Rechtsmissbrauch, S. 491; *Thole*, Scheinbeweisantrag, S. 148.

898 LR-*Becker*, § 244 Rn. 285; *ANM*, Beweisantrag, S. 647, 649; *Thole*, Scheinbeweisantrag, S. 148.

899 BGHSt 38, 111, 114; BayObLG NStZ 2004, 647; zust. *Fahl*, Rechtsmissbrauch, S. 495 ff.; *Bünger*, NStZ 2006, 305, 309; abl. SK-*Frister*, § 244 Rn. 184; *Beulke*, FS Amelung, S. 543, 549; *Fezer*, FS Weber, S. 475, 477; *Herdegen*, NStZ 2000, 1, 8; *Niemöller*, StV 1996, 501, 506; *Ventzke*, HRRS 2005, 233.

sicht aufweist.[900] Dieses Dilemma will man dadurch umgehen, dass die innere Einstellung des Angeklagten auf den Beweisantrag des Verteidigers „durchschlägt“, wenn der Verteidiger als bloßes Werkzeug des Angeklagten fungiert[901] oder erkennbar die Verantwortung für den Antrag ablehnt.[902] Dies kann durch Täuschung des Verteidigers über die Sachdienlichkeit der Beweiserhebung geschehen[903] oder kann vorliegen, wenn der Angeklagte ohne verständigen Grund sein Vorbringen mehrfach entgegengesetzt wechselt und hierdurch die Verteidigung in wesentlichen Punkten faktisch selbst führt.[904]

Überträgt man diese Regel-Ausnahme-Rechtsprechung auf die Anforderungen an eine Exkulpation, bedeutet dies Folgendes: Die Prozessverschleppungsabsicht i.e.S. muss als subjektives Merkmal in der Person des Antragstellers vorliegen. Die Indizwirkung nach Fristablauf betrifft damit grundsätzlich nur denjenigen, der den Antrag gestellt hat. Damit muss sich auch nur dieser exkulpieren. Trifft den Antragsteller kein Verschulden, sondern nur den jeweils anderen, dann sind Verteidiger und Angeklagter grundsätzlich nicht als Einheit zu sehen und das Verschulden ist grundsätzlich nicht gegenseitig zurechenbar. Anders ist dies nur dann, wenn der Verteidiger als bloßes Werkzeug des Angeklagten handelt und ersichtlich nicht die Verantwortung für den Beweisantrag übernimmt. Dann kann auch ein Verschulden des Angeklagten eine Exkulpation des Verteidigers verhindern. Dies wird jedoch nur in seltenen Ausnahmefällen der Fall sein.

3. Revisionsrechtliche Kontrolle

Nach Fristablauf gestellte Beweisanträge werden pauschal in den Urteilsgründen abgelehnt. Trägt der Antragsteller Gründe für die Verspätung vor und hält das Gericht diese nicht für „nachvollziehbar und substantiiert“, so ergeht weder ein überprüfbarer Beschluss noch setzt sich das Gericht in den Urteilsgründen mit dem Vorbringen des Antragstellers auseinander. Damit entsteht eine Lücke in

---

900 Vgl. *Eschenhagen*, Missbrauch des Beweisantragsrechts, S. 109; *Schatz*, Beweisantragsrecht, S. 383 f.; ähnlich *Perron*, JZ 1994, 823, 826.

901 *ANM*, Beweisantrag, S. 649; *Thole*, Scheinbeweisantrag, S. 149; dies als „sonderbare Fälle“ abl. *Fahl*, Rechtsmissbrauch, S. 491, 493.

902 *Fahl*, Rechtsmissbrauch, S. 491.

903 *Thole*, Scheinbeweisantrag, S. 149 f.

904 BGH NJW 1953, 1314 f.; BGH NJW 1964, 2118, f.; BGH NJW 1969, 281, 282; *ANM*, Beweisantrag, S. 649; *Schwedendieck*, NStZ 1991, 109, 110 m.w.N.

der revisionsrechtlichen Überprüfbarkeit.[905] Der Antragsteller kann sich in der Revision zwar gegen die Fristsetzung als solche wenden, nicht jedoch gegen die Nichtanerkennung der Exkulpation.

Dies kann auf zwei Wegen umgangen werden. Zum einen könnte das Gericht verpflichtet werden, über die Nichtanerkennung der Exkulpation einen begründeten Beschluss (§ 34) zu fassen, der mit der Beschwerde angreifbar wäre (§ 304 I). Dies wäre jedoch mit einem nicht unerheblichen Aufwand verbunden. Es würde zudem den Antragsteller erneut in die Lage versetzen, das Verfahren dadurch in die Länge zu ziehen, indem er das Gericht mit der Prüfung umfangreicher Exkulpationsgründe beschäftigt.

Daher kommt zum anderen in Frage, das Gericht zu verpflichten, zu dem Vorbringen des Antragstellers im Urteil Stellung zu beziehen. Es müsste dann nicht nur alle Beweisanträge im Urteil pauschal ablehnen, sondern sich auch mit den ggf. vorgebrachten Gründen für die Verspätung auseinandersetzen. Dies hätte den Vorteil, dass das Gericht das Verfahren zu einem Abschluss bringen kann, die Ablehnung der Anträge aber dennoch in vollem Umfang in der Berufungs- oder Revisionsinstanz überprüfbar bliebe.

V. Hinweis- und Protokollierungspflicht

Laut BGH ist die Anordnung der Fristsetzung zu protokollieren gem. § 273 III 1.[906] Er „empfiehlt" zudem, den Grund der Anordnung und die Angemessenheit der Frist zu erläutern.[907] Zudem muss der Vorsitzende die Verfahrensbeteiligten darauf hinweisen, dass Beweisanträge nach Fristablauf nach den allgemeinen Regeln entgegenzunehmen und zu bescheiden sind, sowie dass der Antragsteller die Gründe für die Verspätung darzulegen hat und ansonsten von einer Verschleppungsabsicht ausgegangen werden muss. Zudem müssen die Verfahrensbeteiligten darauf hingewiesen werden, dass eine Ablehnung von Beweisanträgen dann im Urteil erfolgt.[908]

---

905 Vgl. *Schulz*, StV 1991, 354, 356 zur vergleichbaren Regelung des Entwurfs eines Gesetzes zur Entlastung der Rechtspflege, BR-Drucks. 314/91, S. 11, 104 ff.; i.Ü. s. Teil I E I 2.

906 BGHSt 52, 355, 363.

907 BGHSt 52, 355, 363.

908 BGHSt 52, 355, 363.

1. Protokollierungspflicht

a) Muss- und Sollinhalt

Ins Protokoll aufgenommen werden muss damit,

- dass eine Frist gesetzt wird,
- was die Gründe hierfür sind (hier müssen Erläuterungen zur mindestens zehntätigen Hauptverhandlungsdauer sowie zu den prozessverschleppenden Anzeichen im bisherigen Prozessverhalten gemacht werden)[909] sowie
- Ausführungen zur Angemessenheit der Frist (hier müssen Umfang und Komplexität der Sache sowie die sonstigen Umständen des Einzelfalles ausgeführt und begründet werden)[910].

Die Formulierung des BGH, dass die Anordnung der Frist „zu protokollieren ist",[911] spricht für eine zwingende Verfahrensweise. Die Gründe für die Anordnung sowie die Angemessenheit der Frist müssen demnach nicht zwingend aufgenommen werden; der BGH „empfiehlt" dies lediglich. Eine revisionsrechtliche Überprüfung der Fristsetzung wird jedoch nur bei umfangreicher Protokollierung möglich sein;[912] für einen optimalen Schutz des Angeklagten sollte sie somit erfolgen.

b) Folgen fehlender Protokollierung

Unklar bleibt, welche Folge eine fehlende Protokollierung nach sich zieht.[913] Hier ist wiederum zwischen dem zwingenden und dem optionalen Inhalt zu differenzieren. Bei Verletzung einer Soll-Vorschrift beruht das Urteil nicht auf der Gesetzesverletzung i.S.d. § 337, so dass eine Revision hierauf nicht gestützt werden kann.[914] Als eine solche Soll-Vorschrift ist die Protokollierung der Anordnungsgründe und der Angemessenheit der Frist zu werten. Wird dies nicht protokolliert, ist eine hierauf beruhende Revision nicht erfolgreich.

---

909 S.o. Teil II B I.

910 S.o. Teil II B III.

911 BGHSt 53, 355, 363.

912 Vgl. *Pfister*, Diskussionsbericht, S. 94 in: *Jahn/Nack*, Wer regelt das Strafrecht?, Referate und Diskussionen auf dem 2. Karlsruher Strafrechtsdialog.

913 *Beulke*, StV 2009, 554, 556.

914 *M-G*, § 337 Rn. 4.

Wird die Fristsetzung als solche nicht protokolliert, kann jeder Verfahrensbeteiligte die vollständige Niederschreibung und bei ablehnender Entscheidung des Vorsitzenden gem. § 273 III 2 gerichtliche Entscheidung beantragen. Ist auch der hierauf bezogene Beschluss negativ, ist eine Beschwerde grundsätzlich nicht möglich, § 305 S. 1.[915] Eine Revision kann nicht auf Mängel des Protokolls gestützt werden.[916]

c) Fristsetzung als wesentliche Förmlichkeit nach § 273 I

Wieso der BGH die Fristsetzung hingegen nicht als „wesentliche Förmlichkeit" bereits aufgrund § 273 I als notwendigen Bestandteil des Protokolls begreift,[917] bleibt ebenso unklar. „Wesentliche Förmlichkeiten" i.S.d. § 273 I sind alle Vorgänge, die für die Gesetzmäßigkeit des Verfahrens von Bedeutung sind.[918] Hierzu zählen insbesondere alle während der Hauptverhandlung ergangenen Entscheidungen des Gerichts.[919] So ist die Bescheidung von Beweisanträgen gem. § 273 I zu protokollieren. Ins Protokoll aufzunehmen sind dabei der Beschluss (§ 244 VI) und der wesentliche Inhalt seiner Begründung.[920] Wesentliche Förmlichkeiten sind zudem solche, deren Verletzung zu einem Rechtsfehler i.S.d. §§ 337, 338 führen kann.[921]

Die Anordnung der Fristsetzung beinhaltet gleichzeitig eine pauschale Vorablehnung der verfristeten Beweisanträge. Diese Beweisanträge werden nach Fristablauf nicht nochmals durch Beschluss beschieden. Ihre Ablehnung erfolgt automatisch in den Urteilsgründen, sollte sich der Antragsteller nicht exkulpieren können.[922] Bereits die Anordnung der Fristsetzung wirkt damit wie ein ablehnender Beschluss in der Hauptverhandlung. Es ergeht nicht noch ein ableh-

---

915 Zu der Ausnahme, wenn ein außerhalb des Verfahrens liegender Zweck verfolgt wird: KK-*Engelhardt*, § 273 Rn. 36.

916 *M-G*, § 273 Rn. 36 und § 344 Rn. 26.

917 So wohl *Kempf*, FS Hassemer, S. 1041, 1047.

918 KK-*Engelhardt*, § 273 Rn. 4; LR-*Gollwitzer*, § 273 Rn. 6; *M-G*, § 273 Rn. 6; *Krawczyk*, Absolute Beweiskraft, S. 26; *Kahlo*, FS Meyer-Goßner, S. 447, 455 m.w.N.

919 KK-*Engelhardt*, § 273 Rn. 12; *Krawczyk*, Absolute Beweiskraft, S. 31; ähnlich *Kahlo*, FS Meyer-Goßner, S. 447, 465 f., unter Berücksichtigung des übergeordneten Zweckes des Strafverfahrens.

920 BGH StV 1994, 635; BeckOK-*Peglau*, § 273 Rn. 14; HK-*Julius*, § 244 Rn. 65; KK-*Fischer*, § 244 Rn. 118; *M-G*, § 273 Rn. 7; *ANM*, Beweisantrag, S. 766.

921 HK-*Julius*, § 273 Rn. 5.

922 BGH NJW 2005, 2466, 2468.

nender Beschluss nach § 244 VI, der gem. § 273 I zu protokollieren wäre. Auch dies spricht dafür, die gewichtige Entscheidung des Gerichts, eine Frist zu setzen, als wesentliche Förmlichkeit zu verstehen.

Wird ein Beweisantrag gar nicht oder verspätet beschieden, rechtfertigt dies eine Revision (§ 338 Nr. 8).[923] Bescheidet das Gericht Beweisanträge entgegen § 244 VI in den Urteilsgründen, ist dies grundsätzlich revisibel. Die Anordnung der Frist ist somit eine Förmlichkeit, bei deren Nichtvorliegen ein Revisionsgrund vorläge. Dies spricht dafür, die Fristanordnung gem. § 273 I zu protokollieren.

Nach § 273 III ist eine vollständige Niederschreibung von Vorgängen während der Hauptverhandlung oder des Wortlauts einer Aussage oder Äußerung möglich. Hiervon werden insbesondere Handlungen von den Verfahrensbeteiligten erfasst, wie etwa Lachen, Schlafen oder die Mimik der Betroffenen.[924] Es muss auf die Feststellung der Vorgänge ankommen; dies ist der Fall, wenn die Vorgänge Verfahrensfehler enthalten, sie Anlass zu Beweisanträgen geben oder wenn sie für die Beweiswürdigung von besonderer Bedeutung sind.[925] Es muss somit ein „rechtliches Interesse" an der Niederschreibung existieren.[926]

Es stellt sich somit die Frage, ob die Anordnung der Frist tatsächlich hiervon erfasst wird. Die Befristung von Beweisanträgen soll zu einer frühen Antragstellung führen. Zudem kann sie dazu führen, dass Beweisanträge gestellt werden, die die Verteidigung zurückhalten wollte oder ggf. gar nicht stellen wollte. Die Anordnung der Frist kann somit zu weiteren Beweisanträgen Anlass geben. Insofern könnte eine vollständige Niederschreibung möglich sein.

Jedoch wird die Frist vom Vorsitzenden im Rahmen seiner Sachleitungsbefugnis angeordnet. Diese Anordnung ist eine Entscheidung, die ein einzelner Richter im Rahmen der Erfüllung einer besonderen Aufgabe (hier als Vorsitzender des Gerichts) trifft. Damit ist sie als prozessbegleitende Verfügung[927] zu qualifizieren und gleichzeitig eine „Entscheidung" i.S.d. § 273 I. Sie muss damit zwingend nach § 273 I protokolliert werden.[928]

---

923 BeckOK-*Wiedner*, § 338 Rn. 157.5; HK-*Julius*, § 244 Rn. 86; KK-*Kuckein*, § 338 Rn. 101; *Eisenberg*, Beweisrecht, Rn. 305.

924 HK-*Julius*, § 273 Rn. 12; *M-G*, § 273 Rn. 19; *Pfeiffer*, StPO, § 273 Rn. 6.

925 KK-*Engelhardt*, § 273 Rn. 23; *M-G*, § 273 Rn. 21 ff.; *Pfeiffer*, StPO, § 273 Rn. 6.

926 Zur Ungeklärtheit dieses Begriffs vgl. HK-*Julius*, § 273 Rn. 13 m.w.N.

927 S. hierzu *Beulke*, StPO, Rn. 488; *Kindhäuser*, StPO, § 24 Rn. 11.

928 *M-G*, § 273 Rn. 11; *Roxin/Schünemann*, StPO, § 23 Rn. 3, § 51 Rn. 2.

Zudem unterscheiden sich die Rechtsfolgen der beiden Absätze des § 273 I und III. Nahezu unstreitig von der Beweiskraft des § 274 sind die „wesentlichen Förmlichkeiten" nach § 273 I erfasst.[929] Umstritten ist hierbei lediglich, ob der Begriff der „für die Hauptverhandlung vorgeschriebenen Förmlichkeiten" des § 274 S. 1 weiter gefasst werden muss.[930] Ob auch die vollständigen Niederschriften des § 273 III von der Beweiskraft erfasst sind, ist noch nicht obergerichtlich entschieden worden.[931] Der BGH hat lediglich im Hinblick auf einen wörtlich protokollierten Rechtsmittelverzicht eine formelle Beweiskraft angenommen.[932]

Von der Beweiskraft des § 274 sind damit jedenfalls die „wesentlichen Förmlichkeiten" nach § 273 I erfasst. Zählte man die Anordnung der Frist hinzu, unterfiele diese der positiven wie negativen Beweiskraft des Protokolls.[933] Wurde versäumt, die Fristsetzung zu protokollieren, so gilt sie als nicht erfolgt, sog. negative Beweiskraft.[934] Dies hätte zur Folge, dass Beweisanträge, die erst in den Urteilsgründen beschieden wurden, fehlerhaft abgelehnt wurden. Eine Revision wegen einer Verletzung von Verfahrensrecht ist dann möglich.[935]

Für den Angeklagten ist die Kategorisierung der Fristsetzung als „wesentliche Förmlichkeit" i.S.d. § 273 I damit von Vorteil. Einen überzeugenden Grund, die Fristsetzung der vollständigen Niederschreibung nach § 273 III zuzuordnen, lässt sich hingegen nicht finden.

Die Anordnung des Vorsitzenden, eine Frist zur Stellung von Beweisanträgen zu stellen, ist danach als „wesentliche Förmlichkeit" bereits nach § 273 I ins Protokoll aufzunehmen und nicht nach § 273 III. Damit ist sie von der Beweiskraft des Protokolls erfasst, § 274.

---

929 *Kahlo*, FS Meyer-Goßner, S. 447, 453 f. m.w.N.

930 Dies befürwortend: BGHSt 16, 306, 307; KK-*Engelhardt*, § 274 Rn. 4; BeckOK-*Peglau*, § 274 Rn. 7; a.A.: *M-G*, § 274 Rn. 8.

931 BeckOK-*Peglau*, § 274 Rn. 8.

932 BGHSt 18, 257, 258; BGH, BeckRS 2009, 87204; KG, NZV 2003, 99; BeckOK-*Peglau*, § 274 Rn. 8.

933 *M-G*, § 274 Rn. 12 ff.

934 Umgekehrt gilt eine tatsächlich nicht vorgenommene Fristsetzung als geschehen, wenn sie protokolliert wurde (positive Beweiskraft).

935 KK-*Fischer*, § 244 Rn. 223, 226.

2. Hinweispflicht

Daneben muss der Vorsitzende auf die Exkulpationspflicht des Antragstellers nach Fristablauf und auf die Folge der Abweisung des Beweisantrags in den Urteilsgründen hinweisen.[936] Dieser Hinweis könnte mit der Vorschrift des § 265 zur gerichtlichen Hinweispflicht bei Änderung des rechtlichen Gesichtspunkts vergleichbar sein. § 265 verpflichtet das Gericht, den Angeklagten so aufzuklären, dass seine umfassende Verteidigung gesichert ist.[937] Diese Vorschrift wird als gesetzlich geregelter Fall der allgemeinen gerichtlichen Fürsorgepflicht verstanden.[938] Der Hinweis ist als wesentliche Förmlichkeit in das Hauptverhandlungsprotokoll aufzunehmen.[939] § 265 erfasst nur Änderungen des rechtlichen Gesichtspunkts in Hinblick auf die angeklagte prozessuale Tat; Änderungen der Verfahrenslage ermöglichen lediglich eine Aussetzung nach § 265 IV. Eine Fristsetzung für Beweisanträge wird von der Hinweispflicht nach § 265 nicht erfasst, die dahinterstehenden Grundsätze könnten jedoch übertragbar sein.

Auch die Hinweispflicht im Rahmen der Fristenlösung könnte sich aus der gerichtlichen Fürsorgepflicht ergeben. Das Rechtsstaatsprinzip erfordert ein faires Verfahren, Art. 20 III GG. Hieraus ergibt sich die gerichtliche Fürsorgepflicht.[940] Das Gericht muss einem Angeklagten, der erkennbar seine Rechte nicht kennt und sich deshalb nicht umfänglich verteidigen kann, eine Hilfestellung geben.[941] Sie garantiert, dass allen Verfahrensbeteiligten die Gelegenheit gegeben wird, sich ihrer prozessualen Befugnisse zu bedienen, bspw. sachgerechte Anträge zu stellen.[942] Die gerichtliche Fürsorgepflicht ist damit Regulativ für die Inquisitionsmaxime[943] und Gegengewicht zum Auslegungstopos der Funktionstüchtigkeit der Justiz.[944]

Daraus folgt, dass die Rechtsfolgen einer Fristversäumung in der Hauptverhandlung offen kommuniziert werden müssen. Es muss klar sein, dass auch nach

---

936 BGHSt 52, 355, 363.

937 *M-G*, § 265 Rn. 1 ff.

938 *Roxin/Schünemann*, Strafverfahrensrecht, § 44 Rn. 27.

939 *M-G*, § 265 Rn. 33.

940 *Beulke*, StPO, Rn. 383; a.A.: *Roxin/Schünemann*, Strafverfahrensrecht, § 11 Rn. 11: Die Fürsorgepflicht ergebe sich aus dem Sozialstaatsprinzip; offen gelassen bei LR-*Kühne*, Einl. I, Rn.121 m.w.N.

941 *Beulke*, StPO, Rn. 383.

942 LR-*Kühne*, Einl. I, Rn. 122, 124.

943 LR-*Kühne*, Einl. I, Rn. 122; *Roxin/Schünemann*, Strafverfahrensrecht, § 44 Rn. 26.

944 *Kühne*, Strafprozessrecht, Rn. 289.

Fristablauf Beweisanträge gestellt werden können, diese jedoch unter erleichterten Voraussetzungen abgelehnt werden können. Um sich umfänglich auf die neue Verfahrenssituation einstellen zu können, ist eine Aufklärung über die Möglichkeit der Exkulpation erforderlich. Nur dann kann die Verteidigung abwägen, ob sie das Risiko einer Beweisantragsstellung nach Fristablauf eingehen möchte. Dies zu ermöglichen, ist Aufgabe des Gerichts und gebietet die gerichtliche Fürsorgepflicht. Auch zum Schutz des Rechts auf rechtliches Gehör (Art. 103 III GG) ist ein Hinweis auf verschlechterte Verteidigungsmöglichkeiten nach Fristablauf erforderlich.

Auch hier stellt sich die Frage, welche Rechtsfolge eine Verletzung der Hinweispflicht nach sich zieht. Ob auch der gerichtliche Hinweis in das Hauptverhandlungsprotokoll aufzunehmen ist, lässt der BGH offen. Eine Protokollierung ist jedoch auch hier sinnvoll. Kern der Fristenlösung sind ihre Rechtswirkungen nach Fristablauf. Wenn die Anordnung der Frist § 273 I unterfällt, ist auch der entsprechende Hinweis auf die Rechtsfolgen der Fristsetzung hiernach in das Protokoll aufzunehmen. Ist der Hinweis also erteilt worden, aber nicht in das Hauptverhandlungsprotokoll aufgenommen, gilt er als nicht erteilt, § 274 (negative Beweiskraft).

Ob ein Urteil jedoch auf diesem Verfahrensfehler i.S.d. § 337 beruht, ist im Einzelfall zu entscheiden. Der Verstoß muss für das Urteil kausal sein.[945] Wenn der Verteidiger mit dem Fristenlösungsmodell vertraut ist und dessen Rechtsfolgen kennt, ist nicht davon auszugehen, dass der Angeklagte bei Erteilung des Hinweises anders verteidigt worden wäre.[946] Das Urteil beruht dann nicht auf dem unterbliebenen gerichtlichen Hinweis.

VI. Zusammenfassende Betrachtung der Fristenlösung nach geltendem Recht

Die Kritik an der Fristenlösung hat sich bei Auslegung der betroffenen Vorschriften als weitestgehend zutreffend erwiesen. Mit der bestehenden Rechtslage ist die Fristenlösung nicht vereinbar.

Die Auswertung der Statistiken zur Arbeitsbelastung der Gerichte hat ergeben, dass ein Fristenlösungsmodell nur in Einzelfällen und nur in extremen Verfahrenssituationen erforderlich ist. Dennoch kann ein Bedürfnis nach einer handhabbaren Lösung zur Vermeidung von Rechtsmissbrauch nicht abgestritten

945 KK-*Kuckein*, § 337 Rn. 33.

946 Vgl. in Bezug auf § 265: *M-G*, § 265 Rn. 48.

werden. Auch einzelne Verfahren können ganze Gerichte blockieren.[947] Die vom BGH entwickelte Fristenlösung zeigt jedoch Unsicherheiten in ihrer konkreten Anwendung. Bei näherer Betrachtung haben sich zahlreiche Folgeprobleme ergeben. Bei Umsetzung einer gesetzlichen Kodifizierung der Fristenlösung wäre es erforderlich, diese Folgeprobleme nicht aufkommen zu lassen, bzw. detailliert zu regeln.

947 Vgl. o.g. Urteil des LG Wiesbaden, NJW 1995, 409, (Teil I B I); *Perron*, JZ 1994, 823, 826.

Teil III: Lösungsmodelle

Es besteht ein Bedürfnis zur Begegnung von Rechtsmissbrauch im Beweisantragsrecht. Der BGH hat hiergegen mit der Fristenlösung einen von vielen verschiedenen Wegen eingeschlagen.[948] In diesem Teil soll eine Lösung zur Verhinderung des Missbrauchs des Beweisantragsrechts entwickelt werden, die auf den Erkenntnissen der Untersuchung aufbaut. Die bisherigen Ergebnisse bilden die Rahmenbedingungen für ein Lösungsmodell. Sie sollen nochmals zusammengefasst werden, um auf ihrer Basis eine gesetzliche Lösung zu entwickeln. Dabei sollen zunächst bereits bestehende gesetzliche Möglichkeiten de lege lata ausgelotet werden, da eine gesetzliche Neuregelung danach u.U. überflüssig sein könnte. Sollten die bestehenden gesetzlichen Möglichkeiten hingegen nicht ausreichen, muss ein eigenes Lösungsmodell de lege ferenda entwickelt werden. Hierfür sollen die Systeme ausländischer Rechtsordnungen zu Rate gezogen werden. Ob eine Lösung auf bereits vorgeschlagenen Gesetzesentwürfen im Rahmen der Reformierungsversuche basieren kann, soll zudem Gegenstand der folgenden Untersuchungen sein. Ziel dieses Teiles ist die Ausarbeitung eines eigenen Lösungsmodells de lege ferenda.

A. Rahmenbedingungen

Weder die Strafjustiz noch das Beweisantragsrecht stehen kurz vor einem Kollaps. Dennoch gibt es Einzelfälle, in denen das Beweisantragsrecht rechtsmissbräuchlich eingesetzt wird. Dies kann ein ohnehin überlastetes Gericht an den Rand seiner Leistungsfähigkeit bringen. Auf der Suche nach einer Lösung gegen einen dysfunktionalen Einsatz darf dieses nur soweit eingeschränkt werden, wie es erforderlich ist, um seinen rechtsmissbräuchlichen Einsatz zu verhindern. Eine darüber hinaus gehende Einschränkung wäre zugleich eine Verletzung des verfassungsrechtlich verbürgten Rechts auf rechtliches Gehör (Art. 103 I GG). Es verpflichtet den Gesetzgeber, diesem Leistungsrecht durch prozessrechtliche Normierung Geltung zu verschaffen.[949] Die Einführung einer Präklusionsvorschrift ist dabei nicht per se ausgeschlossen; vielmehr besteht ein gesetzgeberi-

948 Vgl. die Übersicht über die diversen Gesetzesvorschläge zur Bekämpfung des Missbrauchs prozessualer Rechte bei *Pöstges*, Funktion und Missbrauch prozessualer Rechte, S. 168 ff.

949 *Epping*, Grundrechte, Rn. 961, 967; Normierungen in der StPO finden sich bspw. in den §§ 33 f., 163a, 201, 243 IV, 257 I, 258, 308 I, 311 III, 311a, 324 II, 326, 350 II, vgl. *Kindhäuser*, StPO, § 18 Rn. 20.

scher Spielraum bei der einfachgesetzlichen Ausgestaltung. Insbesondere der Beschleunigungsgrundsatz kann bei einer Neuregelung einen gewichtigen Gegenpol zum Recht auf rechtliches Gehör bilden.[950] Dabei ist stets ein Ausgleich zwischen dem Interesse an einem zügigen Verfahren einerseits und dem Interesse an einer effektiven Verteidigung andererseits zu finden.

Um eine Lösung zu entwickeln, ist es erforderlich, sich nochmals die zu erfassenden Einzelfälle vor Augen zu führen: Beweisanträge werden rechtsmissbräuchlich eingesetzt, wenn sie nicht der Wahrheitsfindung dienen.[951] Sie können massenhaft und auf einen Schlag gestellt werden (sog. Tsunami-Anträge) oder stoßweise vorgebracht werden (sog. Geysir-Anträge).[952] Eine ausgeglichene Lösung muss konkretisieren, ab wann ein Verhalten rechtsmissbräuchlichen Charakter hat. Dabei gilt es zu beachten, dass ein konfliktbehafteter und umfangreicher Einsatz des Beweisantragsrechts in der Strafprozessordnung nicht nur angelegt ist, sondern vorausgesetzt wird.[953] Die Verfahrensbalance zwischen den Beteiligten muss bei einer Lösung stets gewahrt werden.

Bei einer Kodifizierung sollte zudem die Frage gestellt werden, ob die Fristenlösung sinnvollerweise in den Ablehnungsgrund der Prozessverschleppungsabsicht inkorporiert werden sollte oder ob diese aus dem Ablehnungsgrund der Prozessverschleppungsabsicht herausgelöst werden muss. Eine Einbettung in den Ablehnungsgrund der Prozessverschleppungsabsicht würde eine grundlegende Umgestaltung des Ablehnungsgrundes erfordern. Eine Loslösung aus dem Ablehnungsgrund müsste hingegen mit den bestehenden Vorschriften zum Beweisantragsrecht kompatibel sein (insbesondere in Hinblick auf die Vorschriften der §§ 244 VI und 246 I).

Vorab gilt es jedoch zu klären, ob dem rechtsmissbräuchlichen Einsatz des Beweisantragsrechts nicht auf anderem Wege bereits mit den gegebenen gesetzlichen Möglichkeiten begegnet werden kann.

B. Lösungsmöglichkeiten de lege lata

Die Strafprozessordnung bietet etliche Möglichkeiten, rechtsmissbräuchlichem Verhalten der Verfahrensbeteiligten zu begegnen. Eine Kodifizierung eines Fristenlösungsmodells ist nur erforderlich, wenn de lege lata keine ausreichenden

950 BVerfGE 69, 145, 148 f.; *Epping*, Grundrechte, Rn. 970.

951 S. Teil II A III 4. a).

952 S.o. Teil II A III 4. d).

953 S.o. Teil II A III 4. c).

Möglichkeiten bestehen, Rechtsmissbrauch im Beweisantragsrecht zu verhindern. Im Folgenden sollen bereits bestehende Vorschriften auf ihre diesbezügliche Tauglichkeit untersucht werden.

I. Allgemeines ungeschriebenes Missbrauchsverbot

Eine ausdrückliche Normierung eines allgemeinen gesetzlichen Missbrauchsverbots gibt es in der StPO nicht.[954] Es existieren lediglich Regelungen zum Missbrauch einzelner Rechte wie bspw. dem des Fragerechts (§§ 239 I, 241 I) oder dem des Verteidigerrechts (§ 138a I Nr. 2).[955] Ob es dennoch ein ungeschriebenes, allgemein gültiges Missbrauchsverbot im Strafprozessrecht gibt, ist umstritten.[956] An dieser Stelle kann nicht in aller Tiefe auf Existenz und Voraussetzungen eines ungeschriebenen Missbrauchsverbots eingegangen werden;[957] die wesentlichen Argumente für und gegen ein solches Verbot sollen dennoch skizziert werden. Gäbe es ein generalklauselartiges Missbrauchsverbot, wäre es denkbar, Beweisanträge jenseits der kodifizierten Ablehnungsgründe zurückzuweisen oder der Verteidigung oder dem Angeklagten das Beweisantragsrecht gänzlich für die Zukunft zu entziehen,[958] um so dem massenhaften und rechtsmissbräuchlichen Gebrauch des Beweisantragsrechts im Vorfeld zu begegnen.

In der Rechtsprechung hat bereits das Reichsgericht in diversen Entscheidungen prozessuale Rechte aufgrund rechtsmissbräuchlicher Ausübung beschränkt.[959] Diese Rechtsprechung setzt auch der BGH fort.[960] Die StPO enthält Vorschriften, in denen gegen Rechtsmissbrauch präventiv vorgegangen wird

---

954 *Horvat*, Das allgemeine Missbrauchsverbot, S. 11, 55; *Kröpil*, ZRP 1997, 9, 10.

955 KK-*Pfeiffer/Hannich*, Einl. Rn. 22a; *Abdallah*, Die Problematik des Rechtsmissbrauchs im Strafverfahren, S. 158 ff.; *Niemöller*, StV 1996, 501.

956 Vgl. die Nachweise pro und contra bei *Kröpil*, ZRP 1997, 9, 10, Fn. 20.

957 S. hierzu *Abdallah*, Die Problematik des Rechtsmissbrauchs im Strafverfahren; *Fahl*, Rechtsmissbrauch, insb. S. 728 ff.; *Kudlich*, Strafprozess und allgemeines Missbrauchsverbot; *Schatz*, Beweisantragsrecht, S. 300 ff.; *Spiekermann*, Missbrauch, S. 135 ff.

958 *Schatz*, Beweisantragsrecht, S. 300; zur Frage, ob hierin ein Entzug oder lediglich eine Beschränkung des Beweisantragsrechts zu sehen ist, anschaulich bei *Fezer*, FS Weber, S. 475, 477, Fn. 17 m.w.N.

959 RGSt 1, 241, 244; RGSt 45, 138, 141; RGSt 66, 14, 15.

960 Vgl. exemplarisch in jüngerer Vergangenheit: BGHSt 38, 111, 113 sowie BGHSt 51, 88, 92.

oder die auf einem allgemeinen Missbrauchsgedanken basieren.[961] Hierzu zählt u.a. auch der Ablehnungsgrund der Prozessverschleppungsabsicht.[962] Welcher Schluss aus diesen Normierungen zu ziehen ist, ist hingegen umstritten.[963] Geht man von einem verallgemeinerungsfähigen Rechtsgedanken des Strafprozesses aus, kann man ein Missbrauchsverbot anerkennen.[964] Spricht man diesen Regelungen abschließenden Charakter zu, ist eine Verallgemeinerung hingegen nicht möglich.[965] Die Befürworter eines ungeschriebenen Missbrauchsverbots berufen sich auf die Lückenhaftigkeit der StPO; der Gesetzgeber habe Spielräume gelassen, die im Rahmen richterlicher Rechtfortbildung ein Missbrauchsverbot ermöglichen.[966] Das Prinzip des Rechtsmissbrauchs beherrsche das gesamte Recht und entfalte seine Wirkungen damit – „wie in jedem Prozess“[967] - auch im Strafverfahren.[968]

Gegen die Anerkennung eines allgemeinen Missbrauchsverbots lassen sich ebenfalls zahlreiche Argumente finden. Jedem Recht ist es immanent, missbraucht zu werden. Die Gewährung eines Rechts beinhaltet zwangsläufig auch immer die Gefahr seines Missbrauchs.[969] Zum Teil wird argumentiert, dass jedes Recht eine Missbrauchsschranke enthalte (sog. Innentheorie)[970] und nur bis zur

---

961 Bspw. §§ 26a I Nr. 3, 29 II, 137 I 2, 138b, 231a f., 266 III 1; s. hierzu BGHSt 51, 88, 92; LR-*Kühne*, Einl. H Rn. 40 f.; *M-G*, Einl. Rn. 111; *Beulke*, FS Amelung, S. 543, 544; *Kröpil*, ZRP 1997, 9, 10.

962 *Kröpil*, ZRP 1997, 9, 10.

963 LR-*Kühne*, Einl. H Rn. 56; vgl. zur gleichberechtigten Argumentation mit Analogieschluss auf der einen und argumentum e contrario auf der anderen Seite: *Thomas*, StV 2010, 428, 431.

964 *M-G*, Einl. Rn. 111; *Fahl*, Rechtsmissbrauch, insb. S. 728; *Pfister*, Rechtsmissbrauch, in: *Jahn/Nack*, Wer regelt das Strafrecht?, Referate und Diskussionen auf dem 2. Karlsruher Strafrechtsdialog, S. 74, 75; so wohl auch BGHSt 51, 88, 92.

965 KMR-*Eschelbach*, Vor § 226 Rn. 7; LR-*Kühne*, Einl. H Rn. 57; LR-*Lüderssen/Jahn*, Vor § 137 Rn. 165; *Kühne*, StPO, Rn. 293; *Jahn*, StV 2009, 663, 667; *Niemöller*, StV 1996, 501, 501; *Weber*, GA 1975, 289, 300.

966 *Beulke*, Rechtsmissbrauch, in: *Jahn/Nack*, Wer regelt das Strafrecht?, Referate und Diskussionen auf dem 2. Karlsruher Strafrechtsdialog, S. 85, 87.

967 BGHSt 38, 111, 113.

968 BGHSt 38, 111; BGHSt 51, 88, 92; vgl. *Kühne*, StPO, Rn. 292 m.w.N.

969 *Beulke*, FS Amelung, S. 543, 545; *Niemöller*, StV 1996, 501, 502; *Schulz*, StV 1991, 354, 362; a.A.: *Horvat*, Das allgemeine Missbrauchsverbot, S. 39 ff., 170.

970 Begriff bei *Horvat*, Das allgemeine Missbrauchsverbot, S. 39.

Grenze des Missbrauchs ausgeübt werden könne.[971] Eine ausdrückliche gesetzliche Eingriffsnorm sei somit nicht erforderlich. Hiergegen spricht jedoch der im Strafverfahren geltende Grundsatz der Formstrenge.[972] Er gebietet eine Regelungstechnik der enumerativen Aufzählung[973] und verbietet Analogieschlüsse zu Lasten des Angeklagten.[974] Damit gilt: Wird eine Handlungsweise von einem gesetzlichen Verbot nicht erfasst, ist es erlaubt.[975] Daher haben die Ablehnungsgründe für Beweisanträge abschließenden Charakter.[976] Apokryphe Ablehnungsgründe für Beweisanträge kann es demnach nicht geben. Dies gilt auch für eine Ablehnung wegen Missbrauchs. Der Ablehnungsgrund der Prozessverschleppungsabsicht kann daher nicht argumentativ als pars pro toto für ein allgemeines Missbrauchsverbot herangezogen werden.[977]

Zudem müsste eine effektive Missbrauchsabwehr darauf hinaus laufen, dem Angeklagten und der Verteidigung das Beweisantragsrecht in Extremfällen für die Zukunft zu entziehen. Dann ginge es nicht mehr um die Ablehnung eines Beweisantrags aufgrund bereits erfolgten Rechtsmissbrauchs, sondern um einen Entzug des Beweisantragsrechts als solchem aufgrund drohenden, zukünftig zu erwartenden Rechtsmissbrauchs.[978] Dieser Eingriff hat nochmals eine andere Qualität als die Ablehnung eines einzelnen Antrags und stellt damit besondere Anforderungen an Eingriffsgrundlage, deren Bestimmtheit und an die Rechtfertigung des Eingriffs. Ein Eingriff in das verfassungsrechtlich gesicherte Beweisantragsrecht ist nur auf Grundlage einer Ermächtigungsgrundlage möglich.[979] Eine Entziehung dieses prozessualen Rechts ist zugleich ein Eingriff in das Grundrecht des Angeklagten (Art. 103 I GG). Dies ist aufgrund des Vorbehalts des Gesetzes und der Wesentlichkeitstheorie des BVerfG nicht ohne gesetzliche

---

971 *Roxin*, FS Hanack, S. 1, 12, 20.

972 *Horvat*, Das allgemeine Missbrauchsverbot, S. 39 ff., 173; *Schatz*, Beweisantragsrecht, S. 301.

973 *Schatz*, Beweisantragsrecht, S. 302, 305.

974 *Kühne*, StPO, Rn. 293; *Kröpil*, ZRP 1997, 9, 10.

975 *Beulke*, FS Amelung, S. 543, 545.

976 *Schatz*, Beweisantragsrecht, S. 303.

977 KMR-*Eschelbach*, Vor § 226 Rn. 7; *HHP*, Beweisantragsrecht, Rn. 255.

978 *Niemöller*, StV 1996, 501, 505; s. hierzu *Wohlers*, Die Reaktion, in: *Jahn/Nack*, Strafprozesspraxis und Rechtswissenschaft – getrennte Welten?, Referate und Diskussionen auf dem 1. Karlsruher Strafrechtsdialog, S. 42, 46 ff.

979 *Kühne*, StPO, Rn. 293; *Schatz*, Beweisantragsrecht, S. 301 f.; *Fezer*, FS Weber, S. 475, 478.

Eingriffsermächtigung möglich.[980] Auch genügt eine ungeschriebene Missbrauchsklausel nicht den verfassungsrechtlichen Anforderungen an die Bestimmtheit der Eingriffsgrundlage.[981] Eine Generalklausel ist zu unbestimmt, um das auf Art. 103 I GG basierende Beweisantragsrecht einzuschränken.[982]

Zudem wird befürchtet, dass es zu einem „Missbrauch der Missbrauchskontrolle“[983] kommen könnte. Das Tatgericht hätte insofern eine Doppelfunktion, als dass es auf der einen Seite Verpflichteter des Beweiserhebungsanspruches des Antragstellers ist, gleichzeitig auf der anderen Seite über das Vorliegen des Rechtsmissbrauchs zu entscheiden hat.[984] Es besteht dabei die Gefahr, dass das Gericht psychologisch negativ zu Lasten des Antragstellers voreingenommen ist und lästige, unbequeme Anträge ablehnt.[985] Die wesentliche Funktion des Beweisantragsrechts, Beweiserhebungen gegen den Willen des erkennenden Gerichts durchzusetzen, um bereits bestehende Überzeugungen aufzubrechen, liefe damit ins Leere.[986] Die Befürworter hingegen sehen diese Bedenken in dem bisher zurückhaltenden Rückgriff auf den Rechtsmissbrauchsgedanken durch den BGH widerlegt.[987] Es würden tatsächlich nur die Extremfälle erfasst, die es zu lösen gelte und die fortschreitende Rechtsprechung konkretisiere die Grenzen eines Missbrauchsverbots.[988] Dennoch bleibt es problematisch, dem Gericht eine

---

980 S. hierzu ausführlich *Abdallah*, Die Problematik des Rechtsmissbrauchs im Strafverfahren, S. 173 ff.; KMR-*Eschelbach*, Vor § 226 Rn. 8; zur Wesentlichkeitstheorie s.o. Teil II A VI.

981 KMR-*Eschelbach*, Vor § 226 Rn. 11, dies gelte sogar im Falle einer Normierung einer Missbrauchsgeneralklausel.

982 *Spiekermann*, Missbrauch, S. 141; *Fezer*, FS Weber, S. 475, 478; *Hassemer*, FS Meyer-Goßner, S. 127, 142.

983 *Fahl*, Rechtsmissbrauch, S. 727; *Perron*, Beweisantragsrecht, S. 99; *Rudolphi*, ZRP 1976, 165, 169; so auch: KK-*Fischer*, § 244 Rn. 113.

984 *Schatz*, Beweisantragsrecht, S. 304.

985 *Kudlich*, Strafprozess und allgemeines Missbrauchsverbot, S. 354; *Perron*, Beweisantragsrecht, S. 99; *Schatz*, Beweisantragsrecht, S. 304 f.; *Scheffler*, JR 1993, 170, 171; *Rudolphi*, ZRP 1976, 165, 172; *Weber*, GA 1975, 289, 300.

986 *Schulz*, StV 1991, 354, 362.

987 *Fahl*, Rechtsmissbrauch, S. 727, 731; *Pfister*, Rechtsmissbrauch, in: *Jahn/Nack*, Wer regelt das Strafrecht?, Referate und Diskussionen auf dem 2. Karlsruher Strafrechtsdialog, S. 74, 77 ff.; *Senge*, NStZ 2002, 225, 226; a.A.: *Thomas*, StV 2010, 428, 431.

988 *Kudlich*, Strafprozess und allgemeines Missbrauchsverbot, S. 356 f.

Eingriffsgrundlage an die Hand zu geben, die nur bei einem restriktiven Gebrauch die Rechte des Angeklagten wahrt.[989]

Eine ungeschriebene Missbrauchsklausel im Strafprozess und insbesondere im Beweisantragsrecht kann man somit nicht begründen. Es ist nicht möglich, Beweisanträge außerhalb des numerus clausus der Ablehnungsgründe abzulehnen. Die Funktion des Beweisantragsrechts liefe ansonsten leer.[990] Erst Recht kann das Beweisantragsrecht nicht aufgrund eines ungeschriebenen Missbrauchsverbots für die Zukunft entzogen werden. Ein ungeschriebenes Missbrauchsverbot kann Rechtsmissbrauch im Beweisantragsrecht demnach nicht verhindern.

II. Übertragbarkeit eines Missbrauchsverbots aus anderen Rechtsgebieten

Zum Teil wird neben einem ungeschriebenen strafprozessualen Missbrauchsverbot eine analoge Anwendung der Missbrauchsvorschriften anderer Rechtsordnungen befürwortet.[991] So wird auf den zivilrechtlichen Grundsatz von Treu und Glauben (§ 242 BGB)[992] oder das Schikaneverbot (§ 226 BGB)[993] verwiesen. Auch der verfassungsrechtliche Grundsatz der Bundestreue wird in diesem Zusammenhang angeführt.[994]

1. Treu und Glauben, § 242 BGB

Der Grundsatz von Treu und Glauben entfalte seine Wirkungen im gesamten Recht.[995] Daher müsse er auch im Strafprozess gelten, wird argumentiert.[996] Eine Übertragung von zivilprozessualen wie auch materiell zivilrechtlichen Vorschriften ist jedoch aufgrund der unterschiedlichen Interessenlagen im Zivil- und

---

989 *Deckers*, Beweisantrag, S. 52.

990 *Thole*, Scheinbeweisantrag, S. 196.

991 *Hassemer*, FS Meyer-Goßner, S. 127, 130, 134 f. spricht alle drei Möglichkeiten an.

992 So bspw. das BayObLG NStZ 1997, 99, 100.

993 *Scheffler*, JR 1993, 170, 172.

994 *Weber*, GA 1975, 289, 294.

995 Palandt-*Grüneberg*, § 242 BGB Rn. 17; MüKo BGB-*Roth/Schubert*, § 242 BGB Rn. 2; weitere Nachweise bei *Fahl*, Rechtsmissbrauch, S. 79 ff.

996 MüKo BGB-*Roth/Schubert*, § 242 BGB Rn. 2, 107.

Strafprozess nicht möglich.[997] § 242 BGB erfordert eine Sonderbeziehung zwischen den Parteien, die eine Pflicht zu einem loyalen Verhalten begründet.[998] Eine solche Pflicht ist im Strafverfahren so nicht zu finden.[999] Eine Loyalitätspflicht ist allenfalls in Bezug auf die gerichtliche Fürsorgepflicht anzuerkennen, die dem Gericht einseitig gegenüber dem unverteidigten, rechtsunkundigen Angeklagten obliegt.[1000] Dieser Fürsorgepflicht steht jedoch keine entsprechende Loyalitätspflicht des Angeklagten gegenüber.[1001] Den Angeklagten trifft gerade keine Prozessförderungspflicht, sondern er ist umgekehrt durch den Nemo-tenetur-Grundsatz (Art. 6 EMRK) befugt, nichts zu seiner Überführung beizutragen.[1002] Eine Wahrheitspflicht, wie im Zivilprozess (§ 138 ZPO), gibt es im Strafverfahren nicht.[1003] Auch hat die gerichtliche Fürsorgepflicht ihren Ursprung nicht in dem Grundsatz von Treu und Glauben, sondern fließt aus dem Bekenntnis zum sozialen Rechtsstaatsprinzip (Art. 20, 28 GG) und dem Grundsatz des fairen Verfahrens.[1004] Das Strafprozessrecht ist Ausdruck staatlicher Macht durch Eingriff in die Freitheitsrechte des Bürgers.[1005] Unterschiedlicher können Zivil- und Strafprozess somit nicht ausgestaltet sein. Der Grundsatz von Treu und Glauben wird im Verwaltungsprozess hingegen angenommen. Dies ergibt sich daraus, dass zumindest beide Parteien ein gemeinsames Interesse an der Regelung eines verwaltungsrechtlichen Sachverhalts haben. Auch wenn sowohl im Verwaltungs- wie im Strafverfahren von einem Subordinationsverhält-

---

997 Grundlegend *Weber*, GA 1975, 289, 292 ff.; *Abdallah*, Die Problematik des Rechtsmissbrauchs im Strafverfahren, S. 178; *Deckers*, Beweisantrag, S. 51; *Schatz*, Beweisantragsrecht, S. 302 f..

998 MüKo BGB-*Roth/Schubert*, § 242 BGB Rn. 87; s. zur Frage, ob ein Prozessrechtsverhältnis besteht, ausführlich *Fahl*, Rechtsmissbrauch, S. 83 ff. sowie zu der Frage, ob Loyalitätspflichten daraus resultieren, *dens.*, Rechtsmissbrauch, S. 87 ff.

999 *Horvat*, Das allgemeine Missbrauchsverbot, S. 120 ff.; *Jahn*, Konfliktverteidigung, S. 52 m.w.N.; *Kudlich*, Strafprozess und allgemeines Missbrauchsverbot, S. 185; *Schatz*, Beweisantragsrecht, S. 302 f.; *Spiekermann*, Missbrauch, S. 23; *Herdegen*, NStZ 2000, 1, 3; *Scheffler*, JR 1993, 170, 172.

1000 *Spiekermann*, Missbrauch, S. 23; *Weber*, GA 1975, 289, 293 f.; angedeutet bei MüKo BGB-*Roth/Schubert*, § 242 BGB Rn. 107.

1001 *Spiekermann*, Missbrauch, S. 23; *Weber*, GA 1975, 289, 294.

1002 *Kudlich*, Strafprozess und allgemeines Missbrauchsverbot, S. 185.

1003 *Herdegen*, NStZ 2000, 1, 3; *Kindhäuser*, NStZ 1987, 529, 532; *Weber*, GA 1975, 289, 294.

1004 KK-*Pfeiffer/Hannich*, Einl. Rn. 32.

1005 *Fischer*, NStZ 1997, 212, 214.

nis der Parteien ausgegangen wird, so sind die übrigen Interessen doch so unterschiedlich, dass eine Anwendung im Strafverfahren ausscheidet.[1006]

2. Schikaneverbot, § 226 BGB

Auch die Anwendung von § 226 BGB im Strafverfahren bereitet Probleme. Zunächst ist anders als in Hinblick auf § 242 BGB schon nicht unumstritten, ob das Schikaneverbot im Prozessrecht überhaupt Anwendung finden kann.[1007] Die Voraussetzungen des Schikaneverbots sind insofern weiter, als dass keine Rechtsbeziehung zwischen den Beteiligten erforderlich ist. Dennoch stellt sich die Frage, worin der nach § 226 BGB erforderliche „Schaden eines anderen“[1008] bei einem Strafverfahren zu sehen ist. Die Verfahrensverzögerung als solche kann nicht mit dem Schaden eines Prozeßbeteiligten gleichgesetzt werden, den die Vorschrift erfordert.[1009] Auch die generalklauselartige Unbestimmtheit der Vorschrift spricht gegen eine Übertragung des § 226 BGB auf das formstrenge Strafprozessrecht.[1010] Zudem wird § 226 BGB als Ausschnitt aus dem übergeordneten Grundsatz von Treu und Glauben begriffen,[1011] so dass das Schikaneverbot aus denselben Gründen keine Anwendung finden kann, aus denen bereits die Anwendung des § 242 BGB abgelehnt wurde.[1012]

1006 *Abdallah*, Die Problematik des Rechtsmissbrauchs im Strafverfahren, S. 179; *Kudlich*, Strafprozess und allgemeines Missbrauchsverbot, S. 186.

1007 *Fahl*, Rechtsmissbrauch, S. 99; bejahend: OLG Frankfurt, NJW 1979, 1613; *Jauernig*, BGB § 226 BGB Rn. 2; MüKo BGB-*Grothe*, § 226 BGB Rn. 2; Palandt-*Ellenberger*, § 226 BGB Rn. 1; *Scheffler*, JR 1993, 170, 172; abl.: BeckOK BGB-*Dennhardt*, § 226 BGB Rn. 3; *Kröpil*, ZRP 1997, 9, 11.

1008 MüKo BGB-*Grothe*, § 226 BGB Rn. 4.

1009 *Abdallah*, Die Problematik des Rechtsmissbrauchs im Strafverfahren, S. 180; *Fezer*, FS Weber, S. 475, 479; *Hassemer*, FS Meyer-Goßner, S. 127, 135; *Kröpil*, ZRP 1997, 9, 11; a.A.: *Kudlich*, Strafprozess und allgemeines Missbrauchsverbot, S. 281; *Scheffler*, JR 1993, 170, 172.

1010 *Fezer*, FS Weber, S. 475, 479; *Wohlers*, Die Reaktion, in: *Jahn/Nack*, Strafprozesspraxis und Rechtswissenschaft – getrennte Welten?, Referate und Diskussionen auf dem 1. Karlsruher Strafrechtsdialog, S. 42, 51.

1011 RGZ 146, 385, 396; MüKo BGB-*Grothe*, § 226 BGB Rn. 1.

1012 *Abdallah*, Die Problematik des Rechtsmissbrauchs im Strafverfahren, S. 180; *Fahl*, Rechtsmissbrauch, S. 100; *Schatz*, Beweisantragsrecht, S. 303.

3. Grundsatz der Bundestreue

Zum Teil wird daneben auf den Grundsatz der Bundestreue zurückgegriffen.[1013] Dieser statuiert die verfassungsrechtliche Pflicht der Länder und des Bundes zur gegenseitigen Rücksichtnahme. Übertragen auf den Strafprozess soll dieser Grundsatz eine Pflicht zur Rücksichtnahme und zu redlichem Verhalten der Prozessbeteiligten gegenüber dem Staat und seinen Institutionen begründen.[1014] Doch eine Aussage über das Verhältnis zwischen Staat und Bürger trifft dieser ungeschriebene Grundsatz nicht; auf den Strafprozess kann er daher nicht übertragen werden.[1015]

III. Der Rechtfertigungsgrund des § 34 StGB

Als weitere Rechtsgrundlage zur Vermeidung von Rechtsmissbrauch im Strafverfahrensrecht wird die Anwendung des § 34 StGB vorgeschlagen.[1016] Ein hierauf gestütztes „prozessuales Notstandsrecht"[1017] soll es dem Gericht ermöglichen, nach Abwägung der widerstreitenden Interessen, namentlich des Interesses des Angeklagten an seiner effektiven Verteidigung einerseits und des staatlichen Interesses an einer effektiven Strafrechtspflege andererseits, das Beweisantragsrecht einzuschränken oder gänzlich zu entziehen.

Hierfür sprächen diverse Argumente. Im Vergleich zu einem allgemeinen Missbrauchsverbot seien die Voraussetzungen des § 34 StGB insofern konkreter, als dass diese Vorschrift eine Abwägung der Interessen erforderlich mache.[1018] Die Unbestimmtheit der Norm sei aber erforderlich, um die Vielzahl der zu erfassenden Notstandssituationen zu erfassen.[1019] Zudem würden die einzelnen Voraussetzungen durch die Rechtsprechung hinreichend heraus gebildet.[1020] Wenn § 34 StGB den im materiellen Strafrecht strengeren Anforderungen (vgl. Art. 103 II GG) an die Bestimmtheit genüge, müsse dies erst Recht für das

1013 *Hassemer*, FS Meyer-Goßner, S. 127, 130, 140 f.

1014 *Weber*, GA 1975, 289, 294.

1015 *Eschenhagen*, Missbrauch des Beweisantragsrechts, S. 167; *Kröpil*, ZRP 1997, 9, 11; jedenfalls keine Notwendigkeit hierfür sieht *Weber*, GA 1975, 289, 294.

1016 *Spiekermann*, Missbrauch, S. 175 ff.

1017 *Niemöller*, StV 1996, 501, 506.

1018 *Spiekermann*, Missbrauch, S. 185; *Niemöller*, StV 1996, 501, 506

1019 *Roxin*, Strafrecht AT I, § 16 Rn. 103; *Spiekermann*, Missbrauch, S. 181.

1020 *Roxin*, Strafrecht AT I, § 16 Rn. 103; *Spiekermann*, Missbrauch, S. 182.

Strafprozessrecht gelten.[1021] Die Interessenabwägung käme zudem zu sachgerechten Ergebnissen.[1022] Verglichen mit dem Ablehnungsgrund der Prozessverschleppungsabsicht liege der Vorteil der Notstandsregelung darin, dass diese ohne Rückgriff auf subjektive Merkmale auskomme. Die Beweisschwierigkeiten in Bezug auf die subjektiven Merkmale des Ablehnungsgrundes kämen bei einer Lösung über § 34 StGB nicht auf.[1023] Der Rechtsgedanke des § 34 StGB läge zudem auch den §§ 137 I 2, 146, 257a zugrunde.[1024] Auch der BGH habe in seinem Urteil zur Kontaktsperre im Rahmen der RAF-Prozesse auf § 34 StGB als Eingriffsgrundlage zurückgegriffen.[1025]

Dennoch ist die Anwendung des § 34 StGB zahlreichen Einwänden ausgesetzt. In erster Linie wird bemängelt, dass eine materiellstrafrechtliche Notstandsregelung nicht taugliche Ermächtigungsgrundlage für hoheitliches Handeln sein kann.[1026] Die systematische Stellung als Rechtfertigungsgrund im Deliktsrecht erweitere die Rechte des Bürgers gegenüber dem Staat und vermöge nicht umgekehrt seine Rechte zu beschränken. Eine Uminterpretation als Ermächtigung des Staates zum Eingriff in Rechte des Bürgers sei daher nicht möglich.[1027] Zudem wird befürchtet, dass so der Ausnahmecharakter der Vorschrift entfiele.[1028] Auch der im Rechtsstaatsprinzip verankerte Vorbehalt des Gesetzes (Art. 20 III GG) würde sonst missachtet.[1029] § 34 StGB genüge den verfassungsrechtlichen Anforderungen an eine öffentlich rechtliche Ermächtigungsgrundlage nicht, insbesondere sei der Bestimmtheitsgrundsatz nicht gewahrt.[1030] Der

---

1021 *Roxin*, Strafrecht AT I, § 16 Rn. 103; *Spiekermann*, Missbrauch, S. 182, 185.

1022 *Spiekermann*, Missbrauch, S. 185 f.

1023 *Spiekermann*, Missbrauch, S. 187.

1024 *Spiekermann*, Missbrauch, S. 189.

1025 BGHSt 27, 260.

1026 S. hierzu ausführlich LK-*Zieschang*, § 34 StGB, Rn. 6 ff.; *Eschenhagen*, Missbrauch des Beweisantragsrechts, S. 161 f.; *Ruppelt*, Maßnahmen ohne Rechtsgrundlage, S. 97 ff.; *Fezer*, FS Weber, S. 475, 479; *Senge*, NStZ 2002, 225, 233.

1027 LK-*Zieschang*, § 34 StGB Rn. 8.

1028 LK-*Zieschang*, § 34 StGB Rn. 8.

1029 LK-*Zieschang*, § 34 StGB Rn. 9.

1030 LK-*Zieschang*, § 34 StGB Rn. 9 m.w.N; *Wohlers*, Die Reaktion, in: *Jahn/Nack*, Strafprozesspraxis und Rechtswissenschaft – getrennte Welten?, Referate und Diskussionen auf dem 1. Karlsruher Strafrechtsdialog, S. 42, 51; a.A.: *Roxin*, Strafrecht AT I, § 16 Rn. 103, wenn § 34 StGB den gesteigerten Anforderungen an seine Bestimmtheit (Art. 103 II GG) genüge, müsse dies erst Recht in Bezug auf das öffentliche Recht gelten.

Mangel an Bestimmtheit könne auch nicht durch die Rechtsprechung zu § 34 StGB geheilt werden, da diese nicht die Frage erörtere, ob § 34 StGB taugliche Rechtsgrundlage für hoheitliches Handeln sei.[1031] Zudem treffe § 34 StGB keine eindeutige, verlässliche Aussage über die Rechsfolgen in Bezug auf das Strafprozessrecht.[1032] Der im Gesetzgebungsverfahren zu Tage getretene Wille des Gesetzgebers stünde einer Auslegung als Ermächtigungsgrundlage entgegen.[1033] Dort, wo der Gesetzgeber durch Spezialvorschriften eine umfassende Interessenabwägung vorgenommen hat, dürfe diese nicht durch Anwendung der Notstandsregelung unterlaufen werden.[1034] Genuin prozessuale Probleme müssten anhand des Strafprozessrechts gelöst und entschieden werden.[1035]

Eine Lösung über § 34 StGB vermag nicht zu überzeugen. Die systematische Stellung der Notstandsregelung im materiellen Strafrecht spricht gegen eine Übertragung auf das formstrenge Strafprozessrecht. Mit Normierung des detaillierten Beweisantragsrechts hat der Gesetzgeber eine ausdifferenzierte Interessenabwägung vollzogen, die nicht durch Anwendung - noch dazu hoch unbestimmter - Regelungen aus dem StGB übergangen werden darf. Wie gezeigt, ist jedem Beweisantrag vor dem Hintergrund seiner gewichtigen und verfassungsrechtlich abgesicherten Bedeutung für den Angeklagten stattzugeben. Eine Ablehnung eines Beweisantrags ist die Ausnahme. In der Formulierung der Ablehnungsgründe hat sich die Interessenabwägung des Gesetzgebers manifestiert. Ihr abschließender Charakter verschließt die Möglichkeit einer darüber hinausgehenden Ablehnung aufgrund eines „prozessualen Notstandsrechts".

IV. Der Ablehnungsgrund der Prozessverschleppungsabsicht

Unabhängig von der Fristenlösung sieht das geltende Recht mit dem Ablehnungsgrund der Prozessverschleppungsabsicht bereits eine Maßnahme gegen

1031 *Ruppelt*, Maßnahmen ohne Rechtsgrundlage, S. 110; *Wilhelm*, Eingriffsbefugnisse des Staates aufgrund rechtfertigenden Notstands, S. 74 f.; LK-*Zieschang*, § 34 StGB Rn. 9.

1032 *Eschenhagen*, Missbrauch des Beweisantragsrechts, S. 160; *Kudlich*, Gutachten C 68. DJT, C 82, Fn. 317.

1033 So wurde dem Zitiergebot nach Art. 19 I 2 GG bewusst nicht entsprochen und auch die Beratungen und Kommissionserörterungen sprechen hiergegen: LK-*Zieschang*, § 34 StGB Rn. 10 m.w.N.

1034 Sch/Sch-*Perron*, § 34 StGB Rn. 7; *Roxin*, Strafrecht AT I, § 16 Rn. 104; *Fischer*, NStZ 1997, 212, 216.

1035 *Fahl*, Rechtsmissbrauch, S. 108 f.

Rechtsmissbrauch vor. Die Praxis zeigt jedoch, dass dies keine effektive Waffe gegen den massenhaften Gebrauch des Beweisantragsrechts ist.[1036] Selbst wenn ein Ablehnungsgrund tatbestandlich vorliegt, muss jeder einzelne Beweisantrag geprüft und beschieden werden: Stellt ein Verteidiger bspw. hundert Beweisanträge und liegen bei jedem dieser Anträge die Voraussetzungen für eine Ablehnung wegen Prozessverschleppungsabsicht vor, so muss das Gericht dennoch jeden der hundert Anträge einzeln prüfen und bescheiden. Dieses Prozedere führt bereits unabhängig vom Vorliegen eines Ablehnungsgrundes zu einem erheblichen Zeitverzug. Damit wird eine Verfahrensbeschleunigung allein mit dem Absenken der Voraussetzungen an die Prozessverschleppungsabsicht nicht erreicht. Zudem hat sich bei der Analyse der Tatbestandsmerkmale der Prozessverschleppungsabsicht gezeigt, dass die Rechtsprechung die Anforderungen ohnehin sukzessive gesenkt hat.[1037] Jeder weitere Verzicht auf ein Tatbestandsmerkmal würde de facto auf eine Anerkennung eines allgemeinen Missbrauchsverbots hinauslaufen. Würde auf das Merkmal der Nutzlosigkeit der Beweiserhebung verzichtet, bliebe lediglich die subjektive Verschleppungsabsicht übrig. Diese entspräche aber gerade einem allgemeinen „Missbrauch" des Beweisantragsrechts.

Zudem ist ein präventives Vorgehen gegen Rechtsmissbrauch mithilfe eines Ablehnungsgrundes nicht möglich. Das Beweisantragsrecht kann hierdurch nicht vorsorglich eingeschränkt werden, sondern es können lediglich Anträge, die bereits in der Welt sind, abgelehnt werden. Eine Verringerung des Aufkommens von Beweisanträgen ist hiermit nicht möglich.

V. Erhöhung der Anforderungen an die Qualität als Beweisantrag

Somit müsste eine Lösung bereits dort ansetzen, wo die Bescheidungspflicht nach § 244 VI noch nicht greift. Lediglich Beweisanträge müssen förmlich beschieden werden; Beweisermittlungsanträge werden hingegen nach Maßgabe des Amtsaufklärungsgrundsatzes geprüft und können ohne Beschluss des Gerichts allein mittels Verfügung des Vorsitzenden abgelehnt werden.[1038] Je höher die Anforderungen an die Qualtität als Beweisantrag sind, desto weniger Be-

1036 Zu dieser Einschätzung gelangt auch *Schatz*, Beweisantragsrecht, S. 297 m.w.N.

1037 So bspw. durch die Aufgabe des Merkmals der Wesentlichkeit (BGHSt 51, 333), vgl. Teil I D I 6.

1038 BGH NStZ 2008, 109; BGH NStZ 2009, 401; LR-*Becker*, § 244 Rn. 165; *M-G*, § 244 Rn. 27.

weisanträge unterliegen der Bescheidungspflicht nach § 244 VI. Alle so im Vorwege aussortierten Beweis(ermittlungs)anträge könnten unkompliziert bereits durch den Vorsitzenden und ohne Bindung an den Kanon der Ablehnungsgründe abgelehnt werden.[1039] Wenn massenhaft gestellte Beweisanträge keine Beweisantragsqualität hätten, könnte das Problem des Missbrauchs des Beweisantragsrechts bereits auf dieser formalen Ebene gelöst werden, ohne dass es des Rückgriffs auf die Fristenlösung bedürfte.

Der Begriff des Beweisantrags ist in der StPO nicht ausdrücklich definiert, sondern wurde von der Rechtsprechung entwickelt. Voraussetzung für einen Beweisantrag ist hiernach ein ernsthaftes Verlangen eines Prozessbeteiligten, über eine die Schuld- oder Rechtsfolgenfrage betreffende Behauptung durch bestimmte, nach der StPO zulässige Beweismittel Beweis zu erheben.[1040] An zwei dieser Vorausetzungen lassen sich erhöhte Anforderungen stellen, so dass das Aufkommen von Beweisanträgen reduziert werden könnte: Zum einen, ob eine *bestimmte* Tasache behauptet wird und zum anderen, ob das Verlangen *ernsthaft* ist.[1041]

1. Die „Vermutungs"-Rechtsprechung des BGH

Der Antragsteller muss eine bestimmte Tatsache mit einem bestimmten Beweismittel verlangen.[1042] Grundsätzlich ist es dem Antragsteller unbenommen, auch dann Anträge zu stellen, wenn er den betreffenden Sachverhalt nur für möglich hält oder vermutet.[1043] Die Rechtsprechung spricht jedoch solchen Anträgen die Beweisantragsqualität ab, bei denen der Antragsteller das Vorhandensein einer Tatsache unbegründet behauptet und keine tatsächlichen Anhaltspunkte hierfür bestehen.[1044] Dies wird unter den Begriffen der „Anträge aufs Gerate-

1039 *Abdallah*, Die Problematik des Rechtsmissbrauchs im Strafverfahren, S. 170 f.; *Perron*, Beweisantragsrecht, S. 188.

1040 *M-G*, § 244 Rn. 18; s.o. Teil I A II 3.

1041 Zur Herabstufung mittels des Kriteriums der „Konnexität" s. *Fezer*, FS Meyer-Goßner, S. 629.

1042 BGHSt 39, 251; LR-*Becker*, § 244 Rn. 96; *M-G*, § 244 Rn. 20.

1043 BGHSt 21, 118, 125; BGH NJW 1993, 867; BGH NJW 1988, 1859, 1860; BGH NStZ 2006, 405.

1044 *ANM*, Beweisantrag, S. 45 f.

wohl“, „Anträge ins Blaue hinein“ oder der „aus der Luft gegriffenen Beweisbehauptung“ diskutiert.[1045]

Hiergegen spricht jedoch, dass eine Abgrenzung, wann ein Beweisantrag lediglich eine Vermutung enthält und wann er „aus der Luft gegriffen“ ist, unpraktikabel und nicht überprüfbar ist.[1046] Auf den Einzelfall übertragbare Abgrenzungskriterien sind bislang nicht entwickelt worden. Zudem ist für eine solche Abgrenzung begrifflich kein Raum. Entweder eine Behauptung wird für (auch nur entfernt) möglich gehalten, dann liegt ein Beweisantrag vor, oder die Behauptung ist bewusst unrichtig; dann jedoch greift der Ablehnungsgrund der Prozessverschleppungsabsicht.[1047]

Unabhängig von diesen Abgrenzungsschwierigkeiten wirft diese Rechtsprechung weitere Probleme auf. Die Beurteilung, ob eine Vermutung des Beweisantragstellers den Anforderungen an die Bestimmtheit der Beweistatsache genügt, wird in die Hände des Gerichts gelegt. Wenn das Beweisantragsrecht sicherstellen soll, dass der Antragsteller eine Beweiserhebung durchsetzen kann, obwohl das Gericht dies nach eigener Einschätzung nicht für erforderlich hält, so dürfen die schützenden Formen des Beweisantragsrechts nicht dadurch umgangen werden, dass das Gericht die Vermutungen des Antragstellers als zu vage und unbestimmt abtun kann.[1048] Dies läuft dem Verbot der Beweisantizipation zuwider.[1049] Auch wird mit dieser Rechtsprechung faktisch ein weiterer Ablehnungsgrund geschaffen, was dem enumerativen System des § 244 III-V widerspricht.[1050]

Diese Rechtsprechung kollidiert mit dem Ablehnungsgrund der Prozessverschleppungsabsicht. Es ist widersprüchlich, dass ein Antrag, bei dem der Antragsteller die Tatsache lediglich vermutet, nur als Beweisermittlungsantrag zu qualifizieren ist, ein bewusst nutzloser und in Verschleppungsabsicht gestellter Antrag jedoch ein Beweisantrag ist, der auf Grundlage des § 244 III 2 Var. 6 per

---

1045 BGH NJW 1997, 2762, 2764; BGH NJW 1993, 867; BGH NStZ 2008, 52, 53; BGH NStZ 2006, 405; LR-*Becker*, § 244 Rn. 109 ff.; *Kramer*, Grundbegriffe, Rn. 293; *Habetha/Trüg*, GA 2009, 406, 415, Fn. 73 m.w.N.; jedoch krit. BGH StV 2008, 9, 10.

1046 *Thole*, Scheinbeweisantrag, S. 64; *Habetha/Trüg*, GA 2009, 406, 416.

1047 LR-*Becker*, § 244 Rn. 112.

1048 *ANM*, Beweisantrag, S. 44 f.; *Schatz*, Beweisantragsrecht, S. 312.

1049 *Habetha/Trüg*, GA 2009, 406, 416.

1050 *Habetha/Trüg*, GA 2009, 406, 416 f.

Beschluss (§§ 244 VI, 34) abgelehnt werden muss.[1051] Damit wird der Antragsteller, der immerhin eine Sachaufklärung durch Erhebung des Beweises vermutet, schlechter gestellt, als der in Verschleppungsabsicht handelnde Antragsteller.[1052]

Für die Behandlung von massenhaft gestellten Beweisanträgen bedeutete dies, dass das Gericht prüfen und begründen müsste, ob die gestellten Anträge jeglicher tatsächlicher Grundlage entbehrten und „aus der Luft gegriffen“ und „aufs Geratewohl“ gestellt wurden. Dies bringt insofern keine Erleichterung, als dass auch hier jeder Antrag selbstständig geprüft werden muss. Zudem hilft diese Rechtsprechung dann nicht weiter, wenn massenhaft substantiierte Anträge gestellt werden. Allein die Anzahl an Beweisanträgen muss nicht automatisch bedeuten, dass diese inhaltlich nicht den Anforderungen genügen. Gerade bei sog. Geysir-Anträgen hat die Verteidigung zwischen den einzelnen Chargen gestellter Beweisanträge ausreichend Gelegenheit, neue substantiierte Anträge auszuarbeiten.

2. Mangelnde Ernsthaftigkeit

Eine andere Möglichkeit, Anträge bereits auf einer formalen Ebene als Beweisermittlungsanträge zu disqualifizieren, ist, die Ernsthaftigkeit des Beweisbegehrens in Zweifel zu ziehen.[1053] Es fehle ein anerkennenswertes Bedürfnis für die Zulassung derartiger Beweisanträge und könnten daher grundsätzlich übergangen werden[1054]

Hiergegen spricht, dass es dem Antragsteller im Falle massenhafter Stellung von Beweisanträgen gerade auf die Erhebung bzw. Bescheidung dieser ankommt, sein Begehren also besonders „ernsthaft“ ist.[1055] Ob diese Motivation billigenswert ist, darf auf der formalen Ebene der Bestimmung des Vorliegens eines Beweisantrages keine Rolle spielen.[1056] Sie ist allenfalls Frage einer Ab-

---

1051 BGH StV 2008, 9, 10; KK-*Fischer*, § 244 Rn. 72; LR-*Becker*, § 244 Rn. 112; *Schatz*, Beweisantragsrecht, S. 312 f.; *Thole*, Scheinbeweisantrag, S. 64 f.; *Habetha/Trüg*, GA 2009, 406, 415 f.

1052 *Schatz*, Beweisantragsrecht, S. 313.

1053 BGH StV 1986, 418, 419; BGH NStZ 1995, 144, 145; *ANM*, Beweisantrag, S. 635 f.; *Hirsch*, Der zum Zwecke der Prozeßverschleppung gestellte Beweisantrag, S. 24 m.w.N.

1054 BGH NStZ 1995, 144, 145; *Thole*, Scheinbeweisantrag, S. 53.

1055 *Hirsch*, Der zum Zwecke der Prozeßverschleppung gestellte Beweisantrag, S. 25; *Thole*, Scheinbeweisantrag, S. 54.

1056 *Schatz*, Beweisantragsrecht, S. 315; *Thole*, Scheinbeweisantrag, S. 52 ff.

lehnung wegen Prozessverschleppungsabsicht. Diese Motivation bezieht sich auf den Inhalt des Antrags und ist nicht Frage der äußeren Form eines Antrags.[1057]

3. Zusammenfassende Stellungnahme

Das Problem des Missbrauchs des Beweisantragsrechts lässt sich mithin nicht mit einer Modifizierung der Voraussetzungen an die Beweisantragsqualität verhindern. Aufgrund der überragenden Funktion des Beweisantragsrechts dürfen die Ablehnungsgründe hierdurch nicht umgangen werden. Hinzu kommt, dass auch gegen die Ablehnung eines Beweisermittlungsantrags durch den Vorsitzenden eine zeitliche Verzögerung zu befürchten ist. Gegen die Ablehnung ist die Einlegung eines Zwischenrechtsbehelfs nach § 238 II statthaft.[1058] Dieser Rechtsbehelf ist ebenso missbrauchsanfällig wie die Bescheidungspflicht nach § 244 VI. Eine Lösung ist auf dieser formalen Ebene nicht zu finden.[1059]

VI. Ausschluss des Verteidigers gem. § 138a I Nr. 3 i.V.m. §§ 258, 22 StGB

Zum Teil wird versucht, dem Missbrauch des Beweisantragsrechts dadurch zu begegnen, den Verteidiger gem. § 138a I Nr. 3 i.V.m. §§ 258, 22 StGB wegen versuchter Strafvereitelung vom Verfahren auszuschließen.[1060] Im Vergleich zur Fristenlösung kann sich diese Lösung immerhin auf bereits existierende Vorschriften mit einer umfangreichen konkretisierenden Rechtsprechung berufen.[1061] Doch auch hiergegen sprechen zahlreiche Gründe.

Voraussetzung wäre, dass ein massenhaftes bzw. sukzessives Stellen von Beweisanträgen den Tatbestand einer vorsätzlichen versuchten Strafvereitelung

1057 *Schatz*, Beweisantragsrecht, S. 315; *Thole*, Scheinbeweisantrag, S. 53.

1058 BGH NStZ 2008, 109, 110; KK-*Fischer*, § 244 Rn. 101; LR-*Becker*, § 244 Rn. 165; *M-G*, § 244 Rn. 27; SK-*Schlüchter*, § 244 Rn. 69; a.A.: *ANM*, Beweisantrag, S. 90, da sonst über Umwege doch ein Beschluss erreicht werden könnte, obwohl § 244 VI nicht greift.

1059 *Hirsch*, Der zum Zwecke der Prozeßverschleppung gestellte Beweisantrag, S. 28; *Schneider*, FS Eisenberg, S. 627; LR-*Becker*, § 244 Rn. 112 zieht daraus den Schluss, dass eine Lösung daher allein in den Ablehnungsgründen zu finden sei.

1060 *Abdallah*, Die Problematik des Rechtsmissbrauchs im Strafverfahren, S. 185 ff.; *Schneider*, FS Geppert, S. 607, 616 ff.

1061 *Schneider*, FS Geppert, S. 607, 616.

gem §§ 258, 22 StGB erfüllte. Dies wird in der Literatur unterschiedlich beantwortet. Zahlreiche Autoren sprechen sich für eine Anwendung des § 258 StGB auf missbräuchliches Verteidigerverhalten aus,[1062] während die wohl herrschende Lehre dies aus unterschiedlichen Gründen ablehnt.[1063] So wird argumentiert, dass bereits der objektive Tatbestand nicht erfüllt wäre, da dem Verteidiger ein Vereitelungserfolg nicht objektiv zugerechnet werden könnte. Das Gericht trage die Verantwortung für den Fortgang des Verfahrens, was die zahlreichen Prüfungs- und Kontrollpflichten belegen.[1064] Weitere Probleme ergeben sich zudem bei der Bestimmung von Täterschaft und Teilnahme[1065] sowie der Abgrenzung von Versuch und strafloser Vorbereitungshandlung.[1066] Diese rein materiellrechtlichen Problematiken sollen nicht weiter vertieft werden. Entscheidend sind vielmehr die prozessualen Bedenken gegen eine Lösung über einen prozessrechtlichen Ausschluss des Verteidigers.

Das Ausschlussverfahren ist zu umfangreich, um einen rechtsmissbräuchlichen Einsatz des Beweisantragsrechts zeitnah zu unterbinden. Der Arbeitsaufwand ist zu hoch, um den Missbrauch des Beweisantragsrechts effektiv zu verhindern.[1067] Eine beschleunigende Wirkung ist nicht zu erwarten.[1068] Im Gegenteil ist das Ausschlussverfahren durch das OLG nach den §§ 138c, 138d aufwändig und zeitintensiv. Insbesondere muss die Hauptverhandlung gem. § 138c IV bis zur Entscheidung über die Ausschließung nach § 138d ausgesetzt werden. Wird nach Ausschließung ein neuer Verteidiger bestellt, kann auch dieser gem. § 145 III die Unterbrechung (§ 229 I-III) oder Aussetzung des Verfah-

1062 *Abdallah*, Die Problematik des Rechtsmissbrauchs im Strafverfahren, S. 185 ff.; Sch/Sch-*Stree/Hecker*, § 258 StGB Rn. 19; *Dahs*, StV 2006, 116, 117; dies lediglich in Extremfällen bejahend: *Beulke/Ruhmannseder*, Die Strafbarkeit des Verteigers, S. 81 ff. (m.w.N. auf S. 79, Fn. 390); *Kühne*, StPO, Rn. 235.1.

1063 Grds. abl. *Beulke/Ruhmannseder*, Die Strafbarkeit des Verteigers, S. 80 ff.; *Fahl*, Rechtsmissbrauch, S. 324 ff.; *Heinicke*, Der Beschuldigte und sein Verteidiger, S. 505 ff.; HK-*Julius*, § 244 Rn. 91; *Jahn*, Konfliktverteidigung und Inquisitionsmaxime, S. 341 ff.; *Pellkofer*, Sockelverteidigung, S. 137; SK-*Wohlers*, Vor § 137 Rn. 113.

1064 *Jahn*, Konfliktverteidigung und Inquisitionsmaxime, S. 346 ff.; a.A.: *Abdallah*, Die Problematik des Rechtsmissbrauchs im Strafverfahren, S. 188.

1065 *Pellkofer*, Sockelverteidigung, S. 140 ff. m.w. N.; Sch/Sch-*Stree/Hecker*, § 258 StGB Rn. 34 ff.

1066 *Pellkofer*, Sockelverteidigung, S. 159 ff. m.w.N.; Sch/Sch-*Stree/Hecker*, § 258 StGB Rn. 33.

1067 Ähnlich *Pellkofer*, Sockelverteidigung, S. 138.

1068 *Schneider*, FS Geppert, S. 607, 616.

rens (§ 229 IV) beantragen.[1069] Verschleppendem Antragsverhalten kann hiermit somit nicht vorgebeugt werden, da das Ausschlussverfahren selbst den Prozess zu sehr verschleppen würde.

Zudem kann dies nur eine Handhabe gegen den rechtsmissbräuchlich agierenden Verteidiger, nicht aber gegen den rechtsmissbräuchlich agierenden Angeklagten sein. Diesem könnte man allenfalls in Übereinstimmung mit BGHSt 38, 111 auferlegen, zukünftig Beweisanträge nur noch über den Verteidiger zu stellen.[1070] Kommt der Verteidiger dann seiner „Filterfunktion" nach und stellt die vom Angeklagten geforderten Beweisanträge nicht, besteht die Gefahr, dass dieser dem Verteidiger das Mandat entzieht und sich einen neuen, „willigen", Verteidiger sucht. Kommt der Verteidiger seiner „Filterfunktion" hingegen nicht nach und stellt weiterhin im Namen des Angeklagten massenhaft Beweisanträge, ist mit dieser Lösung nichts gewonnen.

Das Strafrecht als ultima ratio und mit seinem fragmentarischen Charakter gebietet es zudem, nur besonders sozialschädliche Verhaltensweisen zu erfassen.[1071] Nicht jedes prozessordnungswidrige Verhalten muss deshalb zwingend zu einer Strafbarkeit führen.[1072] Eine strafrechtliche Sanktionierung des Verteidigers ist unverhältnismäßig.[1073] Wo der Gesetzgeber prozessuale Eingriffsmöglichkeiten gegen rechtsmissbräuchliches Verteidigerverhalten geschaffen hat, wie bspw. mit der Ablehnung wegen Prozessverschleppungsabsicht, ist eine Anwendung des § 258 StGB schon nicht erforderlich und erst Recht nicht geeignet oder angemessen. Eine Kriminalisierung des Verteidigerverhaltens ist auch kaum geeignet, ein kooperatives „Arbeitsklima" vor Gericht zu erzeugen.[1074]

Zudem ist zu beachten, dass prozessordnungsgemäßes Verhalten den Tatbestand der Strafvereitelung nicht erfüllt.[1075] Insofern kann diese Lösung nichts zur Abgrenzung von noch zulässiger Antragstellung und rechtsmissbräuchlicher

---

1069 Dabei ist eine Unterbrechung vorzuziehen und eine Aussetzung nur bei sachlich und rechtlich sehr schwierigen und umfangreichen Verfahren geboten, BGHSt 13, 337.

1070 S.o. Teil II B IV. 2.

1071 *Jahn*, Konfliktverteidigung und Inquisitionsmaxime, S. 349.

1072 *Heinicke*, Der Beschuldigte und sein Verteidiger, S. 475.

1073 *Pellkofer*, Sockelverteidigung, S. 138; *Schneider*, FS Geppert, S. 607, 616.

1074 *Schneider*, FS Geppert, S. 607, 616 f.

1075 BeckOK-*Wessing*, § 138a Rn. 8; KK-*Laufhütte*, § 138a Rn. 12; KMR-*Haizmann*, § 138a Rn. 19; Sch/Sch-*Stree/Hecker*, § 258 StGB Rn. 19; *Heinicke*, Der Beschuldigte und sein Verteidiger, S. 470.

Ausübung des Beweisantragsrechts beitragen. Die Problematik dieser Abgrenzung wird letztlich nur aus dem Prozessrecht ausgelagert und im materiellen Strafrecht angesiedelt.

Festzuhalten bleibt, dass prozessrechtliche Problematiken auch mit dem Prozessrecht gelöst werden müssen.[1076] Ein Ausschluss des Verteidigers über § 138 a I Nr. 3 i.V.m. §§ 258, 22 StGB verlagert nicht nur die eigentlichen Probleme ins materielle Strafrecht, sondern wirft darüber hinaus weitere, spezifisch materiellstrafrechtliche Probleme auf. Somit ist dies keine taugliche Rechtsgrundlage zur Verhinderung rechtsmissbräuchlicher Beweisantragstellung.

VII. Die Sachleitungsbefugnis des Vorsitzenden, § 238 I

Ergänzend zu einem Ausschluss des Verteidigers wird erwogen, dass der Vorsitzende gestützt auf § 238 I jedem Verfahrensbeteiligten vorübergehend oder endgültig das Beweisantragsrecht entziehen könnte. Die Entziehung des Beweisantragsrechts sei als ultima ratio einzusetzen, wenn erkennbar werde, dass das Beweisantragsrecht kontinuierlich missbraucht werde und die Ablehnungsgründe versagten.[1077]

Der Entzug des Beweisantragsrechts würde präventiv das massenhafte Stellen von Beweisanträgen verhindern. Jedoch ist dies zugleich als schwerwiegender Eingriff in das Recht auf rechtliches Gehör (Art. 103 II GG) zu werten, was eine gesetzliche Eingriffsgrundlage erforderlich macht. Ob § 238 I dieser Anforderung gerecht wird, ist hingegen zweifelhaft.[1078] Wie bereits in Bezug auf die Fristsetzungsbefugnis festgestellt,[1079] regelt § 238 I rein innerorganisatorische Kompetenzen des Vorsitzenden. Verfahrensrechte kann diese Vorschrift hingegen nicht modifizieren. Sie ermächtigt den Vorsitzenden nicht, eine Frist zu setzen und damit erst Recht nicht, das Beweisantragsrecht gänzlich zu entziehen.[1080] Vielmehr findet umgekehrt die Organisationsherrschaft des Vorsitzen-

---

1076 So auch: *Dahs*, FS Odersky, S. 317, 331; *Fezer*, FS Weber, S. 475, 480; *Heinicke*, Der Beschuldigte und sein Verteidiger, S. 505; ebenso Ergebnis des 36. Strafverteidigertages 2012, s. *Dokumentation*, StV 2012, 437, 438.

1077 *Abdallah*, Die Problematik des Rechtsmissbrauchs im Strafverfahren, S. 194.

1078 Dies ist nicht zuletzt an den Reformbestrebungen erkennbar, in § 238 I aufzunehmen, dass einem Antragsteller bei ausschweifenden Begründungen des Antrags das Wort entzogen werden kann; s. *Gössel*, Gutachten C, 60. DJT, C 86 ff.; hierzu krit. *Frister*, StV 1994, 445, 451 ff.

1079 S. Teil II A IV.

1080 *Kudlich*, Strafprozess und allgemeines Missbrauchsverbot, S. 329.

den ihre Grenze in der Normierung der Verfahrensrechte, zu denen insbesondere das Beweisantragsrecht zählt.

VIII. Standesrechtliche Maßnahmen

Sanktionen drohen einem rechtsmissbräuchlich agierenden Verteidiger jedoch auch außerhalb des formellen und materiellen Strafrechts. Nach anwaltlichem Standesrecht können Verteidigern, die zugleich Rechtsanwälte sind,[1081] die in § 114 I BRAO genannten anwaltsgerichtlichen Maßnahmen (Warnung, Verweis, Geldbuße, Ausschließung aus der Rechtsanwaltschaft) auferlegt werden. Voraussetzung ist gem. § 113 I BRAO eine schuldhafte Verletzung der anwaltlichen Standespflichten. Diese konkretisiert § 43 BRAO als Pflicht des Rechtsanwalts, seinen Beruf gewissenhaft auszuüben und dabei sich der Achtung und des Vertrauens, welche die Stellung des Anwalts erfordert, würdig zu erweisen. Weitere Grundpflichten ergeben sich zudem aus § 43a BRAO.[1082] Diese Pflichten sind verletzt, wenn der Verteidiger exzessiv Beweisanträge stellt, um das Verfahren zu sabotieren.[1083] Um einen Verteidiger kurzfristig auszuschließen, müssten zudem nach § 150 BRAO dringende Gründe für die Annahme vorliegen, daß gegen einen Rechtsanwalt auf Ausschließung aus der Rechtsanwaltschaft erkannt werden wird. Unter diesen Umständen könnte man einen Verteidiger, der sein Beweisantragsrecht kontinuierlich missbraucht, vom laufenden Verfahren ausschließen. Zum Teil wird hierin eine Lösung für die Probleme der „Konfliktverteidigung“ im Allgemeinen und den ausufernden Gebrauch des Beweisantragsrechts im Besonderen gesehen.[1084]

Dennoch ist ein derartiges Vorgehen unpraktikabel. Der Sachverhalt müsste während der laufenden Hauptverhandlung ermittelt werden und ein langwieriges anwaltsgerichtliches Verfahren eingeleitet werden.[1085] Zudem müsste das laufende Verfahren i.d.R. bis zum Abschluss des anwaltsgerichtlichen Verfahrens ausgesetzt werden, was einen weiteren Zeitverzug mit sich bringt.[1086] Dennoch

---

1081 Also keine Hochschullehrer nach § 138 I oder Referendare, § 139.

1082 S. hierzu *Pellkofer*, Sockelverteidigung und Strafvereitelung, S. 88 f.

1083 *Witting*, FS Volk, S. 885, 898; *Malmedier*, NJW 1997, 227, 235.

1084 *Witting*, FS Volk, S. 885, 898; *Malmedier*, NJW 1997, 227, 235, „das wirksamste Instrumentarium“; *Schulz*, StV 1991, 354, 362; s. auch einen entsprechenden Beschluss auf dem 60. DJT (NJW 1994, 3075, 3080), der mit 79:45:19 Stimmen angenommen wurde.

1085 *Dahs*, FS Odersky, S. 317, 332.

1086 *Malmedier*, NJW 1997, 227, 235.

wird dies über den Einzelfall hinaus im Sinne einer negativen Generalprävention als erstrebenswerte Vorgehensweise gesehen.[1087] Fraglich ist indessen, ob dies tatsächlich eine abschreckende, disziplinierende Wirkung entfaltet, wenn eine anwaltsgerichtliche Maßnahme zeitlich dem Missbrauch nicht unmittelbar nachfolgt.[1088] Um den hierbei tangierten Art. 12 GG Rechnung zu tragen, kann man keinen „kurzen Prozess machen". Die Einleitung eines anwaltsgerichtlichen Verfahrens ist lediglich auf krasse Einzelfälle beschränkt.[1089]

Zudem stellt sich auch hier die Frage der Abgrenzung zwischen erlaubter Verteidigertätigkeit und unerlaubter Pflichtverletzung. Wann die Stellung von Beweisanträgen diese Grenze überschreitet, ist mit Hilfe des Standesrechts ebenfalls nicht zu beantworten.

Da das Standesrecht nur Rechtsanwälte verpflichtet, können keine Sanktionen gegen Verteidiger, die keine Anwälte sind, verhängt werden. Damit würde mit zweierlei Maß gemessen.[1090]

Zudem wirkt sich die Verhängung von Sanktionen gegen den Verteidiger auf die Rechte des Angeklagten aus. Das Standesrecht darf nicht mittelbar in die Rechte des Angeklagten eingreifen. Billigte man dem Standesrecht die Stellung einer Nebenstrafprozessordnung zu und schränkte mit seiner Hilfe die Verteidigungsrechte des Verteidigers ein, bedeutete dies zugleich eine indirekte Einschränkung der Verteidigungsrechte des Angklagten.[1091] Die Auffassung, der Anklagte sei als Subjekt des Verfahrens nicht betroffen, sondern ausschließlich der Verteidiger, der sich außerhalb seines professionellen Handlungsrahmens bewege,[1092] ist nicht haltbar. Wird ein Verteidiger von einem Verfahren vorläufig ausgeschlossen, wirkt sich dies zwangsweise negativ auf die Verteidigungsmöglichkeiten des Angeklagten aus. Dies bedeutete, dem Angeklagten in der StPO normierte Verteidigungsrechte zu gewähren, diese sodann im Standesrecht so zu beschneiden, dass eine effektive Verteidigung nicht mehr möglich ist. Eine derartige Umgehung des Regelungssystems der StPO ist nicht zulässig. Die Ein-

---

1087 *Malmedier*, NJW 1997, 227, 235.

1088 *Spiekermann*, Missbrauch, S. 168.

1089 *Dahs*, FS Odersky, S. 317, 332; *Spiekermann*, Missbrauch, S. 168.

1090 *Pellkofer*, Sockelverteidigung und Strafvereitelung, S. 90; *Duttge*, JZ 2005, 1012, 1016.

1091 *Heinicke*, Der Beschuldigte und sein Verteidiger, S. 476 f.; und bedeutet zudem einen mittelbaren Eingriff in die verfassungsrechtlich geschützte Stellung des Verteidigers als Prozesssubjektsgehilfe, *Grüner*, Missbrauch, S. 135.

1092 *Witting*, FS Volk, S. 885, 899.

heit der Rechtsordnung gebietet vielmehr einen umfassenden Schutz der Verteidigungsrechte des Angklagten.[1093] Somit kann auch das Standesrecht keine Lösung gegen rechtsmissbräuchliche Beweisantragstellung sein.

IX. Ergebnis

Wie gezeigt, gibt es diverse Ansätze, missbräuchlicher Beweisantragstellung entgegen zu wirken. Sie alle sind jedoch dem Vorwurf ausgesetzt, das in der StPO geregelte beweisantragsrechtliche Regelungssystem zu umgehen oder in ihr austariertes Gleichgewicht einzugreifen. Die überragende Stellung des Beweisantragsrechts für den Angklagten zwingt dabei zu einer funktionalen Bewertung der Lösungsansätze: Funktion des Beweisantragsrechts ist es, dem Angklagten zu ermöglichen, effektiv die vorgefasste Meinung des erkennenden Gerichts aufzubrechen und die Einführung neuer Beweise durchzusetzen. Die schützenden Formen des Strafprozessrechts und der abschließende Katalog der eng gefassten Ablehnungsgründe garantieren dabei, dass sich das Gericht dieser (erzwungenen) Offenheit gegenüber neuem Beweismaterial nicht verschließen kann. Alle Ansätze, die über Umwege versuchen, sich diesem Regelungssystem zu entziehen – sei es bspw. durch Absprechen der Beweisantragsqualität, so dass die Ablehnungsgründe nicht greifen oder durch Übertragung „fachfremder" Regelungen wie § 242 BGB oder § 34 StGB – mindern die Funktion des Beweisantragsrechts entgegen der gesetzlichen Intention und können damit nicht zu einer Lösung beitragen.

Die Untersuchung der Lösungsmöglichkeiten de lege lata hat somit ergeben, dass es derzeit keine effektive, unkomplizierte Handhabe gegen den exzessiven Missbrauch des Beweisantragsrechts gibt. Die Autoren, die das gesetzliche Instrumentarium für ausreichend erachten, können sich zwar drauf berufen, dass ein Missbrauch des Beweisantragsrechts statistisch selten vorkommt.[1094] Sie stellen sich jedoch dem eigentlichen Problem nicht. Es mag zwar nur eine geringe Anzahl an Verfahren betroffen sein, diese fallen jedoch qualitativ schwer ins Gewicht. Wenn ein einzelnes Verfahren in der Lage ist, ein gesamtes Gericht handlungsunfähig zu machen und wenn entgegen dem Schuldprinzip (Art. 20 III GG, § 46 I StGB) Freisprüche ergehen, weil ganze Strafkammern überfordert sind, dann sind auch Funktionsfähigkeit der Strafrechtspflege und

---

1093 *Heinicke*, Der Beschuldigte und sein Verteidiger, S. 477.

1094 *Hirsch*, Der zum Zwecke der Prozeßverschleppung gestellte Beweisantrag, S. 98 f.; *Thole*, Scheinbeweisantrag, S. 199, 223, 232 f.; *Witting*, FS Volk, S. 885, 898; zu der Auswertung der einschlägigen Statistiken s. Teil II A III 4. cc).

Durchsetzbarkeit des staatlichen Strafmonopols tangiert. Sich auf die Singularität solcher Verfahren zu berufen, bedeutet das zugrunde liegende Problem zu verkennen.[1095]

Die Fristenlösung schließt damit in der Tat eine bestehende Gesetzeslücke in Bezug auf die Missbrauchsbekämpfung im Beweisantragsrecht. Da die Fristenlösung jedoch dogmatisch auf der Grundlage des geltenden Rechts nicht haltbar ist, lassen sich aus diesem Befund lediglich zwei Schlussfolgerungen ziehen: Zum einen kann man kapitulieren und sich auf den Standpunkt stellen, dass eine Missbrauchmöglichkeit dem Beweisantragsrecht immanent ist und es keine Handhabe dagegen gibt.[1096] Das Risiko eines Missbrauchs ist demnach hinzunehmen.

Darüber hinaus ist nach einer Lösung de lege ferenda zu suchen, die die bestehende Lücken füllt, dabei jedoch nicht in das System der StPO eingreift und Machtpositionen verschiebt. Eine solche Lösung soll in den folgenden Ausführungen entwickelt werden.

C. Lösungsmodelle de lege ferenda

I. Vorüberlegungen

Die Verhinderung des rechtsmissbräuchlichen Einsatzes des Beweisantragsrechts bedeutet zugleich, das Beweisantragsrecht einzuschränken. Diese Konsequenz ist unumgänglich. Ob man dabei argumentiert, Rechtsmissbrauch sei der übermäßige Gebrauch eines formal bestehenden Rechts[1097] oder anführt, das Recht, Beweisanträge zu stellen, erfasse seine missbräuchliche Ausübung nicht und werde daher nicht „beschränkt", sondern sein Umfang werde lediglich enger gezogen,[1098] läuft dabei auf dasselbe hinaus. Letztlich geht es um die Abgrenzung von rechtmäßigem und rechtswidrigem Verteidigungsverhalten. Je nachdem wo diese Grenze gezogen wird, sind Verteidigungsrechte weiter oder enger zugeschnitten. Ziel einer Lösung kann daher nur sein, dem Beweisantragsrecht zur bestmöglichen Wirksamkeit zu verhelfen und es dabei nur soweit zu einzu-

---

1095 Ähnlich *Basdorf*, StV 1995, 310, 311; *Schatz*, Beweisantragsrecht, S. 296; *Kintzi*, DRiZ 1994, 325, 326.

1096 *Fezer*, FS Weber, S. 475, 480, 484; *Herdegen*, NStZ 2000, 1, 8.

1097 *Deckers*, Beweisantrag, S. 46.

1098 Vgl. *Hassemer*, FS Meyer-Goßner, S. 127.

schränken, wie es erforderlich ist, um einem Missbrauch des Rechts vorzubeugen.

Setzt man sich zum Ziel, die Normalfälle zwar umfangreichen, aber nicht missbräuchlichen Einsatzes des Beweisantragsrechts nicht zu erfassen, Missbrauch aber gleichwohl zu verhindern, so kommt man nicht umhin, feste Grenzen zum Umfang des Antragsrechts zu bestimmen. Dies würde jedoch den Verfahren nicht gerecht, in denen die Komplexität des Verfahrensstoffes eine umfangreiche Beweisaufnahme erfordert - aufwändige Wirtschaftsstrafverfahren seien hier als Beispiel genannt. Eine flexible Lösung mit der Möglichkeit zur Würdigung des Einzelfalles würde hingegen auf eine Generalklausel hinauslaufen, die ihrerseits die Gefahr mit sich brächte, auch den Normalfall mit zu umfassen. Eine Lösung muss sich somit zwischen den Polen der Einzelfallgerechtigkeit und Bestimmtheit der Norm bewegen.[1099] Das Problem der Abgrenzung von rechtsmissbräuchlichem und verfahrenskonformem Verteidigungsverhalten lässt sich nicht gänzlich auflösen.

Wie sich bereits bei der Untersuchung der gesetzlichen Möglichkeiten zur Missbrauchsabwehr gezeigt hat, lassen sich hierfür diverse Anknüpfungspunkte im Beweisantragsrecht finden. Wie eine Umsetzung de lege ferenda aussehen könnte, wird im Folgenden untersucht. Dabei werden nicht nur Lösungs- und Reformvorschläge im Schrifttum und Missbrauchsvorschriften in anderen Rechtsgebieten betrachtet, sondern es wird auch ein rechtsvergleichender Blick auf ausländische Rechtsordnungen geworfen.

II. Kostenübertragung

Eine Möglichkeit zur Verringerung des Aufkommens von Beweisanträgen kann es sein, dem Angeklagten die Kosten der auf seinen Wunsch geladenen Zeugen und Sachverständigen zu übertragen.[1100] Dies sehen bspw. die Strafprozessordnungen Frankreichs (Art. 550-556 Code de procédure pénale)[1101] und Österreichs (§§ 381 ff. StPO-Österreich) vor. Auch in England und Wales sowie in den USA muss der Angeklagte die Entlastungsbeweise selbst vorbringen und

1099 Vgl. *Kudlich*, Strafprozess und allgemeines Missbrauchsverbot, S. 249: „Konflikt zwischen Normtreue und Einzelfallgerechtigkeit".

1100 *Schlüchter*, GA 1994, 397, 422, 437.

1101 Perron-*Barth*, Beweisaufnahme im Strafverfahrensrecht des Auslands, S. 115, 136; ebenso in den Niederlanden, England und Wales sowie in den USA, Perron-*Perron*, Beweisaufnahme im Strafverfahrensrecht des Auslands, S. 577, 580.

deren Kosten tragen.[1102] In Österreich werden die Kosten zunächst vom Staat verauslagt und dem Angeklagten nur im Falle einer Verurteilung auferlegt, § 381 II StPO-Österreich.[1103] Auch in Italien und Schweden muss der Angeklagte diese Kosten zunächst vorschießen und im Falle einer Verurteilung tragen.[1104]

Die Auferlegung der Kostenlast könnte Verteidiger dazu veranlassen, nur solche Zeugen und Sachverständigen laden zu lassen, von denen man sich eine ertragreiche Aussage erhofft. Das Gericht mit Beweisanträgen zu überfluten, würde erhebliche finanzielle Nachteile für den Angeklagten bringen, so dass einem exzessiven Gebrauch des Antragsrechts auf wirtschaftliche Weise der Boden entzogen würde. In Frankreich hat sich auf dieser Grundlage die Praxis herausgebildet, zunächst den Staatsanwalt von der Erforderlichkeit der Ladung eines Zeugen zu überzeugen, um diesen so nicht selbst laden zu müssen; das Problem des Missbrauchs des Beweisantragsrechts stellt sich dort nicht.[1105]

Es bestehen jedoch Bedenken gegen eine solche Lösung. Dieses System funktioniert dann nicht, wenn der Angeklagte mittellos ist und auf staatliche Prozesskostenhilfe angewiesen ist. Die finanziellen Auswirkungen träfen ihn so nicht unmittelbar. Es besteht zudem die Gefahr einer Zweiklassengesellschaft: Angeklagte, die sich zahlreiche Beweisanträge „leisten" können, würden bevorteilt. Auch Angeklagte mit einer Rechtsschutzversicherung stünden besser als Angeklagte ohne eine solche. Dies ist im Hinblick auf das Ziel des Verfahrens, der Erforschung der materiellen Wahrheit, nicht tragbar.

Zu beachten ist zudem, dass der Angeklagte im Falle seiner Verurteilung (§ 465 I) ohnehin die Kosten des Verfahrens tragen muss, § 464a I. Gem. § 464a I 1 sind Kosten des Verfahrens die Gebühren und Auslagen der Staatskasse. Zu den Auslagen gehören insbesondere die nach dem JVEG zu zahlenden

---

1102 Perron-*Huber*, Beweisaufnahme im Strafverfahrensrecht des Auslands, S. 57 (England und Wales); Perron-*Thaman*, Beweisaufnahme im Strafverfahrensrecht des Auslands, S. 536 f. (USA).

1103 Perron-*Löschnig-Gspandl/Puntigam*, Beweisaufnahme im Strafverfahrensrecht des Auslands, S. 377 ff.

1104 Perron-*Hein*, Beweisaufnahme im Strafverfahrensrecht des Auslands, S. 182 (Italien); Perron-*Cornils*, Beweisaufnahme im Strafverfahrensrecht des Auslands, S. 461 (Schweden).

1105 *Kühne*, StPO, Rn. 1238; Perron-*Barth*, Beweisaufnahme im Strafverfahrensrecht des Auslands, S. 115; Perron-*Perron*, Beweisaufnahme im Strafverfahrensrecht des Auslands, S. 577.

Auslagen für die Entschädigung von Zeugen und Sachverständigen.[1106] Eine nenneswerte abschreckende Wirkung geht hiervon jedoch nicht aus.[1107]

Um speziell spät gestellten Beweisanträgen zu begegnen, wäre es denkbar, Verfahrensbeteiligten die Kosten für vorsätzlich oder fahrlässig verspätete Beweisanträge zu übertragen, soweit sich diese im Nachhinein als fruchtlos erweisen.[1108] Hiergegen spricht jedoch, dass der Antragsteller die zu beweisende Tatsache lediglich vermuten muss und es damit in der Natur der Sache liegt, dass Beweisanträge häufig, wenn nicht gar regelmäßig, die beantragte Beweistatsache nicht bestätigen.[1109] Hieraus ein Indiz für eine missbräuchliche Verwendung des Beweisantragsrechts abzuleiten, ist verfehlt.[1110] Zudem müsste auch hiernach konkretisiert werden, wann ein Beweisantrag verspätet ist und welche Kriterien für die Bestimmung der Schuldhaftigkeit der Verspätung gelten sollen. Die Einführung der Kostenpflichtigkeit für verspätet beantragte fruchtlose Beweisanträge kann Rechtsmissbrauch im Beweisantragsrecht somit nicht verhindern.

III. Abschaffung des Beweisantragsrechts

Die radikalste Möglichkeit rechtsmissbräuchlichen Beweisanträgen zu begegnen, wäre, wie bereits 1982 für die 53. Justizministerkonferenz vorgeschlagen, das „formelle" Beweisantragsrecht gänzlich abzuschaffen. Dieser Vorschlag sah vor, in Verfahren vor dem Amtsgericht auf den numerus clausus der Ablehnungsgründe und die Bescheidungspflicht zu verzichten.[1111]

Der Vorteil einer solchen Lösung liegt in der beschleunigenden Wirkung. Der Strafrichter bliebe zwar nach Maßgabe des Aufklärungsgrundsatzes verpflichtet, Beweise zu erheben, ist aber dabei weder an das Verbot der Beweisantizipation noch an die abschließenden Ablehnungsgründe gebunden. So kann der Strafrichter auf die Erhebung weiterer Beweisanträge verzichten, wenn bei verständiger Würdigung der Sachlage die weitere Beweiserhebung an der bereits

---

1106 HK-*Temming*, § 464a Rn. 4; KK-*Gieg*, § 464a Rn. 4.

1107 Perron-*Perron*, Beweisaufnahme im Strafverfahrensrecht des Auslands, S. 605.

1108 *Schlüchter*, GA 1994, 397, 422.

1109 *Schulz*, StV 1991, 354, 361 f.

1110 *Eschenhagen*, Missbrauch des Beweisantragsrechts, S. 245; *Schulz*, StV 1991, 354, 362.

1111 S.o. Teil I E I 1.

gewonnenen Überzeugung des Gerichts nichts ändern kann.[1112] Beweisanträge wären dann lediglich als Anregungen zu behandeln, im Rahmen des § 244 II in eine bestimmte Richtung zu ermitteln.[1113] Diese könnten die Aufklärungspflicht aktualisieren.[1114] Eine zwangsweise Durchsetzung von Beweiserhebungen entgegen dem Willen des Gerichts wäre nicht möglich – was die Gefahr von Willkürentscheidungen birgt[1115] und die Wahrheitsermittlung einschränkt. Bei einer Abschaffung des Beweisantragsrechts allein vor den Amtsgerichten gewährleistet die Berufungsinstanz, dass im Falle einer mangelhaften gerichtlichen Wahrheitsermittlung der tatsächliche Sachverhalt in zweiter Instanz nochmals ermittelt und verhandelt werden kann.[1116]

Diese Lösung ist jedoch Kritik ausgesetzt.[1117] Der beschleunigende Effekt dürfte bei einer Abschaffung des Beweisantragsrechts vor den Amtsgerichten dadurch aufgehoben werden, dass vermehrt Rechtsmittel gegen diese erstinstanzlichen Urteile eingelegt werden.[1118]

Das Beweisantragsrecht dient der Umsetzung des Prinzips der Erforschung der materiellen Wahrheit. Es verwirklicht das Recht auf rechtliches Gehör und sichert die Subjektstellung des Angeklagten im Strafprozess. Die Abschaffung des Beweisantragsrechts begegnet damit auch gravierenden verfassungsrechtlichen Bedenken.[1119] Im Falle der Ablehnung einer Annahmeberufung nach §§ 313, 322a bliebe dem Angeklagten die Möglichkeit versagt, das erstinstanzliche Urteil uneingeschränkt in der Berufungsinstanz überprüfen lassen.[1120] Ist die Rechtsmittelkontrolle jedoch schwach ausgestaltet, muss bereits auf Ebene der Erstinstanz eine effektive Teilhabe am Verfahren möglich sein. Zudem ist zu bedenken, dass die Wahrheitsermittlung aufgrund Zeitablaufs in zweiter Instanz erheblich erschwert ist.[1121]

1112 BGHSt 36, 159, 164 f.; *Kindhäuser*, StPO, § 22 Rn. 3.

1113 *Pöstges*, Funktion und Missbrauch prozessualer Rechte, S. 171.

1114 *Basdorf*, StV 1995, 310, 313.

1115 *Pöstges*, Funktion und Missbrauch prozessualer Rechte, S. 171.

1116 *Pöstges*, Funktion und Missbrauch prozessualer Rechte, S. 171.

1117 S. zu den abl. Stimmen in der Lit. *Schatz*, Beweisantragrecht, S. 376 Fn. 279 m.w.N.

1118 *Hirsch*, Der zum Zwecke der Prozeßverschleppung gestellte Beweisantrag, S. 96.

1119 *Hirsch*, Der zum Zwecke der Prozeßverschleppung gestellte Beweisantrag, S. 96 ff.

1120 *Pöstges*, Funktion und Missbrauch prozessualer Rechte, S. 170 f.

1121 *Pöstges*, Funktion und Missbrauch prozessualer Rechte, S. 171; *Schatz*, Beweisantragsrecht, S. 377.

Das Problem massenhaft gestellter Beweisanträge würde zudem nicht gelöst, wenn das Beweisantragsrecht nur vor den Amtsgerichten und nicht vor den Landgerichten abgeschafft würde. Wie bereits gezeigt, kommt ein massenhafter Einsatz des Beweisantragsrechts ohnehin nur selten und hauptsächlich bei den Landgerichten vor.[1122] Die Abschaffung nur vor den Amtsgerichten würde das Problem lediglich vollständig auf die Landgerichte verlagern.

Eine Abschaffung würde damit das gesamte System des Beweisrechts in der StPO in Frage stellen. Die Aufklärungspflicht des Gerichts nach § 244 II vermag die genannten Einschränkungen der Verteidigungsrechte nicht in adäquater Weise auszugleichen. Das bestehende Beweisantragsrecht hingegen ist kaum anfällig für richterliche Willkür; es hat sich als Korrektiv zur reinen Aufklärungspflicht nach § 244 II bewährt und sollte daher beibehalten werden.[1123]

IV. Zahlenmäßige Begrenzung

Eine auf den ersten Blick einfache Lösung wäre es, eine zahlenmäßige Obergrenze für die Stellung von Beweisanträgen einzuführen. Dass massenhaft Beweisanträge gestellt werden, ist einfache Konsequenz daraus, dass das Gesetz es erlaubt; dies könnte man mit Hilfe einer Obergrenze für Beweisanträge korrigieren.[1124]

So wäre denkbar, als Rechtsfolge bei Erreichung der Höchstzahl eine Verwirkung des Beweisantragsrechts zu formulieren. Bspw. würde der Antragsteller nach drei wegen Prozessverschleppungsabsicht abgelehnten Beweisanträgen zum „Nichtantragsberechtigten" und alle weiteren Anträge wären allein nach Maßgabe der Amtsaufklärungspflicht zu bescheiden. Alle darüber hinaus gehenden Anträge müssten zudem schriftlich gestellt werden und könnten vom Vorsitzenden abweichend von § 244 VI und ohne Begründung beschieden werden.[1125]

Eine für alle Verfahren gültige Höchstzahl an Beweisanträgen lässt sich jedoch nicht finden. Was in tatsächlich und rechtlich einfach gelagerten Sachverhalten bereits ein Missbrauch des Beweisantragsrechts wäre, mag in komplizierten Wirtschaftsstrafverfahren die Regel sein. Einen für alle Verfahren gültigen

---

1122 S.o. Teil II A III 4. e).

1123 *Basdorf*, StV 1995, 310, 313.

1124 *Hassemer*, FS Meyer-Goßner, S. 127, 136.

1125 Vorschlag von *Schatz*, Beweisantragsrecht, S. 379 ff.

Maßstab kann es insofern nicht geben.[1126] Allenfalls könnte die Höchstzahl von Beweisanträgen in Abhängigkeit von Umfang und Komplexität des Verfahrens gesetzt werden. Die Bestimmung der Höchstzahl wäre dann jedoch mit großen Unsicherheiten behaftet.[1127] Eine Quantifizierungsmöglichkeit lässt sich mithin nicht finden.[1128]

V. Einführung einer Missbrauchsklausel

Eine gesetzliche Missbrauchsklausel lässt sich bspw. im Steuerrecht finden, § 42 I 1 AO: „Durch Missbrauch von Gestaltungsmöglichkeiten des Rechts kann das Steuergesetz nicht umgangen werden." Im deutschen Strafprozessrecht besteht hingegen kein allgemeines Missbrauchsverbot, so dass denkbar wäre, eine solche einzuführen. So hat *Hans Kudlich* als entsprechende Formulierung vorgeschlagen: „Mißbraucht ein Beteiligter sein Recht, Fragen oder Anträge zu stellen, ersichtlich dadurch, daß er keinen in der Befugnis vorausgesetzten Zweck verfolgt, so können diese als unzulässig zurückgewiesen werden. Im Falle eines fortgesetzten Mißbrauchs kann nach einer Ermahnung die weitere Ausübung der mißbrauchten Befugnisse durch das Gericht beschränkt werden."[1129] Auf diese Weise ließen sich nicht nur bereits gestellte Beweisanträge ohne weitere Prüfung in Hinblick auf den Katalog der Ablehnungsgründe in § 244 III-V ablehnen, sondern darüber hinaus höchst effektiv zukünftigen rechtsmissbräuchlichen Anträgen der Boden entzogen werden, indem das Beweisantragsrecht als solches entzogen werden könnte. Eine solche Vorschrift wird aufgrund ihrer besonderen Wirksamkeit teilweise für wünschenswert erachtet.[1130]

Als Rechtsfolge käme auch in Betracht wie der BGH in seiner Entscheidung BGHSt 38, 111 gezeigt hat - lediglich das Antragsrecht des Angeklagten zu entziehen und diesem aufzugeben, Beweisanträge nur noch über seinen Verteidiger zu stellen. Dieses System versagt jedoch dort, wo der Verteidiger seiner „Filter-

---

1126 *Abdallah,* Die Problematik des Rechtsmissbrauchs im Strafverfahren, S. 192; *Fezer,* FS Weber, S. 475, 481.

1127 *Fezer,* FS Weber, S. 475, 481; *Duttge,* JZ 2005, 1012, 1016.

1128 *Deckers,* Beweisantrag, S. 52.

1129 *Kudlich,* Strafprozess und allgemeines Missbrauchsverbot, S. 360.

1130 *Kudlich,* Strafprozess und allgemeines Missbrauchsverbot, S. 358 ff.; *Kröpil,* ZRP 1997, 9, 13; *Rebmann,* NStZ 1984, 241, 246.

funktion“ nicht nachkommt und zahllose Anträge seines Mandanten weiterreicht oder aber in eigenem Namen unzählige Beweisanträge stellt.[1131]

Nachteil einer weit formulierten Klausel ist die Bestimmung, was missbräuchlich ist. Dies könnte man umgehen, indem man die missbräuchliche Zwecksetzung konkretisierte: „Das Beweisantragsrecht wird mißbraucht, wenn ein Beweisantrag nicht zur Erforschung der Wahrheit gestellt wird.“[1132] Doch bleibt das Problem, dass die Beurteilung, was der Wahrheitserforschung dient, weiterhin dem erkennenden, u.U. voreingenommenen Gericht obliegt. Zudem hat der Gesetzgeber in § 244 III-V festgelegt, dass auch nicht wahrheitsfördende Beweisanträge von den Ablehnungsgründen erfasst werden, sie also zumindest gestellt werden dürfen.[1133] Man denke nur an das Kriterium der fehlenden Sachdienlichkeit im Rahmen des Ablehnungsgrundes der Prozessverschleppungsabsicht.

Die ausdifferenzierten Ablehnungsgründe würden umgangen, wenn Beweisanträge - zudem kaum überprüfbar - mithilfe einer allgemeinen Missbrauchsklausel abgelehnt werden könnten.[1134] Würde das Beweisantragsrecht gar als solches entzogen, unterfielen zukünftige „Anträge“ dem Regelungssystem der §§ 244 ff. gar nicht mehr. Dies würde die Verteidigung massiv schwächen. Es bestünde dann die Gefahr, dass das Gericht aus seiner Sicht lästige Verteidigungshandlungen konterkarierte und es zu einem „Missbrauch der Missbrauchskontrolle“ käme.[1135]

Diese Gefahr ließe sich eindämmen, indem man Missbrauch nicht an der subjektiven Einstellung des Antragstellers festmacht, sondern mithilfe objektiver Kriterien bestimmt. Die Forderung, objektive Verhaltensweisen heran zu ziehen,[1136] versagt jedoch im Beweisantragsrecht.[1137] Feste Obergrenzen für die Anzahl von Beweisanträgen kann es aufgrund der unterschiedlichen Komplexität von Verfahren nicht geben.[1138] Eine Missbrauchsklausel kommt damit zwangsläufig nicht ohne weite, unbestimmte Rechtsbegriffe aus. Dies wiederum

1131 S.o. Teil III B VI.

1132 *Eschenhagen*, Der Missbrauch des Beweisantragsrechts, S. 231.

1133 *Fezer*, FS Weber, S. 475, 482.

1134 *Schatz*, Beweisantragsrecht, S. 361 f.

1135 S.o. Teil III B I.

1136 *Eschenhagen*, Missbrauch des Beweisantragsrechts, S. 253; *Fezer*, FS Weber, S. 475, 481; *Hassemer*, FS Meyer-Goßner, S. 127, 141; *Weber*, GA 1975, 289, 297.

1137 *Abdallah*, Die Problematik des Rechtsmissbrauchs im Strafverfahren, S. 190 f.

1138 *Fezer*, FS Weber, S. 475, 481; s.o. Teil III C III.

schafft dem Gericht einen großen Ermessensspielraum bei der Ablehnung von Beweisanträgen[1139] und führt zu Schwierigkeiten in Bezug auf den Bestimmheitsgrundsatz.[1140] Eine Missbrauchsklausel, die nicht ihrerseits rechtsmissbräuchlich gebraucht werden kann, ist nicht regelbar.[1141]

Die Einführung einer allgemeinen Missbrauchsklausel ist somit nicht mit dem abschließenden Charakter des Beweisantragsrechts vereinbar. Aufgrund der notwendigen Weite einer solchen Vorschrift besteht die Gefahr des Missbrauchs einer solchen Vorschrift.

VI. Einführung einer Präklusionsvorschrift

Das Fristenlösungsmodell des Bundesgerichtshofs sieht vor, dass für nach Fristablauf gestellte Beweisanträge die Vermutung gilt, dass diese in Verschleppungsabsicht gestellt wurden und daher grundsätzlich abzulehnen sind. Dies entspricht faktisch einer Präklusion.[1142] Losgelöst vom Ablehnungsgrund der Prozessverschleppungsabsicht kommt es daher in Frage, eine Präklusionsvorschrift in die StPO aufzunehmen.[1143] Dies würde zugleich eine Änderung des § 246 I nach sich ziehen. Die StPO knüpft bereits den Eintritt von Präklusionen an gesetzlich bestimmte Zeitpunkte an. So regeln die §§ 6a S.3, 25 I 1, 222b I 1, dass mit dem Beginn der Vernehmung des ersten Angeklagten über seine persönlichen Verhältnisse eine Präklusion eintritt. Für eine Anknüpfung einer beweisantragsrechtlichen Präklusion bieten sich zwei gesetzliche Zeitpunkte des Strafverfahrens an: Das Ende des Zwischenverfahrens und das Ende der Beweisaufnahme.[1144] Als dritte Möglichkeit kommt in Betracht, den Präklusionseintritt durch

---

1139 *Pöstges*, Funktion und Missbrauch prozessualer Rechte, S. 169.

1140 KMR-*Eschelbach*, Vor § 226 Rn. 11; *Eschenhagen*, Missbrauch des Beweisantragsrechts, S. 229 ff.

1141 *Fezer*, FS Weber, S. 475, 482; dies muss auch *Kudlich*, Strafprozess und allgemeines Missbrauchsverbot, S. 359, einräumen.

1142 S.o. Teil II A II 3. d).

1143 Für eine Präklusion sprechen sich aus: *Kudlich*, Strafprozess und allgemeines Missbrauchsverbot, S. 347 f.; *Schatz*, Beweisantragsrecht, S. 352; *Basdorf*, StV 1997, 488; *ders.* AnwBl 1995, 405; *Bauer*, NStZ 2008, 542, 545; *Rebmann*, NStZ 1984, 241, 246; *Schmitt*, GA 2001, 411, 426; *Senge*, FS Nehm, S. 339, 354; gegen eine Präklusion sind hingegen: *Fahl*, Rechtsmissbrauch, S. 509; *ders.* DRiZ 2009, 291, 292; *Fezer*, FS Weber, S. 475, 482, Fn. 46; *Frister*, StV 1994, 445, 448; *Perron*, JZ 1994, 823, 826.

1144 Auch über den Beginn der Beweisaufnahme nach Vernehmung des Angklagten nach § 243 V wird diskutiert, vgl. *Schlüchter*, GA 1994, 397, 415, 421 f.

den Vorsitzenden durch Fristsetzung bestimmen zu lassen, wie es auch die Fristenlösung vorsieht.

1. Präklusion im Zwischenverfahren

Der frühestmögliche Zeitpunkt[1145] für eine Präklusion ist das Ende des Zwischenverfahrens. Hierfür hat sich *Karl Heinz Gössel* 1994 in seinem Gutachten zum 60. Deutschen Juristentag ausgesprochen.[1146] Staatsanwaltschaft und Verteidigung sollen danach bereits im Zwischenverfahren angehalten werden, die Beweiserhebung umfassend zu beantragen. Die Staatsanwaltschaft muss ihre Beweisanträge mit der Anklageschrift einreichen. Anschließend haben Verteidiger und Angeklagter ihre Entlastungsbeweise innerhalb einer Zweiwochenfrist dem Gericht anzuzeigen.[1147] Nach Ende des Zwischenverfahrens sollen nur Beweisanträge bezüglich präsenter Beweismittel zulässig sein oder solche, die sich auf neue Tasachen beziehen. Nach Schluss der Beweisaufnahme sollen gar keine Beweisanträge mehr gestellt werden können.[1148] Hierdurch soll das Verfahren transparenter und vor zeitraubenden überraschenden Entwicklungen geschützt werden.[1149] Da der Verlust von nicht benannten Beweismitteln auch der Staatsanwaltschaft droht, erhofft man sich sorgfältigere und umfassendere Ermittlungen bereits im Vorverfahren.[1150]

Ausländische Rechtsordnungen sehen häufig ein solches Verfahren vor. In angloamerikanischen Rechtssystemen ist die Verteidigung aus Gründen der adversatorischen Fairness verpflichtet, alle Entlastungsbeweise bereits vor Beginn der Hauptverhandlung offen zu legen; hierdurch soll vermieden werden, dass der Jury überraschende Beweise offenbart werden, die die Staatsanwaltschaft nur schwer überprüfen und widerlegen kann.[1151] Teilweise finden sich in kontinentaleuropäischen Rechtssystemen Vorschriften, die die Verteidigung dazu verpflichten, eine Liste mit den Entlastungsbeweisen dem Gericht binnen einer

1145 Auch eine Vorverlagerung ins Ermittlungsverfahren wäre denkbar, vgl. *Bernsmann*, ZRP 1994, 329, 332; *Perron*, Beweisantragsrecht, S. 141 ff.; *ders.*, ZStW 108 (1996), 128, 153; *Weigend*, ZStW 104 (1992), 486, 506 ff.

1146 *Gössel*, Gutachten C, 60. DJT, C 61 ff.

1147 S. Formulierungsvorschlag § 201, *Gössel*, Gutachten C, 60. DJT, C 72 f.

1148 *Gössel*, Gutachten C, 60. DJT, C 74 ff.

1149 *Gössel*, Gutachten C, 60. DJT, C 62.

1150 *Gössel*, Gutachten C, 60. DJT, C 64.

1151 *Kühne*, StPO, Rn. 1159, 1177; Perron-*Thaman*, Beweisaufnahme im Strafverfahrensrecht des Auslands, S. 530 (USA); *Schatz*, Beweisantragsrecht, S. 336 f.

bestimmten Frist vor der Hauptverhandlung einzureichen. Dies sehen bspw. das französische, italienische und niederländische Strafprozessrecht vor.[1152]

Der Vorteil eines frühen Einsetzens einer Präklusion besteht darin, dass das Problem sukzessiver oder massenhafter Antragstellung im Hauptverfahren praktisch gelöst wäre.[1153] Für das einzelne Verfahren bedeutete dies, dass die Sachlage bereits bei Eröffnung des Hauptverfahrens weitgehend feststünde. Eine Präklusion bereits mit Ende des Zwischenverfahrens gewährleistet daher Transparenz für alle Verfahrensbeteiligten. Das Gericht wäre in der Lage, die Hauptverhandlung im Einzelnen genau zu planen und zu strukturieren; für die Bescheidung verspätet gestellter Beweisanträge bliebe genügend Zeit.[1154]

Zugleich besteht in diesem Vorteil auch der Nachteil der Lösung: Eine Hauptverhandlung, die sich der Erforschung der Wahrheit verschreibt, kann nicht exakt vorausgeplant werden.[1155] Nachträglich bekannt gewordene Umstände, Beweismittel etc. können nur unter erschwerten Bedingungen in die Hauptverhandlung eingebracht werden – eine Gefahr für die Wahrheitsfindung. Dies wird in den Rechtsordnungen, die eine Präsentation der Beweise bereits im Vorfeld der Hauptverhandlung vorsehen, wie bspw. die Italiens, Frankreichs oder der Niederlande, aufgrund der besonderen Ausgestaltung des Verfahrens gleichsam „in Kauf" genommen.[1156] Das inquisatorische System der deutschen StPO hingegen ist der Erforschung der materiellen Wahrheit von Amts wegen verpflichtet.[1157] Auch das materielle Schuldprinzip verlangt, als zentrales Anliegen des Strafprozesses, die materielle Wahrheit bestmöglich zu ermitteln.[1158]

Eine Verlagerung des „Höhepunkts des Verfahrens"[1159] vom Hauptverfahren in das Zwischenverfahren setzt aus rechtsstaatlichen Gründen zudem umfangrei-

---

1152 *Kühne*, StPO, Rn. 1238 (Frankreich); Perron-*Hein*, Beweisaufnahme im Strafverfahrensrecht des Auslands, S. 180 (Italien); Perron-*Perron*, Beweisaufnahme im Strafverfahrensrecht des Auslands, S. 575 (Frankreich und Niederlande).

1153 *Schatz*, Beweisantragsrecht, S. 339; *Kintzi*, DRiZ 1994, 325, 329.

1154 *Schatz*, Beweisantragsrecht, S. 339; *Kintzi*, DRiZ 1994, 325, 329; *Perron*, JZ 1994, 823, 826; *Schlüchter*, GA 1994, 397, 415.

1155 *Widmaier*, NStZ 1994, 414, 417.

1156 *Müller*, DRiZ 1993, 381, 384:„die Prozessparteien müßten sich mit dem begnügen, was ‚da sei'."

1157 *Kühne*, StPO, Rn. 299.

1158 BVerfGE 57, 250, 275; BVerfGE 63, 45, 61; *HHP*, Beweisantragsrecht, Rn. 32, Fn. 31.

1159 *Roxin/Schünemann*, Strafverfahrensrecht, § 44 Rn. 1: Die Hauptverhandlung gilt als „Höhepunkt des gesamten Strafprozesses."

che und dem Beweisantragsrecht äquivalente Beteiligungsrechte in diesem Verfahrensstadium voraus. Die Übertragung der Verantwortung für die Wahrheitserforschung auf den Angeklagten muss dann durch weitreichende Einflussmöglichkeiten ausgeglichen werden. Angeklagter und Verteidiger müssten in die Lage versetzt werden, sich durch eigene Ermittlungen effektiv auf die Hauptverhandlung vorbereiten zu können.[1160] Ausländische Rechtsordnungen mit entsprechender Ausgestaltung des Vorverfahrens lassen jedoch in dieser Hinsicht Defizite erkennen, so dass eine Übernahme von ausländischen Vorschriften nicht in Frage kommt.[1161] Auch kann sich eine solche Verlagerung der Prozessverantwortung auf den Zeitpunkt einer notwendigen Pflichtverteidigerbestellung auswirken. Einen unverteidigten Angeklagten mit Ablauf des Zwischenverfahrens einer Präklusion auszusetzen, ist rechtsstaatlich bedenklich.[1162]

Zudem bestehen Bedenken, ob eine Präklusion überhaupt taugliches Mittel ist, um einer massenhaften Stellung von Beweisanträgen entgegen zu treten.[1163] Es besteht die Gefahr, dass die Verteidigung sämtliche Beweismittel prophylaktisch gegen Ende des Zwischenverfahrens stellt und so bereits den Beginn der Hauptverhandlung hinaus zögern könnte. Auch zunächst nebensächlich erscheinende Beweisanträge würden gestellt, um einer späteren Präklusion zu entgehen.[1164] Dadurch würden auch die bisher unproblematischen Normalverfahren zugunsten der Erfassung einiger weniger Konfliktverfahren unnötig aufgebläht; dies erscheint wenig sinnvoll in Bezug auf die Reduzierung der Arbeitsbelastung und Ökonomisierung des Strafverfahrens.[1165] Die Pflicht zur frühzeitigen Benennung aller Beweisanträge kann dazu zwingen, auch potentiell belastende Beweise in das Verfahren einzubringen, auf die sonst aufgrund des Verlaufs der Hauptverhandlung verzichtet werden könnte.[1166] Die Verteidigung „(…) wird in einen Aktionismus hineingetrieben, der natürlich verfahrenshemmend wirkt, nicht beschleunigend, durch die Präklusion.“[1167] Umgekehrt kann die Angst,

---

1160 *Schatz*, Beweisantragsrecht, S. 341 f.

1161 *Perron*, ZStW 108 (1996), 128, 152; *ders.*, JZ 1994, 823, 825.

1162 *Schatz*, Beweisantragsrecht, S. 342; *Perron*, JZ 1994, 823, 827.

1163 Ob eine Einschränkung des Beweisantragsrechts geeignet ist, die Arbeitsbelastung zu verringern, ist ebenfalls nicht eindeutig belegt, HK-*Julius*, § 244 Rn. 3; *Bernsmann*, ZRP 1994, 329, 331.

1164 *Pöstges*, Funktion und Missbrauch prozessualer Rechte, S. 172.

1165 *Perron*, JZ 1994, 823, 826.

1166 *Schatz*, Beweisantragsrecht, S. 347, 350 f.; *Bandisch*, AnwBl 1991, 311, 312; *Bernsmann*, ZRP 1994, 329, 331; *Richter*, AnwBl 1995, 407, 408.

1167 *Richter*, AnwBl. 1995, 407, 408.

Beweisanträge zu stellen, die sich im Nachhinein als belastend herausstellen, den Angeklagten daran hindern, Beweise zu präsentieren; das Beweisantragsrecht als Mittel zur Erforschung der Wahrheit liefe leer und das Fehlverurteilungsrisiko wäre stark erhöht.[1168] Der Angeklagte befindet sich in dem Dilemma, entweder auf mögliche Entlastungsbeweise zu verzichten oder aber an der eigenen Überführung durch Benennung eines potentiell belastenden Beweises mitzuwirken; dies tangiert die Selbstbelastungsfreiheit (Nemo-tenetur-Grundsatz, Art. 6 EMRK).[1169]

Beweisanträge, die zuvor unter einer Bedingung gestellt wurden und die das Gericht oftmals nicht entscheiden musste, weil diese nicht eintrat, werden vermutlich kaum noch gestellt.[1170] Hilfsbeweisanträge werden typischerweise erst zum Ende der Hauptverhandlung, also nach Präklusionseintritt, in das Verfahren eingebracht. Muss der Antragsteller befürchten, dass seine Hilfsbeweisanträge präkludiert werden, werden keine Hilfsbeweisanträge mehr gestellt. Dieser faktische „Tod“ des Hilfsbeweisantrags wird zu einer Zunahme unbedingter Beweisanträge führen. Dies ist verfahrensökonomisch nicht sinnvoll.[1171]

Den Eintritt einer Präklusion bereits mit Ende des Zwischenverfahrens eintreten zu lassen, ist somit nicht empfehlenswert und würde nicht nur eine Änderung des § 246 I bedeuten, sondern darüber hinaus eine elementare Umstrukturierung des gesamten Strafprozessses erfordern.

2. Präklusion mit Ende der Beweisaufnahme

Als zweiter vom Gesetz vorgegebener Zeitpunkt kommt für eine Präklusion das Ende der Beweisaufnahme in Betracht, § 258 I. Dies sah das Arbeitspapier des Bayrischen Staatsministeriums der Justiz (1982)[1172] sowie der Bundesratsentwurf für das Rechtspflegeentlastungsgesetz (1991)[1173] vor. Für Beweisanträge, die nach Schluss der Beweisaufnahme gestellt wurden, sollte § 244 III-VI nur gelten, wenn zureichende Gründe für die nachträgliche Antragstellung glaubhaft

1168 *Pöstges*, Funktion und Missbrauch prozessualer Rechte, S. 172.

1169 *Perron*, JZ 1994, 823, 827.

1170 *Bandisch*, AnwBl 1991, 311, 312; *Perron*, JZ 1994, 823, 826 f.

1171 *Perron*, JZ 1994, 823, 826.

1172 Arbeitspapier Bayern, *Dokumentation*, StV 1982, 325, 331; dies befürwortend *Rebmann*, NStZ 1984, 241, 246.

1173 BR-Drucks. 314/91, S. 11, 104 ff.

gemacht wurden.[1174] Auch beim 60. Deutschen Juristentag wurde das Ende der Beweisaufnahme als Endzeitpunkt für Beweisanträge diskutiert.[1175] Der Vorschlag, das Beweisantragsrecht auf die Dauer der Beweisaufnahme zu beschränken, wurde hingegen 2010 auf dem 68. Deutschen Juristentag abgelehnt.[1176]

Legte man den Eintritt der Präklusionswirkung erst auf das vergleichsweise späte Ende der Beweisaufnahme, ist hiervon nur ein geringer beschleunigender Effekt zu erwarten.[1177] Dennoch wäre dies ein Mittel zumindest gegen eine Antragstellung nach Urteilsberatung und unmittelbar vor der Urteilsverkündung. Solche Beweisanträge haben eine besonders verzögernde Wirkung, da das Gericht meist einen eigenen Termin zur Urteilsverkündung terminiert hat, die Entscheidung bereits getroffen hat und erneut in die Beweisaufnahme einsteigen muss. Solchen Verzögerungen könnte man auf diesem Wege „die massivsten Spitzen abbrechen“[1178]. Der Eintritt der Präklusionswirkung mit Schluss der Beweisaufnahme würde somit lediglich für den Zeitraum zwischen Schluss der Beweisaufnahme und der Urteilsverkündung Ruhe in das Verfahren bringen. Das Gericht könnte aufgrund der vorliegenden Tatsachenbasis ohne Störung durch weitere Anträge das Urteil fällen. Es stünde nicht mehr vor der Entscheidung, durch Hilfsbeweisanträge in den Schlussvorträgen veranlasst,[1179] entweder erneut in die Beweisaufnahme einzusteigen oder die Gefahr anfechtbarer Ablehnungen der Anträge eingehen zu müssen.[1180]

Auch könnte die Einführung einer solchen Regelung dazu führen, dass die Verteidigung von der Möglichkeit, Hilfsbeweisanträge im Plädoyer zu stellen, keinen Gebrauch mehr machen wird und stattdessen zahlreiche Beweisanträge bereits vor dem Schluss der Beweisaufnahme stellt, um eine Ablehnung wegen Verspätung zu vermeiden.[1181] Dies kann zu einer erheblichen Mehrbelastung

---

1174 Arbeitspapier Bayern, *Dokumentation*, StV 1982, 325, 331; einen identischen Vorschlag findet sich bei *Römbke*, Ablehnungsgrund der Prozessverschleppung, S. 215.

1175 *Gössel*, Gutachten C 60. DJT, C 67, C 76, C 92 f.

1176 Vorschlag *Duttge*, abgelehnt mit 1:86:4 Stimmen, *Dokumentation*, StV 2011, 55, 56.

1177 *Kudlich*, Strafprozess und allgemeines Missbrauchsverbot, S. 347; *Perron*, JZ 1994, 823, 825.

1178 *Basdorf*, StV 1994, 310, 315.

1179 Es ist gängige Verteidigungspraxis, Hilfsbeweisanträge im Schlussplädoyer zu stellen, *Schatz*, Beweisantragsrecht, S. 349.

1180 *Rebmann*, NStZ 1984, 241, 247.

1181 *Römbke*, Ablehnungsgrund der Prozessverschleppung, S. 210; *Schatz*, Beweisantragsrecht, S. 352; *Rebmann*, NStZ 1984, 241, 247.

führen,[1182] da die Verteidigung zu diesem Zeitpunkt des Verfahrens noch nicht vollständig abschätzen kann, welche Beweisanträge bis zur Urteilsverkündung sinnvoll sein werden und daher vorsorglich sämtliche Beweisanträge stellen wird. Zudem kann die Verteidigung nur eingeschränkt mit Beweisanträgen auf den Schlussvortrag der Staatsanwaltschaft reagieren.[1183] Die Gefahr einer massenhaften prophylaktischen Stellung von Beweisanträgen besteht bei einem späten Präklusionszeitpunkt aber nicht in dem Maße, wie bereits bei einer Präklusion im Zwischenverfahren.

Den Eintritt der Präklusion auf das Ende der Beweisaufnahme zu legen, wäre eine vergleichsweise milde Einschränkung des Beweisantragsrechts, da dieser Zeitpunkt zum einen nah am Ende der Hauptverhandlung liegt und zum anderen auch danach weitere Anträge gestellt werden können.[1184] Dieser geringen Eingriffsqualität steht jedoch auch nur ein geringer beschleunigender Effekt gegenüber, so dass sich die Frage stellt, ob sich die Einführung einer solchen „weichen" Präklusionsvorschrift überhaupt lohnt.[1185]

Ein weiterer Grund spricht gegen diese Lösung: Ein auf Konflikt ausgerichteter Verteidiger könnte durch immer weitere Stellung von Beweisanträgen den Schluss der Beweisaufnahme hinauszögern.[1186] Der Schluss der Beweisaufnahme ist zwar ein im Gesetz angelegter Zeitpunkt (§ 258 I), er ist aber keinesfalls ein fest gesetzter, vorhersehbarer Moment. Vielmehr wird der Schluss der Beweisaufnahme vom Vorsitzenden lediglich festgestellt.[1187] Eines Gerichtsbeschlusses oder sonstigen ausrücklichen Anordnung des Vorsitzenden bedarf es nicht.[1188] Der Vorsitzende kann den Schluss der Beweisaufnahme damit nicht erzwingen. Solange noch nicht beschiedene Beweisanträge vorliegen, kann eine Präklusionswirkung nach dieser Lösung nicht eintreten. Damit müsste ein Verteidiger lediglich sicherstellen, dass dem Gericht zu jedem Zeitpunkt des Verfahrens ausreichend noch nicht beschiedene Beweisanträge zur Entscheidung

---

1182 *Römbke*, Ablehnungsgrund der Prozessverschleppung, S. 210; *Schatz*, Beweisantragsrecht, S. 145.

1183 *Römbke*, Ablehnungsgrund der Prozessverschleppung, S. 210; *Schatz*, Beweisantragsrecht, S. 343.

1184 *Rebmann*, NStZ 1984, 241, 246 f.; s.u. zu absoluten und relativen Präklusionen.

1185 *Schatz*, Beweisantragsrecht, S. 352.

1186 *Schatz*, Beweisantragsrecht, S. 351; *Perron*, ZStW 108 (1996), 128, 153.

1187 *Pfeiffer*, StPO, § 258 Rn. 1.

1188 KK-*Schoreit*, § 258 Rn. 2.

vorliegen. Eine Handhabe gegen die massenhafte Stellung von Beweisanträgen ist diese Lösung mithin nicht.

3. Präklusion nach Fristablauf

Als dritte Möglichkeit kommt schließlich in Betracht, keinen fixen Zeitpunkt für den Eintritt der Präklusion zu bestimmen, sondern diesen vom Vorsitzenden nach Ablauf einer Frist festlegen zu lassen. Dies entspricht in Teilen der Fristenlösung des BGH. Eine solche Lösung käme jedoch ohne die umständliche und dogmatisch nicht haltbare Anknüpfung an den Ablehnungsgrund der Prozessverschleppungsabsicht aus.

So sah bereits 1982 das Berliner Arbeitspapier die Aufnahme eines neuen § 246 II vor: „Das Gericht kann jedoch der Staatsanwaltschaft und dem Angeklagten eine Frist zur Stellung von Beweisanträgen setzen, wenn es dies zur Vermeidung von unangemessenen Verzögerungen für erforderlich hält. Über einen Beweisantrag, der erst nach Ablauf der Frist gestellt wird, kann ohne Beachtung der §§ 244 III–V, 245 entschieden werden, wenn durch die Beweiserhebung die Hauptverhandlung über den laufenden Verhandlungstag hinaus unterbrochen oder ausgesetzt werden müßte und nach dem pflichtgemäßen Ermessen des Gerichts die weitere Beweiserhebung zur Erforschung der Wahrheit nicht erforderlich ist.“[1189] Beim 68. Deutschen Juristentag 2010 wurde der Vorschlag, eine Fristsetzung zuzulassen, zwar angenommen, jedoch als Rechtsfolge vorgesehen, dass verspätete Anträge ein Indiz für eine Verschleppungsabsicht darstellen.[1190] Die Einführung einer Fristsetzungsbefugnis und Abschaffung des § 246 I fand auch in der Literatur Anhänger.[1191]

Im Vergleich zur Einführung gesetzlicher Präklusionen ist hieran vorteilhaft, dass nicht in jedem Verfahren eine Präklusion angeordnet werden muss. Nur in Extremfällen könnte eine Frist gesetzt werden, im Übrigen bliebe das Beweisantragsrecht uneingeschränkt erhalten. Dies trägt dem Verhältnismäßigkeitsgrundsatz Rechnung, da eine Fristsetzung nur als ultima ratio zur Wiederherstellung der Verfahrensherrschaft des Gerichts eingesetzt werden bräuchte. Die Länge der Frist könnte zudem an die Komplexität des Verfahrensstoffes und den bisherigen Verfahrensstand flexibel angepasst werden.

1189 *Dokumentation*, StV 1982, 325, 332.

1190 Angenommen mit 51:42:1 Stimmen, *Dokumentation*, StV 2011, 55, 56.

1191 *Ahrenhövel/Otte*, DRiZ 2011, 120, 121; *Basdorf*, FS Widmaier, S. 51, 61; *ders.* StV 1997, 488, 490; *Niemöller*, StV 1996, 501, 506; *Schmitt*, GA 2001, 411, 426.

Ob dies jedoch tatsächlich eine effektive Handhabe gegen den massenhaften Einsatz des Beweisantragsrechts ist, bleibt zweifelhaft. Das sukzessive Stellen von Beweisanträgen könnte man mit der Setzung einer Frist verhindern, die Stellung massenhafter Anträge kurz vor Fristende jedoch nicht. Das Problem, dass prophylaktisch kurz vor Präklusionsbeginn massenhaft Beweisanträge gestellt werden könnten, stellt sich damit auch bei einer gerichtlich gesetzten Frist. Diese Anträge müssten unter erheblichem Zeitaufwand noch in der Hauptverhandlung beschieden werden. Dennoch könnten Beweisanträge den Zeitpunkt des Eintritts der Präklusion nicht unendlich hinausschieben, wie dies bei einem Präklusionseintritt mit Schluss der Beweisaufnahme der Fall wäre. Mit Fristablauf wären weitere gestellte Anträge unter erleichterten Voraussetzungen ablehnbar.

Bei der Kodifizierung einer Fristsetzungsbefugnis stellen sich ähnliche Probleme, die bereits im Zusammenhang mit dem Fristenlösungsmodell aufgetreten sind. So muss konkretisiert werden, wann eine Frist gesetzt werden darf. Das Fristenlösungsmodell lehnte sich dabei an die Zehn-Tages-Frist des § 229 II an. Jedoch ist die Unterbrechungsfrist des § 229 dogmatisch nicht vergleichbar[1192] und eine Fristsetzung wäre nur in sehr seltenen Fällen möglich.[1193] Auch die Formulierung des Berliner Arbeitspapiers, das eine Fristsetzung vorsieht, „wenn durch die Beweiserhebung die Hauptverhandlung über den laufenden Verhandlungstag hinaus unterbrochen oder ausgesetzt werden müßte“, knüpft an die Regelungen zur Aussetzung oder Unterbrechung des Verfahrens an. Dies ist jedoch zu verallgemeinernd. Die Fristsetzung wird so aus dem Kontext der Rechtsmissbrauchsvorsorge genommen. Um ausschließlich den rechtmissbräuchlichen Einsatz des Beweisantragsrechts zu erfassen, müsste man das Problem der Formulierung einer Abgrenzung von verfahrenskonformen und rechtsmissbräuchlichem Einsatz des Beweisantragsrechts lösen. Da dies nicht mit objektiven zahlenmäßigen Begrenzungen möglich ist,[1194] kommt hierfür nur eine vage Beschreibung mit unbestimmten Rechtsbegriffen in Frage – ähnlich einer allgemeinen Missbrauchsklausel. Dies kann wiederum aufgrund der damit verbundenen Weite der Vorschrift zu Rechtsunsicherheit führen. Damit sind auch mit der Einführung einer Fristsetzungsbefugnis zahlreiche Probleme verbunden.

1192 S.o. Teil I C VII 2 sowie Teil II B I 1.

1193 S.o. Teil II B I 1.

1194 S.o. Teil III C III.

4. Absolute oder relative Präklusion

Präklusionen können absolut oder relativ ausgestaltet sein. Ist nach dem Präklusionszeitpunkt die Stellung von Beweisanträgen unter keinen Umständen mehr möglich, handelt es sich um eine „absolute“ Präklusionsvorschrift.[1195] Verspätet gestellte Anträge wären danach lediglich nach Maßgabe des Aufklärungsgrundsatzes zu behandeln. Sind Ausnahmetatbestände vorgesehen, handelt es sich hingegen um eine „relative“ Präklusion.[1196] Unter gewissen Voraussetzungen greift dann auch nach Präklusionseintritt das formelle Beweisantragsrecht. Meist wird hierfür gefordert, dass zureichende Gründe für die nachträgliche Antragstellung glaubhaft gemacht werden müssen oder dass ein verständiger Grund für die verspätete Antragstellung nach freier Würdigung durch das Gericht erkennbar ist[1197]. Beispiel für eine relative Präklusion ist das italienische Strafprozessrecht, das einen Beweisantrag nach Fristablauf zur Vorlage des Beweisverzeichnisses nur dann für zulässig hält, „wenn die beantragende Partei nachweist, dass sie ihn nicht früher angeben konnte“, Art. 493 III StPO-Italien.[1198] Auch die Fristenlösung verwirklicht eine relative Präklusion, indem der BGH verspätete Beweisanträge dann zulässt, wenn der Antragsteller nach Fristablauf nachvollziehbar und substantiiert darlegt, warum er die Frist verpasst hat.[1199]

Rechtsmissbräuchliche Beweisanträge mit Hilfe einer absoluten Präklusionsvorschrift zu verhindern, ist jedoch nicht ratsam. Eine strenge, absolute Präklusionsvorschrift würde das Beweisantragsrecht zu sehr in seiner Effektivität mindern. Nach Fristablauf wäre der Antragsteller nicht mehr in der Lage, einen Beweis entgegen der Meinung des Gerichts durchzusetzen. Die Verteidigung würde stark geschwächt.[1200] Würde eine absolute Präklusionswirkung mit einem frühen Zeitpunkt der Präklusion, bspw. mit Ende des Zwischenverfahrens, kombiniert, würde das Beweisantragsrecht sogar gänzlich ausgehöhlt. Es droht ein Verlust von Beweisen, wenn die Verteidigung nicht rechtzeitig Beweisanträge

---

1195 Dies sah bspw. das Berliner Arbeitspapier vor, s. *Dokumentation*, StV 1982, 325, 331 f. sowie der Entwurf des Zweiten Rechtspflegeentlastungsgesetzes, BR-Drucks. 633/95, S. 8, 64 f.

1196 Zu diesen Begriffen: *Wohlers*, StV 1997, 570, 571; *Schatz*, Beweisantragsrecht, S. 338 m.w.N.

1197 Bspw. Entwurf eines Gesetzes zur Entlastung der Rechtspflege, BT-Drucks. 12/1217, S. 3 sowie BR-Drucks. 314/91, S. 104 ff.

1198 Perron-*Hein*, Beweisaufnahme im Strafverfahrensrecht des Auslands, S. 180 (Italien).

1199 BGHSt 51, 333, 344.

1200 *Schatz*, Beweisantragsrecht, S. 352.

stellt. Dies ist eine Gefahr für die Wahrheitsfindung, da Beweise nach Eintritt der Präklusion möglicherweise nicht mehr erhoben werden.

Die Schwächen einer relativen Präklusion liegen in der Formulierung der Ausnahmetatbestände. Wann ein verständiger Grund für eine verspätete Antragstellung vorliegt, wird kaum von den eigenen Beweiserwartungen des Gerichts zu trennen sein.[1201] Der Antragsteller ist dann nicht mehr in der Lage, Beweiserhebungen zu erzwingen. Diese Einflussnahme auf die Beweiserhebung ist jedoch gerade Kernstück des Beweisantragsrechts. Die Darlegungspflicht der Verspätungsgründe führt dazu, die eigene Verteidigungsstrategie offenbaren zu müssen und tangiert sowohl Schweigepflicht des Verteidigers als auch Selbstbelastungsfreiheit des Angeklagten.[1202]

Dies könnte man umgehen, indem man in Anlehnung an § 55 StPO ein „Auskunftsverweigerungsrecht" für die Offenbarung der Verspätungsgründe installierte und die Anforderungen hieran insgesamt gering hielte.[1203] Dennoch bringt eine solche Lösung Unsicherheiten mit sich. Die Begründungsanforderungen für eine Verspätung müssen so deutlich wie möglich formuliert werden und nicht durch weitere schwammige Rückausnahmen verwässert werden. Zudem besteht die Gefahr von Schutzbehauptungen, so dass das Gericht kaum je ein Auskunftsverweigerungsrecht wird verneinen können. Umgekehrt bedeutet eine unklare Ausnahmeregelung ein nicht kalkulierbares Risiko für den Antragsteller, Beweisanträge erst zu einem späten Zeitpunkt zu stellen.[1204]

Die Formulierung, dass die Beweiserhebung nach Präklusionseintritt nach freier Würdigung durch das Gericht vorgenommen wird, bewirkt einen revisionsrechtlich nicht kontrollierbaren Beurteilungsspielraum bei der Ablehnung von Beweisanträgen.[1205] Auch dies verträgt sich nicht mit einem Beweisantragsrecht, das das Gericht zu Beweiserhebungen zwingen können soll. Ein Gericht, das die Beweisaufnahme für beendet hält, wird verspätete Beweisanträge erst recht nicht zulassen, wenn diese Ablehnungsentscheidung nicht überprüfbar ist. Relative Präklusionsregelungen bringen somit Rechtsunsicherheit mit sich.

1201 *Schatz*, Beweisantragsrecht, S. 340.

1202 S.o. Teil II A II 3. b) und c).

1203 Vgl. die Anmerkung von *Schneider* bei der Diskussion auf dem 2. Karlsruher Strafrechtsdialog, vgl. *Eidam*, Diskussionsbericht, S. 97 in: *Jahn/Nack*, Wer regelt das Strafrecht?, Referate und Diskussionen auf dem 2. Karlsruher Strafrechtsdialog; krit. auch *Gaede*, Bucerius Law Journal 2009, 107, 111 m. Fn. 51.

1204 *Schatz*, Beweisantragsrecht, S. 348.

1205 *Schatz*, Beweisantragsrecht, S. 338.

5. Abschließende Stellungnahme

Die Einführung einer Präklusionsvorschrift wäre eine effektive und vergleichsweise einfache Möglichkeit, rechtsmissbräuchliche Beweisantragstellung zu vermeiden oder zumindest zu verringern. Dennoch trifft jede Präklusion auch den berechtigten Gebrauch des Rechts[1206] und bedeutet immer eine Einbuße bezüglich der Erforschung der prozessualen Wahrheit.[1207] Auch wenn nach Eintritt der Präklusion die Aufklärungspflicht des Gerichts bestehen bleibt, reicht diese nicht so weit wie das Beweisantragsrecht, das die Wahrheitsforschung umfassend fördert.

Eine Präklusion bereits mit Ende des Zwischenverfahrens setzte zu früh an und würde das Beweisantragsrecht zu sehr abwerten. Eine Präklusion mit Schluss der Beweisaufnahme wäre zwar eine milde Maßnahme, vermag das Problem jedoch nicht vollständig zu lösen. Der Schluss der Beweisaufnahme könnte durch eine fortgesetzte Antragstellung unendlich hinausgezögert werden. Ein Präklusionseintritt mit Fristsetzung erscheint daher als bester Zeitpunkt. Diese Lösung bringt die Verteidigungsinteressen des Angeklagten und das staatliche Interesse an einem zügigen Abschluss eines Verfahrens am ehesten in Ausgleich. Doch auch diese Lösung kann nicht vermeiden, dass kurz vor Fristende noch zahlreiche Anträge gestellt werden, die dann zeitintensiv in der Hauptverhandlung nach §§ 244 VI, 34 beschieden werden müssen. Auch kann die Frist nicht so kurz gehalten werden, dass die Vorbereitung zahlloser Anträge praktisch unmöglich ist.[1208]

Rechtsunsicherheiten in Bezug auf die Bestimmung der Länge der Frist und der Voraussetzungen für eine Fristsetzung lassen sich nicht gänzlich beseitigen. Die Ausgestaltung einer Präklusionsvorschrift ist auf Rechtsfolgenseite problematisch. Eine absolute Präklusion stellt eine Gefahr für die Wahrheitsfindung dar und ist zu unflexibel, um jedem Verfahren gerecht zu werden. Die Statuierung von Ausnahmetatbeständen hingegen würde eine umfassende Neugestaltung des Beweisantragsrechts mit sich bringen und wäre mit vielen Unsicherheiten behaftet. Eine Lösung des Problems rechtsmissbräuchlicher Beweisanträge sollte jedoch nicht unnötig weitere Probleme aufwerfen. Auch wäre es wünschenswert, dass das Beweisantragsrecht als solches nicht vollständig umgestaltet werden müsste.

1206 *Fahl*, Rechtsmissbrauch, S. 509.

1207 *Schatz*, Beweisantragsrecht, S. 340.

1208 Vgl. die Entscheidung BGHSt 54, 39 (Entscheidungsgründe bei BeckRS 2009, 21879, Tz. 30), die eine solche Vorgehensweise versagt; s.o. Teil I C VII.

VII. Normierung der Fristenlösung

Eine naheliegende Möglichkeit wäre es, die Fristenlösung als solche in das Gesetz zu übernehmen. So könnte als neuen Satz 3 in § 244 III aufgenommen werden: „Die Stellung eines Beweisantrags nach einer vom Gericht in angemessener Weise gesetzten Frist ist ein Indiz für die Verschleppungsabsicht, sofern nicht der Antragsteller die späte Stellung des Beweisantrags nachvollziehbar rechtfertigt."[1209]

Wie jedoch bereits gezeigt, erfasst die Fristenlösung über die zu erfassenden Fälle hinaus auch Normalverfahren. Sie schränkt das Beweisantragsrecht massiv ein. Es besteht die Gefahr, dass die Fristsetzung zur Regel wird. Die Regelung ist zu unbestimmt, was die Voraussetzungen für die Setzung einer Frist, der Fristlänge, die Indizwirkung einer Verspätung sowie die gerichtliche Überprüfbarkeit einer Ablehnung eines verspäteten Antrags angeht[1210] und geriete in Konflikt mit dem verfassungsrechtlichen Bestimmtheitsgebot. Die Inkorporierung in den Ablehnungsgrund der Prozessverschleppungsabsicht bringt zusätzliche Probleme mit sich. Durch die Modifizierung des Ablehnungsgrundes der Prozessverschleppungsabsicht wird das austarierte System der Ablehnungsgründe gestört. Dieser Eingriff ist jedoch unnötig, da eine Präklusion auch ohne Anbindung an den Ablehnungsgrund möglich ist. Da die Fristenlösung faktisch eine Präklusion schafft, gelten dieselben Bedenken wie in Bezug auf eine gesetzliche Präklusionsvorschrift.[1211] Auch bietet die Fristenlösung keine Handhabe gegen die vorsorgliche Stellung massenhafte Anträge kurz vor Fristablauf.[1212] Eine Normierung der Fristenlösung ist daher nicht empfehlenswert.

VIII. Begründungspflicht für Beweisanträge

Um das Aufkommen von Beweisanträgen zu reduzieren, denen nachgegangen werden muss, bestehen zwei Möglichkeiten: Die Erweiterung der Ablehnungsgründe oder die Erhöhung der Anforderungen an die Qualität als Beweisantrag.[1213] Eine Tendenz zu letzterer Möglichkeit lässt sich in der Rechtsprechung

---

1209 Vgl. die Formulierung des (angenommenen) Beschlusses auf dem 68. DJT, *Dokumentation*, StV 2011, 55, 56.

1210 S.o. Teil II B.

1211 S.o. Teil III C VI 3.

1212 S.o. Teil III C VI 3.

1213 *Fahl*, Rechtsmissbrauch, S. 529.

finden, wie bspw. durch Erhöhung der Konnexitätsanforderungen.[1214] Eine ähnliche Möglichkeit wäre es, eine Substantiierungspflicht für Beweisanträge zu fordern.[1215] Alle Anträge, die diesen Begründungsanforderungen nicht genügen, würden als Beweisermittlungsanträge behandelt und unterfielen § 244 III-VI nicht.

Beispiele für besondere Begründungsanforderungen an Beweisanträge bieten das japanische und das österreichische Recht. Das japanische Strafprozessrecht sieht vor, dass der Zusammenhang zwischen Beweistatsache und Beweismittel aufgezeigt werden muss (§ 189 StPO-Japan).[1216] Dies entspricht der Voraussetzung der Konnexität von Beweisziel und Beweismittel im deutschen Strafprozess. Darüber hinaus verpflichtet das japanische Recht den Antragsteller jedoch dazu, bei der Beantragung eines Zeugenbeweises anzugeben, auf welche Gegenstände sich die Vernehmung erstrecken soll, welche Tatsachen bewiesen werden sollen (§§ 188, 189 StPO-Japan) und wieviel Zeit hierfür in etwa erforderlich sein wird.[1217] Der Oberste Gerichtshof Österreichs verlangt in Bezug auf Zeugenbeweise, dass darzulegen ist, inwieweit das zu erwartende Beweisergebnis für die Schuldfrage von Bedeutung ist und welche Gründe für einen Beweiserfolg sprechen.[1218]

Indem der Antragsteller über Zeitpunkt der Antragstellung, Erreichbarkeit des Beweismittels, die Relevanz des zu erwartenden Beweisergebnisses und die Wahrscheinlichkeit, dass dieses Beweisergebnis auch erzielt wird, Rechenschaft legen muss, erhofft man sich eine sorgfältigere und konzentriertere Prozessführung.[1219] Jedenfalls „ins Blaue hinein" gestellte Anträge wird man auf diese Weise verhindern können, da eine Substantiierung solcher Anträge schwer fallen wird.[1220] Dies gilt insbesondere auch für rechtsmissbräuchliche Anträge. Um das Gericht mit massenhaften Anträgen zu überfluten, wäre es erforderlich, sämtliche Antrage so ausführlich zu begründen, dass das Gericht sie als Beweisanträge

---

1214 S.o. Teil I D I 5.

1215 So *Julius*, Unerreichbarkeit von Zeugen, S. 245 ff. m.w.N.

1216 Perron-*Lenz*, Beweisaufnahme im Strafverfahrensrecht des Auslands, S. 251 (Japan).

1217 Perron-*Lenz*, Beweisaufnahme im Strafverfahrensrecht des Auslands, S. 251 (Japan); wobei die fehlende Angabe der voraussichtlichen Dauer der Vernehmung nicht zur Ablehnung des Antrags führen darf.

1218 Perron-*Löschnig-Gspandl/Puntigam*, Beweisaufnahme im Strafverfahrensrecht des Auslands, S. 374 (Österreich), wobei dieses Erfordernis in der Literatur umstritten ist, vgl. a.a.O. S. 375.

1219 *Perron*, JZ 1994, 823, 828.

1220 *Perron*, JZ 1994, 823, 828.

anerkennt. Dies würde einen erheblichen Mehraufwand bedeuten, so dass davon auszugehen ist, dass zumindest Tsunami-Anträge nicht mehr vorkämen. Dagegen bliebe eine sukzessive Antragstellung möglich. Der missbräuchlich agierende Antragsteller müsste lediglich seine Beweisbehauptungen substantiieren. Da bei dieser Verteidigungsstrategie nicht so viele Beweisanträge benötigt werden, wie bei Tsunami-Anträgen, ist eine Substantiierung der sukzessiv gestellten Anträge zwar erschwert, aber möglich. Das Problem rechtsmissbräuchlicher Antragstellung lässt sich somit nicht gänzlich mittels eines Begründungszwanges lösen.

In erster Linie spricht gegen einen solchen Zwang, dass er das Beweisantragsrecht in seiner elementaren Funktion entwertet. Das Gericht soll gerade in den Fällen zur Beweiserhebung gezwungen werden, in denen es diese für fruchtlos hält. Diese Funktion entfällt, wenn das Gericht einen Antrag bereits deswegen ablehnen kann, weil es die Erfolgsaussichten aufgrund der mitgelieferten Begründung für gering hält; die kompensatorische Wirkung des Beweisantragsrechts würde aufgehoben.[1221] Auch kollidiert die gerichtliche Prüfungspflicht in Hinblick auf die Begründung mit dem Beweisantizipationsverbot.[1222] Die Verteidigung würde ggf. gezwungen, ihre Verschwiegenheitspflicht zu verletzen oder vertrauliche Informationsquellen preis zu geben.[1223] Die Geheimhaltung solcher vertraulichen Quellen hingegen ist den Ermittlungsbehörden gestattet, so dass eine Waffengleichheit nicht gewährleistet wäre.[1224] Der Angeklagte könnte durch die Begründungspflicht auch gezwungen werden, selbstbelastende Umstände angeben zu müssen.[1225]

Die Einführung einer Begründungspflicht begegnet damit überwiegend Bedenken.[1226] Sie würde dazu führen, dass der Kerngehalt des Beweisantragsrechts angetastet würde[1227] und ist damit nicht zur Vermeidung rechtmissbräuchlicher Beweisantragstellung geeignet.

1221 *Schatz*, Beweisantragsrecht, S. 357 f.; *Schulz*, StV 1985, 312, 314.

1222 Das muss auch *Julius*, Unerreichbarkeit von Zeugen, S. 248, zugeben; i.Ü. s. *Schatz*, Beweisantragsrecht, S. 356 f.

1223 *Perron*, Beweisantragsrecht, S. 205; *Schatz*, Beweisantragsrecht, S. 356: *Schulz*, StV 1985, 312, 314.

1224 *Schulz*, StV 1985, 312, 314.

1225 *Perron*, Beweisantragsrecht, S. 205; *Schatz*, Beweisantragsrecht, S. 356.

1226 *Julius*, Unerreichbarkeit von Zeugen, S. 246.

1227 *Schatz*, Beweisantragsrecht, S. 357.

IX. Senkung des Ablehnungsmaßstabs

Wenn das Aufkommen von Beweisanträgen nicht reduziert werden kann, könnte auf der anderen Seite die Ablehnung der gestellten Anträge erleichtert werden, indem man dem Gericht ein weites Ablehnungsermessen zubilligte. So wurde verschiedentlich erwogen, dass die Feststellung der Prozessverschleppungsabsicht nach „freier Würdigung durch das Gericht" erfolgen solle.[1228] Indem dem Tatrichter ein revisionsrechtlich nicht überprüfbarer Beurteilungsspielraum eingeräumt wird, erhofft man sich eine Reduzierung des Aufwands bei der Begründung von Ablehnungsbeschlüssen im Rahmen des Ablehnungsgrundes der Prozessverschleppungsabsicht.[1229]

Im internationalen Vergleich wird das Beweisantragsrecht in keinem anderen Land so weitgehend gewährt wie in Deutschland. Einen vergleichbaren Katalog von Ablehnungsgründen enthält lediglich das österreichische Strafprozessrecht.[1230] Verbreitet ist in anderen Rechtsordnungen, dass entweder dem Gericht ein pauschales Ablehnungsermessen eingeräumt wird (Frankreich, Japan, Niederlande)[1231] oder die Ablehnungsgründe weit und mit einem weiten Ablehnungsermessen formuliert sind (England/ Wales, Italien, Portugal, Schweden, USA)[1232]. Damit können in diesen Rechtsordnungen Beweiserhebungen bereits abgelehnt werden, wenn anhand des bisherigen Beweisergebnisses absehbar ist, dass die Beweiserhebung nur eine geringe Entscheidungsrelevanz hat oder eine schlechte Qualität des Beweises zu befürchten ist; missbräuchliche Anträge können so schnell und einfach abgelehnt werden.[1233] Als Beispiel für ein weites (und weitgehend unkontrollierbares) Ablehnungsermessen kann insbesondere das japanische Beweisrecht gelten. Durch diese effektive Möglichkeit zur Ab-

---

1228 So Art. 3 Nr. 4 a) des Entwurfs zum 1. Rechtspflegeentlastungsgesetz, BT-Drucks. 12/1217, S. 7, 34 ff.,vgl. *Schulz*, StV 1991, 354, 355 sowie Art. 1 Nr. 2 a) des Entwurfs zum 2. Rechtspflegeentlastungsgesetz, BT-Drucks. 13/197, S. 4.

1229 S. Begründung des Entwurfs zum 1. Rechtspflegeentlastungsgesetz, BT-Drucks. 12/1217, S. 35 f; krit. *Schulz*, StV 1991, 354, 355.

1230 *Kühne*, StPO, Rn. 1343; Perron-*Perron*, Beweisaufnahme im Strafverfahrensrecht des Auslands, S. 577; *Müller*, DRiZ 1993, 381, 384; *Perron*, ZStW 108 (1996), 128, 148.

1231 Perron-*Perron*, Beweisaufnahme im Strafverfahrensrecht des Auslands, S. 576; *Kühne*, StPO, Rn. 1239 (zu Frankreich); *Perron*, ZStW 108 (1996), 128, 148.

1232 Perron-*Perron*, Beweisaufnahme im Strafverfahrensrecht des Auslands, S. 579 ff.; *Perron*, ZStW 108 (1996), 128, 148.

1233 *Perron*, JZ 1994, 823, 829.

lehnung von Anträgen werden die Richter unerpressbar gemacht. Dort ist ein Missbrauch des Beweisantragsrechts daher nicht zu beobachten.[1234]

Dies könnte für eine Senkung des Maßstabs für die Ablehnung von Beweisanträgen, insbesondere in Bezug auf den Ablehnungsgrund der Prozessverschleppungsabsicht, sprechen.

Die sog. „Konfliktverteidigung" ist ein deutsches Phänomen, mit dem kaum ein anderes Land zu kämpfen hat.[1235] Kein anderes europäisches Land kennt eine so extensive Nutzung von Mitwirkungsrechten, wie dies in Deutschland der Fall ist.[1236] Insbesondere ein dysfunktionales Prozessieren kommt in der Regel nicht vor.[1237] Eine Übertragung von ausländischen Regelungen erscheint daher angebracht. Für eine Senkung des Maßstabs spricht, dass der Ablehnungsgrund der Prozessverschleppungsabsicht für die Praxis handhabbarer wird, wenn die Tatgerichte keine Aufhebung aufgrund einer mangelhaften Begründung fürchten müssen.[1238]

Dass Konfliktverteidigungen in anderen Länder nicht vorkommen, liegt jedoch oftmals außerhalb der Ablehnungsmöglichkeiten und ist bedingt durch unterschiedlichste Faktoren. So ist es häufig unüblich und schlecht angesehen, von dem Beweisantragsrecht in konflikthafter Art Gebrauch zu machen.[1239] Gerade in Prozessordnungen mit einem Jurysystem ist man bestrebt, während der Hauptverhandlung eine positive Stimmung der Geschworenen gegenüber dem Angeklagten zu erzeugen. Eine konflikthafte Strategie wäre dort kontraproduktiv.[1240] Aber auch eine wesentlich stärkere Disziplinierung von Strafverteidigern[1241] oder eine Kostenübertragung bei erfolgloser Beweisführung[1242] führen zu einer weniger starken Nutzung des Beweisantragsrechts.

1234 Perron-*Lenz*, Beweisaufnahme im Strafverfahrensrecht des Auslands, S. 248 f. (Japan).

1235 Perron-*Perron*, Beweisaufnahme im Strafverfahrensrecht des Auslands, S. 577 f.; *Müller*, DRiZ 1993, 381.

1236 *Fahl*, Rechtsmissbrauch, S. 722.

1237 *Fahl*, Rechtsmissbrauch, S. 722;

1238 *Rebmann*, NStZ 1984, 241, 246.

1239 *Gössel*, Gutachten C, 60. DJT, S. C65; Perron-*Barth*, Beweisaufnahme im Strafverfahrensrecht des Auslands, S. 121 (Frankreich).

1240 Perron-*Perron*, Beweisaufnahme im Strafverfahrensrecht des Auslands, S. 580.

1241 So bspw. in den USA: Perron-*Thaman*, Beweisaufnahme im Strafverfahrensrecht des Auslands, S. 536 f. (USA).

1242 So bspw. in Frankreich, Perron-*Perron*, Beweisaufnahme im Strafverfahrensrecht des Auslands, S. 577.

Auch darüber hinaus ist eine Erleichterung der Maßstabs für eine Ablehnung von Beweisanträgen nicht empfehlenswert. Ein weites Ablehnungsermessen des Gerichts bedeutet zugleich eine Einschränkung der Überprüfbarkeit der Entscheidung. Dass der Richter Beweisanträge „nach freiem Ermessen" ablehnen kann, entspräche dem Rechtszustand im Dritten Reich[1243] und bedeutete ein Rückschritt. Durch die Zulassung von Beweisantizipationen werden Verteidigungsmöglichkeiten des Angeklagten stark gemindert.[1244] Die Risiken einer Fehlverurteilung können dem Angeklagten aber nur zugemutet werden, wenn er im Gegenzug durch aktive Beteiligung den Verlauf des Hauptverfahrens maßgeblich mitbestimmen kann und die Meinungsbildung des erkennenden Gerichts effektiv beeinflussen kann. Das Risiko, dass ein Beweisantrag vorschnell aufgrund eines weiten Ermessens abgelehnt wird, da dieser nicht in das bereits gefasste (und durch Polizei und Staatsanwaltschaft u.U. durch Fehleinschätzungen generierte) Gesamtbild passt, ist somit nicht hinnehmbar.[1245]

X. Präventiver Entzug des Beweisantragsrechts

Um gegen die massenhafte oder sukzessive Stellung von rechtsmissbräuchlichen Beweisanträgen präventiv vorzugehen, kommt ein vollständiger Entzug des gesamten Beweisantragsrechts in Betracht.[1246] Dem Antragsteller würde das Recht, Beweisanträge zu stellen, gänzlich entzogen. Der Entzug eines Rechts als schwerwiegendster Eingriff in die Verteidigungsrechte dürfte lediglich als ultima ratio angeordnet werden.

Daher hat *Gunnar Duttge* ein „abgestuftes System der Mißbrauchsreaktion" entwickelt, das diesem Umstand Rechnung trägt.[1247] Auf der ersten Stufe sieht er die Möglichkeit einer Abmahnung und Aufforderung zur Stellungnahme auf Grundlage des § 238 I vor, auf der zweiten Stufe die Anordnung einer schriftlichen Antragstellung nach § 257a als Erschwerung der Antragstellung. Als dritte „Eskalationsstufe" sieht er abweichend von § 244 VI einen Aufschub der Be-

---

1243 Vgl. StPO-Entwurf von 1939; hierauf weisen hin *Weber*, GA 1975, 289, 299 sowie *Ostendorf*, StPO, Rn. 358.

1244 *Kudlich*, Strafprozess und allgemeines Missbrauchsverbot, S. 349; *Roxin*, FS Hanack, S. 1, 18.

1245 *Pöstges*, Funktion und Missbrauch prozessualer Rechte, S. 177 f.; *Gaede*, DRiZ 1997, 257; *Perron*, JZ 1994, 823, 829; *ders.*, ZStW 108 (1996), 128, 154.

1246 Krit. zu einem Entzug auf Basis eines allgemeinen Missbrauchsverbots *Schneider*, FS Geppert, S. 607, 612.

1247 *Duttge*, JZ 2005, 1012, 1016.

scheidung der Anträge vor. Als letzte Möglichkeit schließt sich der vollständige Entzug des Beweisantragsrechts an.

Einen ähnlichen Ansatz hat *Wolfgang Wohlers* auf dem ersten Karlsruher Strafrechtsdialog 2007 vorgestellt.[1248] Zunächst ist danach das Gericht verpflichtet, einen Hinweis zu erteilen, dass aus seiner Sicht die Beweisaufnahme geschlossen werden könnte. Werden dennoch weitere Beweisanträge gestellt, besteht der Verdacht eines Rechtsmissbrauchs und sind keine nachvollziehbaren prozessualen Ziele damit verbunden, erteilt das Gericht zunächst eine begründete Abmahnung. Der Antragsteller hat daraufhin die Möglichkeit zu Exkulpation, indem er die prozessuale Zielsetzung der Anträge kundtut. Gelingt die Exkulpation nicht, ist als ultima ratio ebenfalls ein Entzug des Beweisantragsrechts möglich. Dieser Entzug soll dabei nicht von dem Tatgericht ausgesprochen werden, sondern in Anlehnung an §§ 138a ff. in die Zuständigkeit eines unbeteiligten Gerichts fallen.[1249]

Beide Modelle haben jedoch den Nachteil, dass sie keine Lösung für die Behandlung der Anträge haben, die bereits gestellt wurden. Sobald das Gericht nach *Duttge* eine Abmahnung ausspricht oder mit *Wohlers* einen Hinweis auf das anstehende Ende der Beweisaufnahme erteilt, bleibt der Antragsteller in der Lage, noch schnell eine Vielzahl von Anträgen zu stellen, die allesamt beschieden werden müssen.

Gegen einen Entzug des Beweisantragsrechts spricht zudem, dass dies nur dann zu einer spürbaren Beschleunigung des Verfahrens führt, wenn nicht nur der Verteidigung, sondern auch dem Angeklagten das Beweisantragsrecht entzogen wird. Ansonsten bestünde die Gefahr, dass der Verteidiger die Beweisanträge von dem Angeklagten im eigenen Namen stellen lässt, oder umgekehrt.[1250] Zudem bliebe es möglich, Anträge unterhalb der Schwelle zum Beweisantrag zu stellen, bei deren Ablehnung die Möglichkeit einer Beanstandung nach § 238 II besteht.[1251] Probleme bestehen zudem im Zusammenhang mit der Pflichtverteidigerbestellung, wenn diesem das Beweisantragsrecht entzogen wurde. Es stellt sich dann die Frage, ob ein weiterer Pflichtverteidiger beigeordnet werden muss,

---

1248 *Wohlers*, Die Reaktion, in: *Jahn/Nack*, Strafprozesspraxis und Rechtswissenschaft – getrennte Welten?, Referate und Diskussionen auf dem 1. Karlsruher Strafrechtsdialog, S. 42, 51 f.

1249 *Wohlers*, Die Reaktion, in: *Jahn/Nack*, Strafprozesspraxis und Rechtswissenschaft – getrennte Welten?, Referate und Diskussionen auf dem 1. Karlsruher Strafrechtsdialog, S. 42, 52.

1250 *Schneider*, FS Geppert, S. 607, 613 Fn. 20.

1251 *Schneider*, FS Geppert, S. 607, 613 Fn. 20.

was im Einzelfall mit einer Unterbrechung nach § 145 III verbunden sein kann.[1252]

Der Entzug eines Rechts ist der härteste Eingriff in die Verteidigungsmöglichkeiten des Angeklagten und wiegt damit schwerer als eine relative Präklusionsvorschrift oder die Fristenlösung.[1253] Aufgrund dieser einschneidenden Wirkung ist ein gänzlicher Entzug des Beweisantragsrechts – auch als ultima ratio – nicht zu empfehlen.

XI. Ergebnis

Wie gezeigt, bestehen unterschiedlichste Ansätze, den Missbrauch des Beweisantragsrechts zu verhindern. Die Rechtsvergleiche haben gezeigt, dass sich Deutschland ein aufwändiges Beweisantragsrecht leistet. Eine Übertragung ausländischer Vorschriften scheitert zumeist an den unterschiedlichen Regelungssystemen. Ein vergleichbares Beweisantragsrecht enthält allein das österreichische Strafprozessrecht. In Österreich kommen Konfliktverteidigungen jedoch kaum vor, so dass auch hier keine befriedigende Lösung zu finden ist.

Auch die zahlreichen Lösungsansätze im Schrifttum konnten nicht überzeugen. Hierbei wird häufig nicht das Problem gelöst, dass kurz vor Ausschluss des Antragsrechts aus prophylaktischen oder rechtsmissbräuchlichen Gründen zahlreiche Anträge gestellt werden. Diese Anträge müssen nach wie vor nach § 244 III-VI behandelt werden und insbesondere aufwändig beschieden werden. Hierfür wurde keine Lösung gefunden, so dass die Lösungsmodelle nicht überzeugen konnten.

D. Zusammenfassung

Weder de lege lata noch de lege ferenda konnte eine befriedigende Lösung gefunden werden. Die Untersuchung hat die Schwierigkeiten bei Bestimmung des rechtsmissbräuchlichen Einsatzes des Beweisantragsrecht aufgezeigt. Die Rechtsfolgen der Lösungsvorschläge werten das Beweisantragsrecht häufig stark ab oder umgehen dessen Wertungen.

1252 *Schneider*, FS Geppert, S. 607, 613 Fn. 20.

1253 *Senge*, FS Nehm, 339, 344.

Teil IV: Das „Modell des vereinfachten Ablehnungsverfahrens“ als eigener Lösungsvorschlag

Im Folgenden wird daher ein eigener Lösungsvorschlag unterbreitet. Zunächst soll der Grundgedanke einer Neuregelung vorgestellt werden, um darauf aufbauend die einzelnen Voraussetzungen und Rechtsfolgen der Regelung zu erläutern.

A. Kerngedanke

Die Untersuchung der verschiedenen Lösungsmöglichkeiten hat ergeben, dass es bisher keine Patentlösung für den Missbrauch des Beweisantragrechts gibt.[1254] Hinter dem „Modell des vereinfachten Ablehnungsverfahrens“ soll der Gedanke stehen, das Beweisantragsrecht des Verteidigers und des Angeklagten nicht zu beschränken oder zu entziehen, sondern den missbräuchlichen Einsatz des Rechts unattraktiv zu gestalten. Unattraktiv ist der Missbrauch des Beweisantragsrechts dann, wenn der erstrebte – rechtsmissbräuchliche, verfahrenswidrige – Erfolg hiermit nicht mehr erreicht wird oder einen solchen Mehraufwand bedeutet, dass dieser zum erstrebten Erfolg außer Verhältnis steht. Damit soll diese Lösung nicht an den Ablehnungsvoraussetzungen ansetzen. Der Katalog der bestehenden Ablehnungsgründe ist ein geschlossenes, in sich schlüssiges System, das keiner Änderung bedarf. Auch soll kein neuer Missbrauchs-Ablehnungsgrund geschaffen werden. Dies würde die Gefahr eines „Super-Ablehnungsgrundes“, mit dem jedes ungewollte Verhalten der Verteidigung im Keim erstickt werden könnte, mit sich bringen. Vielmehr sollen die Anreize für ein massenhaftes und sukzessives Stellen von Beweisanträgen genommen werden.[1255] Es soll nicht lediglich auf eine symptomatische Lösung gesetzt werden, wie dies bei der Einführung einer Präklusionsvorschrift der Fall wäre. Die Fristenlösung würde letztlich nur „überschüssige“ verspätete Beweisanträge kappen. Erstrebenswert ist hingegen, dass bereits das Aufkommen unzähliger Beweisanträge reduziert wird.

1254 So auch: *Fezer*, FS Weber, S. 475, 482.

1255 So auch: *Eschenhagen*, Der Missbrauch des Beweisantragsrechts, S. 255 ff., die allerdings als Konsequenz eine Lösung außerhalb des Beweisantragsrechts sucht; ähnlich auch *Schlüchter*, GA 1994, 397, 418 allerdings nur in Bezug auf eine Antragstellung zur Unzeit.

Dies erreicht das Modell des vereinfachten Ablehnungsverfahrens, indem es das Verfahren zur Ablehnung von Beweisanträgen vereinfacht und damit beschleunigt. Die statistische Auswertung hat ergeben, dass es auf die Länge eines Verfahrens keinen Einfluss hat, ob Beweisanträgen mehrheitlich statt gegeben wird oder diese mehrheitlich abgelehnt werden; die Ablehnung eines Beweisantrages nimmt durchschnittlich genauso viel Zeit in Anspruch, wie seine Stattgebung.[1256] Anzusetzen ist daher bei den Vorschriften, die sich prozessökonomisch negativ auswirken – ergo den Vorschriften über das Ablehnungsverfahren. Kernstück des Modells des vereinfachten Ablehnungsverfahrens ist daher, dass Beweisanträge nicht mehr in der Hauptverhandlung, sondern erst im Urteil beschieden werden müssen. Dies bedeutet aber nur dann eine spürbare Erleichterung bei massenhaft gestellten Beweisanträgen, wenn nicht jeder einzelne Beweisantrag beschieden werden muss. Eine pauschale Ablehnung mehrerer Anträge sollte daher ermöglicht werden. Dies ist jedoch nur dann gerechtfertigt, wenn bereits Anhaltspunkte für ein rechtsmissbräuchliches Gebrauchmachen des Beweisantragsrechts im bisherigen Prozessverhalen des Antragstellers vorliegen.

Somit muss eine Neuregelung bestimmen, dass in Extremfällen Beweisanträge gebündelt in den Urteilsgründen beschieden werden dürfen. Dabei braucht das Gericht nicht alle zu diesem Zeitpunkt gestellten Beweisanträge im Detail prüfen, sondern muss als pars pro toto nur einen Bruchteil der Anträge auf ihre Ablehnbarkeit hin überprüfen. Dieses Ergebnis soll dann auf alle Beweisanträge übertragen werden und auf diese Weise das Ablehnungsverfahren beschleunigen. Dennoch darf ein Antrag nicht ohne inhaltliche Prüfung abgelehnt werden.[1257] Es muss versucht werden, sicher zu stellen, dass für jeden abgelehnten Antrag ein Ablehnungsgrund vorliegt. Dabei muss gewährleistet sein, dass die Auswahl der zu prüfenden Anträge repräsentativ ist und das erzielte Ergebnis auf die restlichen Anträge übertragbar ist. Diese Verantwortung soll dem Antragsteller auferlegt werden, indem dieser die zu prüfenden Anträge auswählt. Diese Vorgehensweise wahrt zudem das Verbot der Beweisantizipation.

B. Entwicklung einer Neuregelung

Ausgehend von diesem Kerngedanken soll eine Neuregelung im Einzelnen entwickelt werden.

1256 S. Teil II A III 4. e) cc) (1).

1257 Vgl. BGHSt 29, 149, 152.

I. Verortung im System der StPO

Das Modell des vereinfachten Ablehnungsverfahrens sollte systematisch bei den Vorschriften über die Beweisaufnahme verortet werden, so dass sich die §§ 244-246 anbieten. Eine Regelung über die Art der Ablehnung von Beweisanträgen enthält § 244 VI, so dass auch in diesem Absatz die Modalitäten einer erleichterten Ablehnung geregelt werden sollten. Der Aufbau der Vorschrift des gesamten § 244 folgt dabei der Wichtigkeit der einzelnen Regelungen. Die gerichtliche Aufklärungspflicht in Absatz II legt die Basis für die gerichtliche Beweisaufnahme und bleibt auch von einem erleichterten Ablehnungsverfahren unangetastet. Aus Klarstellungsgründen könnte dies zusätzlich in Absatz VI nochmals aufgenommen werden. In einem inquisitorischen System ist die gerichtliche Aufklärungspflicht Ausgangspunkt der Beweiserhebung. Ihr folgt in den Absätzen III-VI die Normierung des Beweisantragsrechts. Das Beweisantragsrecht ist in der Lage, die gerichtliche Aufklärungspflicht zu aktualisieren,[1258] erfährt seine herausragendende Bedeutung jedoch darüber hinaus, dass es das Gericht zu Beweiserhebungen zwingen kann.[1259] Die Ablehnungsgründe in den Absätzen III-V behalten ihre Gültigkeit. Dass diese im Singular verfasst bleiben,[1260] verdeutlicht, dass auch nach dem Modell des erleichterten Ablehnungsverfahrens für jeden einzelnen Antrag ein Ablehnungsgrund eingreifen muss. Lediglich die Überprüfung des Vorliegens eines Ablehnungsgrundes wird vereinfacht. Das Vorliegen eines Ablehnungsgrundes wird aufgrund einer positiven Stichprobe in Bezug auf sämtliche Anträge vermutet. Dass im Grundsatz ein Beschluss für die Ablehnung erforderlich ist, bleibt in § 244 VI 1 normiert. Das erleichterte Ablehnungsverfahren schließt sich dann als neue Sätze 2 ff. an.

II. Tatbestandsvoraussetzungen

1. Voraussetzungen für die Anordnung des erleichterten Ablehnungsverfahrens

Eine gleichmäßige Verfolgung aller Straftäter zwingt den Staat dazu, sich durchzusetzen gegen geschicktes taktisches Manövrieren von Angeklagten, die eine schuldangemessene Bestrafung zu umgehen versuchen. Somit sind ab dem Punkt, an dem der Antragsteller die Strafjustiz absichtlich behindert, Einschränkungen seines Beweisantragsrechts unter Wahrung des Verhältnismäßigkeits-

---

1258 *Basdorf*, StV 1995, 310, 313.

1259 Statt aller *Basdorf*, StV 1995, 310, 313; *Widmaier*, NStZ 1994, 414, 415 f.

1260 S.o. *Deckers*, Beweisantrag, S. 49.

prinzips gerechtfertigt.[1261] Die (unumgängliche) Schwierigkeit besteht darin, zu bestimmen, wann ein vereinfachtes Ablehnungsverfahren zulässig sein soll. Wie bereits gezeigt, lässt sich der Widerspruch von Verfahrensbeschleunigung und Sachverhaltsaufklärung nicht gänzlich auflösen, so dass es immer nur darum gehen kann, einen angemessenen Ausgleich zu finden.[1262] Die statistische Untersuchung hat ergeben, dass nur ein kleiner Bruchteil aller Verfahren mit rechtsmissbräuchlichen Beweisanträgen zu kämpfen hat.[1263] Deshalb ist es nicht gerechtfertigt, alle Verfahren dem erleichterten Ablehnungsverfahren zu unterwerfen. Dennoch gibt es keine Regelung, die mit Sicherheit nur Extremfälle erfasst.[1264] Um möglichst nur die Fälle zu erfassen, in denen das Beweisantragsrecht missbräuchlich eingesetzt wird, muss eine Variable, also ein auszulegender unbestimmter Rechtsbegriff, eingeführt werden. Die Anordnung des vereinfachten Ablehnungsverfahrens sollte zudem aus Gründen der Rechtssicherheit von objektiven Kriterien abhängig gemacht werden. So sollte man fordern, dass im bisherigen Prozessverhalten bereits verfahrensfremde Absichten erkennbar wurden.

Die Fristenlösung sah vor, dass vor Anordnung einer Frist mehrere Anträge wegen Prozessverschleppungsabsicht abgelehnt wurden.[1265] Würde man allein dies zur Voraussetzung machen, würde der Anwendungsbereich zu sehr verengt; das vereinfachte Ablehnungsverfahren soll aber auch dann eine Lösung bieten, wenn das Verfahren nicht ohnehin schon seit Jahren läuft und soll schon früher ansetzen können.[1266] Dass bereits mehrfach Beweisanträge wegen Prozessverschleppungsabsicht abgelehnt wurden, ist somit hinreichende, aber nicht notwendige Bedingung für die Anordnung des vereinfachten Ablehnungsverfahrens.

Als Gesetzesvorschlag lässt sich somit formulieren:

> „Liegen hinreichende tatsächliche Anhaltspunkte dafür vor, dass das Antragsrecht zu verfahrensfremden Zwecken missbraucht wird,…“

1261 *Perron*, ZStW 108 (1996), 128, 133.

1262 *Schlüchter*, GA 1994, 397, 417.

1263 S.o. Teil II A III 4. e) cc) (1).

1264 *Fezer*, FS Weber, S. 475, 481 ff.

1265 BGH NStZ 2005, 648, 649.

1266 Vgl. diese Einwände in Bezug auf die Fristenlösung bei *Schneider*, FS Geppert, S. 607, 616.

Die Anhaltspunkte müssen „hinreichend" sein. Ein hinreichender Tatverdacht i.S.d. § 203 StPO erfordert, dass eine spätere Verurteilung wahrscheinlicher ist, als ein Freispruch.[1267] Dies soll übertragen werden. Ist es aufgrund des bisherigen Prozessverhaltens des Antragstellers wahrscheinlicher, dass der Antrag zu verfahrenswidrigen Zwecken gestellt wird, als dass er der Wahrheitsfindung dient, ist eine Anordnung des erleichterten Verfahrens zulässig. Der Zusatz, dass diese Anhaltspunkte *„tatsächlicher"* Art sein müssen, stellt klar, dass es keine rechtlichen Anhaltspunkte gibt – etwa dass eine dreimalige Ablehnung eines Antrags[1268] zu dem erleichterten Ablehnungsverfahren führt. Beispiele für solche hinreichenden Anhaltspunkte können sein, dass der Antragsteller bereits eine Vielzahl substanzloser Beweisanträge oder Befangenheitsanträge gestellt hat, dass zurückgenommene Anträge wiederholt wurden oder sonst das Verteidigungsvorbringen ohne Grund wechselte.[1269] Anhaltspunkte können insbesondere in den bisher gestellten Anträgen vorliegen, können sich aber auch aus sonstigen Umständen außerhalb bereits gestellter Anträge ergeben. Das gesamte bisherige Prozessverhalten ist umfassend zu würdigen.

Diese Voraussetzung für die Anordnung des erleichterten Ablehnungsverfahrens zeigt damit eine inhaltliche Nähe zum Ablehnungsgrund der Prozessverschleppungsabsicht nach § 244 III 2 Var. 6 auf. Die Voraussetzung für das erleichterte Ablehnungsverfahren, dass hinreichende tatsächliche Anhaltspunkte dafür vorliegen müssen, dass das Antragsrecht zu verfahrensfremden Zwecken missbraucht wird, entspricht der Voraussetzung der Nutzlosigkeit der Beweiserhebung des Ablehnungsgrundes der Prozessverschleppungsabsicht. Zweck des Strafverfahrens ist die Ermittlung der Wahrheit.[1270] Ein Beweisantrag, der einen verfahrensfremden Zweck verfolgt, dient nie der Wahrheitsfindung und ist damit nutzlos für die Beweiserhebung. Somit sind diese Voraussetzungen identisch.

Der Ablehnungsgrund der Prozessverschleppungsabsicht erfordert jedoch über diese objektive Voraussetzung hinaus eine besondere subjektive Einstellung des Antragstellers. Der Antragsteller muss um die Nutzlosigkeit der Beweiserbung wissen und es muss ihm alleine darauf ankommen, mit dem Beweisantrag das Verfahren zu verschleppen. Auf eine solche subjektive Komponente verzichtet hingegen das Modell des erleichterten Ablehnungsverfahrens. Dies

---

1267 HK-*Julius*, § 203 Rn. 3; HK-*Zöller*, § 170 Rn. 3.

1268 So soll eine dreimalige Ablehnung nach *Schatz*, Beweisantragsrecht, S. 379 zur Verwirkung des Beweisantragsrechts führen.

1269 Vgl. zu diesen Beispielen *M-G*, § 244 Rn. 68, jedoch als Beispiele für Anhaltspunkte einer Prozessverschleppungsabsicht.

1270 S.o. Teil II A III 4. a).

ermöglicht ein prozessökonomisches Vorgehen auch dann, wenn der Antragsteller keine Kenntnis von der Nutzlosigkeit hat oder wenn sich die subjektiven Komponenten nicht zweifelsfrei belegen lassen. Eine Beschränkung auf objektive Kriterien macht die Anordnung des erleichteren Ablehnungsverfahrens auch für die Prozessbeteiligten transparenter, als wenn auf die gerichtliche Bewertung einer subjektiven Einstellung abgestellt würde.

Ein weiterer Unterschied besteht zudem darin, dass nach dem erleichterten Ablehnungsverfahren Beweisanträge aus sämtlichen normierten Ablehnungsgründen abgelehnt werden können. Wenn das erleichterte Ablehnungsverfahren angeordnet wurde, liegt eine Ablehnung der Anträge wegen Prozessverschleppungsabsicht zwar nahe, ist jedoch nicht zwingend. Alle anderen Ablehnungsgründe können trotzdem angewandt werden. Dies ist insbesondere dann wichtig, wenn die subjektive Komponente des Ablehnungsgrundes der Prozessverschleppungsabsicht nicht zweifelsfrei belegbar ist und andere Ablehnungsgründe leichter zu begründen sind.

Prozessverschleppungsabsicht und das erleichterte Ablehnungsverfahren haben in ihren Voraussetzungen somit eine große Schnittmenge, sind aber nicht deckungsgleich.

2. Konkretisierung der Voraussetzungen durch Regelbeispiel

Die Voraussetzung des „verfahrensfremden Zweckes“ bedarf einer Konkretisierung. Verfahrensfremd ist ein Antrag dann, wenn er nicht der Wahrheitsfindung dient. Dies muss anhand objektiver Kriterien feststellbar sein. Rechtsmissbräuchliche Anträge enthalten häufig einen Sachaspekt, Zeitaspekt oder personenbezogenen Aspekt.[1271] Sind die bislang gestellten Anträge überwiegend erfolglos geblieben, kann dies für einen verfahrensfremden Zweck auch der übrigen Anträge sprechen (Sachaspekt). Der zeitliche Aspekt ergibt sich daraus, dass aufgrund der Menge an Anträgen das Gericht über einen längeren Zeitraum hinweg ausschließlich mit der Entgegennahme und Verbescheidung von Beweisanträgen beschäftigt ist. Lässt sich die hierdurch eintretende Verfahrensverzögerung nur mit einer subjektiven Verzögerungsabsicht des Antragstellers erklären, ergibt sich hieraus der personenbezogene Aspekt.[1272]

1271 Kategorisierung bei *Duttge*, JZ 2012, 1012, 1016, der den Missbrauchsbegriff so typologisch umschreibt.

1272 *Duttge*, JZ 2012, 1012, 1016.

Diese Aspekte sollen anhand eines Regelbeispiels gesetzlich aufgenommen werden. So soll formuliert werden, dass das vereinfachte Ablehnungsverfahren insbesondere dann angewendet werden darf, wenn:

> „... unter Berücksichtigung der Komplexität des Verfahrens in rechtlicher und tatsächlicher Hinsicht unverhältnismäßig viele Beweisanträge gestellt wurden oder Art und Weise der Antragstellung auf eine verschleppende oder sonst verfahrensfremde Absicht des Antragstellers hindeuten."

Der erste Teil des Satzes umschreibt den Sachaspekt. Eine feste Anzahl an Beweisanträgen soll nicht festgelegt werden, sondern ergibt sich aus den Umständen des Einzelfalles. Die Anzahl gestellter Beweisanträge muss ins Verhältnis gesetzt werden zur Komplexität des Verfahrens. Dabei sind rechtliche Schwierigkeiten wie auch tatsächliche Schwierigkeiten des Einzelfalles erfasst. Eine vergleichbare Formulierung enthält § 76 II 3 Nr. 3 GVG. Danach kann die große Strafkammer eine Besetzung mit drei Richtern und zwei Schöffen beschließen, „(...), wenn nach dem Umfang oder der Schwierigkeit der Sache die Mitwirkung eines dritten Richters notwenig erscheint." Dies wird im darauffolgenden Absatz konkretisiert. Diese Besetzung wird in der Regel notwendig sein, wenn die Hauptverhandlung voraussichtlich länger als 10 Tage dauern wird oder die Wirtschaftsstrafkammer zuständig ist, § 76 III GVG.

In Anlehnung an diese Vorschriften kann sich die Komplexität des Verfahrens aus seinem Umfang ergeben. Demnach sind die zu erwartenden Hauptverhandlungstage, die Anzahl der Angeklagten, Verteidiger, Dolmetscher und Zeugen zu berücksichtigen, sowie die Zahl der angeklagten Straftaten, der Notwendigkeit von Sachverständigengutachten und der Umfang der zu begutachtenden Akten.[1273] Eine besondere Schwierigkeit kann sich aus umstrittenen oder ungeklärten Rechtsfragen sachlichrechtlicher oder prozessualer Art, aus Beweisschwierigkeiten oder schwer zu durchschaubaren Sachverhalten, wie bspw. in komplexen Wirtschaftsstrafverfahren, ergeben.[1274]

Unverhältnismäßig ist die Antragstellung, wenn Schwierigkeit und Umfang des Verfahrens nicht so viele Beweisanträge erfordern, wie gestellt wurden. Dabei müssen Verfahrenskomplexität und Anzahl an Beweisanträgen außer Verhältnis stehen. Dies wird im Einzelfall zu konkretisieren sein. Die Formulierung *„unter Berücksichtigung der Komplexität des Verfahrens in rechtlicher und tat-*

1273 BeckOK GVG-*Huber*, § 76 GVG Rn. 3.

1274 BeckOK GVG-*Huber*, § 76 GVG Rn. 3; KK-*Diemer*, § 76 GVG Rn. 3 (noch zur alten Fassung vor dem 1.1.2012).

sächlicher Hinsicht unverhältnismäßig viele Beweisanträge gestellt wurden" ermöglicht ein Vorgehen gegen sog. Tsunami-Anträge.[1275]

Die zweite Alternative des Entwurfs *„... oder Art und Weise der Antragstellung auf eine verschleppende oder sonst verfahrensfremde Absicht des Antragstellers hindeuten."* erfasst insbesondere eine sukzessive Antragstellung, die sog. Geysir-Anträge.[1276] Insbesondere wenn zum Ende eines Verfahrens zahlreiche Anträge gestellt werden, obwohl die Sachlage weitgehend geklärt ist, kann dies auf eine verzögernde Absicht hindeuten. Der späte Zeitpunkt der Antragstellung kann dann als Indiz gewertet werden.

Auch weitere verfahrensfremde Absichten werden genannt. Hierdurch sollen bspw. solche Anträge dem erleichterten Ablehnungsverfahren unterworfen werden können, die wiederholt gestellt werden, allein Zeugen bloßstellen sollen, zu Propagandazwecken gestellt werden oder Richter durch ihre Benennung als Zeugen ausschalten sollen.[1277] Wie bereits gezeigt,[1278] sind Beweisanträge, die nicht der Wahrheitsfindung dienen, abzulehnen. In Verbindung mit der Anordnung der schriftlichen Stellung der Beweisanträge nach § 257a S. 1 kann auch solchen Beweisanträgen mithilfe des vereinfachten Ablehnungsverfahrens begegnet werden. Diese Anträge müssen dann schriftlich gestellt werden und werden erst zu einem späteren Zeitpunkt im Urteil beschieden. Unter diesen Umständen sind Beweisanträge kein taugliches Mittel mehr für die Verbreitung von Propaganda, die Diffamierung von Zeugen oder um Aufsehen zu erregen. Auch die Wiederholung von Beweisanträgen würde keine Zeitverzögerung mehr mit sich bringen. Die Ausschaltung von Richtern durch Benennung als Zeugen würde umgangen. Die Entscheidung, ob ein Richter noch als Zeuge gehört werden soll, wird zeitlich ans Ende der Hauptverhandlung gelegt, so dass der Nutzen der Erhebung in Hinblick auf eine mögliche Prozessverschleppungsabsicht und die sonstigen Intentionen des Antragstellers besser abgeschätzt werden können. Damit ist das Modell des vereinfachten Ablehnungsverfahrens ein Mittel gegen den gesamten rechtsmissbräuchlichen Einsatz des Beweisantragsrechts.

1275 S.o. Teil II A III 4. d).

1276 S.o. Teil II A III 4. d).

1277 *M-G*, § 244 Rn. 67, all diese Anträge können wegen Prozessverschleppungsabsicht abgelehnt werden.

1278 S.o. Teil II A III 4. a).

Diese Konkretisierung des Begriffs des „verfahrensfremden Zweckes" soll als Regelbeispiel wie folgt ausgestaltet werden:

„Dies kommt namentlich dann in Betracht, wenn..."

Die dann aufgezählten Regelbeispiele stehen exemplarisch für den Einsatz des Beweisantragsrechts zu verfahrensfremden Zwecken i.S.d. § 244 VI 2. Eine solche Regelbeispielstechnik ermöglicht es, dass nicht immer, wenn unverhältnismäßig viele Beweisanträge gestellt wurden, auch ein Missbrauch im Sinne des Satzes 2 angenommen werden muss. Auch ist es möglich, dass sich aus anderen Indizien als denen des Satzes 3 Anhaltspunkte für eine missbräuchliche Antragstellung ergeben können. Grundsätzlich wird jedoch immer ein verfahrensfremder Zweck anzunehmen sein, wenn ein Regelbeispiel nach § 244 VI 3 vorliegt. Dem Gericht bietet diese Formulierung Flexibilität auch in Bezug auf künftige, noch nicht absehbare Verteidigungsmuster. Weitere Einzelheiten könnte der Gesetzgeber in der Gesetzesbegründung ausführen und so eine historisch-genetische Auslegung durch die Rechtsprechung lenken.

3. Beschlusserfordernis

Die Anordnung des vereinfachten Ablehnungsverfahrens ergeht in Beschlussform. Die Beschlussform garantiert, dass sich die Beweiskraft des Protokolls hierauf erstreckt (§ 273 I) und die Rechtmäßigkeit der Anordnung mit Rechtsmitteln angegriffen werden.[1279]

Dieser Beschuss ist nicht beschwerdefähig nach den §§ 304 ff. Der Beschwerde entzogen sind nach § 305 S. 1 Entscheidungen, die der Urteilsfällung vorausgehen. Dies sind insbesondere auch Beschlüsse des Gerichts, die der Vorbereitung und Durchführung der Beweisaufnahme dienen.[1280] Die Anordnung des erleichterten Ablehnungsverfahrens ist eine Entscheidung, die der Urteilsfällung vorausgeht und unterliegt damit nicht der Beschwerde, § 305 S. 1. Dies bedeutet für den Antragsteller keinen Rechtsverlust, da der Beschluss zusammen mit dem Urteil angefochten werden kann, wenn auch zeitlich verzögert.[1281] Somit greift eine Ausnahme nach § 305 S. 2 nicht ein, da die Wirkungen des Beschlusses vollständig mit der Anfechtung des Urteils aufgehoben werden können.[1282] Da die Anordnung des vereinfachten Ablehnungsverfahrens im Proto-

---

1279 *M-G*, § 305 Rn. 1.

1280 BeckOK-*Cirener*, § 305 Rn. 4.

1281 BeckOK-*Cirener*, § 305 Rn. 1, 4.

1282 BeckOK-*Cirener*, § 305 Rn. 5.

koll enthalten ist, ist eine Überprüfung mithilfe einer Beschwerde nach §§ 304 ff. mithin nicht erforderlich und würde lediglich weitere Zeitverzögerungen mit sich bringen.

III. Rechtsfolgen

1. Bescheidung im Urteil

Rechtsfolge des Modells des vereinfachten Ablehnungsverfahrens ist, dass das Gericht beschließen kann, Beweisanträge pauschal im Urteil zu bescheiden. Dies gilt für alle Antragsberechtigten. Auch die Fristenlösung sieht eine Bescheidung im Urteil vor[1283] und dies ist bereits mehrfach Gegenstand von Reformüberlegungen gewesen.[1284] Das BVerfG hat eine Bescheidung in den Urteilsgründen für verfassungskonform erachtet.[1285]

Dabei soll § 244 VI 1 als Regelverfahren bestehen bleiben. Wie bereits gezeigt, sprechen gute Argumente dafür, Beweisanträge einzeln und in der Hauptverhandlung zu bescheiden.[1286] So bringt das von § 244 VI 1 abweichende erleichterte Ablehnungsverfahren den Nachteil mit sich, dass der Antragsteller über den Ausgang seines Antrags bis zum Ende des Verfahrens im Ungewissen gelassen wird. Damit ist er auch nicht in der Lage, auf Ablehnungen mit weiteren Anträgen zu reagieren[1287] oder seine Verteidigungsstrategie nach Antragsablehnung neu auszurichten. Die Bescheidungspflicht nach § 244 VI 1 bewirkt zudem, dass das Gericht die Beweislage bewerten muss und schafft dadurch Transparenz. Diese Informationsfunktion entfällt, wenn das Gericht Beweisanträge erst im Urteil bescheidet.[1288]

Dennoch ist bei einem rechtsmissbräuchlichen Einsatz des Beweisantragsrechts ein solches Vorgehen gerechtfertigt. Zunächst stellt bereits der Tatbestand des § 244 VI 2, 3 weitestgehend sicher, dass nur die Fälle erfasst werden, in denen das Beweisantragsrecht missbraucht wird. Dies konnte die Fristenlösung

---

1283 BGH NJW 2005, 2466, 2468 m. Anm. *Dahs*, StV 2006, 116, 117.

1284 Vgl. Entwurf 2. Rechtspflegeentlastungsgesetz, BR-Drucks. 633/95, S. 65; Arbeitspapier Bayern, *Dokumentation*, StV 1982, 325, 331; Vorschläge des Deutschen Richterbundes, *Günter*, DRiZ 1994, 303, 304.

1285 BVerfG NStZ 2010, 155, 156.

1286 Teil II A I.

1287 *Schneider*, FS Geppert, S. 607, 615; vgl. Teil II A I 2. a).

1288 S. zu dieser Informationsfunktion bereits Teil II A I 2. a).

hingegen nicht garantieren,[1289] so dass hier eine Ausnahme von § 244 VI 1 tragbar ist. In den erfassten Verfahren veranlasst der Antragsteller selbst die Anordnung des erleichterten Ablehnungsverfahrens. Es sind in diesen Fällen bereits Anhaltspunkte für ein rechtsmissbräuchliches Agieren des Antragstellers in seinem bisherigen Prozessverhalten erkennbar geworden. Unter diesen Voraussetzungen sind Einschränkungen bezüglich der Informationsfunktion des § 244 VI 1 hinzunehmen. Verteidigungsstrategien, die auf einem missbräuchlichen Einsatz des Beweisantragsrechts basieren, sind nicht schützenswert. Nur in diesen Fällen findet das vereinfachte Ablehnungsverfahren Anwendung. Berechtigte Verteidigungsinteressen werden somit nicht berührt.

Die zweite Funktion des § 244 VI 1, der Sicherung der revisionsrechtlichen Überprüfbarkeit der Ablehnung, bleibt erhalten durch Anordnung des erleichteren Ablehnungsverfahrens in Beschlussform, die ihrerseits revisibel ist.[1290]

Eine Bescheidung in den Urteilsgründen ist zudem eine mildere Maßnahme als der Entzug des Beweisantragsrechts oder dessen Präkludierung. Dennoch ist sie zur Verhinderung rechtsmissbräuchlicher Antragstellung gleich geeignet.[1291] Das erleichterte Ablehnungsverfahren trägt damit dem Verhältnismäßigkeitsgrundsatz Rechnung. Insbesondere ist hieran vorteilhaft, dass Beweisanträge weiterhin gestellt werden können, berechtigte Beweisanträge nicht abgeschnitten werden und in die Urteilsfindung eingehen können,[1292] was bei anderen Lösungsmöglichkeiten i.d.R. nicht der Fall ist. Wenn das Gericht nach Prüfung einer repräsentativen Auswahl von Anträgen Zweifel an der missbräuchlichen Absicht des Antragstellers hat, bleibt es weiterhin verpflichtet, den Anträgen nachzugehen.[1293]

Bislang konnten lediglich Hilfsbeweisanträge in den Urteilsgründen beschieden werden. Wie bereits gezeigt,[1294] steht dem Vorteil einer Bedingung eines Antrags der Nachteil gegenüber, dass hierüber erst im Urteil beschieden wird. Umgekeht steht dem Nachteil, einen Antrag unbedingt zu stellen, der Vorteil gegenüber, noch während der Hauptverhandlung über den Erfolg eines Antrags informiert zu werden, § 244 VI 1. Nach dem erleichterten Ablehnungsverfahren entfiele die Bescheidungspflicht während der Hauptverhandlung und die-

---

1289 S.o. Teil III C VII.

1290 S.o. Teil IV B II 3.

1291 *Schneider*, FS Geppert, S. 607, 613f.

1292 *Schneider*, FS Geppert, S. 607, 614.

1293 S. sogleich unter 2.

1294 S.o. Teil II A I 2. b) ee).

ses System funktionierte so nicht mehr. Dies kann zur Folge haben, dass vermehrt bedingte (Hilfs-)Beweisanträge gestellt werden, da der Vorteil einer unbedingten Antragstellung - der Bescheidung während der Hauptverhandlung - entfiele. Die Zunahme von Hilfsbeweisanträgen wiederum kann sich prozessökonomisch positiv auswirken: Über Hilfsbeweisanträge braucht nur dann entschieden werden, wenn die Bedingung eintritt. So können sich Anträge von selbst erledigen, wenn die Bedingung bis zur Urteilsberatung nicht eintritt. In der Summe ist über weniger Beweisanträge zu entscheiden, als wenn diese unbedingt gestellt wurden. Das vereinfachte Ablehnungsverfahren führt damit zu einer Beschleunigung des Verfahrens.

Nach bisheriger Rechtsprechung konnten prozessverschleppende Hilfsbeweisanträge hingegen nicht in den Urteilsgründen beschieden werden. Die Fristenlösung widerspricht dieser Rechtsprechung.[1295] Auch im erleichterten Ablehnungsverfahren wird nicht nach den verschiedenen Ablehnungsgründen unterschieden. Wie bereits gezeigt, ist eine Sonderbehandlung des Ablehnungsgrundes der Prozessverschleppungsabsicht nicht sinnvoll.[1296]

2. Prüfung einer repräsentativen Auswahl

Hat das Gericht beschlossen, Beweisanträge im Urteil zu bescheiden, ist es nicht verpflichtet, alle Beweisanträge wie üblich zu prüfen. Ein effektives Vorgehen insbesondere gegen massenhaft gestellte Anträge ist erst möglich, wenn nicht jeder Antrag im Einzelnen geprüft werden muss. Daher ist das Gericht berechtigt, eine repräsentative Auswahl der gestellten Anträge zeitlich verzögert im Rahmen der Urteilsberatung zu prüfen und dieses Ergebnis sodann in den Urteilsgründen auf die übrigen Anträge zu übertragen. Dabei sollte ein Zehntel aller Anträge geprüft werden. Wurden weniger als 50 Anträge gestellt, soll als Untergrenze festgehalten werden, dass mindestens fünf Anträge geprüft werden müssen. Anderenfalls gestaltet sich die Übertragung des Ergebnisses auf die nicht geprüften Anträge als schwierig.

Um zu vermeiden, dass Verteidiger auf das vereinfachte Ablehnungsverfahren mit der Stellung so vieler Anträge reagieren, dass auch die Prüfung eines Zehntels das Gericht blockieren würde, ist zudem eine Obergrenze einzuführen. Diese sollte bei insgesamt zehn[1297] zu prüfenden Anträgen gesetzt werden, um

1295 S.o. Teil II A I 2. b).

1296 S.o. Teil II A I 2. b) ee).

1297 Sollten sich diese Ober- und Untergrenzen in der praktischen Umsetzung als unzureichend herausstellen, ist eine legislative Anpassung nicht ausgeschlossen; denkbar ist

eine Überlastung des Gerichts zu vermeiden. Eine entsprechende Formulierung könnte somit lauten:

> „Das Gericht ist verpflichtet, ein Zehntel der Beweisanträge, mindestens fünf, höchstens jedoch zehn Anträge, zu prüfen."

3. Prioritätenliste

Wenn das Gericht Beweisanträge in den Urteilsgründen bescheiden kann, besteht die Gefahr, dass das Gericht diese Befugnis missbraucht und bewusst nur solche Anträge prüft, die einfach abzulehnen sind. In einem solchen Fall wäre die Übertragung des Ergebnisses (Ablehnung) auf die restlichen Anträge eine unzulässige Beweisantizipation. Um dies zu umgehen, muss die Auswahl der zu prüfenden Anträge in die Hände des Angeklagten bzw. seines Verteidigers gelegt werden. Eine Gesetzesformulierung könnte demnach lauten:

> „Der Angeklagte und der Verteidiger sind berechtigt, dem Gericht bis zum Schluss der Beweisaufnahme eine Aufstellung der Beweisanträge vorzulegen, in der die Anträge priorisiert werden. Das Gericht ist verpflichtet, die Prüfung anhand dieser Aufstellung vorzunehmen."

Angeklagter und Verteidiger sind zur Aufstellung einer solchen Prioritätenliste nicht verpflichtet (*„berechtigt"*), sondern können auf dieses Recht verzichten. Dann liegt keine unzulässige Beweisantizipation des Gerichts in Hinblick auf die nicht geprüften Anträge vor. Konterkariert ein Antragsteller durch das massenhafte Stellen von Beweisanträgen eine Sachprüfung jedes einzelnen Antrags und macht er dann von diesem Recht zur Aufstellung einer Prioritätenliste keinen Gebrauch, so ist es gerechtfertigt, dass das Gericht die aus seiner Sicht erfolgsversprechendsten Anträge prüft.

Hat der Angeklagte oder der Verteidiger eine Prioritätenliste erstellt, bleibt er bis zum Schluss der Beweisaufnahme zu ihrer Aktualisierung befugt. Mit Schluss der Beweisaufnahme steht der Inhalt der Liste fest, damit das Gericht in seiner Urteilsberatung die gelisteten Anträge prüfen kann und nicht kurz vor Urteilsverkündung mit einer neuen Liste mit neuen Anträgen konfrontiert wird. Da der Inhalt der Prioritätenliste erst mit Ende der Beweisaufnahme endgültig feststeht, können die enthaltenen (maximal zehn) Anträge erst nach diesem Zeitpunkt beschieden werden. Daher entscheidet das Gericht über diese erst im Rahmen der Urteilsberatung. Diese Entscheidung ist nach den allgemeinen Vor-

---

auch eine zeitliche Befristung dieser Vorschrift (Zeitgesetz), um auf der Grundlage erster Praxiserfahrungen über eine Verlängerung oder Abänderung zu entscheiden.

schriften, allerdings erst im Urteil, zu begründen (§ 34) und kann dann auf die restlichen Anträge übertragen werden. Unberührt bleibt davon, dass – gemäß § 246 I – noch bis zum Ende der Hauptverhandlung Beweisanträge gestellt werden können. Doch auch sie werden von der Indizwirkung der geprüften Anträge erfasst.

Dieses Verfahren gewährleistet, dass der Beweisstoff nicht einseitig zu Lasten des Angeklagten ausgewählt wird und er an der Beweisaufnahme weiterhin aktiv teil hat. Auf der anderen Seite kann so der Verfahrensinhalt begrenzt werden, ohne dass dies auf subjektiven richterlichen Einschätzungen beruht.[1298]

4. Übertragung des Ergebnisses der geprüften Anträge

Die Justizgewährungspflicht sichert, dass das Gericht von jedem Antrag und dessen Inhalt Kenntnis nimmt; grundsätzlich muss es somit jeden Antrag inhaltlich prüfen.[1299] Macht der Antragsteller dies jedoch selbst unmöglich, indem er massenhaft Anträge stellt, ist eine beschränkte Überprüfung der Anträge gerechtfertigt.[1300] Ist das Gericht nach Prüfung des obersten Zehntels in den Urteilsgründen zu dem Ergebnis gekommen, dass für die geprüften Anträge Ablehnungsgründe vorliegen oder diese bereits keine Beweisantragsqualität besitzen, kann es auch die restlichen Anträge im Urteil pauschal ablehnen, soweit keine gegenteiligen Umstände vorliegen. Liegen Anhaltspunkte vor, dass für die nicht geprüften Anträge dennoch keine Ablehnungsgründe vorliegen, so ist das Gericht aufgrund seiner Aufklärungspflicht verpflichtet, diesen nachzugehen, auch wenn sie auf der Prioritätenliste erst an späterer Stelle erscheinen.

Sind die geprüften Anträge nur teilweise abzulehnen, hat das Gericht einen Beurteilungsspielraum bezüglich der restlichen Anträge. An die Begründung einer Ablehnung sind dann besondere Anforderungen zu stellen. Dennoch muss es möglich sein, die restlichen Anträge gebündelt abzulehnen, auch wenn nicht alle der geprüften Anträge abzulehnen sind. Denn ansonsten könnte der Antragsteller in der Prioritätenliste einen einzigen statt zu gebenden Antrag unter ansonsten haltlosen Anträgen aufnehmen und so eine pauschale Ablehnung vereiteln. Insofern ist ein Beurteilungsspielraum des Gerichts zulässig. Das Gesetz müsste somit wie folgt lauten:

1298 Vgl. *Perron*, JZ 1994, 823, 829 zur Notwendigkeit richterlicher Beweisantizipationen.

1299 KMR-*Eschelbach*, Vor § 226 Rn. 12.

1300 Vgl. KMR-*Eschelbach*, Vor § 226 Rn. 12.

„Sind die geprüften Anträge nach § 244 III-V abzulehnen und sind keine Anhaltspunkte erkennbar, dass dies für die restlichen Anträge nicht gilt, können alle Beweisanträge gebündelt und ohne weitere Prüfung in den Urteilsgründen abgelehnt werden."

5. Fortgeltung der gerichtlichen Amtsaufklärungspflicht

Die gerichtliche Aufklärungspflicht bleibt von diesem Verfahren unberührt. Dies sollte aus Klarstellungsgründen als letzten Satz in § 244 VI aufgenommen werden:

„§ 244 II bleibt hiervon unberührt."

Ist ein für die Wahrheitserforschung wichtiger Beweisantrag nicht in der Prioritätenliste enthalten, garantiert die gerichtliche Aufklärungspflicht, dass diese Beweisanträge dennoch Berücksichtigung finden. Die Aufklärungspflicht wirkt als Korrektiv in den Fällen, in denen Beweisanträge nicht aufgenommen wurden, weil Angeklagter oder Verteidiger die Erfolgsaussichten des Antrags falsch eingeschätzt haben oder weil ein Beweisantrag erst nach Schluss der Beweisaufnahme gestellt wurde. So ist sichergestellt, dass substantiierte, wahrheitsfördernde Beweisanträge in jedem Fall in das Verfahren eingeführt werden können. Wurde der Aufklärungspflicht nicht nachgekommen, besteht die Möglichkeit einer Aufklärungsrüge in der Revision.[1301]

Eine Schutzlücke besteht allenfalls in dem Fall, in dem ein berechtigter Beweisantrag nicht in der Prioritätenliste auftaucht, dabei auch nicht so substantiiert ist, dass er eine Beweiserhebung aufgrund der Amtsaufklärungspflicht auslöst. Dies wird jedoch nur in äußersten Ausnahmefällen vorkommen. Die Amtsaufklärungspflicht besteht bereits immer dann, wenn eine erkennbare und sinnvolle Möglichkeit zur Aufklärung des Sachverhalts besteht.[1302] Sollte dieser Fall dennoch eintreten, besteht als zweites Korrektiv die Möglichkeit eines Wiederaufnahmeverfahrens nach § 359 Nr. 5. Dabei sind nicht berücksichtigte Beweismittel auch dann „neu" im Sinne der Vorschrift, wenn sie nach Schluss der Beweisaufnahme und nach Abgabe der Prioritätenliste bekannt geworden sind. Die übrigen Voraussetzungen des Wiederaufnahmeverfahrens müssen gleichwohl erfüllt werden, wie bspw. die Eignung des Beweismittels, eine Freispre-

1301 *M-G*, § 244 Rn. 80 ff.

1302 *M-G*, § 244 Rn. 12.

chung, eine geringere Bestrafung oder eine wesentlich andere Entscheidung über Sicherungsmaßregeln herbeizuführen.[1303]

C. Zusammenfassender Gesetzesvorschlag

Eine entsprechende Neuregelung des vereinfachten Ablehnungsverfahrens könnte daher im Ganzen wie folgt lauten:

> § 244 VI Satz 2 ff. (neu):
>
> [2]Liegen hinreichende tatsächliche Anhaltspunkte dafür vor, dass das Antragsrecht zu verfahrensfremden Zwecken missbraucht wird, kann das Gericht beschließen, Beweisanträge pauschal in den Urteilsgründen zu bescheiden. [3]Dies kommt namentlich dann in Betracht, wenn unter Berücksichtigung der Komplexität des Verfahrens in rechtlicher und tatsächlicher Hinsicht unverhältnismäßig viele Beweisanträge gestellt wurden oder Art und Weise der Antragstellung auf eine verschleppende oder sonst verfahrensfremde Absicht des Antragstellers hindeuten. [4]Das Gericht ist verpflichtet, ein Zehntel der Beweisanträge, mindestens fünf, höchstens jedoch zehn Anträge, zu prüfen. [5]Der Angeklagte und der Verteidiger sind berechtigt, dem Gericht bis zum Schluss der Beweisaufnahme eine Aufstellung der Beweisanträge vorzulegen, in der die Anträge priorisiert werden. [6]Das Gericht ist verpflichtet, die Prüfung anhand dieser Aufstellung vorzunehmen. [7]Sind die geprüften Anträge nach § 244 III-V abzulehnen und sind keine Anhaltspunkte erkennbar, dass für die restlichen Anträge anderes gilt, können alle Beweisanträge gebündelt und ohne weitere Prüfung in den Urteilsgründen abgelehnt werden. [8]§ 244 II bleibt hiervon unberührt.

D. Vergleich mit anderen Lösungsvorschlägen

Das Modell des vereinfachten Ablehnungsverfahrens greift zum Teil auf bereits bekannte Lösungsansätze zurück, geht aber über die bisherigen Lösungsvorschläge hinaus. Auf Parallelen und Unterschiede soll im Folgenden ein Blick geworfen werden.

Tatbestandlich ähnelt das Modell des vereinfachten Ablehnungsverfahrens einer Missbrauchsklausel. Das Modell des vereinfachten Ablehnungsverfahrens greift ebenfalls auf „verfahrensfremde Zwecke“ als Tatbestandsmerkmal zurück. Und auch bei dem hier vorgeschlagenen Modell bestehen Schwierigkeiten in der Konkretisierung, wann missbräuchliche Zwecke verfolgt werden. Aufgrund der

---

1303 KK-*Schmidt*, § 359 Rn. 30.

Vielgestaltigkeit missbräuchlichen Verhaltens ist dies jedoch unumgänglich.[1304] Im Gegensatz zu einer allgemeinen Missbrauchsklausel ist das erleichterte Ablehnungsverfahren jedoch auf das Beweisantragsrecht zu geschnitten und bietet mit dem in § 244 VI 3 formulierten Regelbeispiel eine hinreichende Konkretisierung, ohne den Tatbestand zu sehr zu verengen.

Die Einführung einer Obergrenze für die im Vorwege zu prüfenden Anträge (§ 244 VI 4) beruht auf dem Gedanken der Einführung einer generellen Obergrenze für Beweisanträge. Die feste Obergrenze schafft Transparenz und Rechtssicherheit. Der Nachteil starrer Grenzen ist, dass die Flexibilität im Einzelfall verloren geht. Dieser Nachteil wirkt sich im vereinfachten Ablehnungsverfahren jedoch nicht aus. Es können auch über die in der Prioritätenliste enthaltenen Beweisanträge hinaus Anträge gestellt werden; diese werden nur nicht so intensiv geprüft, wie das in der Prioritätenliste enthaltene Zehntel. Somit stellt das Modell des vereinfachten Ablehnungsverfahrens keine Höchstgrenzen für die Anzahl von Beweisanträgen auf, regelt aber dennoch transparent, ab welchem Antrag das vereinfachte Ablehnungsverfahren gilt. Damit kommen die Vorteile einer solchen zahlenmäßigen Begrenzung zum Tragen, ohne dass man die Nachteile in Kauf nehmen müsste.

Ähnlichkeiten bestehen auch zu dem von *Gunnar Duttge* entwickelten „abgestuften System der Mißbrauchsreaktion“[1305]. Nach einer ersten Stufe der Abmahnung nach § 238 I sieht *Duttge* als zweite und dritte Stufe die Anordnung einer schriftlichen Antragstellung nach § 257a S. 1 und sodann einen Aufschub der Bescheidung abweichend von § 244 VI vor. Auch das Modell des vereinfachten Ablehnungsverfahrens verschiebt die Bescheidung in die Urteilsbegründung und bemüht hilfsweise § 257a S. 1, um insbesondere solche verfahrensfremden Anträge zu erschweren, die nicht ausschließlich auf einer massenhaften oder sukzessiven Antragstellung beruhen.[1306] Dem Modell von *Duttge* ist jedoch in seiner letzten Stufe nicht zuzustimmen. Auf dieser vierten Stufe soll das Beweisantragsrecht als solches entzogen werden. Dies ist jedoch ein harter Eingriff in die Verteidigungsrechte des Angeklagten. Das Modell des vereinfachten Ablehnungsverfahrens sieht hingegen zwar mildere, aber dennoch gleich wirksame Rechtsfolgen vor.

Diese Rechtsfolgen sind der größte Vorteil des Modells des vereinfachten Ablehnungsverfahrens im Vergleich zu anderen Lösungsansätzen. Häufig sehen

---

1304 S.o. Teil III C I.

1305 S.o. Teil III C X.

1306 S.o. Teil IV B II 2.

diese als Rechtsfolge den vollständigen Entzug des Beweisantragsrechts vor.[1307] Dies ist der stärkste Eingriff in das Beweisantragsrecht des Angeklagten. Das Modell des vereinfachten Ablehnungsverfahrens verzichtet auf diesen massiven Eingriff und schafft mit einer teilweisen Verlagerung der Bescheidung der Anträge eine ebenso wirkungsvolle Lösung bei gleichzeitig größmöglicher Konkretisierung der tatbestandlichen Anwendungsvoraussetzungen. Durch das Modell des vereinfachten Ablehnungsverfahrens wird nicht der Maßstab der Ablehnung als solcher verändert. Es gelten die strengen Ablehnungsvoraussetzungen fort, was auch eine gerichtliche Überprüfung sicherstellt. Anders als bspw. bei einer Missbrauchsklausel bleiben die ausdifferenzierten Ablehnungsgünde unberührt und nur das Verfahren der Behandlung von Beweisanträgen wird modifiziert. Es werden die Aktivitäten der Verteidigung nicht beschnitten. Im Gegenteil wird die Verteidigung durch Aufstellung der Prioritätenliste vermehrt aktiviert. Dieser werden sogar weitergehende Einflussmöglichkeiten auf das laufende Verfahren verschafft, als sie im Regelverfahren nach § 244 VI 1 hat.

Mit Schluss der Beweisaufnahme entfällt die Möglichkeit der Verteidigung, eine Prioritätenliste einzureichen bzw. zu aktualisieren. Ab diesem Zeitpunkt gilt das Regelverfahren nach § 244 VI 1 nicht mehr, sondern das vereinfachte Ablehnungsverfahren nach § 244 VI 2 ff. Dies ähnelt einer Präklusion mit Schluss der Beweisaufnahme.[1308] Dennoch sind auch hier die Rechtsfolgen unterschiedlich. Nach Eintritt einer Präklusion werden verspätete Anträge nicht mehr berücksichtigt. Sie verlieren ihre Qualität als Beweisantrag mit der Folge, dass das System der Ablehnung von Beweisanträgen nach §§ 244 ff. nicht mehr gilt. Das vereinfachte Ablehnungsverfahren hingegen lässt dieses System als solches unangetastet und modifiziert lediglich den Ablauf des Verfahrens. Nach dem vereinfachten Ablehnungsverfahren kann ein Beweisantrag nur bei Vorliegen eines Ablehnungsgrundes abgelehnt werden. Obwohl lediglich ein Bruchteil der gestellten Anträge geprüft wird, kann dieses Ergebnis auf die restlichen Anträge übertragen werden und es kann davon ausgegangen werden, dass auch für die übrigen Anträge Ablehnungsgründe vorliegen. Dies ist bei Präklusionen hingegen nicht der Fall. Nach Präklusionseintritt werden Anträge ausschließlich nach Maßgabe des wesentlich schwächeren § 244 II geprüft. Eine Präklusion ist durch einen Verlust einer Rechtsstellung unter bestimmten Voraussetzungen, insbesondere nach Ablauf einer Frist, gekennzeichnet.[1309] Dies trifft damit nicht auf das vereinfachte Ablehnungsverfahren zu. Das Recht zur Stellung von Be-

---

1307 S.o. Teil III B I, VII sowie Teil III C V, VI, X.

1308 S.o. Teil III C VI 2.

1309 *Köbler*, Juristisches Wörterbuch, S. 369; s.o. Teil II A II 2. c).

weisanträgen geht hierdurch nicht verloren. Dies unterscheidet das Modell des vereinfachten Ablehnungsverfahrens von Präklusionsvorschriften und auch der Fristenlösung.

Die Gefahr eines Missbrauchs dieses Verfahrens ist gegenüber anderen Lösungsvorschlägen zudem deutlich reduziert. Es besteht nicht die Gefahr, dass das Gericht mithilfe des vereinfachten Ablehnungsverfahrens unliebsame Anträge ungeprüft ablehnt. Das vereinfachte Ablehnungsverfahren verlangt eine ausführliche Prüfung der Beweisanträge der Prioritätenliste, auf deren Grundlage erst spätere Anträge abgelehnt werden können. Das Tatbestandsmerkmal des „verfahrensfremden Zweckes" wird im Vergleich zu dem Ablehnungsgrund der Prozessverschleppungsabsicht objektiv bestimmt. Das Verfahren ist so konkret ausgestaltet, dass Umgehungen kaum möglich sind. Hier wirken sich die schützenden Formen dieser detaillierten Regelung aus. Das Modell des vereinfachten Ablehnungsverfahrens statuiert damit auch keinen Super-Ablehnungsgrund. Zunächst ist dieses Verfahren bereits dogmatisch kein Ablehnungsgrund, sondern eine Verfahrensregel. Aber auch inhaltlich sind die Voraussetzungen derart formuliert, dass ein Missbrauch deutlich erschwert ist. Hierzu tragen auch die Überprüfungsmöglichkeiten mittels einer Revision, einer Aufklärungsrüge und hilfsweise durch Anstrengung eines Wiederaufnahmeverfahrens bei.[1310]

Das Modell des vereinfachten Ablehnungsverfahrens muss sich auch nicht entgegenhalten lassen, dass es das System der Ablehnungsgründe umgeht. Jeder Beweisantrag kann nur abgelehnt werden, wenn ein normierter Ablehnungsgrund greift. Es wird nicht an den Voraussetzungen zur Bestimmung der Beweisantragsqualität gerüttelt oder eine besondere Begründungspflicht gefordert. Das Beweisantragsrecht behält seine Funktion, das Gericht zu Beweiserhebungen zu zwingen.

Somit hat das Modell des vereinfachten Ablehnungsverfahrens Schnittstellen zu einigen Lösungsvorschlägen, bietet jedoch dem Antragsteller weitreichende Einflussmöglichkeiten auch nach Einreichung der Prioritätenliste oder über die hiernach zu prüfenden (maximal zehn) Anträge hinaus. Das Modell vereint damit bestmöglich sowohl die Interessen der Strafrechtspflege, als auch die des Angeklagten, wie es bislang kein Lösungsansatz vorgesehen hat.

1310 S.o. Teil IV B II 3., III 1., 5.

E. Lösung der Beispielsfälle mit Hilfe des „Modells des vereinfachten Ablehnungsverfahrens"

Abschließend sollen die in Teil I dargestellten Beispielsfälle extensiver Antragsnutzung mit Hilfe des Modells des vereinfachten Ablehnungsverfahrens gelöst werden.

In dem Verfahren des LG Wiesbadens[1311] hätte es nicht zu einem Freispruch trotz Überzeugung des Gerichts von der Schuld der Angeklagten kommen müssen. Das Gericht hätte zu einem frühen Zeitpunkt gegen die massenhafte Beweisantragstellung vorgehen können. In dem gesamten Prozessverhalten waren Indizien vorhanden, dass das Antragsrecht nicht zur Wahrheitsfindung, sondern allein zu verfahrensfremden Zwecken eingesetzt wurde. Dies zeigte sich in Widerspruch und Kritik am Gericht, substanzlosen Befangenheitsanträgen und nicht zuletzt an einer Unzahl von gestellten Beweisanträgen. Das Gericht hätte frühzeitig beschließen können, Beweisanträge in den Urteilsgründen zu bescheiden und die Angeklagte zur Erstellung einer Prioritätenliste auffordern können (§ 244 VI 2, 5 neu). Dies hätte die aufgeladene Stimmung während der Hauptverhandlung entspannt, da das Stellen zahlreicher Anträge das Gericht nicht mehr hätte unter Druck setzen können. Als Erpressungsmittel scheiden Beweisanträge dann aus. Die Verfahrensherrschaft bliebe beim Gericht und das Verfahren stünde nicht zur Disposition der Verteidigung.

Dieselbe Vorgehensweise bietet sich auch in dem zweiten Beispielsfall an, dem Urteil des BGH vom 14.6.2006.[1312] Die sukzessiv gestellten 320 Beweisanträge hätten gesammelt in den Urteilsgründen beschieden werden können. Dem Gericht würde die Angst vor weiteren sukzessiv gestellten Anträgen genommen, da diese keine Zeitverzögerungen mehr verursachen könnten. Das Gericht hätte Rechtsanwalt Ri. auffordern können, gem. § 257a auch die restlichen 30 bis 200 Anträge, die er im Kopf habe, schriftlich zu stellen und ggf. in die Prioritätenliste aufzunehmen. Dies hätte dem missbräuchlich agierenden Verteidiger mehr Arbeit verursacht, so dass die Anreize für die Stellung verfahrensfremder Anträge entfielen.

Im Fall Fritz Teufel[1313] wäre der Angeklagte trotz Anordnung eines vereinfachten Ablehnungsverfahrens in der Lage, seinen Alibibeweisantrag bis zuletzt zu stellen. Er hätte den Antrag mit einer hohen Priorität auf der Liste vermerken und eine umfangreiche Beweiserhebung diesbezüglich auslösen können. Hier

---

1311 NJW 1995, 409, s. Teil I B I.

1312 NJW 2005, 2466, s. Teil I B. II.

1313 S. Teil I B. III.

zeigt sich der Vorteil des vereinfachten Ablehnungsverfahrens gegenüber einer Präklusion oder einem gänzlichen Entzug des Beweisantragsrechts: Alle Beweisanträge können bis zum Ende des Verfahrens gestellt werden. Die Erforschung der Wahrheit bleibt oberstes Ziel des Verfahrens.

Teil V: Zusammenfassung und Ergebnisse

Im ersten Teil dieser Arbeit wurden Beweisantragsrecht und Fristenlösung zueinander in Beziehung gesetzt. Das Beweisantragsrecht ist das wichtigste Verteidigungsrecht des Angeklagten und wird verfassungsrechtlich garantiert. Dogmatisch knüpft die Fristenlösung an den Ablehnungsgrund der Prozessverschleppungsabsicht an und modifiziert sowohl dessen Tatbestandsvoraussetzungen als auch dessen Rechtsfolgen. Die Fristenlösung reiht sich ein in eine Entwicklung der Rechtsprechung, Strafverfahren durch Beschränkung von Verteidigungsrechten zu beschleunigen. Sie war mehrfach Gegenstand von Reformbestrebungen, wurde jedoch nicht gesetzlich umgesetzt.

Im zweiten Teil wurde die Vereinbarkeit der Fristenlösung mit dem geltenden Recht überprüft. Die Fristenlösung ist weder mit den §§ 244 VI, 246 I noch mit dem Ablehnungsgrund der Prozessverschleppungsabsicht kompatibel. Eine Fristsetzungsbefugnis lässt sich nicht aus § 238 ableiten. Die Fristenlösung ist damit eine Rechtsprechung contra legem. Der BGH hat hiermit unter Missachtung des Gewaltenteilungsgrundsatzes in die Kompetenzen des Gesetzgebers eingegriffen. Das Fristenlösungsmodell wirft zudem Folgeprobleme auf, die bislang nicht obergerichtlich gelöst wurden. Die scharfe Kritik in der Literatur ist folglich berechtigt.

Zugleich wurde im zweiten Teil festgestellt, dass der rechtsmissbräuchliche Einsatz des Beweisantragsrechts nur Extremfälle betrifft. Auf empirischer Basis wurde nachgewiesen, dass nicht die Verfahren als solche eine vermehrte Belastung der Gerichte bewirkten, sondern vielmehr eine Rationalisierung der Personalressourcen durch den Haushaltsgesetzgeber.

Im dritten Teil wurde nach Lösungsmodellen gegen den rechtsmissbräuchlichen Einsatz des Beweisantragsrechts gesucht. De lege lata hat sich kein Modell durchsetzen können. Die Lösungsansätze scheitern an der Formstrenge des Strafprozessrechts und sind dem Vorwurf ausgesetzt, das austarierte beweisantragsrechtliche Regelungssystem zu unterlaufen. De lege ferenda konnte ebenfalls kein Lösungsvorschlag überzeugen. Auch der Blick auf ausländische Rechtsordnungen hat keine übertragbare Lösung gebracht. Das Problem, wie man prophylaktisch gestellte Anträge kurz vor Einsetzen der Präklusion begegnen kann, wurde nicht gelöst.

Eine Lösung konnte dementsprechend nur an dem Ablehnungsverfahren ansetzen. Das Modell des vereinfachten Ablehnungsverfahrens wurde im vierten Teil entwickelt und als Gesetzesvorschlag festgehalten. Anhand der in Teil I erläuterten Beispielsfällen wurde die Praxistauglichkeit dieser Lösung dargestellt. Wie der Vergleich mit anderen Lösungvorschlägen gezeigt hat, ist das erleichterte Ablehnungsverfahren - anders als insbesondere die Fristenlösung - in der Lage, das Beweisantragsrecht als solches unangetastet zu lassen und modifiziert lediglich das Verfahren der Behandlung von Beweisanträgen. Es basiert auf dem Gedanken, rechtsmissbräuchliche Beweisanträge nicht zu verbieten, sondern den verfahrensfremden Gebrauch unattraktiv zu gestalten. Dass auch dieses Verfahren Einschränkungen des Beweisantragsrechts mit sich bringt, ist unausweichlich. Es ist nicht hinnehmbar, dass Freisprüche trotz gerichtlicher Überzeugung von der Schuld ergehen. Die gleichmäßige Verurteilung aller Straftäter ist wichtiger Teil einer erfolgreichen General- und Spezialprävention und trägt auch dem Gleichheitssatz aus Art. 3 I GG Rechnung.

Zusammenfassend lässt sich sagen, dass das Beweisantragsrecht „ein sensibler Indikator für Liberalität und Rechtsstaatlichkeit des Strafverfahrens.“[1314] ist. Es gedeiht in Zeiten „(...), in denen Justizpolitik nicht vordringlich unter ökonomischen Zwängen betrieben wird und in denen eher die Rechtsposition des Beschuldigten im Strafverfahren als die Effektivität und Funktionsfähigkeit der Strafrechtpflege die Leitlinien der Rechtspolitik bestimmen.“[1315] Das Modell des vereinfachten Ablehnungsverfahrens ist in der Lage, einen angemessenen Ausgleich der widerstreitenden Interessen herzustellen und entgegen den beschränkenden, ökonomisch ausgerichteten Tendenzen in der Rechtsprechung, die Subjektstellung des Angeklagten wieder in den Mittelpunkt des Verfahrens zu rücken.

1314 *Deckers*, Beweisantragsrecht, S. 12.

1315 *HHP*, Beweisantragsrecht, Rn. 17.

Literaturverzeichnis

Abdallah, Tarek: Die Problematik des Rechtsmißbrauchs im Strafverfahren, Eine Untersuchung unter besonderer Berücksichtigung der verfassungsrechtlichen Bezüge des Strafprozeßrechts, Berlin 2002

Ahrenhövel, Wolfgang; Otte, Stefanie: Situation der Strafkammern der Landgerichte (Teil 1 – 3), DRiZ 2010, 227 – 230 (Teil 1); DRiZ 2010, 270 – 272 (Teil 2); DRiZ 2011, 120 – 121 (Teil 3)

Alsberg, Max: Anmerkung zum Urteil des RG vom 12.5.1930 – 2 D 205/30, JW 1930, 3417 – 3418

Alsberg, Max; Nüse, Karl-Heinz; Meyer, Karlheinz: Der Beweisantrag im Strafprozeß, 5. Auflage, Köln (u.a.) 1983, (zitiert: *ANM,* Beweisantrag)

Bandisch, Günte: Strafrechtsausschuß, AnwBl 1991, 311 – 314

Barton, Stephan: Einführung in die Strafverteidigung, München 2007

ders.: Anmerkung zum Beschluss des OLG Nürnberg vom 9.5.1995 - Ws 461/95, StV 1995, 290 - 292

ders.: Die Revisionsrechtsprechung des BGH in Strafsachen – Eine empirische Untersuchung, Neuwied (u.a.) 1999

ders.: Rechtstatsachen zur Dauer von Strafverfahren und zu deren Gründen – Zugleich eine Entgegnung auf Meyer-Goßner/Ströber, Reform des Rechtsmittelsystems in Strafsachen, ZRP 1996, 354, StV 1996, 690 – 694

Basdorf, Clemens: Änderungen des Beweisantragsrechtes und der Revision, StV 1995, 310 – 320

ders.: Formelle und informelle Präklusion im Strafverfahren – Mitwirkungspflichten und gesteigerte Verantwortung des Strafverteidigers – StV 1997, 488 – 493

ders.: Der Verteidiger als Garant der Einhaltung von strafprozessualen Verfahrensregeln?, StV 2010, 414 – 417

ders.: Präklusionsrechte des Richters im Strafprozeß, AnwBl 1995, 405 – 407

ders.: Elemente des Beweisantrags – Konnexität und anderes – In: Strafverteidigung, Revision und die gesamten Strafrechtswissenschaften, Festschrift für Gunther Widmaier zum 70. Geburtstag, S. 51 – 62, Köln (u.a.) 2008

Bauer, Wolfram: Der Ablehnungsgrund der Prozessverschleppungsabsicht – Eine Erwiderung auf Niemöller NStZ 2008, 181 –NStZ 2008, 542 – 546

Bernsmann, Klaus: Wider eine Vereinfachung der Hauptverhandlung, ZRP 1994, 329 – 333

Beulke, Werner: Missbrauch von Verteidigerrechten – eine kritische Würdigung der jüngsten Rechtsprechung, In: Festschrift für Knut Amelung zum 70. Geburtstag, S. 543- 563, Stuttgart 2009

ders.: Rechtsmißbrauch im Strafprozeß – Eine Erwiderung auf Pfister, StV 2009, 554 – 557

Beulke, Werner; Ruhmannseder, Felix: Anmerkung zum Beschluss des BGH vom 9.5.2007 – 1 StR 32/07 (LG Landshut), NStZ 2008, 300

dies.: Die Strafbarkeit des Verteidigers: Eine systematische Darstellung der Beistandspflicht und ihrer Grenzen, 2. Auflage, Heidelberg (u.a.) 2012

Brause, Hans Peter: Faires Verfahren und Effektivität im Strafprozess, NJW 1992, 2865

Brexl, Tanja: Dialog von Anwälten und Richtern auf höchstem Niveau – 13. Strafverteidiger-Frühjahrssymposium im Mai 2010 in Karlsruhe, Anwaltsblatt 7/ 2010, S. 506 – 507

Brüning, Janique Anmerkung zu BGH Urt. v. 10.6.2008 – 5 StR 38/08, ZJS 2008, 554 – 556

Bundesministerium der Justiz: Dokumentation – Vorschläge zur Entlastung der Gerichte und der Staatsanwaltschaften in der Strafgerichtsbarkeit, StV 1982, 325 - 334

Büchting, Hans-Ulrich; Heussen, Benno: Beck'sches Rechtsanwaltshandbuch, 10. Auflage, München 2011

Bünger, Ralph: Die tatrichterlichen Möglichkeiten der Reaktion auf einen Missbrauch des Beweisantragsrechts, Zugleich eine Besprechung des Beschlusses des 5. Strafsenats des BGH vom 14. 6. 2005 (5 StR 129/05), NStZ 2006, 305 – 312

Dahs, Hans: Anmerkung zum Beschluss BGH v. 14.6.2005– 5 StR 129/05 (LG Hamburg), StV 2006, 116 - 118

ders.: Strafverteidigung und Strafrechtspflege – eine Momentaufnahme, In: Festschrift für Walter Odersky zum 65. Geburtstag am 17. Juli 1996, Berlin (u.a.) 1996, S. 317 - 335

ders.: Stumpf gewordene StPO?, NJW 1994, 909

Dallmeyer, Jens: Beweisführung im Strengbeweisverfahren, 2. Auflage, Norderstedt 2008

Deckers, Rüdiger: Der strafprozeßuale Beweisantrag, 2. Auflage, Berlin 2007

Deutscher Juristentag: 68. Deutscher Juristentag Berlin 2010, Erfordert das Beschleunigungsgebot eine Umgestaltung des Strafverfahrens? – Beschlüsse der Abteilung Strafrecht, StV 2011, 55 - 56

Dölling, Dieter: Über die Beschleunigung des Strafverfahrens, In: Strafverfahrensrecht in Theorie und Praxis, Festschrift für Lutz Meyer-Goßner zum 65. Geburtstag, S. 101 – 125, München 2001

Dölling, Dieter; Feltes, Thomas: Dokumentation: Dauer von Strafverfahren, StV 2000, 174 – 176

Dölling, Dieter; Feltes, Thomas; Dittmann, Jörg; Laue, Christian; Törnig, Ulla: Die Dauer von Strafverfahren vor den Landgerichten – Eine empirische Analyse der Rechtswirklichkeit von Strafverfahren in der Bundesrepublik Deutschland, Köln 2000

Duttge, Gunnar: Anmerkung zum Beschluss BGH v. 14.6.2005 – 5 StR 129/05 (LG Hamburg), JZ 2005, 1012 – 1016

Duttke, Gunnar; Neumann, Stephanie: „Wir übernehmen jeden Fall!“, HRRS 2010, 34 – 38

Eidam, Lutz: Anmerkung zum Beschluss des BGH vom 23.09.2008 – 1 StR 484/08 (LG Münster), JZ 2009, 318 – 320

Eisenberg, Ulrich: Beweisrecht der StPO, Spezialkommentar, 8. Auflage, München 2012

ders.: Anmerkung zu BGH Urt. v. 10.6.2008 – 5 StR 38/08, ZIS 2008, 469 – 470

Epping, Volker: Grundrechte, 5. Auflage, Berlin (u.a.) 2012

Epping, Volker; *Hillgruber, Christian:* Beck'scher Onlinekommentar Grundgesetz, Stand 1.10.2012, Edition 16, München 2012, (zitiert: BeckOK GG-*Bearbeiter*)

Eschenhagen, Anna: Der Mißbrauch des Beweisantragsrechts – eine Diskussion der Gesetzesänderungsvorschläge zur Bewältigung von mißbräuchlichen Beweisanträgen des Strafverteidigers, Aachen 2001

Fahl, Christian: Rechtsmißbrauch im Strafprozess, Heidelberg 2004

ders.: Verstößt die neue „Fristenlösung“ des Bundesgerichtshofs gegen § 246 StPO?, DRiZ 2009, 291 - 294

Fezer, Gerhard: Gesetzeswidrige Fristsetzung für die Stellung von Beweisanträgen, Anmerkung zu BGH 1 StR 484/08 – Beschluss vom 23. September 2008, HRRS 2009, 17 - 19

ders.: Zum „Missbrauch des Beweisantragsrechts in einem Extremfall, In: Festschrift für Ulrich Weber zum 70. Geburtstag: 18. September 2004, S. 475 – 484, Bielefeld 2004

ders.: Der Beschleunigungsgrundsatz als allgemeine Auslegungsmaxime im Strafverfahrensrecht?, In: Strafverteidigung, Revision und die gesamten Strafrechtswissenschaften, Festschrift für Gunther Widmaier zum 70. Geburtstag, S. 177 – 190, Köln (u.a.) 2008

ders.: Inquisitionsprozess ohne Ende? – Zur Struktur des neuen Verständigungsgesetzes –, NStZ 2010, 177 – 185

ders.: Verschärfung des Konnexitätserfordernisses - Anmerkung zu BGH Urt. v. 10.6.2008 – 5 StR 38/08, HRRS 2008, 457 - 459

ders.: Die „Herabstufung" eines Beweisantrags in der Revisionsinstanz – Zugleich eine Kritik am sog. Konnexitätsprinzip –, In: Strafverfahrensrecht in Theorie und Praxis, Festschrift für Lutz Meyer-Goßner zum 65. Geburtstag, S. 629 – 643, München 2001

Fischer, Thomas: Konfliktverteidigung, Mißbrauch von Verteidigungsrechten und das Beweisantragsrecht, StV 2010, 423 – 428

ders.: Rechtsmißbrauch und Überforderung der Strafjustiz, NStZ 1997, 212 – 217

Foth, Eberhard: Die Entwicklung des Beweisantragsrechts, Bemerkungen – Überlegungen, In: Strafverteidigung, Revision und die gesamten Strafrechtswissenschaften, Festschrift für Gunther Widmaier zum 70. Geburtstag, S. 223 – 238, Köln (u.a.) 2008

Franke, Ulrich: Ambivalente Wirkungen des Beschleunigungsgebotes nach Art. 6 Abs. 1 S. 1 EMRK, StV 2010, 433 – 436

Frister, Helmut: Beschleunigung der Hauptverhandlung durch Einschränkung von Verteidigungsrechten?, StV 1994, 445 – 454

Gaede, Karsten: Vorbeugende Rügepräklusionen gegen vermuteten Revisionsmissbrauch, wistra 2010, 210 – 216

ders.: Anmerkung zu BGH, Beschluss v. 23. 9. 2008 - 1 StR 484/08 (LG Münster), NJW 2009, 608

ders.: Rechtsmissbrauchsvorsorge durch präkludierende Fristsetzungen im strafprozessualen Beweisantragsrecht – Eine Besprechung der Neufassung der sog. Fristenlösung zum Beweisantragsrecht durch den 5. Strafsenat, Bucerius Law Journal, Heft 3/2009, S. 107 – 112

Gössel, Karl-Heinz: Empfehlen sich Änderungen des Strafverfahrensrechts mit dem Ziel, ohne Preisgabe rechtsstaatlicher Grundsätze den Strafprozeß, insbesondere die Hauptverhandlung zu beschleunigen?, Gutachten C für den 60. Deutschen Juristentag, Band I (Gutachten), München 1994

ders.: Anmerkung zum Beschluss BGH v. 14.6.2005, – 5 StR 129/05 (LG Hamburg), JR 2006, 128 -129

Graf, Jürgen-Peter: Beck'scher Onlinekommentar Strafprozessordnung, Stand 1.10.2012, Edition 15, München 2011, (zitiert: BeckOK-*Bearbeiter*)

Grünwald, Gerald: Das Beweisrecht der Strafprozeßordnung, 1. Auflage, Baden-Baden 1993

Günter, Hans-Helmut: DRB-Vorschläge zu Änderungen des Strafverfahrensrechts, DRiZ 1994, 303 – 305

Habetha, Jörg; Trüg, Gerson: Erosion des Beweisantragsrechts – Aktuelle Entwicklungen in der Rechtsprechung des Bundesgerichtshofs, GA 2009, 406 – 428

Hamm, Wirkl. GeheimRat Dr.: Der Umfang der Beweisaufnahme im Strafverfahren, DJZ 1911, Sp. 309 – 311

Hamm, Rainer: Fristenregelung für Beweisanträge?, In: Festschrift für Winfried Hassemer, S. 1017 – 1028, Heidelberg 2010

ders.: Der Strafverteidiger als Garant der Einhaltung von strafprozessualen Verfahrensregeln?, StV 2010, 418 – 422

ders.: Ist Strafverteidigung noch Kampf?, NJW 2006, 2084 – 2098

ders.: Vorschläge zur Entlastung der Strafjustiz, StV 1991, 530 – 534

Hamm, Rainer; Hassemer, Winfried; Pauly, Jürgen: Beweisantragsrecht, 2. Auflage, Heidelberg (u.a.) 2007, (zitiert: *HHP*, Beweisantragsrecht)

Hannich, Rolf: Karlsruher Kommentar zur Strafprozessordnung, 6. Auflage, München 2008, (zitiert: KK- *Bearbeiter*)

Hassemer, Winfried: Die „Funktionstüchtigkeit der Strafrechtspflege“ – ein neuer Rechtsbegriff?, StV 1982, 275 – 280

ders.: Über den Missbrauch von Rechten, In: Strafverfahrensrecht in Theorie und Praxis, Festschrift für Lutz Meyer-Goßner zum 65. Geburtstag, S. 127 – 143, München 2001

Heinicke, Günther: Der Beschuldigte und sein Verteidiger in der Bundesrepublik Deutschland, München 1984

Heintschel-Heinegg, Bernd von: Anmerkung zu BGH Beschl. v. 19.6.2007 – 1 StR 149/07 (LG Lüneburg), JA 2008, 75 - 76

Heller, Marius Stephan: Das Gesetz zur Regelung der Verständigung im Strafverfahren – No big deal? Unter Berücksichtigung des Jugendstrafrechts und der Rechtspraxis, Hamburg 2012

Herdegen, Gerhard: Das Beweisantragsrecht, Zum Rechtsmissbrauch – Teil III, NStZ 2000, 1 – 8

ders.: Das Verbot der Beweisantizipation im Strafprozeßrecht, In: Verantwortung und Gestaltung, Festschrift für Karlheinz Boujong zum 65. Geburtstag, S. 777 – 790, München 1996

ders.: Bemerkungen zum Beweisantragsrecht –1. Teil – * Zugleich Besprechung von BGH-GSSt 1/83, NStZ 1984, 97 – 102

Hirsch, Johannes Magnus: Der zum Zwecke der Prozessverschleppung gestellte Beweisantrag und seine strafprozessuale Behandlung, Frankfurt a.M. (u.a.) 1996

Horvat, Christian: Das allgemeine Missbrauchsverbot im Strafprozess – Praxis oder Recht?, Hamburg 2012

Ingelfinger, Ralph: Rechtsprobleme bedingter Beweisanträge im Strafprozess-Heidelberg 2002

Jahn, Matthias: Konnexitätsdoktrin und „Fristenlösungsmodell" – Die verfassungsrechtlichen Grenzen der Fremdkontrolle im Beweisantragsrecht der Verteidigung durch den Bundesgerichtshof, StV 2009, 663 – 669

ders.: Anmerkung zum Beschluss des BGH vom 23.09.2008 – 1 StR 484/08 (LG Münster), JuS 2009, 372 - 373

ders.: „Konfliktverteidigung" und Inquisitionsmaxime, Baden-Baden 1998

Jauernig, Othmar: Bürgerliches Gesetzbuch, 14. Auflage, München 2011

Joecks, Wolfgang: Studienkommentar StPO, 3. Auflage, München 2011

Julius, Karl-Peter: Die Unerreichbarkeit von Zeugen im Strafprozeß, Köln (u.a.) 1988

ders.: Zum Verhältnis von Aufklärungspflicht und Beweisantragsrecht im Strafprozeß, NStZ 1986, 61 – 64

Julius, Karl-Peter; Gercke, Björn; Kurth, Hans-Joachim; Lemke, Michael; Pollähne, Helmut; Rautenberg, Erardo Cristoforo; Temming, Dieter; Woynar, Ines; Zöller, Mark: Heidelberger Kommentar Strafprozessordnung, 4. Auflage, Heidelberg (u.a.) 2009, (zitiert: HK- *Bearbeiter*)

Kahlo, Michael: Über den Begriff der wesentlichen Förmlichkeit im Strafverfahrensrecht (§ 273 Abs. I), In: Strafverfahrensrecht in Theorie und Praxis,

Festschrift für Lutz Meyer-Goßner zum 65. Geburtstag, S. 447 – 468, München 2001

Kasiske, Peter: Widersprüchlichkeiten der Widerspruchslösung, NJW-Spezial 2011, 376 – 377

Kempf, Eberhard: Missbrauch im Strafprozess – Peccatur intra et extra muros, In: Festschrift für Winfried Hassemer, S. 1041 – 1053, Heidelberg 2010

ders.: Der (zu) späte Beweisantrag, StraFo 2010, 316 – 323

Kindhäuser, Urs: Strafprozessrecht, 2. Auflage, Baden-Baden 2010

ders.: Rügepräklusion durch Schweigen im Strafverfahren, NStZ 1987, 529 – 535

Kintzi, Heinrich: Möglichkeiten der Vereinfachung und Beschleunigung von Strafverfahren de lege ferenda, DRiZ 1994, 325 – 334

Kleinknecht, Theodor; Müller, Hermann; Reitberger, Leonhard: KMR – StPO, Kommentar zur Strafprozessordnung, Loseblattsammlung, Stand 2011, Köln 2011, (zitiert: KMR-*Bearbeiter*)

Köbler, Gerhard: Juristisches Wörterbuch, 15. Auflage, München 2012

König, Stefan: Anmerkung zum Beschluss des BGH vom 23.09.2008 – 1 StR 484/08 (LG Münster), StV 2009, 171 – 173

Kramer, Bernhard: Grundbegriffe des Strafverfahrensrechts – Ermittlung und Verfahren, 7. Auflage, Stuttgart 2009

Krawczyk, Lucian: Die Relativierung der absoluten Beweiskraft des Hauptverhandlungsprotokolls (§ 274 StPO) in der neueren Rechtsprechung des Bundesgerichtshofs, Frankfurt a.M. 2008

Krey, Volker: Deutsches Strafverfahrensrecht, Band 1: Stuttgart (u.a.) 2006, Band 2: Stuttgart (u.a.) 2007

Kröpil, Karl: Ist eine allgemeine gesetzliche strafprozessuale Mißbrauchsklausel notwendig?, ZRP 1997, 9 – 13

Kudlich, Hans: Strafprozeß und allgemeines Mißbrauchsverbot: Anwendbarkeit und Konsequenzen eines ungeschriebenen Mißbrauchsverbots für die Ausübung strafprozessualer Verteidigungsbefugnisse, Berlin 1998

ders.: Erfordert das Beschleunigungsgebot eine Umgestaltung des Strafverfahrens?, Band 1, Gutachten Teil C zum 68. Deutschen Juristentag, München 2010

ders.: Erfordert das Beschleunigungsgebot eine Umgestaltung des Strafverfahrens?, NJW Beil. 2010, 86 – 89 *ders.:* (Nichts) Neues zum Missbrauch des Beweisantragsrechts, Zugleich Besprechung des Beschlusses BayObLG 4St RR 22/04 vom 5.3.2004, HRRS 2005, 10 – 15

Kühne, Hans-Heiner: Strafprozessrecht – eine systematische Darstellung des deutschen und europäischen Strafverfahrensrechts, 8. Auflage, Heidelberg (u.a.) 2010

ders.: Rechtsmißbrauch des Strafverteidigers?, NJW 1998, 3027 – 3028

Landau, Herbert: Die Ambivalenz des Beschleunigungsgebots, In: Festschrift für Winfried Hassemer, S. 1073 – 1087, Heidelberg 2010

Laue, Christian: Das öffentliche Interesse an der Beschleunigung des Strafverfahrens, GA 2005, 648 – 663

Laufhütte, Heinrich Wilhelm; Rissing-van Saan, Ruth; Tiedemann, Klaus: Leipziger Kommentar Strafgesetzbuch, Band II - §§ 32 – 55, Berlin 2006

Leipold, Klaus; Beukelmann, Stephan: Anmerkung zum Beschluss des BGH vom 23.09.2008 – 1 StR 484/08 (LG Münster), NJW-Spezial 2009, 56

dies.: Anmerkung zum Beschluss des BVerfG vom 6.10.2009 – 2 BvR 2580/08, NJW-Spezial 2009, 744

Leipold, Klaus: Das strafprozessuale Beschleunigungsgebot – Eine Bestandsaufnahme, In: Strafverteidigung im Rechtsstaat, 25 Jahre Arbeitsgemeinschaft Strafrecht des Deutschen Anwaltvereins, S. 636 – 644, Baden-Baden 2009

Löwe, Ewald; Rosenberg, Werner: Die Strafprozeßordnung und das Gerichtsverfassungsrecht – Großkommentar, Band 1 (Einl., §§§ 1 – 47), 26. Aufl., Berlin 2006, Band 4 (§§ 112 – 150), 26. Aufl., Berlin 2007, Band 6/1 (§§ 213 – 255a), 26. Aufl., Berlin 2009, (zitiert: LR-*Bearbeiter*)

Malmedier, Bertrand: „Konfliktverteidigung“ – ein neues Prozeßhindernis?, NJW 1997, 227 – 236

Maunz, Theodor; Dürig, Günter: Grundgesetz Kommentar, 65. Auflage, München 2012, (zitiert: Maunz/Dürig – *Bearbeiter*)

Meyer-Goßner, Lutz: Strafprozessordnung, 55. Auflage, München 2012

Meyer-Goßner, Lutz; Ströber, Hubert: Reform des Rechtsmittelsystems in Strafsachen, ZRP 1996, 354 – 361

dies.: Reform des Rechtsmittelsystems in Strafsachen – Erwiderung auf Barton, Rechtstatsachenforschung zur Dauer von Strafverfahren und zu deren Gründen, StV 1996, 690 ff, StV 1997, 212 – 215

Meyer-Ladewig, Jens: EMRK: Europäische Menschenrechtskonvention, Handkommentar, 3. Auflage, Baden-Baden 2011

Michalke, Regina: Anmerkung zum Beschluss des BGH vom 9.5.2007 – 1 StR 32/07 (LG Landshut), StV 2008, 228 – 230

Müller, Günter: Rechtsprechung im Vergleich der Länder Europas, DRiZ 1993, 381 – 387

Nack, Armin: Verfahrensverzögerung und Beschleunigungsgebot, In: Festschrift zu Ehrendes Strafrechtsausschusses der Bundesrechtsanwaltskammer, S. 425 – 434, Neuwied 2006

Nehm, Kay; Senge, Lothar: Ursachen langer Hauptverhandlungen – dargestellt am Beispiel von 3 Strafverfahren, NStZ 1998, 377 – 389

Neumann, André: Über den Einbruch der Verfahrensökonomie in die Strafprozessordnung (StPO), Köln 2010

Niemöller, Martin: Rechtsmissbrauch im Strafprozess, StV 1996, 501 – 506

ders: Zum exzessiven Gebrauch des Beweisantragsrechts, JR 2010, 332 – 339

ders.: Prozessverschleppung – die Absicht genügt, NStZ 2008, 181 – 188

ders: Nochmals: Prozessverschleppung – Entgegnung auf Bauer, NStZ 2008, 542, NStZ 2009, 129 – 130

ders.: Bedingte Beweisanträge im Strafverfahren, JZ 1992, 884 – 895

Niemöller, Martin; Schuppert, Gunnar Folke: Die Rechtsprechung des Bundesverfassungsgerichts zum Strafverfahrensrecht, AöR 107 (1982), S. 389 – 413

Ostendorf, Heribert: Strafprozessrecht, 1. Auflage, Baden-Baden 2012

Palandt, Otto (Begr.): Bürgerliches Gesetzbuch, 71. Auflage, München 2012, (zitiert: Palandt-*Bearbeiter*)

Pellkofer, Sandra: Sockelverteidigung und Strafvereitelung, Frankfurt am Main 1999

Perron, Walter: Die Beweisaufnahme im Strafverfahrensrecht des Auslands: Rechtsvergleichendes Gutachen im Auftrag des Bundesministeriums der Justiz, Beiträge und Materialien aus dem Max-Planck-Institut für Ausländisches und Internationales Strafrecht, Band S 51, Freiburg i. Breisgau 1995, (zitiert: Perron–*Bearbeiter*, Beweisaufnahme im Strafverfahrensrecht des Auslands)

ders.: Das Beweisantragsrecht des Beschuldigten im deutschen Strafprozess, Berlin 1995 *ders.:* Beschleunigung des Strafverfahrens mit rechtsstaatlichen Mitteln?, JZ 1994, 823 – 832

ders.: Das Beweisantragsrecht des Beschuldigten – Ursache oder Symptom der Krise des deutschen Strafprozesses?, ZStW 108 (1996), 128 – 154

Pfeiffer, Gerd: Strafprozessordnung Kommentar, 5. Auflage, München 2005

Pfister, Wolfgang: Rechtsmißbrauch im Strafprozess, StV 2009, 550 – 553

Pieroth, Bodo; Aubel, Tobias: Die Rechtsprechung des Bundesverfassungsgerichts zu den Grenzen richterlicher Entscheidungsfindung, JZ 2003, 504 – 510

Piel, Hannah Milena: Beschleunigungsgebot und wirksame Verteidigung, In: Strafverteidigung, Revision und die gesamten Strafrechtswissenschaften, Festschrift für Gunther Widmaier zum 70. Geburtstag, S. 429 – 445, Köln (u.a.) 2008

Pöstges, Joke: Funktion und Missbrauch prozessualer Rechte im Strafprozeß, Düsseldorf 2002

Prochnow, Heinz-Erich: Die Beschleunigung des Strafverfahrens in rechtsvergleichender Betrachtung : eine Untersuchung des franz., österr. und schweiz. Rechts unter Einbeziehung deutscher Reformvorschläge, Freiburg 1971

Ranft, Otfried: Strafprozeßrecht, 3. Auflage, Stuttgart (u.a.) 2005

Rauscher, Thomas; Wachs, Peter; Wenzel, Joachim: Münchener Kommentar zur Zivilprozessordnung mit Gerichtsverfassungsgesetz und Nebengesetzen, Band 1, 3. Auflage, München 2008, Band 2, 3. Auflage, München 2007, (zitiert: MüKo ZPO–*Bearbeiter*)

Rebmann, Kurt: Strafprozessuale Bewältigung von Großverfahren, NStZ 1984, 241 - 248

Richter, Christian: Präklusionsrechte des Richters im Strafprozeß, AnwBl 1995, 407 – 409

Römbke, Uwe: Der Ablehnungsgrund der Prozessverschleppung, Münster 1995

Roxin, Claus; Schünemann, Bernd: Strafverfahrensrecht, 27. Auflage, München 2012

ders.: Gegenwart und Zukunft der Verteidigung im rechtsstaatlichen Strafverfahren, In: Festschrift für Ernst-Walter Hanack zum 70. Geburtstag am 30. August 1999, S. 1 – 25, Berlin (u.a.) 1999

ders.: Strafrecht Allgemeiner Teil, Band I, 4. Auflage, München 2006

Roxin, Imme: Ambivalente Wirkungen des Beschleunigungsgebotes, StV 2010, 437 – 442

dies.: Bindungswirkung von EGMR-Urteilen? 3 Beispiele aus der deutschen Strafgerichtsbarkeit, In: Strafverteidigung im Rechtsstaat, 25 Jahre Arbeitsgemeinschaft Strafrecht des Deutschen Anwaltvereins, S. 1070 – 1089, Baden-Baden 2009

Rudolphi, Hans-Joachim: Strafprozeß im Umbruch. Eine Bilanz der strafverfahrensrechtlichen Reformen seit Kriegsende, ZRP 1976, 165 – 173

Ruppelt, Michael: Maßnahmen ohne Rechtsgrundlage, München 1983

Säcker, Franz;Rixecker, Roland: Münchener Kommentar zum Bürgerlichen Gesetzbuch, Band II, §§ 241 – 432, 6. Auflage, München 2012, (zitiert: MüKo BGB–*Bearbeiter*)

Sander, Günther: Anmerkung zum Beschluss des BGH vom 21.08.1997 – 5 StR 312/97 (LG Potsdam), NStZ 1998, 207

Sarstedt, Werner: Anmerkung zum Urteil des KG Berlin vom 6.1.1954 – 1 Ss 427/53, JR 1954, 232 – 233

Schatz, Holger: Das Beweisantragsrecht in der Hauptverhandlung: Reformgeschichte und Reformproblematik, Berlin 1999

Scheffler, Uwe: Strafprozeßrecht, quo vadis?, GA 1995, 449 – 467

ders.: Kurzer Prozeß mit rechtsstaatlichen Grundsätzen?, NJW 1994, 2191 – 2195

ders.: Anmerkung zum Urteil des BGH vom 7.11.1991 –, 4 StR 252/91 (BGHSt 38, 111), JR 1993, 170 - 173

Schlaich, Klaus; Korioth, Stefan: Das Bundesverfassungsgericht, 9. Auflage, München 2012

Schlothauer, Reinhold: Hilfsbeweisantrag – Eventualbeweisantrag – bedingter Beweisantrag, StV 1988, 542 – 548

Schmitt, Bertram: Die Rechtsprechung und Rechtswirklichkeit verfahrensbeendender Absprachen im Strafprozeß, GA 2001, 411 – 426

Schlüchter, Ellen: Beschleunigung des Strafprozesses und insbesondere der Hauptverhandlung ohne Rechtsstaatsverlust, GA 1994, 397 – 438

Schneider, Hartmut: Zur Strafbarkeit des Verteidigers wegen Strafvereitelung durch Stellen von Beweisanträgen zum Zwecke der Prozessverschleppung, In: Festschrift für Klaus Geppert zum 70. Geburtstag am 10. März 2011, S. 607 – 632, Berlin (u.a) 2011 *ders:* Zum Kriterium der Konnexität im strafprozessualen Beweisantragsrecht, In: Festschrift für Ulrich Eisenberg zum 70. Geburtstag, S. 609 – 630, München 2009

Schoch, Friedrich; Schmidt-Aßmann, Eberhard; Pietzner, Rainer: Verwaltungsgerichtsordnung Kommentar, 20. Ergänzungslieferung, München 2010, (zitiert: Schoch/Schmidt-Aßmann/Pietzner–*Bearbeiter*)

Schönke, Adolf; Schröder, Horst: Strafgesetzbuch Kommentar, 28. Auflage, München 2010, (zitiert: Sch/Sch-*Bearbeiter*)

Schrader, Henning: Der Hilfsbeweisantrag – ein Dilemma, NStZ 1991, 224 – 226

Schulz, Joachim: Die Erosion des Beweisantragsrechts – Zum Entwurf eines Gesetzes zur Entlastung der Rechtspflege, StV 1991, 354 – 362

ders.: Anmerkung zum Urteil des BGH vom 6.12.1983 – 5 StR 677/83 (LG Berlin), StV 1985, 312 - 314

Schünemann, Bernd: Ein deutsches Requiem auf den Strafprozess des liberalen Rechtsstaats, ZRP 2009, 104 – 107

ders.: Die Zukunft des Strafverfahrens – Abschied vom Rechtsstaat?, ZStW 119 (2007), 945 – 958

ders.: Der Richter im Strafverfahren als manipulierter Dritter? Zur empirischen Bestätigung von Perseveranz- und Schulterschlußeffekt, StV 2000, 159 – 165

Schwedendieck, Helmut: Die Ablehnung eines Beweisantrages wegen Verschleppungsabsicht – eine zu wenig genutzte Möglichkeit? – Eine Untersuchung der Rechtsprechung des BGH, NStZ 1991, 109 – 112

Seier, Jürgen: Die Aufhebung der Pflichtverteidigung, In: Festschrift für Hans Joachim Hirsch zum 70. Geburtstag, S. 979 – 992, Berlin (u.a.) 1999

Senge, Lothar: Gedanken zur Konfliktverteidigung, In: Festschrift für Kay Nehm zum 65. Geburtstag, S. 339 – 353, Berlin 2006

ders.: Missbräuchliche Inanspruchnahme verfahrensrechtlicher Gestaltungsmöglichkeiten - wesentliches Merkmal der Konfliktverteidigung? Abwehr der Konfliktverteidigung, NStZ 2002, 225 – 233

Spiekermann, Monika: Der Mißbrauch des Beweisantragsrechts, Berlin 2000

Strafverteidigervereinigungen: Ergebnisse der Arbeitsgruppen des 35. Strafverteidigertages vom 25. – 27.3.2011 in Berlin, StV 2011, 321 - 324

Tepperwien, Ingeborg: „Schöpferische Rechtsfindung" in der neueren Rechtsprechung des Bundesgerichtshofs zum Strafverfahrensrecht, In: Strafverteidigung, Revision und die gesamten Strafrechtswissenschaften, Festschrift für Gunther Widmaier zum 70. Geburtstag, S. 583 – 597, Köln (u.a.) 2008

dies.: Beschleunigung über alles? Das Beschleunigungsgebot im Straf- und Ordnungswidrigkeitenverfahren, NStZ 2009, 1 – 7

Ter Veen, Heino: Strukturanalyse strafrechtlicher Großverfahren am Landgericht Hamburg, Baden-Baden 1998

Thielmann, Jochen: Im Spannungsfeld zwischen Strafrichtern und (zu?) aktiver Strafverteidigung – 2. Teil: Der Tadel für die Offensiv-Verteidiger, HRRS 2011. 189 – 197

Thole, Ulrich: Der Scheinbeweisantrag im Strafprozeß, Berlin 1992

Thomas, Sven: „Konfliktverteidigung", Mißbrauch von Verteidigungsrechten und das Beweisantragsrecht, StV 2010, 428 – 432

Trüg, Gerson: Quo curris, Strafverfahren? – Zum Verhältnis der objektiven Dimension der Beschleunigungsmaxime zur Wahrheitsfindung, StV 2010, 528 – 538

ders.: Beweisantragsrecht – Disziplinierung der Verteidigung durch erhöhte Anforderungen?, StraFo 2010, 139 – 147

Ventzke, Klaus-Ulrich: Tatrichterliche Notwehr gegen Mißbrauch des Beweisantragsrechts?, Anmerkung zum Beschluss BGH v. 14.6.2005 – 5 StR 129/05 (LG Hamburg), HRRS 2005, 233 – 235

ders.: „Warum stellen Sie denn keinen Beweisermittlungsantrag?" oder: Die revisionsrechtliche Aufklärungsrüge – ein beweisantragsrechtliches Problem, StV 2009, 655 – 662

Verrel, Torsten: Nemo tenetur - Rekonstruktion eines Verfahrensgrundsatzes – 1. Teil, NStZ 1997, 361 – 365

Waßmer, Martin: Rechtsstaatswidrige Verfahrensverzögerungen im Strafverfahren als Verfahrenshindernis von Verfassungs wegen, ZStW 118 (2006), 159 – 201

Weber, Ulrich: Der Mißbrauch prozessualer Rechte im Strafverfahren, GA 1975, 289 – 305

Weigend, Thomas: Die Reform des Strafverfahrens – Europäische und deutsche Tendenzen und Probleme, ZStW 104 (1992), 486 – 512

Weßlau, Edda: Zwang, Täuschung und Heimlichkeit im Strafverfahren, ZStW 110 (1998), 1 – 37

Widmaier, Gunter: Präklusion von Verfahrensrügen durch Zweckentfremdung des § 238 II StPO, NStZ 2011, 305 – 310

ders.: Kritische Gedanken zur diskutierten Reform des Beweisantrags- und Revisionsrechts, NStZ 1994, 414 – 418

Wilhelm, Jürgen: Eingriffsbefugnisse des Staates aufgrund rechtfertigenden Notstands, Köln 1980

Witting, Peter: Die Fristsetzung bei ‚missbräuchlicher' Beweisantragsstellung – eine akzeptable Präklusion des Beweisantragsrechs?, In: In dubio pro libertate: Festschrift für Klaus Volk zum 65. Geburtstag, S. 885 – 899, München 2009

Wohlers, Wolfgang: Das Strafverfahren in Zeiten der „Eilkrankheit", NJW 2010, 2470 – 2475

ders.: Anm. zu BGH Urt. v. 12.6.1997 – 5 StR 58/97 (LG Hamburg), StV 1997, 570 – 572

Wolter, Jürgen (Hrsg.): Systematischer Kommentar zur Strafprozessordnung, Band III §§ 137 – 197 StPO, Band IV §§ 198 – 246 StPO, 4. Auflage 2011, (zitiert: SK-*Bearbeiter*)

Zimmermann, Frank: Tagungsbericht zum 68. Deutschen Juristentag, Abteilung Strafrecht, JZ 2011, 414 – 415

SCHRIFTEN ZUM STRAFRECHT UND STRAFPROZESSRECHT

Herausgegeben von Manfred Maiwald und Carsten Momsen

Band 1 Christian-Peter Frees: Die steuerrechtliche Selbstanzeige. Zur kriminalpolitischen Zweckmäßigkeit des § 371 AO. 1991.

Band 2 Norbert Joachim: Der Hörensagenbeweis im Strafverfahren. 1991.

Band 3 Alfred A. Göbel: Die Einwilligung im Strafrecht als Ausprägung des Selbstbestimmungsrechts. 1991.

Band 4 Karl-Heinz Vehling: Die Abgrenzung von Vorbereitung und Versuch. 1991.

Band 5 Heiko Hartmut Lesch: Das Problem der sukzessiven Beihilfe. 1992.

Band 6 Dirk Schwerdtfeger: Besondere persönliche Unrechtsmerkmale. 1992.

Band 7 Stefan Göhring: Polizeiliche Kontrollstellen und Datenverarbeitung. § 163 d StPO und novellierte Polizeigesetze der Länder zwischen Strafverfolgung, Gefahrenabwehr und vorbeugender Straftatenbekämpfung. 1992.

Band 8 Werner Kemper: Horizontale Teilrechtskraft des Schuldspruchs und Bindungswirkung im tatrichterlichen Verfahren nach der Zurückverweisung. §§ 353, 354 Abs. 2 StPO. 1993.

Band 9 Ovvadias Namias: Die Zurechnung von Folgeschäden im Strafrecht. 1993.

Band 10 Jan Zopfs: Unfallflucht bei eindeutiger Haftungslage? Unverzüglichkeitsgebot und Wahlmöglichkeit in § 142 Abs. 2 und 3 StGB. 1993.

Band 11 Stefan Hiebl: Ausgewählte Probleme des Akteneinsichtsrechts nach § 147 StPO. 1994.

Band 12 Ralf Krack: List als Straftatbestandsmerkmal. Zugleich ein Beitrag zu Täuschung und Irrtum beim Betrug. 1994.

Band 13 Henning Radtke: Zur Systematik des Strafklageverbrauchs verfahrenserledigender Entscheidungen im Strafprozeß. 1994.

Band 14 Bernd J. A. Müssig: Schutz abstrakter Rechtsgüter und abstrakter Rechtsgüterschutz. Zu den materiellen Konstitutionskriterien sog. Universalrechtsgüter und deren normentheoretischem Fundament – am Beispiel der Rechtsgutsbestimmung für die §§ 129, 129a und 324 StGB. 1994.

Band 15 Heinz Koriath: Über Beweisverbote im Strafprozeß. 1994.

Band 16 Burkhard Niepoth: Der untaugliche Versuch beim unechten Unterlassungsdelikt. 1994.

Band 17 Karsten Altenhain: Die Strafbarkeit des Teilnehmers beim Exzeß. 1994.

Band 18 Ina Walbaum: Schuldspruch in der Revisionsinstanz nach freisprechendem Urteil des Tatgerichts. 1996.

Band 19 Birgit Dalbkermeyer: Der Schutz des Beschuldigten vor identifizierenden und tendenziösen Pressemitteilungen der Ermittlungsbehörden. 1994.

Band 20 Thomas Hackner: Der befangene Staatsanwalt im deutschen Strafverfahrensrecht. 1995.

Band 21 Hartmut Loritz: Kritische Betrachtungen zum Wert des strafprozessualen Zwischenverfahrens. 1996.

Band 22 Heinz-Hermann Berghof: Therapie und Strafe im Betäubungsmittelrecht. Recht und Wirklichkeit der Behandlung Drogenabhängiger unter besonderer Berücksichtigung der §§ 35 ff BtMG. 1995.

Band 23 Oliver Mertens: Strafprozessuale Grundrechtseingriffe und Bindung an den Wortsinn der ermächtigenden Norm. 1996.

Band 24 Sönke Bahnsen: Das Akteneinsichtsrecht der Verteidigung im Strafverfahren. Dogmatische Grundlagen und Einzelprobleme im Lichte einer rechtsstaatlichen Verfahrensgestaltung. 1996.

Band 25 Dirk Schwieger: Der Vorteilsbegriff in den Bestechungsdelikten des StGB. 1996.

Band 26 Stephanie Meinecke: Die Auswirkungen von Verfahrensfehlern auf die Strafbarkeit nach den Aussagedelikten. 1996.

Band 27 Ute Lambrecht: Strafrecht und Disziplinarrecht. Abhängigkeiten und Überschneidungen. 1997.

Band 28 Carsten Momsen: Verfahrensfehler und Rügeberechtigung im Strafprozeß. Die Strukturen der Revisionsberechtigung unter besonderer Berücksichtigung des Begriffs "Rechtsnormen, die lediglich zugunsten des Angeklagten gegeben sind" in § 339 StPO. 1997.

Band 29 Ursula Epp: Die Abgeordnetenbestechung – § 108 e StGB. 1997.

Band 30 Bernd Scheiff: Wann beginnt der Strafrechtsschutz gegen kriminelle Vereinigungen (§ 129 StGB)? 1997.

Band 31 Ulrike Fontaine: Max Grünhut (1893-1964). Leben und wissenschaftliches Wirken eines deutschen Strafrechtlers jüdischer Herkunft. 1998.

Band 32 Claudia Keiser: Das Kindeswohl im Strafverfahren. Zur Notwendigkeit eines am Kindeswohl orientierten Umgangs mit minderjährigen Opfern und Zeugen, den Möglichkeiten de lege lata und den Erfordernissen de lege ferenda. 1998.

Band 33 Wiebke Schürer-Mohr: Erlaubte Risiken. Grundfragen des "erlaubten Risikos" im Bereich der Fahrlässigkeitsdogmatik. 1998.

Band 34 Stephan Voigtel: Zum Freibeweis bei Entscheidungen der Strafvollstreckungskammer. Eine Untersuchung zu ausgewählten Fragen des Beweisrechts im gerichtlichen Verfahren in Strafvollstreckungs- und Strafvollzugssachen. 1998.

Band 35 Volkmar Wißgott: Das Beweisantragsrecht im Strafverfahren als Kompensation der richterlichen Inquisitionsmaxime. Die Judikatur des Reichsgerichts zum strafprozessualen Beweisrecht. 1998.

Band 36 Susanne Merz: Strafrechtlicher Ehrenschutz und Meinungsfreiheit. 1998.

Band 37 Uwe Schlömer: Der elektronisch überwachte Hausarrest. Eine Untersuchung der ausländischen Erfahrungen und der Anwendbarkeit in der Bundesrepublik Deutschland. 1998.

Band 38 Michael Liedke: Die Vermögensstrafe gemäß § 43a StGB in ihrer kriminalpolitischen Bedeutung. 1999.

Band 39 Danja Domeier: Gesundheitsschutz und Lebensmittelstrafrecht. Zur Konkretisierung der Verkehrspflichten und ihrer Strafbewehrung, insbesondere mit Blick auf §§ 8 ff. LMBG. 1999.

Band 40 Ritva Westendorf: Die Pflicht zur Verhinderung geplanter Straftaten durch Anzeige. Eine kritische Betrachtung der §§ 138, 139 StGB im Kontext der Unterlassungsdelikte. 1999.

Band 41 Hans Theile: Tatkonkretisierung und Gehilfenvorsatz. 1999.

Band 42 Nicole Lange: Vorermittlungen. Die Behandlung des staatsanwaltschaftlichen Vorermittlungsverfahrens unter besonderer Berücksichtigung von Abgeordneten, Politikern und Prominenten. 1999.

Band 43 Tanja Gunder: Der Umgang mit Kindern im Strafverfahren. Eine empirische Untersuchung zur Strafverfolgung bei Sexualdelinquenz. 1999.

Band 44 Sven-Markus Thiel: Die Konkurrenz von Rechtfertigungsgründen. 2000.

Band 45 Jan Schlüter: Die Strafbarkeit von Unternehmen in einer prozessualen Betrachtung nach dem geltenden Strafprozeßrecht. 2000.

Band 46 Detlef Heise: Der Insiderhandel an der Börse und dessen strafrechtliche Bedeutung. Eine Untersuchung des neuen deutschen Insiderrechts speziell unter Bezugnahme auf die strafrechtstheoretischen und strafrechtsdogmatischen Grundlagen. 2000.

Band 47 Hermann Wichmann: Das Berufsgeheimnis als Grenze des Zeugenbeweises. Ein Beitrag zur Lehre von den Beweisverboten. 2000.

Band 48 Rainer T. Cherkeh: Betrug (§ 263 StGB), verübt durch Doping im Sport. 2000.

Band 49 Kristian Hohn: Die Zulässigkeit materieller Beweiserleichterungen im Strafrecht. Eine Untersuchung über Erscheinungsformen und Grenzen der Lösung beweisrechtlicher Probleme im materiellen Strafrecht. 2000.

Band 50 Malte Rabe von Kühlewein: Der Richtervorbehalt im Polizei- und Strafprozeßrecht. 2001.

Band 51 Donata Meinecke: Die Gesetzgebungssystematik der Versuchsstrafbarkeit von Verbrechen und Vergehen im StGB. 2001.

Band 52 Joachim Bock: Begriff, Inhalt und Zulässigkeit der Beweislastumkehr im materiellen Strafrecht. 2001.

Band 53 Gabriele Rose: Grenzen der journalistischen Recherche im Strafrecht und Strafverfahrensrecht. 2001.

Band 54 Wiebke Reitemeier: Täuschungen vor Abschluß von Arbeitsverträgen. Zum Verhältnis zwischen dem Straftatbestand des Betrugs und dem Anfechtungsrecht wegen arglistiger Täuschung (§§ 263 Abs. 1 StGB, 123 Abs. 1 Alt. 1 BGB). 2001.

Band 55 Peter Rackow: Das DNA-Identitätsfeststellungsgesetz und seine Probleme. 2001.

Band 56 Frank Zschieschack: Geiselnahme und erpresserischer Menschenraub (§§ 239a, 239b StGB) im Zwei-Personen-Verhältnis. 2001.

Band 57 Natascha Sëyfi: Das Sicherungsverfahren (§§ 413 - 416 StPO). 2002.

Band 58 Dirk Seiler: Die *Sperrwirkung* im Strafrecht. 2002.

Band 59 Dorothee Sydow: Die actio libera in causa nach dem Rechtsprechungswandel des Bundesgerichtshofs. 2002.

Band 60 Inga Metrikat: Die Unterbringung in einer Entziehungsanstalt nach § 64 StGB – Eine Maßregel im Wandel? Eine vergleichende, empirische Untersuchung zur Entscheidung des Bundesverfassungsgerichts vom 16.03.1994, BVerfGE 91, 1 ff. 2002.

Band 61 Sabine Caroline Bechtoldt: Die Erledigungserklärung im Maßregelvollzug des § 63 StGB. Eine empirische Untersuchung der Erledigungserklärung und zugleich rechtsdogmatische Erörterung ihrer Rechtskraftproblematik. 2002.

Band 62 Sandra Schulte-Nover: Strafrichter in Deutschland und England. Ein systematischer Rechtsvergleich im Hinblick auf die richterlichen Kompetenzen im Strafverfahren. 2003.

Band 63 Tim Schurig: Belehrung und Beratung des Beschuldigten über sein Aussageverhalten. Eine gemeinsame Aufgabe von Gericht und Verteidigung? 2003.

Band 64 Markus Laski: Die strafrechtlichen Bezüge des Bundes-Bodenschutzgesetzes. 2003.

Band 65 Gunnar Lüer: Die Versäumung im Berufungsverfahren. Das strafprozessuale Anwesenheitsprinzip im Spannungsfeld von autonomer Subjektstellung und öffentlichen Interessen am Beispiel des § 329 Abs. 1,2 StPO. 2003.

Band 66 Thomas Grützner: Die Sanktionierung von Submissionsabsprachen. Eine Untersuchung der bestehenden Möglichkeiten einer Bekämpfung von Submissionsabsprachen unter besonderer Berücksichtigung des § 298 StGB. 2003.

Band 67 Bettina Noltenius: Kriterien der Abgrenzung von Anstiftung und mittelbarer Täterschaft. Ein Beitrag auf der Grundlage einer personalen Handlungslehre. 2003.

Band 68 Bettina Kraft: Tendenzen in der Entwicklung des Jugendstrafrechts seit der Jugendgerichtsbewegung. 2004.

Band 69 Jessica Däbritz: Die Bestimmung strafbaren fahrlässigen Verhaltens in der Forschung am Beispiel ärztlicher Humanerprobungen. Ein Beitrag zur methodischen Ermittlung und inhaltlichen Bestimmung von Sorgfaltspflichten in der Humanforschung. 2004.

Band 70 Maike Steenbock: Über die Unfallflucht als Straftat. Eine kritische Untersuchung zum Zusammenhang der Strafbarkeit der Unfallflucht mit den Besonderheiten des Straßenverkehrs. 2004.

Band 71 Holger Mann: Beschleunigungspotential im Jugendstrafverfahren. 2004.

Band 72 Dorothee Krutisch: Strafbarkeit des unberechtigten Zugangs zu Computerdaten und -systemen. 2004.

Band 73 Heinz-Helmut Fuhrmann: Das Begehen der Straftat gem. § 25 Abs. 1 StGB. Unter besonderer Berücksichtigung der sogenannten "eigenhändigen" Delikte. 2004.

Band 74 Gerwin M. Moldenhauer: Eine Verfahrensordnung für Absprachen im Strafverfahren durch den Bundesgerichtshof? 2004.

Band 75 Dirk Busch: Konzernuntreue. Eine Untersuchung spezifischer Untreuestrafbarkeit innerhalb von Konzernverbindungen mit Aktiengesellschaften und Gesellschaften mit beschränkter Haftung. 2004.

Band 76 Mitsuru Iijima: Die Entwicklung des strafrechtlichen Unrechtsbegriffs in Japan. Eine kritische Betrachtung aus strafrechtsdogmatischer und rechtsphilosophischer Perspektive. 2004.

Band 77 Lena Barbara Kötter: Private Elemente in der Strafvollstreckung. Zur Privatisierung von Bewährungshilfe, Gerichtshilfe und gemeinnütziger Arbeit. 2004.

Band 78 Martin Maria Laufen: Der Wucher (§ 291 Abs. 1 Satz 1 StGB). Systematische Einordnung und dogmatische Struktur. 2004.

Band 79 Maike Aselmann: Die Selbstbelastungs- und Verteidigungsfreiheit. Ein Beitrag zu den Garantiewirkungen von Verfahrensrechten im Hinblick auf die Beweiswürdigung, Strafzumessung und Strafbarkeit des Beschuldigten im Strafprozess. 2004.

Band 80 Ingmar Wolf: Graffiti als kriminologisches und strafrechtsdogmatisches Problem. 2004.

Band 81 Misuk Son: Straftatfolgen im deutschen und koreanischen Strafrecht. Ein prinzipieller Vergleich. 2004.

Band 82 Matthias Saal: Die Beteiligung an einer Schlägerei (§ 231 StGB). Ein Plädoyer für die Streichung der schweren Folge. 2004.

Band 83 Michael Stüber: Die Entwicklung des Prinzips der Unmittelbarkeit im deutschen Strafverfahren. 2005.

Band 84 Patrick Gerberding: Das Rechtsmittelsystem im US-amerikanischen Strafverfahren. Eine rechtsvergleichende Betrachtung. 2005.

Band 85 Rouven Seeberg: Aufgedrängte Nothilfe, Notwehr und Notwehrexzess. 2005.

Band 86 Andre Knoerchen: Schadenswiedergutmachung über anwaltliche Schlichtungsstellen. Rechtsökonomische Analyse eines Modellprojekts. 2005.

Band 87 Andreas Quante: Sanktionsmöglichkeiten gegen juristische Personen und Personenvereinigungen. 2005.

Band 88 Gundula Momsen-Pflanz: Die sportethische und strafrechtliche Bedeutung des Dopings. Störung des wirtschaftlichen Wettbewerbs und Vermögensrelevanz. 2005.

Band 89 Klaus Kleinbauer: Rechtsmittelverzicht und Rechtsmittelzurücknahme des Beschuldigten im Strafprozeß. 2006.

Band 90 Manuel Fumagalli: Rechtsprobleme vorgeburtlicher Diagnoseverfahren. Die personenrechtliche Begründung von Pränataldiagnostik und Präimplantationsdiagnostik. 2006.

Band 91 Matthias Dann: Staatliche Tatprovokation im deutschen, englischen und schottischen Recht. Rechtsvergleichende Untersuchung unter besonderer Berücksichtigung europäischer und internationaler Entwicklungslinien. 2006.

Band 92 Shahryar Ebrahim-Nesbat: Die Herausbildung der strafrechtlichen Teilnahmeformen im 19. Jahrhundert. 2006.

Band 93 Christoph Paglotke: Notstand und Notwehr bei Bedrohungen innerhalb von Prozesssituationen. 2006.

Band 94 Sebastian Olk: Die Abgabe von Sacherklärungen des Angeklagten durch den Verteidiger. 2006.

Band 95 Bernadette Pape: Legalverhalten nach Sexualdelinquenz. Eine empirische Analyse der Delinquenzkarrieren nach Sexualstraftaten an Kindern. 2007.

Band 96 Uttam Das: Möglichkeiten der Angleichung materiellen Strafrechts zwischen England und Deutschland im Rahmen des Art. K 31 EUV. 2007.

Band 97 Dennis Miller: Die Beteiligung am Verbrechen nach italienischem Strafrecht. Ein Beitrag zur Geschichte und Gegenwart von Einheits- und Differenzierungsmodellen der strafbaren Beteiligung mehrerer Personen. 2007.

Band 98 Michael Nehring: Kriminelle und terroristische Vereinigungen im Ausland. Auslegung und Analyse des im Zuge der Terrorismusbekämpfung nach dem 11. September 2001 geschaffenen § 129b Strafgesetzbuch. 2007.

Band 99 Bernadette Berger: Das Gesinnungsmoment im Strafrecht. 2008.

Band 100 Peter Rackow: Neutrale Handlungen als Problem des Strafrechts. 2007.

Band 101 Simone Mölders: Bestechung und Bestechlichkeit im internationalen geschäftlichen Verkehr. Zur Anwendbarkeit des § 299 StGB auf Sachverhalte mit Auslandsbezug. 2009.

Band 102 Anke David: Die Entwicklung des Mordtatbestandes im 19. Jahrhundert. 2009.

Band 103 Arne Habenicht: Die Beteiligung an sexuellen Gewalttaten. 2009.

Band 104 Marwan Hamdan: Drittmittelforschung in der Medizin. Eine Gratwanderung zwischen strafbarer Vorteilsannahme und verfassungsgarantierter Forschungsfreiheit. 2009.

Band 105 Carl-Friedrich von Scherenberg: Die sozialethischen Einschränkungen der Notwehr. 2009.

Band 106 Andreas Poppe: Die Akzessorietät der Teilnahme. Eine kritische Analyse der dogmatischen Grundlagen. 2011.

Band 107 Jonathan Burmeister: Die schuldangemessene Bewertung von Ehrenmorden im deutschen Strafrecht. Differenzierte Schuldmerkmale auf Tatbestandsebene bei sonstigen niedrigen Beweggründen. 2011.

Band 108 Philipp Reinhold: Amtsträgerbestechung. Unrechtsgehalt und Grenzen der §§ 331 ff. StGB. 2011.

Band 109 Simone Reiß: Verbotsirrtum und Subventionsbetrug. Unter Berücksichtigung der Besonderheiten bei der betrügerischen Erlangung von EU-Subventionen. 2012.

Band 110 Johannes Altenburg: Die Unlauterkeit in § 299 StGB. Ein Beitrag zur Harmonisierung von Strafrecht und Wettbewerbsrecht. 2012.

Band 111 Christoph Skoupil: Handeltreiben mit Betäubungsmitteln. Strafbarkeitsvorverlagerungen vor und nach der Entscheidung des Großen Senats für Strafsachen vom 26.10.2005. 2012.

Band 112 Frederike Wewerka: Internal Investigations. Private Ermittlungen im Spannungsfeld von strafprozessualen Grundsätzen und Anforderungen eines globalisierten Wirtschaftsstrafverfahrens. Eine Problemanalyse unter besonderer Berücksichtigung des Falles Siemens. 2012.

Band 113 Lena Witzmann: Die gemeinsame Verhandlung. Eine Untersuchung des Öffentlichkeitsgrundsatzes, des Opportunitätsprinzips, des Anwesenheitsrechts und des Fairnessgrundsatzes im verbundenen Verfahren. 2012.

Band 114 Lea Boller: Der unbefugte Gebrauch von Kraftfahrzeugen und Fahrrädern – § 248b StGB. 2013.

Band 115 Nina Wadle: Privatisierung im deutschen Strafvollzug. 2013.

Band 116 Annik Lamshöft: Das Modell des vereinfachten Ablehnungsverfahrens. Ein Gegenentwurf zur strafprozessualen Fristenlösung des Bundesgerichtshofs. 2013.

www.peterlang.de

www.ingramcontent.com/pod-product-compliance
Ingram Content Group UK Ltd.
Pitfield, Milton Keynes, MK11 3LW, UK
UKHW021842290926
8980IPUK00005B/604

9 783631 642924